《中国判例制度史》编写组

主　编：汪世荣　王斌通

副主编：宋国华　江兆涛　李云龙

　　　　闫强乐　郭嘉鹏

参　编：吕晓鼎　耿健翔　仝孟玥

高等政法院校法治学系列教材

西北政法大学校级本科教材资助项目成果

中国判例制度史

汪世荣　王斌通　主编

中国法制出版社

CHINA LEGAL PUBLISHING HOUSE

序 言

中国是一个具有辉煌法治传统的国家，在漫长的发展过程中经历了多次沧桑巨变，但始终保持着国家发展的稳定性、连续性，并且不断走向法治文明。中华法系是世界法系的重要组成部分，具有自己的特色，这不是偶然的，是和深厚的法文化底蕴、丰富的治国理政经验以及古圣先贤把政治与法律结合的智慧分不开的。在中国悠久的法治历史中，国家制定法始终处于正统地位，是中华法系的主干，在各种法律渊源中起着指导作用，而且辗转承袭，迄未中断，形成了继受关系十分清楚的系统。中国古代制定法对立法技术的讲求，对规范的详密思考，以及对体系的完整设计，是世界法制史上所少有的，它对周边国家与地区的影响，也是广泛的、长久的，直到今天还可以从日本刑法中找到唐律的遗痕，从韩国刑法中发现明律的烙印。在制定法发展的过程中，判例法也与之同步存在，二者同源，例可以辅律之不足，各自发挥着国家所赋予的职能。

古籍中认为舜时司法官“皋陶造律”，由此推断中国成文法源自司法实践，即在漫长的尚处于原始阶段的审判活动中，由于综合了若干个案的审理经验，逐渐形成了法的观念、法的规范和最初的司法程序。从这个意义来说，律生于例，律是例的升华和固定化，而司法官则扮演了造法的重要角色。

中国古代的司法活动中，强调罚当其罪、审慎用刑，这不仅是司法官的责任，也是公认的道德准则。然而，可以适用的制定法的条文是有限的，何况历代开明的统治者都以律文简约、明白易知为立法的原则，因此，引律断案不能适应情伪多端的犯罪情节。为解决这一矛盾，选定判例，类推比附，很早便应用于司法实践。从判例法的发展历史看，汉以前是简单援引阶段。由汉迄唐，逐步形成了因案生例的判例形成规则和例优于律的判例适用认识，是判例法的成熟阶段。至明清，判例法不仅植根于制定法，其本身也被纳入制定法的范畴，地位与价值均超过历代，是判例法的发展阶段。清代法律化的判例虽多，但仍无法满足罚当其罪的司法要求。《大清律例》“名例”篇规定可以比照某律、某例断结，但须经一定的程序：“其律例无可引用，援引别条比附者，刑部会同三法司公同议定罪名，于疏内声明：律无正条，今比照某律、某例科断，或比照某律、某例加一等、减一等科断。”[①]从清朝大量的案例中可以看出，大多数比附案例并未经三法司议定上奏的程序，只有涉及官员犯罪、死罪和重大案件，才上奏皇帝裁决。

如果定律、增例、类推仍有不足，则依赖法典中的概括性禁律，如以“不应为”“违制”“违令”来处理法无明文规定的犯罪行为。但更普遍、更经常、更能发挥作用的是司法机关援引判例，以至查找“先例”“前案”是司法官审案的第一步骤。例所具有的灵活性、时代性、多样性与实用性，不仅辅律、补律，还可以纠正律、发展律、创造律，从而推动法律内容的完善。二者是不可分的，但同时又存在一定的矛盾：成文的制定法常常受制于判例。例如，汉律曾受制于比，唐律、宋律受制于敕，明清律受制于例。其之所以如此，归根结底是专制制度造成的。就制定法而言，其不仅是国家意识形态，也是君主钦定的“一家”之法，君主为子孙计，严禁臣下借修改成法侵犯皇权独尊，危害其万世一系的基业。但皇帝行使统治权既援法，又不受成法的限制，为了及时处理军国大事和审理重案疑案，皇帝宁愿抛开成法，发布敕令和确认新例。因此，以皇帝为代表的统治集团，一方面重视制定法，视其为立国、治国的纲纪，赋予其极高的权威；但另一方面，君主口含天宪，是最大的立法者和司法官，他对重大案件的判决或裁决是圣意的体现，而且往往以诏、敕、谕的形式加以认定，因此这种判例同样具有极大的权威。特别是当制定法严重脱离社会生活，而成为具文的时候，判例便在实际上取代制定法，调整新的法律关系，并给予司法官应变权断的根据。同时，判例也降低了司法官由于无法可依而恣意妄为的可能性。

由于判例对制定法起着补充、延续、修改、完善的作用，“用例而不用

① 《大清律例》卷五，田涛、郑秦点校，法律出版社1999年版，第127页。

律”的判例意识发生，司法官立法的功绩也由此而得到肯定。明清两代司法官在释律、解律、创制律方面的成就，足以说明这一点。

中国古代在适用例时，常以律无明文规定为前提，以示在理论上法典仍居于主导地位。判例法则始终植根于制定法之中，是制定法的派生物。如果说制定法的调整方式是由一般到个别，那么判例法的调整方式则是由个别到一般，这两种调整方式有机地、和谐地融为一体，使法律的确定性和适用性相统一，二者并存共用，互补互渗，再加上多元的法律渊源，可以有效地调整变化发展中的社会生活，调节法律的稳定性与可变性的关系，也摆脱了司法官处于消极执法者地位的困窘状态。

中国古代国情的特殊性，使中华法系既不同于大陆法系，也不同于英美法系，而是傲然于世、独树一帜。如从判例在司法中的作用与创制效力，以及重案要案的会审制度来看，有与英美法系相似之处；而从国家委托立法者制定固定的法典，判例只是成文法的解释与补充角度来看，也与大陆法系有某些共同点。如果说大陆法系通过固定的法典来维持法律的稳定性，英美法系通过固定性的判例来维持法律的稳定性，那么中国古代则是通过固定的法典与可变的判例共同维持法律的稳定性和社会的稳定性，这是中华法系的特点也是优点。成文法典尽管形在神驰，但价值存而不废。判例虽然因事而发，但通过编例，提升为法律规范而不至于乱。两者各有其存在的价值和历史作用，完全适应了统一多民族的中央集权国家的需要。在制定法与判例法相互关系的处理上，突出地反映了中国古代统治者高超的政治艺术与卓越的法律文化素养，其相互为用的传统与经验，是值得总结的。

1911年辛亥革命以后，由于新旧法制递嬗而出现了立法空白，存在司法审理中无法可依的情况，此时，中国近代司法判例制度逐渐产生与发展。民国时期大理院的判例，是当时法律体系中最重要的组成部分，不仅对于司法活动有着积极指导意义，也推动了法制的改革与完善。中外历史的经验证明，判例法的优势就在于适时应用。今天世界两大法系的走向趋同，反映了法律密切联系社会生活，服务于社会生活，并由社会生活所推动的发展规律。

汪世荣、王斌通主编的《中国判例制度史》集案例、人物、制度于一体，史料丰富，分析严密，洞察敏锐，具有较高的学术价值，是中华法系和中国判例制度研究领域的一部力作。该书不仅详细梳理了中国传统社会判例制度的发展演变，也总结阐述了晚清、民国，特别是革命根据地判例制度所取得的历史成就。通过该书，既可以观察案例背后的价值观念、司法原则，也可以发现判例及判例制度在中国的发展规律。中国判例制度与中华法治文明相伴而行。判例制度演进历程表明，中华法治文明经历五千多年的发展，从未中断，凝聚了中华民族的智慧和伟大创造力。我们今天总结和研究中国判例制度史，就是要在取其精华、去其糟粕的基础上，传承与弘扬中华优秀传统法律文化，为建设中国特色社会主义法治体系和社会主义法治国家提供历史智慧。

张晋藩

2024年2月1日

前　言

中国是世界著名的文明古国，中华法治文明历史悠久、源远流长。中华优秀传统法律文化凝聚着中华民族卓越的法律智慧，是世界法文化苑中的瑰宝。坚持把马克思主义法治理论同中国具体实际相结合、同中华优秀传统法律文化相结合，是建设中国特色社会主义法治体系，建设社会主义法治国家的必由之路。中国判例制度是中华法系与中华法治文明的重要组成部分，它博大精深，内涵丰富，特色鲜明，经过数千年嬗变、演进和发展，蕴含了许多彰显法治光辉的理性因素，为在法治轨道上全面推进中国式现代化提供了宝贵的法文化支持。

《中国判例制度史》系西北政法大学法学专业特色教材，是认真总结中华法系经验智慧、弘扬中华优秀传统法律文化、讲好中国法治故事的重要作品。本书旨在面向学生讲好中华优秀传统法律文化，推动更多学生认识、熟悉中华法治文明，树立中华法治文化自信，同时为法学教育者、研究者及爱好者提供参考。本书编者由西北政法大学、中国人民大学、西北大学、山东大学、海南大学、宁夏大学等科研院校的专家学者组成，反映了学界对中国判例制度研究的最新成果，最大限度促进教学、科研与中华优秀传统法律文化传承相融合。

全书由汪世荣、王斌通统稿，各章节分工及撰稿人情况如下：

汪世荣，法学博士，西北政法大学法治学院教授、博士生导师，中华法系与法治文明研究院院长，负责绪论、第二章“魏晋南北朝判例”、第三章“隋唐判例”的撰写，并担任本书主编；

王斌通，法学博士，西北政法大学法治学院副教授、中华法系与法治文明研究院执行院长，参与第二章“魏晋南北朝判例”、第三章“隋唐判例”

的撰写，负责第八章“近代判例”的撰写，并担任本书主编；

郭嘉鹏，中国人民大学法学院博士研究生，西北政法大学中华法系与法治文明研究院特邀研究员，负责第一章“秦汉判例”的撰写，并担任本书副主编；

李云龙，法学博士，山东大学法学院助理研究员，负责第四章“两宋判例”的撰写，并担任本书副主编；

宋国华，法学博士，海南大学法学院教授、博士生导师，负责第五章“元代判例”的撰写，并担任本书副主编；

闫强乐，法学博士，西北大学法学院讲师，西北政法大学中华法系与法治文明研究院特邀研究员，负责第六章“明代判例”的撰写，并担任本书副主编；

江兆涛，法学博士，宁夏大学法学院副教授，负责第七章“清代判例”的撰写，并担任本书副主编。

吕晓鼎，中国政法大学博士生；耿健翔，西北政法大学博士生；仝孟玥，西北政法大学博士生，从事第八章“近代判例”部分内容写作、文字校对等工作。

本书的顺利出版，特别感谢西北政法大学教务处、法治学院和中国法制出版社的协调与帮助。感谢中国法制出版社马颖编辑、宋平编辑的精心编排。

因学术水平有限，如有错误或不当之处，敬请读者指正。

编者

2023年10月1日

CONTENTS

目录

绪 论

习近平总书记强调："要传承中华优秀传统法律文化"[①]，"中华法系源远流长，中华优秀传统法律文化蕴含丰富法治思想和深邃政治智慧，是中华文化的瑰宝。要积极推动中华优秀传统法律文化创造性转化、创新性发展，赋予中华法治文明新的时代内涵，激发起蓬勃生机"[②]。中华法治文明绵延数千年，孕育了在世界上独树一帜的中华法系，形成了丰富的法治思想，彰显了中华民族的伟大创造力。我们要坚持以习近平新时代中国特色社会主义思想为指导，深入学习贯彻习近平法治思想和习近平文化思想，坚定文化自信，深入研究中华优秀传统法律文化蕴含的丰富法治思想，夯实中国特色社会主义法治道路的文化根基，激发中华法治文明蓬勃生机。

判例是具有规范和启迪作用的司法判决。中国历来具有编辑判例、援引判例作为特定案件判决理由、判例法与制定法结合等传统。春秋战国以前的判例研究，由于史料的局限，无从考证。春秋战国以后，中国古代的判例研究经历了秦汉、唐宋和明清三个时期。秦汉时期进行了对判例的系统整理，并确立了饶有特色的判例编撰体例。唐宋时期已出现判例研究集，其中郑克《折狱龟鉴》最有代表性。判例研究立足于制定法的原则、精神，总结审判经验，介绍办案技巧，提高办案质量，克服制定法疏漏。明清时期，杨昱所著《牧鉴》创立了经（经义）、史（判例）和论（评论）三位一体的判例研究模式，

① 《习近平在中央全面依法治国工作会议上强调 坚定不移走中国特色社会主义法治道路 为全面建设社会主义现代化国家提供有力法治保障》，载《人民日报》2020年11月18日，第1版。

② 《习近平在中共中央政治局第十次集体学习时强调 加强涉外法制建设 营造有利法治条件和外部环境》，载《人民日报》2023年11月29日，第1版。

此外，还出现了以薛允升《读例存疑》为代表的比较系统的判例研究的专门著述。中国古代的判例研究，侧重于总结司法经验，启迪法官智慧，服务立法改革。判例研究与传统律学保持了相同的风格，带有强烈的经验色彩。遗憾的是，中国古代未能在判例形成与适用的程序、判例适用的技术方法、判例效果的系统评价等领域，进行抽象、归纳、概括，并上升到理论高度，发展为系统的判例学说。

一、判例的历史传统

中国现存最早的法律文化资源，不是成文法典，而是司法判例——陕西宝鸡出土的西周青铜器铭文《𠑇匜》，记载了𠑇诉牧牛一案的判决书。现存最早全面记载司法案例的史料，当数《左传》。作为中国历史的早期文献，《左传》包含了诸多执法断案的事例，形象生动地体现了当时的法制状况。在出土文献中，《睡虎地秦墓竹简》中《封诊式》关于“经死”和“出子”等判例，不仅详细记录了案件从发生到侦破的经过，而且对如何进行检验、检验结果的运用等进行了详细的描述。张家山汉简《奏谳书》更对破案、议罪的典型判例进行了汇集。在长期的判例编辑实践中，从汉代开始形成了约定俗成的编辑体例——“集类为篇，结事为章”[①]，即分门别类的判例编辑体例。《后汉书·陈宠传》记载，陈宠“少为州郡吏，辟司徒鲍昱府。……数为昱陈当世便宜。昱高其能，转为辞曹，掌天下狱讼。……宠为昱撰《辞讼比》七卷，决事科条，皆以事类相从。昱奏上之，其后公府奉以为法”。《晋书·刑法志》记载：“汉时决事，集为《令甲》以下三百余篇，及司徒鲍公撰嫁娶辞讼决为《法比都目》，凡九百六卷。世有增损，率皆集类为篇，结事为章。一章之中或事过数十，事类虽同，轻重乖异。”

“轻重乖异”是对同类案件判决结果差异巨大现象的描述。但是，判决结果“轻重乖异”，是案件事实本身差异巨大所导致，还是事实基本相同判决结果却相互矛盾？由于史料记载高度概括，很难从字面上加以解释和判

---

① 《晋书·刑法志》。

断。假如相同事类的案件，关键事实不同，裁判结果也不同，那是合乎逻辑的正常现象。反之，如果关键事实基本相同，裁判结果却相异，或者缺乏对判例的分析技术，根本不去区分关键事实，判例相互之间矛盾重重，那么，“轻重乖异”就是对司法混乱的写照。根据现有文献无法进行分析和判断，进而得出清晰、可靠的结论，由此人们关于判例的援引，不可避免会导致对司法混乱的习惯性认识。

唐宋时期，不仅编撰有专门的判例汇编，而且出现了判例研究的专门著作，郑克的《折狱龟鉴》对相似判例的比对研究，首创中国传统法学研究关于事实性质的分析方法，将事实区分为关键事实和一般事实，明确提出，关键事实决定案件的结果。例如，“唐李杰为河南尹，有寡妇告其子不孝。杰物色非是，谓寡妇曰：‘汝寡居唯一子，今告之，罪至死，得无悔乎！’妇言：‘子无状，宁复惜？’杰曰：‘审如此可买棺来取儿尸。’因使觇其后，寡妇出与一道士语曰：‘事了矣。’俄将棺至，杰即令捕道士劾问。具服：‘与寡妇通，为子所制，故欲除之。’于是杖杀道士，纳于棺”[①]。

郑克在“按语”中列举了后母告子案例：“曾孝序资政，知秀州。有妇人讼子，指邻人为证。孝序视其子颇柔懦，而邻人举止不律。问其母，又非亲。乃责邻人曰：‘母讼子，安用尔！’为事非涉已，因并与其子杖之。闻者称快。”[②]

郑克认为：“继母私邻人，而忌其子间之，故致讼。邻人与道士类矣。然彼教寡妇讼其子以死罪，故杀之；此教继母讼其子罪不至死也，故杖之而已。”[③]通过对比，郑克对教唆词讼罪的法律责任进行了讨论。同样是“教令人告”（明清律为“教唆词讼”）罪名，由于教令的内容不同，被教令者实施的犯罪行为各异，触犯教令者所触犯的罪名虽然相同，但是，教令者的刑事责任自然“轻重乖异”。在《唐律疏议》中，有“教令人告”的规定：“诸教令人告，事虚应反坐，得实应赏，皆以告者为首，教令为从。”[④]同样是教令

① （宋）郑克编撰：《折狱龟鉴译注》，刘俊文译注点校，上海古籍出版社1988年版，第247页。
② （宋）郑克编撰：《折狱龟鉴译注》，刘俊文译注点校，上海古籍出版社1988年版，第247页。
③ （宋）郑克编撰：《折狱龟鉴译注》，刘俊文译注点校，上海古籍出版社1988年版，第247页。
④ 《唐律疏议》卷二十四。

其母告子，根据所告案件的性质确定教令者的责任，才能准确体现诬告反坐的精神和原则。

然而，郑克的研究仅仅停留在理论探索，并没有上升为司法技术。具体案件的判决中，如何援引先例，实现司法公正的议题，没有展开讨论。司法经验的总结和提炼，没有受到司法实践的关注。郑克的研究，对如何在判决理由中分析事实的性质，缺乏详细的描述和分析。而且，传统文献关于司法审判的记载高度概括，细节的描述和事实的揭示，远不能满足判例分析的要求。例如，魏征判决案件，特点突出，效果明显，相关文献对案件事实的描述却十分粗疏："七年，代王珪为侍中，尚书省滞讼有不决者，诏征评理之。征性非习法，但存大体，以情处断，无不悦服。"[①]类似这样的记载，更多显示了文学的意蕴。究其原因，这些史料并非法律专业人员撰写，忽视对事实的详细记录、深入分析，以及对重要性的揭示，也在情理之中。

即便朝廷准许适用判例，试图规范判例的适用，但适用技术的缺乏，仍然会导致法律秩序混乱。例如，乾道时期，"法令虽具，然吏一切以例从事。法当然而无例，则事皆泥而不行"；淳熙初，"诏除刑部许用乾道刑名断例，司勋许用获盗推赏例，并乾道经置条例事指挥，其余并不得引例"。[②]由此引发了对司法混乱的激烈批评："律既多成虚文，而例遂愈滋繁碎。其间前后抵触，或律外加重，或因例破律，或一事设一专一例甚且因此例而生彼例，不惟与他部则例参差，即一例分载各门者，亦不无歧异。辗转纠纷，易滋高下。"[③]判例研究滞后，是司法混乱的重要原因。法学研究解释司法实践具有合理性，但法学研究落后于司法实践，主要是由于传统司法缺乏资料的公开环节，无论是审判程序的记录，还是判决理由，均深藏于官府。司法档案的垄断，直接阻碍了法学研究。

明清时期，专门的判例集《明大诰》《问刑条例》出现，与《大明律》相互补充，相互为用。清朝则进行了将判例纳入法典的工作，通过定期的编辑

① 《旧唐书·魏征传》。

② 《宋史·刑法志》。

③ 《清史稿·刑法志》。

判例活动，实现了法典的不断丰富与完善。定期将判例引入法典，进行律例合编的立法活动，目的是消除法典与判例之间的歧异，以及判例相互之间的冲突。

清朝的律例合编实践，不但实现了判例援引的便利化，而且推动判例发展进入新阶段，形成了中国判例法与制定法相互为用、相互促进的法律特色。这也是对判例原理研究局限和不足的补充，因为以往的判例编辑，对案件事实的比对粗疏、简单，对原理的揭示不够，只有将判例编辑纳入法典，形成对判例的性质转换，才能克服判例理论技术研究滞后所带来的缺陷。由此导致的结果是，对于援引判例的效果，在中国古代始终没有得到正面的评价，并影响了当今对判例的正确认知。当代中国判例——指导性案例作为法律渊源的地位，缺乏理论分析和政策决断，这也是案例指导制度的瓶颈所在。

二、援引判例说理

中国传统法律文献中海量的判例史料，对深入理解中国古代法律适用的状况，意义深远。援引先例作为特定案件的判决理由，构成了判例援引的重要传统。从技术上看，有些判例援引时并不说明依据的先例名称，仅仅重申先例业已明确的原则或者规则，有些判例则直接说明依据的先例名称，并作出判决。

（一）说理时不说明依据的先例名称

援引先例进行法律说理，并不指出先例的名称，而是重申先例业已确立的法律原则和规则，并据此作出判决。以“张释之判犯跸案”为例：

上行出中渭桥，有一人从桥下走出，乘舆马惊。于是使骑捕，属之廷尉。释之治问。曰：“县人来，闻跸，匿桥下。久之，以为行已过，即出，见乘舆车骑，即走耳。”廷尉奏当，一人犯跸，当罚金。文帝怒，曰：“此人亲惊吾马，吾马赖柔和，令他马，固不败伤我乎？而廷尉乃当之罚金！”释之曰：

"法者，天子所与天下公共也。今法如此而更重之，是法不信于民也。且方其时，上使立诛之则已。今既下廷尉，廷尉，天下之平也，一倾而天下用法皆为轻重，民安所措其手足？唯陛下察之。"良久，上曰："廷尉当是也。"①

上述判例对君主、臣民与法律，君权与司法权等多重关系进行了厘定，确立了君、臣、民均需遵守法律，君主的临时处断权受到司法权限制等原则。就前者而言，法律是君主与臣民需共同遵守的行为规范，作为"公共"资源，具有客观属性。如果法律有明文规定，而不按照规定量刑，加重或者减轻处罚，就会造成法律不能取信于民的结果。就后者而言，君主有临时处断的权力，司法者有严格适用法律的责任，君主的临时处断权力，受到时间、地点和环境的限制，"过期的权力"不再能支撑临时处断，必须受到司法的限制。

上述判例所确立的法律原则是否得到了援引？在"戴胄判诈伪资荫案"中，虽然没有明确"张释之判犯跸案"这一先例的名称，但是，对先例确立的原则和规则进行了原原本本的重申：

不首者罪至于死。俄有诈伪者事泄，胄据法断流以奏之。帝曰："朕下敕不首者死，今断从流，是示天下以不信。卿欲卖狱乎？"胄曰："陛下当即杀之，非臣所及。既付所司，臣不敢亏法。"帝曰："卿自守法，而令我失信耶？"胄曰："法者，国家所以布大信于天下，言者，当时喜怒之所发耳。陛下发一朝之忿而许杀之，既知不可而置之于法，此乃忍小忿而存大信也。若顺忿违信，臣窃为陛下惜之。"帝曰："法有所失，公能正之，朕何忧也。"胄前后犯颜执法多此类。②

判例虽然没有明确说依据为"张释之判犯跸案"，但是，对君主"当即"行使临时处断权进行的重申和限制，对法律的性质进行的澄清，与"张释之判犯跸案"如出一辙。唐太宗之所以能够接受戴胄的意见，与"张释之判犯

① 《史记·张释之传》。

② 《旧唐书·戴胄传》。

跸案”所确立的原则和规则已经深入人心有极大的关系。“张释之判犯跸案”所确立的原则，构成了“明君”的标准，更成为君权与司法权关系的基石。

尽管如此，从先例中总结法律原则，合理界定君权和司法权关系的传统，并没有消失。《史记·酷吏列传》载：“周为廷尉……而善候伺，上所欲挤者，因而陷之，上所欲释者，久系待问，而微见其冤状；客有让周曰：‘君为天子决平，不循三尺法，专以人主意指为狱，狱者固如是乎？’周曰：‘三尺安出哉？前主所是著为律，后主所是疏为令，当时为是，何古之法乎？’”身为廷尉的杜周，“不循三尺法”的行为，被大众质问，虽然其进行辩解，偷梁换柱，混淆视听，但终究难逃史家的秉笔直书，成为我们思考司法权界限的著名案例。

（二）直接援引先例名称进行说理

案件判决理由直接说明援引先例的名称，并将之作为判决依据。“狄仁杰判误斫昭陵柏树案”具有代表性。该案援引了两个先例，从两个方面对判决进行了说理：

> 时武卫大将军权善才坐误斫昭陵柏树，仁杰奏罪当免职。高宗令即诛之，仁杰又奏罪不当死。帝作色曰：“善才斫陵上树，是使我不孝，必须杀之。”左右瞩仁杰令出，仁杰曰：“臣闻逆龙鳞，忤人主，自古以为难，臣愚以为不然。居桀纣时则难，尧舜时则易。臣今幸逢尧舜，不惧比干之诛。昔汉文时，有盗高庙玉环，张释之廷诤，罪止弃市；魏文将徙其人，辛毗引裾而谏，亦见纳用。[①]且明主可以理夺，忠臣不可以威惧。今陛下不纳臣言，瞑

---

① “辛毗判冀州士家徙居案”，也称“辛毗引裾”。《三国志·魏书·辛毗传》载：帝欲徙冀州士家十万户实河南。时连蝗民饥，群司以为不可，而帝意甚盛。毗与朝臣俱求见，帝知其欲谏，作色以见之，皆莫敢言。毗曰：“陛下欲徙士家，其计安出？”帝曰：“卿谓我徙之非邪？”毗曰：“诚以为非也。”帝曰：“吾不与卿共议也。”毗曰：“陛下不以臣不肖，置之左右，厕之谋议之官，安得不与臣议邪！臣所言非私也，乃社稷之虑也，安得怒臣！”帝不答，起入内；毗随而引其裾，帝遂奋衣不还，良久乃出，曰：“佐治，卿持我何太急邪！”毗曰：“今徙，既失民心，又无以食也。”帝遂徙其半。

目之后，羞见释之、辛毗于地下。陛下作法，悬之象魏，徒流死罪，俱有等差。岂有犯非极刑，即令赐死？法既无常，则万姓何所措其手足！陛下必欲变法，请从今日为始。古人云：假使盗长陵一抔土，陛下何以加之？今陛下以昭陵一株柏杀一将军，千载之后，谓陛下为何主？此臣所以不敢奉制杀善才，陷陛下于不道。”帝意稍解，善才因而免死。[①]

判例援引先例“张释之判盗窃高庙玉环案”，重申了犯罪与刑罚相适应，避免畸轻畸重的原则。援引先例“辛毗判冀州士家徙居案”，说明君主应当接受最高司法长官谏诤的必要性。

虽然中国确实存在援引先例作为特定案件判决理由的情况，但是，司法实践和理论界对判例的分析研究不足，相关研究对此重视程度不够，甚至存在有意无意忽视先例关键事实和当下案件关键事实的比较分析。例如，杜佑在《通典》中对“狄仁杰判误斫昭陵柏树案”的介绍，就严重忽视了案件的关键事实：“上元三年九月，左武卫大将军权善才、右监门中郎将范怀义并为斫昭陵柏，大理奏遂欲破其产除名，上特令杀之。大理丞狄仁杰执奏，称不当死。”[②]

《旧唐书》关于“狄仁杰判误斫昭陵柏树案”的记载，重在强调其“误”的行为性质。杜佑则完全忽视了这一点，没有说明权善才等的行为属于“故”或者“误”的主观状态。判例分析方法简单，判例研究理论滞后，影响了判例观念的进步，抑制了判例作用的发挥。

特定案件将先例作为判决的理由，体现了中国司法制度的重要传统。特定案件能够援引先例作为判决的理由，说明君臣对于这些先例非常熟悉，起码对于援引的先例存在共同的价值认知，也能够在先例所倡导的原则方面达成一致的认识。但援引的技术方法单调，效果一般。

① 《旧唐书·狄仁杰传》。

② 《通典》卷一百六十九。

三、判例的价值取向

（一）判例对制定法效力的补强

制定法公布后，需要通过判例确定其含义，界定其范围，补强其效力。《史记·商君列传》中描述了商鞅为制定法实施，通过判例方式所采取的系列活动，表明判例对制定法的实施具有效力上的补强作用。商鞅所采取的措施，主要目标是以判例为手段，强调制定法的效力，发挥制定法的作用。

令既具，未布，恐民之不信，已乃立三丈之木于国都市南门，募民有能徙置北门者，予十金。民怪之，莫敢徙。复曰："能徙者予五十金。"有一人徙之，辄予五十金，以明不欺。卒下令。令行于民期年，秦民之国都言初令之不便者以千数。于是太子犯法。卫鞅曰："法之不行。自上犯之。"将法太子，太子，君嗣也，不可施刑。刑其傅公子虔，黥其师公孙贾。明日，秦人皆趋令。行之十年，秦民大说。道不拾遗，山无盗贼，家给人足，民勇于公战，怯于私斗，乡邑大治。秦民初言令不便者，有来言令便者。卫鞅曰："此皆乱化之民也。"尽迁之于边城。其后，民莫敢议令。[①]

商鞅通过判例的具象性，强调了制定法的权威性；通过排除制定法实施的观念障碍，补强了制定法的效力；通过对谄媚行为的惩罚，保障了法律理解和执行的统一性。

（二）判例对制定法内容的解释与阐发

制定法的特点是高度抽象、概括，判例的特点则是形象、具体。判例是正确理解制定法含义的重要手段。将判例方法引入法典，实现制定法解释的通俗化，是中国古代立法解释的显著特色之一。

《唐律疏议·名例》规定了"本条别有制"律文："其本应重而犯时不知

---

① 《史记·商君列传》。

者，依凡论；本应轻者，听从本。”[①]立法者通过判例，对这一律文进行了解释和说明，为正确理解和适用成文法规则铺平了道路。

> 假有叔侄，别处生长，素不相识，侄打叔伤，官司推问始知，听依凡人斗法。又如别处行盗，盗得大祀神御之物，如此之类，并是“犯时不知”。得依凡论，悉同常盗断。其本应轻者，或有父不识子，主不识奴，殴打之后，然始知悉，须依打子及奴本法，不可以凡斗而论，是名“本应轻者，听从本”。[②]

判例的引入避免了律文烦冗的缺陷，生动的判例较概括、分析等解释方法，更加具有说服力。例文之后注明其形成的例案，有助于通过案例文献澄清歧义，准确理解例文的含义。

（三）判例对制定法内容的补充和完善

通过判例途径补充和完善制定法，是中国传统法律的重要特征之一。“因案生例的判例形成规则，是指司法官在其司法活动中，针对具体案件的裁判，认为应该通过该案总结、创制出特定法律规范时，便在判决中附请定例。最高统治者以上谕的形式，在对该案作出批结的同时，可以概括出具体的、普遍适用的法律规范，这就是例。”[③]

“因案生例”是判例法形成规则还是制定法形成规则？陈兴良教授认为，例案“只是形成条例的缘由，就条例本身而言是一条法律规则，而非判例。这一条例的形成符合因案生例的特征，但形成的条例是否等同于判例，尤其是因案生例是判例形成机制还是成文法形成机制，则不无商榷之处。我国学者刘笃才提出‘判例是可以援引作为审理类似案件的判决’这一命题，以此

① 《唐律疏议》卷六。

② 《唐律疏议》卷六。

③ 汪世荣：《中国古代判例法制度》，载武树臣主编：《判例制度研究》，人民法院出版社2004年版，第19页。

作为出发点，对判例作了以下界定：判例之所以是判例，必须保持其自身的形态，即作为具体的判决而在其后的司法领域发生法律效力。也就是说，作为后来判决案件的依据的，是某一具体案件的判决，而不是据此判决经过改造已经上升为制定法的抽象的法律条文。根据以上标准，我国古代的例当然是成文法而不是判例。可以说，律例合编的《大清律例》是一部成文法典，而不是成文法与判例法的合编”[①]。

“因案生例”是判例的形成机制，而非制定法的形成机制。“《大清律例》是一部成文法典”，恰恰说明条例没有被编撰进入法典之前，属于判例。“清代例的删定、编纂是重要的立法活动。自乾隆元年（1736年）起，经刑部奏准，3年修例一次。从乾隆十一年（1746年）开始，确立了5年一修例的制度。具体的修例工作由专门机构律例馆负责。在修例时，主要规范了例文的表达效果，删除和更正了律文与例文、例文与例文之间的重复和矛盾。经过律例馆馆修入律的例，可以认为被纳入了制定法的范畴。”[②]判例的约束力并非来自判决本身，而是来自判决阐释的法律原则或者规则，即“判决理由”。将判决理由抽象、概括、上升为条例，本身并非立法活动。法典编纂具有立法的性质，被纳入法典的条例，才完成了立法转变，始能被视为制定法。

四、判例文化传统的价值

（一）规范判例的名称

虽然中国传统社会重视判例的编辑，判例的编辑形成了“事类相从”的固有体例，近代的民国大理院判例汇编也沿袭了这一传统，积累了丰富的判例资源，为民国时期法制的研究提供了宝贵的史料，但是，判例编辑理论的研究薄弱，判例名称表述的规范性、统一性没有受到应有的重视。由于判例名称的表述缺乏共识，影响了判例的研究、传播与援引，导致判例制度发展滞后。

---

① 陈兴良：《从规则体系视角考察中国案例指导制度》，载《检察日报》2012年4月19日，第3版。

② 汪世荣：《中国古代判例法制度》，载武树臣主编：《判例制度研究》，人民法院出版社2004年版，第20页。

《睡虎地秦墓竹简》中的判例，采取问题导向的命名方式，“出子”和“经死”两个判例，形象生动地揭示了判例在检验领域的特点。前者是关于小产、流产的检验判例，后者是关于自缢检验的判例。《奏谳书》中的判例，没有总结、归纳、概括出判例名称，只是对判例进行了排序。郑克《折狱龟鉴》则采用以案件主要情节命名判例的方式，诸如“丙吉断财”“寒朗廷争”“孙亮破矢”“苻融验走”等。

文学作品中的判例，也表现了多样化的命名方式，大部分以诉讼当事人的姓名为判例的名称，诸如《聊斋志异》中的“胭脂”、戏曲中的“杨乃武与小白菜”，有些则用主要案件情节命名，例如文学作品中的“乔太守乱点鸳鸯谱”、戏曲中的“窦娥冤”，等等。时至今日，大众也惯以当事人的姓名作为案例的名称，诸如“孙志刚案”“辛普森案”“许霆案”“呼格吉勒图案”“雷洋案”等，影视作品中有些也以主要案情命名，如《秋菊打官司》《大宋提刑官》，等等。学者关于案例援引规范的讨论，由于不能涵盖上述案例的核心因素，难以被广泛接受和认同。①认真研究判例的表述方式和表述规范，形成约定俗成的、广泛认同的、规范有效的判例名称，是判例传播的必要条件。

（二）建立判例分析和援引的技术方法

传统判例编辑过程中，重视法律原则和规范的概括与归纳，诸如“张释之判犯跸案”关于法律原则的阐述，等等，缺乏技术层面的分析，甚至对事实的描述，失于简略。这样的判例编辑传统，严重制约了判例分析和讨论的深入进行，也制约了对判例援引技术的研究，乃至对判例本身的援引。

判例援引最重要的是对先例事实的分析，确定关键事实以及与之对应的规范，概括出法律理由。如果事实的记载过于简单，先例对当下案件的适应性分析就无从谈起。判例编辑中关于事实分析缺乏的状况，也导致了相关理

① “目前《最高人民法院公报》和主要案例汇编上的案例标题有两种表述方式，一种是控辩双方当事人的姓名或名称，中间加上‘诉’；另一种是列一方当事人的名称和案由。前者主要用于民事案件，后者主要用于刑事案件。所以，引注案例时，应根据案例汇编的案例标题来处理。”罗伟主编：《法律文献引证注释规范（建议稿）》，北京大学出版社2007年版，第19—20页。

论研究的滞后。

判例编辑的上述特点，也决定了中国传统律学研究只能限制在对律、例条文的考察和分析范围之内。《唐明律合编》《读例存疑》《大清律例通考》等传统律学的经典著作，均缺乏判例研究的内容。在当代法学教育和研究中，规范分析仍然是主流方法，关于事实分析、事实认定等问题，没有受到应有的重视。虽然2010年最高人民法院公布了《关于案例指导工作的规定》，并明确要求各级法院“审判类似案例时应当参照”；但是，各级法院对公布案例进行“参照”的方式，无法进行实证的考察，“参照”的效果更是无从评估。究其原因，很重要的一点是判例分析和援引的理论研究滞后，不能为案例制度的运行提供具体的指导。

（三）发挥判例的实际效用

传统律学研究以规范分析见长，判例的实证分析不足。在《刑案汇览》等经典判例汇编中，缺乏对援引先例的状况进行实证的统计和分析，仅有定性分析方法，缺乏定量分析和研究。“通过对《刑案汇览》的分析和考察，不难发现，清朝的判例适用注重案件相同和不同情节的比较和权衡，重视区分关键事实，讨论先例与当下案件之间在事实上的相同和不同，确定相同之处抑或不同之处更加重要。”①但是，传统律学对判例原理和方法的研究不足，司法实践中判例如何发挥作用、发挥的作用如何等问题，难以从现有的研究成果中得出结论。

作为一种资源，司法产品不仅对个案发挥作用，而且对同类纠纷的解决具有规范作用。先例的约束将使司法更加公平、公正，实现对纠纷的有效解决。重视实证方法，关注司法实践的真实运作，总结和提炼司法经验，是实现个案公正的必要条件。实证研究需要司法档案资料的开放，也需要理论界对实证研究方法的自觉。

① 汪世荣：《判例与法律发展：中国司法改革研究》，法律出版社2006年版，第73页。

第一章　秦汉判例

一、秦汉判例概况

（一）秦汉判例制度的萌芽：先秦判例的出现

法律是在众多案件的处理中归纳、抽象一般规范的产物，其产生、公布均经历了漫长的发展过程。在律令法体系初步形成的秦汉时期，成文法无疑是秦汉法律的主要组成部分。传统观点认为，成文法的公布是以春秋时期郑国子产“铸刑鼎”为标准的，《左传·昭公六年》中记载：“三月，郑人铸刑书。”其后的昭公十二年，晋国也发生了公布成文法的事件，《左传·昭公二十九年》记载：“冬，晋赵鞅、荀寅帅师城汝滨，遂赋晋国一鼓铁，以铸刑鼎，著范宣子所为刑书焉。”至战国时期，各国纷纷公布成文法。在各国公布的制定法中，尤以魏文侯时期李悝制定的《法经》为代表，《法经》在商鞅携之入秦后，成为秦律的基石，进而演化为秦汉时期的诸多律篇。

然而，同世界上所有的早期文明国家一样，中国早期的法律形式主要是判例。[①]先秦时期作为我国法律制度的萌芽时期，产生了众多不同形式的判例，这些原始阶段的判例一方面不断汇集、演化，推动了成文法的产生；另一方面也成为秦汉时期判例制度的渊源与基础。由于年代久远和史料缺乏，后世的研究者对先秦时期判例乃至法制状况的了解多依赖《左传》《周礼》等史料以及部分出土金文文献。具体而言，先秦时期的判例在史料中存在“刑”“比”“成”“制”等不同形式。

“刑”通常被认为是早期法律的名称，考察史料中对先秦时期法律形式的

① 汪世荣：《中国古代判例研究》，中国政法大学出版社1997年版，第3页。

记载可知，我国历史上有记录的最早的法律为夏代的《禹刑》。《左传·昭公六年》曰：“夏有乱政，而作禹刑。”郑玄在《周礼·秋官·司寇》中注释称：

夏刑大辟二百，膑辟三百，宫辟五百，劓、墨各千。

在夏代的《禹刑》之后，具有代表性的当数西周的《吕刑》。《尚书·吕刑》中记载：

墨罚之属千，劓罚之属千，剕罚之属五百，宫罚之属三百，大辟之罚其属二百，五刑之属三千。

关于上述夏至西周时期的刑罚条目，学界目前的研究普遍认为，这些成百上千的条目并非法律条文的数目，而是这一时期判例的规模。正如《左传》中对“郑人铸刑书”的记载：

昔先王议事以制，不为刑辟。……夏有乱政，而作禹刑；商有乱政，而作汤刑；周有乱政，而作九刑。①

即，先秦时期并不存在预设的法律条文，而是针对发生的具体时间和事件作具体的讨论，以确定处罚。《礼记·王制》中对“刑”产生的记载证实了这一点：

疑狱，泛与众共之；众疑，赦之。必察小大之比以成之。成狱辞，史以狱成告于正，正听之。正以狱成告于大司寇，大司寇听之棘木之下。大司寇以狱之成告于王，王命三公参听之。三公以狱之成告于王。王三又，然后制刑。

这一记载反映了先秦时期“刑”的产生过程，当疑难案件产生时，首

① 《左传·昭公六年》。

先应经过众人的判断讨论，对于众人都存疑的罪行应当赦免。判处时应当参照其他判决成例的轻重大小来判断，判决意见拟出后，需逐级呈报给“史”“正”“大司寇”“王”，经过三公的讨论，最终确定后才制成为“刑”。“刑”无疑是对疑案的判决结果，可见，这一时期的“刑”的形式正是后世所称的“判例”。

除了“刑”这一判例形式外，先秦时期较常见的判例称谓是“比”，上文《礼记·王制》中提及的“察小大之比以成之”指的正是这一判例形式。“比”即比照、参照，这一名称的使用贯穿先秦、秦、汉时期，后文所提及的秦代“比行事”、汉代“决事比”都是对先秦“比”的沿用继承。商代已经存在“比”这一判例形式，《尚书·盘庚》中记载：

承汝俾汝惟喜康共，非汝有咎比于罚。

其中的“有咎比于罚”，指的就是有罪过时比照已有判例判处刑罚。成书于西周穆王时期的《尚书·吕刑》中记载“上下比罪，无僭乱辞，勿用不行”，指的也是这一形式。

“成”同样作为一种判例形式出现在西周史料中，从字面理解，所谓“成”指的就是已有的、成型的判例。《周礼·秋官司寇·大司寇》中记载：

凡庶民之狱讼，以邦成弊之。

这段文字的大意为，百姓的狱讼纠纷，应用“邦成”来决断。其中的“邦成”指的就是“成”这一判例形式。郑玄对此解释：“邦成，谓若今时决事比也。弊之，断其狱讼也。”[①]也即“成”相当于汉代的“决事比”。类似的记载还有《周礼·天官冢宰·小宰》中的“八成”：

① 《十三经注疏》整理委员会整理：《十三经注疏·周礼注疏》（下），北京大学出版社1999年版，第909页。

> 以官府之八成经邦治：一曰听政役以比居；二曰听师田以简稽；三曰听闾里以版图；四曰听称责以傅别；五曰听禄位以礼命；六曰听取予以书契；七曰听卖买以质剂；八曰听出入以要会。

此处的“八成”指的就是已有的成规、成例，唐代的贾公彦疏将此解释为“旧法成事品式”，需要“依时而行之”。《周礼·秋官司寇·士师》中同样有“掌士之八成”的记载，郑玄同样以汉代的“决事比”来解释。此外，前述《礼记·王制》中有：

> 史以狱成告于正……正以狱成告于大司寇……大司寇以狱之成告于王……三公以狱之成告于王……然后制刑。

这里的“狱成”“狱之成”指的便是“成”这一判例形式，这段记载同样体现了“刑”与“成”的关系，即疑难案件审判结果为“成”，“成”进一步整理提升发展为“刑”，这与后文所介绍的秦汉时期一般司法案例向判例汇编乃至律令的转化过程是完全一致的。

除上述较明确的“刑”“比”“成”之外，有观点认为，“制”也是先秦时期的一种判例形式。《左传·昭公六年》中记载，郑国子产铸刑鼎时，晋国叔向曾谏阻称：

> 昔先王议事以制，不为刑辟，惧民之有争心也。

此处的“制”与“刑辟”相对，“议事以制”意为根据以往的事例判处，而非根据预设的刑罚。

尽管碍于年代的久远与书写材料的局限，先秦判例生成、实践的具体情形难以考证，但上述“刑”“比”“成”“制”等先秦判例形式都证实了先秦时期判例在审判中的重要地位。结合近代以来出土的《曶鼎》《琱生簋》等金文文献中记载的狱讼、誓契内容，可以推测，正是这类在狱讼纠纷中产生的记录、质证文字，成为先秦时期判例的来源。如果前述“五刑之属三千”一类的记载反映的是先秦时期的真实状况，那么在彼时无疑也产生了对判例的有意识整理和汇集。总之，先秦时期的判例无论从形式还是运用方面，都成为秦汉判例制度的先声。

（二）秦汉判例的形式与类别

作为中华法治文明肇始阶段的秦汉时期，以法为教、援法治国是其最为突出的特点。秦代奉行秦国自商鞅变法以来长期坚持的法家传统，始终奉行法家思想下的法治原则，诸事“皆有法式”[①]。汉承秦制，律令法体系进一步发展。这一时期的律令已经涵盖国家运转和社会生活的方方面面。然而，秦汉时期的律令作为制定法具有天然的滞后性，产生于实际案件审判的判例是对这种滞后的有效弥补手段。因此，判例制度在秦汉时期的政治法律运转中发挥了重要的作用。本节拟从秦汉时期判例的形式与类别出发，对秦汉时期判例的状况作一介绍。

就目前可见的文献资料而言，秦汉时期的判例种类复杂，形式繁多。正因如此，秦汉判例存在着来源、性质及作用等诸多划分标准。例如，根据判例的真实性，秦汉时期的各类判例可分为实际判例与拟制判例；根据判例的来源及在实际司法实践中的作用，各类判例可划分为事例性判例、拟制性判例与援理性判例。

1.事例性判例

事例性判例是指由现实中发生的案件、事例整理而成的案例，这也是秦汉时期最为常见的判例形式。考察史籍与出土文献中的秦汉事例性判例可知，这一时期的事例性判例制度已经十分成熟。一方面，秦汉时期已经形成相对完善的案件审理、记录、上报以及相应的文书制度，大量实际司法审判中的案例被汇集、奏报、传递，并借助文书行政制度保留下文本；另一方面，秦汉时期的律令法体系并未完成、封闭，不同于后世律典的固定篇章，秦汉律令作为一个开放体系处于不断扩充、整理、汇编的过程中，大量的实际司法判例在奏报中被赋予法律效力，准予他案参引，最终被抽象纳入律令范围。

---

① 《史记·秦始皇本纪》。

具体而言，秦汉时期的事例性判例主要有以下几种。

（1）廷行事

睡虎地秦墓竹简《法律答问》中有十二处提及了“廷行事”这一判例形式。“廷”即官廷，也就是司法机构，“行事”即已行已成之事，所谓“廷行事”也就是法庭断案的成例。《汉书·翟方进传》注引刘敞云：“汉时人言‘行事’、‘成事’，皆请已行已成事也。”王念孙《读书杂志》对此解释：“行事者，言已行之事，旧例成法也。汉世人作文言‘行事’、‘成事’者，意皆同。”①

具体而言，《法律答问》中援引的廷行事可分为两种。一种是在法律对某些犯罪行为如何定罪量刑无法作出明确规定的情况下，司法机构比附近似的法律规定作出的判决，一旦发生法律效力，对以后的案件就有一定的示范作用。如：

> 盗封啬夫可（何）论？廷行事以伪写印。②

即，假冒啬夫封印应当如何论罪？按照“廷行事”，应按照伪造官印的规定处理。又如：

> 实官户扇不致，禾稼能出，廷行事赀一甲。③

即，未能将官府府库门窗关闭严密，以致库内的禾稼漏出，按照“廷行事”论处价值一甲的罚金。

另一种是法律对于某种罪行虽有明确规定，但统治者认为这些规定已不适应需要，就在司法实践中通过判例来改变法律。如：

> 告人盗百一十，问盗百，告者可（何）论？当赀二甲。盗百，即端盗驾

---

① （清）王念孙：《读书杂志》，徐炜君等校点，上海古籍出版社2015年版，第865页。
② 睡虎地秦墓竹简整理小组编：《睡虎地秦墓竹简》，文物出版社1978年版，第175页。
③ 睡虎地秦墓竹简整理小组编：《睡虎地秦墓竹简》，文物出版社1978年版，第215页。

（加）十钱，问告者可（何）论？当赀一盾。赀一盾应律，虽然，廷行事以不审论，赀二甲。[①]

即，有人诉告他人盗窃一百一十钱，但经审理实际盗窃金额为一百钱。律令规定，故意在诉告他人时增报盗窃金额十钱的，起诉者本应当处以价值“一盾”的罚金。但依“廷行事”，这种情形下应按照过失判处，起诉者应当被处以缴纳“二甲”价值的罚金。又如：

可（何）如为“犯令”“法（废）令”？律所谓者，令曰勿为，而为之，是谓“犯令”；令曰为之，弗为，是谓“法（废）令”殹（也）。廷行事皆以“犯令”论。[②]

意为：什么是“犯令”“废令”呢？律文中对此的规定是，为律令所禁止之行为的是“犯令”，律令要求做到而不履行的是“废令”。但“廷行事”对此都按照“犯令”处罚。

从以上数则廷行事可以看出，秦时的廷行事具有较强的指导性，已由一般事例上升、抽象为具有法律渊源性质的指导性断例。即使到多年后的东汉时期，这类判例仍作为审判援引的重要依据存在，只是名称发生了细微变化。甘肃武威旱滩坡出土的东汉简牍中就有“行事”这一审判依据，如：

民无爵里名姓，吏擅事使，有行事颖川东乡佐坐论□。

代户父不当为正，夺户，在尉令第五十五。行事大原武乡啬夫□□。[③]

这里的两个案例在论处上分别参考了两则“行事”，第二则更是在列出

① 睡虎地秦墓竹简整理小组编：《睡虎地秦墓竹简》，文物出版社1978年版，第167页。

② 睡虎地秦墓竹简整理小组编：《睡虎地秦墓竹简》，文物出版社1978年版，第211—212页。

③ 转引自李均明、刘军：《武威旱滩坡出土汉简考述——兼论“挈令”》，载《文物》1993年第10期。

了判决依据的律令《尉令》条文后仍列举了一则“行事”，这也显示了“行事”这类判例的效力稳定性与法源地位。

（2）比行事

较睡虎地秦墓竹简时代略晚的岳麓秦简中出现了一类有明确官方名称的判例形式“比行事”，对比睡虎地秦简所见“廷行事”，二者名称仅有一字之差，据此可推断，“廷行事”与“比行事”性质基本相近，但“比行事”较“廷行事”的发展在于，名称中明确体现了“比”这一判例的参考性质，并且已经与律令并列，被明确为具有权威性的法律渊源。岳麓秦简中收录了一条始皇帝诏令：

制诏御史：吏上奏当者，具傅所以当者律令、比行事。固有令，以令当，各署其所用律令、比行事曰：以此当某。今多弗署者，不可案课，却问之，乃曰：以某律令某比行事当之，烦留而不应令。今其令，皆署之如令。[①]

诏令大意为，官员上报的疑难案例应当在案卷后附录判决所依据的律令或“比行事”，但多有不按规定者，因而下令必须标注。由此可见此时的“比行事”作为审判依据，已具有与律令等同的效力。

（3）决事比

西汉时期，伴随着律令法体系的逐渐完善，出现了名为“决事比”的判例形式，从其性质、形式可以推测，“决事比”是由前述廷行事、比行事发展而来，属于审判无旧例可循时可比照、取决的判例。《周礼·秋官司寇·大司寇》贾公彦疏：“其无条，取比类以决之，故云决事比。”即“决事比”有着补充、指导法律适用的作用。《后汉书·桓谭传》：“今可令通义理明习法律者，校定科比，一其法度，班下郡国，蠲除故条。”李贤注云：“科谓事条，比为类例。”也指出了“比”的判例性质与在司法审判中的类比作用。汉代史料中出现了大量“比”，如“廷尉所不能，谨具为奏，傅所当比律令以闻”“转相比况”“奇请它比”“所欲陷则予死比”等，都是指司法官吏比附

① 陈松长主编：《岳麓书院藏秦简（伍）》，上海辞书出版社2017年版，第60—61页。

律令、援引判例定罪量刑。[①]从疏勒河流域出土汉简中就可看到基层司法官吏依“决事”断狱的例子：

弃市，乐见决事与霸德、安汉不所坐不同，即上书对具□。[②]

作为成案判例，决事比范围广泛，具有较强的灵活性和可适用性，因而在汉代被官方承认为一种正式的法律形式，广泛应用于司法实践当中。随着汉代律令体系的不断发展与社会经济、统治局面的变迁，决事比也不断积累，以至于到汉武帝时期出现了这样的局面：

其后奸猾巧法，转相比况，禁罔浸密。律令凡三百五十九章，大辟四百九条，千八百八十二事，死罪决事比万三千四百七十二事。[③]

此时的决事比数量惊人、体系庞杂，足见这一成案判例形式对律令的补充作用。但同时也导致出现了“文书盈于几阁，典者不能遍睹”[④]的混乱情形。伴随着决事比的大量累积及整理规范的需求，官方对这一成案判例的系统编纂也逐渐展开，进而出现了关于“比”的编纂成果。依据现存的史料记载，决事比的编纂始于西汉时期，但编纂活动和成果的记载主要见于东汉时期。《晋书·刑法志》记载：

又汉时决事，集为《令甲》以下三百余篇，及司徒鲍公撰嫁娶辞讼决为《法比都目》，凡九百六卷。

此处所指“汉时决事”正是决事比，其编纂数量达三百余篇、九百余卷。

---

① 徐世虹主编：《中国法制通史》（第二卷），法律出版社1999年版，第287页。

② 林梅村、李均明编：《疏勒河流域出土汉简》，文物出版社1984年版，第46页。

③ 《汉书·刑法志》。

④ 《汉书·刑法志》。

其中，司徒鲍昱及其属官陈宠是决事比编纂的重要人物。《东观汉记》记载：

时，司徒辞讼久者至十数年，比例轻重，非其事类，错杂难知。昱奏定《辞讼》七卷，《决事都目》八卷，以齐同法令，息遏人讼也。[①]

可见这一时期由于大量决事比杂乱无序，司法审判已经处于较为混乱的状态，正是出于使法令整齐划一、息讼止争的目的，官员们才对决事比进行系统的整理编纂。而依据《后汉书》，此处《辞讼》《决事都目》的撰写者是后任廷尉的陈宠。《后汉书·陈宠传》中记载：

宠为昱撰《辞讼比》七卷，决事科条，皆以事类相从，昱奏上之，其后公府奉以为法。

其后担任尚书的陈宠之子陈忠继承其父亲的遗愿，继续整理编纂决事比，"奏上二十三条，为决事比，以省请谳之敝"[②]，明确提出编定决事比的目的在于指导司法审判，免除大量疑案处理意见的上奏、请示。东汉后期，著名学者应劭鉴于法令滋长混乱，于建安元年上奏，建议删定律令科比：

臣窃不自揆，辄撰具《律本章句》、《尚书旧事》、《廷尉板令》、《决事比例》、《司徒都目》、《五曹诏书》及《春秋折狱》，凡二百五十篇，蠲去复重，为之节文。又集《议驳》三十篇，以类相从，凡八十二事。[③]

大意为，应劭对《决事比例》《司徒都目》《春秋折狱》等进行删定，将律、令、科、比全部综合归纳，按照职能部门分配编撰。"蠲去复重，为之节文"说明此次编纂活动并不是简单地汇集，而是对众多判例删繁就简后进行

① 《东观汉记·鲍昱传》。
② 《后汉书·陈宠传》。
③ 《晋书·刑法志》。

的系统编排。在此动议之下，东汉朝廷进行了一次系统的决事比编纂，不同司法部门的官吏所作出的案例判决，都被统一整理、汇编，产生了大量的决事比汇编成果。

综观汉代的决事比的积累、编纂过程，诸多事例，汉代判例的产生、定型、汇总、应用、整理都已全面展开，汉代司法官员已经对判例的指导意义有了深刻认识，这从侧面证实了汉代判例制度的成熟。

（4）故事

汉代史料中，频繁出现一类名为“故事”的事例，亦称为“行事”“成事”。从称谓上看，故事与前文的廷行事、比行事性质接近，只是在不同时期名称有细微变化，均属于被抽象、赋予法律效力的渊源性判例。作为一种不成文的习惯法和可供参考援引的事例，故事在政治法律生活中起着重要作用。汉代对故事相当重视，在中央政府专门设有掌故这一职官“主故事”，对官员的褒奖之语中也多出现“明习故事”“修故事”的表述。两汉时期的故事按照其调整的社会关系范围或涉及的领域大致可划分为行政故事、礼仪故事、律令故事等。[①]具有判例性质与司法审判指导意义的当数其中的律令故事。

尽管故事与决事比、辞讼比都有补充、解释律令的判例性质，但与前述决事比、辞讼比不同的是，汉代的故事更具惯例性，属于寻常多见的事例，因此已十分成熟，在运用、参引时并不需要过多地引证旧案；而决事比在形成之初被认为大多为“奇情怪事，世所罕见”，因此作为疑难案例在论处时一经判定，后世便可援引比附。因此，律令故事作为判例形式的一种，较其余形式更具有指导意义。

两汉时期律令故事大量积累，后人对汉代律令故事也进行了整理，《新唐书·艺文志》录有“《汉建武律令故事》三卷”，《唐六典》卷六注曰：“汉建武有《律令故事》上中下三篇，皆刑法制度也。”由于时代久远，这些经过整理编纂的律令故事已经散落佚失。但在现存的两汉时期史料中，仍保存着一部分有关律令故事的记载，在此列举数例：

① 参见闫晓君：《两汉“故事”论考》，载《中国史研究》2000年第1期。

《汉书·杜周传》："故事，大逆朋友坐免官，无归故郡者，今坐长者归故郡，已深一等。"

即，按照故事，犯有大逆之罪的罪人，其朋辈友人均应以免除官职论处。

《汉书·宣元六王传》："故事，诸侯王获罪京师，罪恶轻重，纵不伏诛，必蒙迁削贬黜之罪，未有但已者也。"师古曰："故事者，言旧制如此也。"

此处的故事是针对诸侯王犯罪的处理惯例，依照故事，诸侯王在京师地区犯罪，无论罪恶大小轻重，即使不被诛杀，也一定论以剥夺封地、削爵罢黜的处罚。

《汉书·酷吏传》："延年后复劾大司农田延年持兵干属车，大司农自讼不干属车。事下御史中丞，谴责延年：'何以不移书宫殿门禁止大司农，而令得出入宫？'于是覆劾延年阑内罪人，法至死。延年亡命。"师古注引张晏曰："故事有所劾奏，并移宫门，禁止不得入。"

此处严延年劾告大司农田延年携带兵器冒犯天子车驾属车，对此田延年辩解，严延年反而因未上报宫门禁止田延年出入而被谴责。只因遵照汉代故事要求，有罪被告劾的官员禁止出入宫门，而严延年未及时向宫门守卫报告这一情况。

《汉书·游侠传》载：（京兆史陈遵）"独极舆马衣服之好，门外车骑交错。又日出醉归，曹事数废。西曹以故事适之，侍曹辄诣寺舍白遵曰：'陈卿今日以某事适。'遵曰：'满百乃相闻。'故事，有百适者斥，满百，西曹白请斥。"师古注曰："案旧法令而罚之也。"

京兆史陈遵沉溺酒乐、荒废职事，负责官吏按"故事"对其进行责罚，陈遵对此不以为意，称责备次数满百次后再来告知。这是因为遵照汉代的故事，官吏被责罚满百次后就需被论以罢免的处罚。

《汉书·朱博传》载："迁廷尉，职典决疑，当谳平天下狱。博恐为官属所诬，视事，召见正监典法掾史，谓曰：'廷尉本起于武吏，不通法律，幸有众贤，亦何忧！然廷尉治郡断狱以来且二十年，亦独耳剽日久，三尺律令，人事出其中，掾史试与正、监共撰前世决事吏议难知者数十事，持以问廷尉，得为诸君覆意之。'正监以为博苟强，意未必能然，即共条白焉。博皆召掾史，并坐而问，为平处其轻重，十中八九。官属咸服博之疏略，材过人也。"师古注引如淳曰："但欲用意覆之，不近法律事故也。"

朱博在任廷尉时，担负决断、审理天下疑难案件的职责，但其出身武官，并不通习律令，为避免下属欺瞒，朱博请下属用已有的"决事"判例来考问自己，以显示自己不可欺骗。下属举出数十例难以决断的复杂判例请朱博断决，看是否与"故事"中的判决结果相近，不料朱博的判决与"决事"的标准判决相比竟"十中八九"，足见其才略过人。作注者指出，朱博用心审案，并不拘于"法律事故"。此处"法律事故"是"法律故事"的误写。

至东汉时期，故事仍作为稳定的通行事例，《后汉书·马援传》记载，彼时交阯地区发生叛乱，马援在率军镇压后，"条奏越律与汉律驳者十余事，与越人申明旧制以约束之，自后骆越奉行马将军故事"。将汉地律令与越地律令的冲突条款上奏，与当地百姓申明制度，越地自此遵行马援所确定的"故事"。

从上述事例可知，两汉时期的律令故事包含内容广泛，被普遍援引、遵行，已属于成熟度较高的固定判例形式。

2.拟制性判例

拟制性判例是指并未实际发生，而是依据律令规定假拟案件具体情况形成的案例。这一判例形式多以虚拟的人物为犯罪主体，通过拟制不常见的案件情节来指出律令的不明或空白之处，进而通过对虚拟案例的处理指明一类特殊情形的判处意见。睡虎地秦墓竹简所出《法律答问》中就载有不少这类拟制判例，多采用问答形式，犯罪主体姓名用"甲""乙"等代替，从而在虚拟的案例中对秦律某些条文、术语以及律文的意图作出明确解释。就《法律答问》中的拟制判例而言，其拟制的案件情节已十分复杂，在此列举数例：

甲谋遣乙盗，一日，乙且往盗，未到，得，皆赎黥。①

甲教唆乙盗窃，乙前往盗窃但未遂时就被抓获，甲、乙二人均应被判处“赎黥”。

甲盗牛，盗牛时高六尺，系一岁，复丈，高六尺七寸，问甲可（何）论？当完城旦。②

甲盗窃牛时身高六尺（未达秦国法定的承担刑事责任的身高），羁押一年后，身高达到了六尺七寸，应当如何判处？应当施以完刑并作为城旦。

甲盗不盈一钱，行乙室，乙弗觉，问乙论可（何）殹（也）？毋论。其见智（知）之而弗捕，当赀一盾。③

甲盗窃价值不满一钱的财物，并藏匿在乙家中，乙并未发觉，乙应当处罚吗？不应，如果明知甲盗窃还不帮助举报抓捕，就处以价值一盾的罚金。

甲乙雅不相智（知），甲往盗丙，毚（才）到，乙亦往盗丙，与甲言，即各盗，其臧（赃）直（值）各四百，已去而偕得。其前谋，当并臧（赃）以论；不谋，各坐臧（赃）。④

甲乙二人互不相识。甲前往盗窃丙的财物，刚刚抵达，乙也前来行窃，

① 睡虎地秦墓竹简整理小组编：《睡虎地秦墓竹简》，文物出版社1978年版，第152页。
② 睡虎地秦墓竹简整理小组编：《睡虎地秦墓竹简》，文物出版社1978年版，第153页。
③ 睡虎地秦墓竹简整理小组编：《睡虎地秦墓竹简》，文物出版社1978年版，第155页。
④ 睡虎地秦墓竹简整理小组编：《睡虎地秦墓竹简》，文物出版社1978年版，第156页。

二人商议各自行窃，每人取得了价值四百钱的财物。如果二人事前共同谋划，应当视为共同犯罪按八百钱金额论处；二人无共谋，因此各自按四百钱金额判处。

士五（伍）甲盗一羊，羊颈有索，索直（值）一钱，问可（何）论？甲意所盗羊殹（也），而索系羊，甲即牵羊去，议不为过羊。①

甲盗窃一头羊，羊颈上有一条价值一钱的绳索，应当如何论处？甲的主观故意为盗窃羊，绳索只是用以牵羊，因此只按羊的价值定罪。

诬人盗直（值）廿，未断，有（又）有它盗，直（值）百，乃后觉，当并臧（赃）以论，且行真罪、有（又）以诬人论？当赀二甲一盾。②

某人诬陷他人盗窃价值二十钱的财物，诬告罪还未审判，又被发觉盗窃了价值百钱的财物，应当数罪并罚还是各自论处？应当处以价值二甲一盾的罚金。

从上述内容来看，这些虚拟案例涉及了犯罪教唆、刑事责任标准、主观故意、共同犯罪、牵连犯、数罪并罚等复杂问题，这充分体现了这一时期的司法官吏对利用判例形式阐释补充法律的熟练程度。需要指出的是，这些拟制判例同前述的廷行事共同编纂在《法律答问》内，这一形式易于理解、便于推广，同时说明这些判例已经具备了补充、阐释律令的司法解释性质，体现了从判例到律令阐释的过渡。

3.援理性判例

援理性判例是指并未实际发生或虽现实存在但其审判不符合秦汉时期的实际律令情形的案例。从现存史料可知，汉代已经较为重视这类断案义理可供援引、参考的案例。这说明，汉代司法官员在继承秦代“事皆决于法”的依法决断的基础上，已经充分认识到了现实案件审判的复杂性与情、理、法

① 睡虎地秦墓竹简整理小组编:《睡虎地秦墓竹简》，文物出版社1978年版，第163页。

② 睡虎地秦墓竹简整理小组编:《睡虎地秦墓竹简》，文物出版社1978年版，第172页。

协调的重要性。汉代产生了以“春秋决狱”为代表的众多此类说理性判例，但这类蕴含义理、解释灵活的判例并不局限于利用春秋之义，目前可见的引用义理分析的判例最早可追溯至西汉初年甚至更早。

（1）《奏谳书》所见春秋判例

1983年底至1984年初，湖北江陵张家山247号汉墓出土大批西汉竹简，经整理释读后可知，这批竹简包含《二年律令》《奏谳书》等宝贵的法律文献，其中《奏谳书》是议罪案例的汇编，由二十二个案例组成。值得注意的是，《奏谳书》中除了收录秦至西汉初年真实发生的议罪案例外，还收录了春秋时期的两则案例，分别为卫国与鲁国的案例，以“异时卫法”“异时鲁法”起始。两则案例内容如下：

异时卫法曰：“为君、夫人治食不谨，罪死。”今宰人大夫说进炙君，炙中有发长三寸；夫人养婢媚进食夫人，饭中有蔡长半寸，君及夫人皆怒，劾，史犹（猷）治，曰：“说毋罪，媚当赐衣。”君曰：“问史猷治狱非是。”史猷曰：“臣谨案，说所以切肉刀新磨（？）甚利，其置枹（庖）俎。夫以利刀切肥牛肉枹（庖）俎上，筋腐尽斩，炙膊大不过寸，而发长三寸独不斩，不类切肉者之罪。臣有（又）诊炙肉具，桑炭甚美，铁卢（炉）甚磬。夫以桑炭之磬铁□而肉颇焦，发长三寸独不焦，有（又）不类炙者之罪。”

……史犹（猷）曰：“炙中发，臣度之，君今旦必跂〈疏（梳）〉而炙至，肉前，炙火气□人而暑，君令人扇，而发故能蜚（飞）入炙中。”君曰：“今旦寡人方蔬（梳），扇而炙来，然且与子复诊之。”君备（俛）视席端，有随（鬌）发长二寸以上到尺者六枚。君复置炙前，令人道后扇，发蜚（飞）入炙中者二枚。君曰：“善哉！”亟出说而赐媚新衣，如史犹（猷）当。[①]

即，卫国法律规定，为国君、夫人制作膳食不谨慎应判处死罪。现有大夫“说”为国君进献炙肉，内有三寸长的头发，而夫人的养婢“媚”为夫人

① 张家山二四七号汉墓竹简整理小组编著：《张家山汉墓竹简〔二四七号墓〕》（释文修订本），文物出版社2006年版，第106页。

进献的食物中有草。史“猷”判处“说”无罪，国君质问“猷”，“猷”从头发长度、切肉炙肉器具情形处罚进行推理并实验，证实头发系国君自己掉落；而夫人食物中的草系“媚”衣物残破、住处简陋而无意勾带，并非制作之过。因此判处“说”无罪，并赐“媚”新衣物。

异时鲁法：盗一钱到廿，罚金一两；过廿到百，罚金二两；过百到二百，为白徒；过二百到千，完为倡。有（又）曰：“诸以县官事訑其上者，以白徒罪论之。有白徒罪二者，驾（加）其罪一等。白徒者，当今隶臣妾；倡，当城旦。今佐丁盗粟一斗，直（值）三钱，柳下季为鲁君治之，论完丁为倡，奏鲁君。”君曰：“盗一钱到廿钱，罚金一两。今佐丁盗一斗粟，直（值）三钱，完为倡，不已重虖（乎）。”柳下季曰：“吏初捕丁来，冠鉥（鹬）冠。臣案其上功牒，署能治礼，儒（儒）服。夫儒（儒）者君子之节也，礼者君子学也，盗者小人之心也。今丁有宵（小）人心，盗君子节，有（又）盗君子学以上功，再訑其上，有白徒罪二，此以完为倡。”君曰：“当弋（哉）。”[①]

即，鲁国法律规定，盗窃金额在一钱至二十钱之间的判处罚金一两，同时在官府事务中欺瞒上级，要处以“白徒”的刑罚，现有名“丁”的佐盗取价值三钱的粟，柳下季判处其“完为倡”，国君以为过重。柳下季解释称，“丁”被捕时身着儒服，功劳簿上写着其通晓礼制，“丁”作为盗窃的小人一方面占据君子的冠服、学识，另一方面又在上报功劳时欺瞒上级，二行为都构成了“白徒”罪，因此“完为倡”。

上述两则案例与《奏谳书》中的其他案例有明显不同，并未涉及案件审理的细节及奏谳程序，而是超越了具体的律令规定、审判程序，转而强调审判中的义理、态度，更具传奇故事的叙事特点。其中，鲁国案例的众多细节与春秋时期不符，反而与战国秦汉时期的制度贴近；而卫国案例的虚构更为明显，《韩非子·内储说下》中有与此情节十分接近的“文公发绕炙”故事。

① 张家山二四七号汉墓竹简整理小组编著：《张家山汉墓竹简〔二四七号墓〕》（释文修订本），文物出版社2006年版，第107页。

这两则案例说明，汉代的判例汇编已经出现了脱离实际案例、注重逻辑说理的倾向，这与唐代敦煌判集中假托历史名人故事、虚拟判词的做法是完全一致的。由此可见，这类依托故事传说虚拟案例，借以说理释法的做法，可上溯至西汉初年。一定程度上，这也成为其后的汉武帝时期董仲舒“春秋决狱”的先声。

（2）春秋决狱

春秋决狱是始于西汉时期的一类司法审判案例。其基本特征在于引入“春秋之义”解释、补充法律，进而影响乃至改变判决。据《后汉书·应奉传》载：“故胶东相董仲舒，老病致仕，朝廷每有政议，数遣廷尉张汤亲至陋巷，问其得失。于是作春秋决狱二百三十二事，动以经对，言之详矣。”《汉书·艺文志》就有“公羊董仲舒治狱十六篇”的记载。后世的史书中有“董仲舒撰春秋决事十卷”“董仲舒春秋决狱十卷”的记载，都证实董仲舒以春秋义理进行分析、判决，并形成了经过系统编纂的判例汇编。由于时代久远，原书已不存，目前可见的数则春秋决狱判例分散于不同史籍中，经过历代学者辑佚整理，可以认定属董仲舒所作春秋决狱判例的有以下六则。

案例一，养父匿子案：

> 时有疑狱曰：“甲无子，拾道旁弃儿乙养之，以为子。及乙长，有罪杀人，以状语甲，甲藏匿乙，甲当何论？”仲舒断曰：“甲无子，振活养乙，虽非所生，谁与易之。《诗》云：‘螟蛉有子，蜾蠃负之。’春秋之义，父为子隐，甲宜匿乙。”诏不当坐。①

本案中，甲作为乙的养父，在明知乙杀人的情形下帮助乙藏匿，参考汉律可知，藏匿死罪犯人本应判处“黥为城旦舂”，董仲舒对此的意见为，甲虽为养父，但父子之情并无区别，按照春秋之义，父亲隐匿儿子为人之常情，不应被处罚。于是皇帝下诏不予处罚。这一案件的处理显然突破了现行

① 《通典》卷六十九。

律令的规定，认为义理更为重要，由此创造了例外规则。

案例二，殴伤生父案：

甲有子乙以乞丙，乙后长大而丙所成育。甲因酒色谓乙曰："汝是吾子。"乙怒杖甲二十。甲以乙本是其子，不胜其忿，自告县官。仲舒断之曰："甲生乙不能长育以乞丙，于义已绝矣！虽杖甲，不应坐。"[①]

本案中，甲弃养亲生子乙，乙由养父丙抚养，甲于酒后以乙的父亲自居，被乙殴打。按照汉律规定，子女殴打父母当被处以"弃市"之刑。董仲舒对此认为，甲虽生育乙但不曾养育，而是将乙遗弃给了丙，因此父子之义已绝，不应处罚。

案例三，误殴生父案：

董仲舒决狱曰："甲父乙与丙争言相斗，丙以佩刀刺乙，甲即以杖击丙，误伤乙，甲当何论？"或曰："殴父也，当枭首。"议曰："臣愚以父子至亲也，闻其斗，莫不有怵怅之心，扶杖而救之，非所以欲诟父也，《春秋》之意，许止父病，进药于其父而卒，君子原心，赦而不诛。甲非律所谓殴父，不当坐。"[②]

本案中，甲的父亲乙与丙斗殴，甲为帮助父亲用杖攻击丙，却误伤了父亲。有意见认为甲应判处"枭首"，董仲舒认为，甲是出于父子至亲之情而救助父亲，并非有意殴打父亲，因此应当视其"原心"即动机，不对其作出处罚。

案例四，私为人妻案：

甲夫乙将舡，会海风盛，舡没溺流死亡，不得葬。四月，甲母丙即嫁甲，欲当何论？或曰："甲夫死未葬，法无许嫁，以私为人妻，当弃市。"议曰：

① 《通典》卷六十九。
② 《太平御览》卷六百四十"刑法部六"。

“臣愚以为《春秋》之义，言夫人归于齐，言夫死无男，有更嫁之道也。妇人无专制擅恣之行，听从为顺，嫁之者归也。甲又尊者所嫁，无淫衍之心，非私为人妻也。明于决事，皆无罪名，不当坐。”[①]

本案中，甲的丈夫乙出海溺亡，尚未归葬，甲的母亲即将甲再嫁，依照法律规定，丈夫未下葬就再嫁者应该被判处“弃市”。董仲舒认为，按照春秋之义，丈夫去世又无子女的妇人可以再嫁，且甲是被母亲要求出嫁，并非有不正之心，因此不应处罚。

案例五，大夫放麑案：

春秋决狱曰：君猎得麑，使大夫持以归。大夫道见其母随而鸣，感而纵之。君愠，议罪未定，君病恐死，欲托孤幼，乃觉之，大夫其仁乎，遇麑以恩，况人乎！乃释之，以为子傅，于议何如？……董仲舒曰：“君子不麛不卵，大夫不谏，使持归，非也。然而中感母恩，难废君命，徙之可也。”[②]

本案中国君狩猎捕获了一头麑，命一名大夫带回，大夫在返回途中看到麑的母亲跟随哀鸣，感于其情而释放了麑。国君本欲论罪，但却患重病，欲托付自己的幼子时才感觉到大夫的仁爱。董仲舒认为，大夫未能劝谏国君而私自放归麑，存在错误，但其感于麑的母子之情，虽然有违君命，也可从轻处理。

案例六，盗武库兵案：

春秋决狱曰：甲为武库卒，盗强弩弦一，时与弩异处，当何罪？论曰：“兵所居，比司马，阑入者髡，重武备，责精兵也。弩蘖机郭，弦轴异处，盗之，不至盗武库兵陈。”论曰：“大车无輗，小车无軏，何以行之？甲盗武库兵，当弃市乎！”曰：“虽与弩异处，不得弦不可谓弩。矢射不中与无矢同，

① 《太平御览》卷六百四十“刑法部六”。

② 《白氏六帖事类集》卷二十八。

不入与无镞同。”律曰：“此边鄙兵所赃，直百钱者，当坐弃市。”[①]

本案中甲作为看守武库的士卒，盗窃了一根弩的弓弦，但弓弦与弩并未在一处。汉律规定，盗窃武库兵器应当判处“弃市”，有意见认为盗单独放置的弓弦并不算作盗武库兵器，以此判决过重，可减等处罚。董仲舒认为，虽然弓弦与弩并未在一处，但无弦之弩就不再具有弩的意义，因此性质同样恶劣，对此可参考另一律文，论处“弃市”。

从上述六则董仲舒春秋决狱的判例可以看出，所谓春秋决狱，往往是在律令规定与案件情理不相适应时，参考儒家义理予以变通，破法以适理。同时，案例六说明，春秋决狱并不仅仅是重视情理、恤刑慎罚那样简单，而是综合考察犯罪者的主观意图与行为逻辑，进而作出适当的判决。由于时代久远，这些案件是否经过虚拟、创作已经无从考证，原案的真实性及具体情形也已不得而知，案例一、二、三、四、六所载的律令及案件信息符合西汉的时代特征，而案例五中的人物、官制则有虚构之嫌。但无论六则案例的原始情形如何，其判例性质是确定的，蕴含其中的强调灵活适用律令、注重融入儒家义理、平衡法理关系的目的是明显的。

董仲舒之后，伴随着法律儒家化的进程，以春秋义理作为律令之外重要司法依据的做法逐渐普及。考察史料可知，两汉时期有大量案件的处理运用了此类解释办法，其中不乏影响重大的要案，如西汉昭帝时期隽不疑处理的假冒卫太子案：

始元五年，有一男子乘黄犊车，建黄旐，衣黄襜褕，著黄冒，诣北阙，自谓卫太子。公车以闻，诏使公卿、将军、中二千石杂识视。长安中吏民聚观者数万人。右将军勒兵阙下，以备非常。丞相、御史、中二千石至者立莫敢发言。京兆尹不疑后到，叱从吏收缚。或曰：“是非未可知，且安之。”不疑曰：“诸君何患于卫太子！昔蒯聩违命出奔，辄距而不纳，《春秋》是之。卫太子得罪先帝，亡不即死，今来自诣，此罪人也。”遂送诏狱。天子与大将

① 《白氏六帖事类集》卷二十八。

军霍光闻而嘉之，曰："公卿大臣当用经术明于大谊。"[①]

即，汉昭帝始元五年，有一名男子身着黄衣帽前来皇宫门口，自称是汉武帝时在巫蛊之祸中被害的卫太子。昭帝令百官辨认，长安百姓大量聚集，局面难以控制。由于此事涉及皇位继承，且律令中无针对太子的规定，在场官员无人敢发言。京兆尹隽不疑到场后立即令人逮捕，面对害怕得罪卫太子的劝阻者，隽不疑直接引用《春秋》事例指出，卫太子违反父命出逃，得罪于武帝，即使未死也应依法论罪，遂将此人逮捕入诏狱。事后证实，此人确系冒充。

至东汉时期，引春秋义理断案的做法更为常见，如汉安帝时期太尉刘恺对"臧吏禁锢子孙"案件的处理：

安帝初，清河相叔孙光坐臧抵罪，遂增锢二世，衅及其子。是时居延都尉范邠复犯臧罪，诏下三公、廷尉议。司徒杨震、司空陈褒、廷尉张皓议依光比。恺独以为："《春秋》之义，'善善及子孙，恶恶止其身'，所以进人于善也。《尚书》曰：'上刑挟轻，下刑挟重。'如令使臧吏禁锢子孙，以轻从重，惧及善人，非先王详刑之意也。"有诏："太尉议是。"[②]

彼时法律规定，犯有赃罪的官吏，其子孙也受到牵连，当被关押。居延都尉范邠复因犯赃罪，子孙受到牵连，皇帝命令三公、廷尉对此进行讨论。多数人认为应当比照前例，禁锢其子孙。刘恺对此引用春秋义理，认为罪责应由犯人一人承担，不应牵连子孙，以保护善良之人。皇帝下诏对此表示认可。

以上两则事例证明，董仲舒所作春秋决狱这一判例形式对两汉的司法活动产生了巨大的影响。而对此类判例的整理编纂也并未止于董仲舒，据史料记载，东汉末年的学者应劭对旧时典籍进行整理，作《春秋折狱》。类似的编纂整理成果还有很多，充分反映了这一判例形式的生命力。

① 《汉书·隽不疑传》。

② 《后汉书·刘般传》。

二、秦汉判例的实践

在对秦汉判例的萌芽及判例的诸多形式、类别进行介绍后，随之而来的问题是秦汉时期判例的产生、形成、固定过程。同其他时期的判例一样，前述秦汉时期的各种判例均是由司法审判中的代表性案例或疑难案例发展而来的。考察史料可知，秦汉时期已经形成了成熟的案件上报、判例汇编、文本推行制度，并出现了较完备的判例编纂文本，本部分拟从判例文本的编纂推行、判例与司法实践的关系这两个方面出发，对秦汉时期判例制度在司法实践中的展开、成效以及判例法律效力的获得与转化进行介绍。

（一）秦汉时期的判例文本的编纂与推行

秦汉时期，伴随着帝国统治的逐步稳固与律令法体系的不断完善，大量司法实践中的案例通过奏谳、上计等方式被有意识地整理汇编，并形成了成熟、系统、具有固定形式的判例集文本。这类基于地方司法实践而汇集编纂的判例集文本具有天然的实践性与具体性，但传世史籍中对此并未有过多的记载，长期以来并不为学界所了解。近代以来，伴随着大量简牍文献的出土、整理，秦汉律令与基层司法实践的具体面貌得以重现。就目前出土整理的秦汉简牍文献中所见的秦汉判例汇编文本而言，较系统、完整的主要为岳麓书院藏秦简中的《为狱等状四种》以及张家山247号墓汉简中的《奏谳书》。

1.秦汉判例集文本的出现

（1）秦《为狱等状四种》

2007年，湖南大学岳麓书院于香港购回一批秦代竹简，内容以法律文书为主，包括《为狱等状四种》《为吏治官及黔首》以及大量的秦律令杂抄。2013年，《为狱等状四种》被整理出版，这一文本收录了自秦始皇十八年（公元前229年）至二十六年（公元前221年）间的十五件案例记录，性质与张家山汉简《奏谳书》接近，但在汇编、整理的技术上较《奏谳书》原始。十五件案例文书均为司法奏谳文书，完整地记录了案件的缘由、审讯勘查过程、初步审理意见及郡一级的回复意见等重要信息，为了解秦代判例文本的结构与汇编情形提供了宝贵的例证。以其中的“猩、敞知盗分赃案”为例，该案卷的文本如下：

廿三年四月，江陵丞文敢潚（谳）之：廿三年九月庚子，令下，劾：禄（录）江陵狱：上造敞、士五（伍）猩智（知）人盗埱冢，分臧（赃）。得。敞当耐鬼薪，猩黥城旦。遝戊午赦（赦），为庶人。鞫审，潚（谳）。

今视故狱：廿一年五月丁未，狱史窣诣士五（伍）去疾、号曰：载铜。

去疾、号曰：号乘轺之醴阳，与去疾买铜锡冗募乐一男子所，载欲买（卖）。得。它如窣。

执一男子。男子士五（伍），定名猩。

猩曰：□□□□□乐，为庸（佣），取铜草中。得。它如号等。

孱陵狱史民诣士五（伍）达。与猩同狱，将从猩。

达曰：亡，与猩等猎渔。不利，负责（债）。冗募上造禄等从达等渔，谓达，禄等亡居荑（夷）道界中，有庐舍，欲殴（驱）从禄。达等从禄。猩独居舍为养，达与仆徒时（莳）等谋埱冢。不告猩，冢巳（已）斲（彻），分器，乃告猩。莳等不分猩，达独分猩。它如猩。

猩曰：达等埱冢，不与猩谋。分器，莳等不分猩，达独私分猩。猩为乐等庸（佣），取铜草中。它如达及前。

醴阳丞悝曰：冗募上造敞【……敞曰：……】埱冢者锡。到舍，达巳(已)分锡。达谓敞：巳(已)到前，不得锡。今冢中尚有器，器巳(已)出，买(卖)敞所。时（莳）告达，请与敞出余器，分敞。达曰：发冢一岁矣！今斲（彻），敞乃来，不可与敞。达等相将之水旁，有顷，来告敞曰：与敞。敞来后，前者为二面，敞为一面。敞曰：若(诺)。皆行，到冢，得锡。敞买及受分。觉，亡。得。它如达等。

达言如敞。

【问】：达等埱冢，不与猩、敞谋，得衣器告猩、敞受分，臧（赃）过六百六十钱。【它】如辤（辞）。

鞫之：达等埱冢，不与猩、敞谋，【得】衣器告猩、敞受分，臧（赃）过六百六十钱。得。猩当黥城旦，敞耐鬼薪。遝戊午赦（赦）。审。江陵守感、丞暨、史同论赦（赦）猩、敞为庶人。达等令（？）别（？）论。敢潚（谳）之。[①]

这一文书为秦王政二十三年四月江陵县丞就一案件发出的请示文书，完整记录了案件的发案、逮捕、讯问、供述等情况。大致案情为，狱史先后押送因非法贩卖铜而被捕的“猩”“敞”。经调查，二人追随“达”等人逃亡，居住在夷道境内。“达”等人进行盗墓活动，事先未同“猩”“敞”二人商议，盗墓完成取得赃物后，“达”将盗墓一事告知“猩”“敞”二人，并与他们分赃，二人分得的赃物价值超过了六百六十钱。二人随后被捕。按照律令，“猩”应被处以黥刑并贬为城旦，“敞”则应被处以耐刑并罚作鬼薪。二人恰逢戊午赦令的下达，因此江陵县拟赦免二人为庶人，就此请示上级的意见。

从以“猩、敞知盗分赃案”这一案例为代表的十五件案例卷册可知，秦代在对判例文本进行汇编时，严格地保留了原始案卷的组成、结构，从而反映出完整的审理过程，这类案例汇编文本无疑为其他案件的处理提供了实质判处与审理、奏报程序上的参考。

（2）西汉《奏谳书》

《奏谳书》是议罪案例的汇编，由二十二个案例组成。卷册顺序按案卷的年代排列，案例时代并非仅限于西汉初年，而是同样收录了春秋时期至秦代的案例，如卷册中所收的“黥城旦讲乞鞫”案，其发生时间为秦王政二年，其后更是收录了前述春秋时期鲁国、卫国的两则案例。部分案例与前述的《为狱等状四种》接近，为完整的司法文书，是当时的司法诉讼程序和文书格式的具体记录，如发生在汉高帝十一年的“毋忧案”：

十一年八月甲申朔己丑，夷道汾、丞嘉敢潚之。六月戊子发弩九诣男子毋忧，告为都尉屯，已受致书，行未到，去亡。

毋忧曰：变（蛮）夷，大男子，岁出五十六钱以当繇（徭）赋，不当为屯，尉窑遣毋忧为屯，行未到，去亡，它如九。

窑曰：南郡尉发屯有令，变（蛮）夷律不曰勿令为屯，即遣之，不智

① 朱汉民、陈松长主编：《岳麓书院藏秦简（叁）》，上海辞书出版社2013年版，第119页。

（知）亡故，它如毋忧。

诘毋忧：律变（蛮）夷男子岁出賨钱，以当繇（徭）赋，非曰勿令为屯也，及虽不当为屯，窑已遣，毋忧即屯卒，已去亡，何解？毋忧曰：有君长，岁出賨钱，以当繇（徭）赋，即复也，存吏，毋解。

问，如辞。

鞫之：毋忧变（蛮）夷，大男子，岁出賨钱，以当繇（徭）赋，窑遣为屯，去亡，得，皆审。

疑毋忧罪，它县论，敢潚之，谒报。署狱史曹发。

吏当：毋忧当要（腰）斩，或曰不当论。

廷报：当要（腰）斩。[①]

这一奏谳文书同样记录了整个案件的逮捕、讯问、供述及初步判处意见等内容。其大意为，名为“毋忧”的蛮夷男子被派往屯戍，但其认为成年蛮夷男子每年缴纳五十六钱冲抵徭赋后便不应被派遣屯戍，遂逃亡。由于律令中仅规定蛮夷男子可缴钱抵消徭役，而对是否包含屯戍未予规定，县庭经过讯问后产生了两种处理意见，其一为论处腰斩，其二为不予处罚。上报廷尉后，廷尉指示以腰斩论处。

与上述案件不同的是，《奏谳书》还存在一类文本简洁的案例，如：

汉中守潚（谳）：公大夫昌苔（笞）奴相如，以辜死，先自告。相如故民，当免作少府，昌与相如约，弗免，已狱治不当为昌错告不孝，疑罪。

廷报：错告，当治。[②]

这一简略的文本记录了汉中郡守上报的一则疑案，公大夫“昌”笞打

① 张家山二四七号汉墓竹简整理小组编著：《张家山汉墓竹简〔二四七号墓〕》（释文修订本），文物出版社2006年版，第91页。

② 张家山二四七号汉墓竹简整理小组编著：《张家山汉墓竹简〔二四七号墓〕》（释文修订本），文物出版社2006年版，第91页。

其奴“相如”，“相如”在伤期内不治死亡，“昌”为免除罪责以不孝罪状告“相如”。案件的争议点在于，按照“相如”的故民身份，本应被免除奴的身份，但“昌”与“相如”约定不予免除，因而无法判断“昌”是否应当治罪。廷尉的回复意见为，“昌”的行为属于“错告”，应当论罪。

更为简略的有以下案例：

> 北地守潚（谳）：奴宜亡，越塞道，戍卒官大夫有署出，弗得，疑罪。廷报：有当赎耐。[①]

即，北地郡守上报，奴婢“宜”逃亡，越过了边塞，从戍卒“有”的管辖位置逃出，未能捕获，对如何处理有疑问。廷尉回复称，应论处“有”以赎耐的处罚。

从上述二例可以看到，汉代的部分奏谳文本省略了案件发生的时间、地点及审理经过等信息，而是突出了案件的特殊性与疑义所在，对比秦代奏谳文书，这无疑是对判例文本的进一步概括、精简，反映了判例文本编纂的进步。

2.秦汉判例集文本的发展与变化

通过上文对岳麓秦简《为狱等状四种》以及张家山汉简《奏谳书》的介绍可以看出，秦代与汉代的判例文本编纂一脉相承，具有较强的延续性，汉代判例集文本中收录秦代判例作为本朝司法官吏的参考，这也是“汉承秦制”的具体体现。二者都是为了解决法律适用问题、提供司法实务参考的判例汇编文献。具体而言，《为狱等状四种》与《奏谳书》的共同之处有以下几点。

首先，岳麓秦简《为狱等状四种》与张家山汉简《奏谳书》收录的案例主要为地方实际司法审判中所处理的疑难案例，对案件的细节进行了充分的记录。

其次，《为狱等状四种》与《奏谳书》所收录的大部分案例文本并不局

---

① 张家山二四七号汉墓竹简整理小组编著：《张家山汉墓竹简〔二四七号墓〕》（释文修订本），文物出版社2006年版，第96页。

限于对案件的简单介绍，而是大多遵照固定的文书格式，以疑案奏谳文书的形式呈现出来，属于完整的司法文书。

最后，《为狱等状四种》与《奏谳书》中收录的案例都不同于“廷行事”“比行事”这类已经抽象、提炼过的可以在审判中直接援引的判例形式，而是处于日常案例到指导性判例的过渡阶段，属于秦汉判例的初步整理结果。

同时需要注意的是，岳麓秦简《为狱等状四种》与张家山汉简《奏谳书》还存在众多细节上的不同。

首先，就《为狱等状四种》与《奏谳书》简册的命名来看，岳麓秦简《为狱等状四种》卷册并无统一名称，简牍的整理者根据这批竹简的零散题名及内容而命名此卷册为“为狱等状四种”。事实上，根据这批竹简的材质、书写题材等特征可以将其分为四类，不同案例文本的抄写者也并非同一人。就《为狱等状四种》卷册竹简中可见的标题式字词而言，有“为狱□状”“覆奏状”“为气（乞）鞫奏状”等多种小标题，总之，岳麓秦简《为狱等状四种》并无统一标题，其编纂略显零散。反观张家山汉简《奏谳书》，卷册完整程度较高，卷册末尾自带标题“奏谳书”三字，直白说明了文本中的案例均为奏谳案例，内部不再划分类别，系西汉时期对这类案例的整体系统编纂，成熟度显然高于《为狱等状四种》。

其次，就编纂主体与案件来源来看，尽管案例来源可能是多途径的，但从岳麓秦简《为狱等状四种》的十五个案例中所见的地名、官员姓名判断，绝大多数案例都发生或审判于南郡，可以推测《为狱等状四种》这一判例汇编文本主要是由南郡采择本郡内部的案例编纂而成。由此可见，秦代存在郡内自行编纂奏谳类判例文本的做法，其目的应是服务于奏谳制度，南郡以外的秦国其他郡、中央政府甚至其他诸侯国，可能也制作了类似的汇编文献。反观张家山汉简《奏谳书》，《奏谳书》中的二十二个案例的案发地、审判地涉及全国多个郡县道，包括南郡夷道、江陵县、齐郡临淄县、汉中郡、北地郡、蜀郡、河东郡、淮阳郡、内史郡等，显然是对全国范围内奏谳案件的采择、汇编。因此并不是由地方的郡级单位编成，而应是廷尉这类中央官署所编成。从案件时间来看，《奏谳书》不仅涉及所谓春秋时期卫、鲁两国的案例，以及秦时期的案例，更多的是西汉初期的案例。案件选择的时间跨度，不但反映出奏谳类文献的时代累积，而且反映出其已然形成册书形态，这与岳麓秦简《为狱等状四种》明显不同。

最后，从案例的书写来看，岳麓秦简《为狱等状四种》中的案例文本作为奏谳文书，完整地记录了案件的缘由、审讯勘查过程、初步审理意见及郡一级的回复意见等重要信息。而张家山汉简《奏谳书》中的部分案例文本省略了案件发生的时间、地点及审理经过等烦琐信息，而是突出了案件的特殊性与疑义所在，某些案例甚至仅仅抄录了案件奏谳记录的关键内容“谳”与“廷报”，对比秦代，这无疑是对判例文本的进一步概括、精简，其选择的依据应当是日常司法实务的需要。参考前述两则托名春秋时期卫国与鲁国的拟制案例，张家山汉简《奏谳书》判例文本的编纂显然已经不再是单纯反映审讯、奏谳等现实司法程式化的记录整理，而是开始注重提炼可供参考的案情审判信息甚至推理逻辑。

通过上述对比，可以得出的结论是，张家山汉简《奏谳书》较岳麓秦简《为狱等状四种》在编纂理念、收录内容、书写形式上都有着显著的进步。可以推测，在秦汉判例制度及相关的奏谳制度发展成熟的影响下，原本在秦代由各郡自发负责编写的《为狱等状四种》这类判例集文本，进入汉代后可能改由廷尉等中央官署进行整齐划一的整理，统一编制，然后向郡县颁发推行，最终演变为张家山汉简《奏谳书》的形态。这一进步对秦汉判例制度的完善、地方司法官员职业素养的提升都有着重大意义，并成为汉代“决事比”“故事”这类成熟判例形式编纂的基础与先声。

（二）秦汉判例制度的司法实践

通过前文对秦汉判例形式及判例文本的介绍可知，秦汉时期已经形成了相对成熟的判例选择、汇集、编纂制度。秦汉判例在实际司法审判中发挥了补充、解释律令的作用，并可通过一定的程序实现向律令的过渡与转化。秦汉判例制度并非孤立存在，其形成与完善同秦汉时期的司法裁判制度及秦汉律令的制定制度密不可分。

1.秦汉判例的形成与法律效力

作为对其他案件处理具有参引、指导意义的判例，其形成无疑经历了一个由一般案件到指导性判例的过程。从前文对各类型的秦汉判例及秦汉判例汇编文本的介绍中不难看出，尽管都具有指导性与对法律的阐释、补充功能，但《为狱等状四种》及《奏谳书》是对具有代表性的司法案例的初步整理、编纂，因此其中包含了大量原始案件信息；而廷行事、比行事、决事比等则对这类案例进一步抽象，不再体现具体案件的处理，而是归纳总结为一类案件的处理规则。概括而言，秦汉时期判例的形成与取得法源地位经历了四个阶段。第一阶段，日常司法案件的发生、审判与记录；第二阶段，疑案的奏谳与案卷文书的报送上行；第三阶段，代表性判例的整理、编纂；第四阶段，判例法律效力与指导意义的赋予。

（1）司法案例的记录与保存：狱讼文书的制作

秦汉时期已经形成了成熟的狱讼司法文书制度，案件的告劾、调查、审讯、供述、律令适用、疑难上报等方面均被一一记录，形成了详尽的案件卷册。在秦汉文书行政的背景之下，考察出土秦汉简牍中的公文书可知，为了全国范围内狱讼文书的格式统一，秦汉中央政府往往制定“状”“式”等狱讼文书格式范本。同时，案卷的不同用途决定了一个案件的记录文本往往有数卷，且因用途不同彼此之间有细节差异。前述岳麓秦简《为狱等状四种》及张家山汉简《奏谳书》就是此类狱讼文书中典型的一类，其用途在于上报疑难案例。但从狱讼文书运转的阶段来看，用于上报的奏谳类文书已经属于案件处理过程的末端，此类文书是在初始的案件记录文书基础上形成的。由于年代久远，用于记录与保存初始的司法案例状况的简牍文书并不常见，近代以来大量简牍文献出土，其中包含了部分审理阶段的狱讼文书，生动地反映了秦汉时期狱讼文书记录的原始状态。

2003年，长沙走马楼古井内出土大批西汉简牍，内容为汉武帝元朔、元狩年间的长沙国官文书，包含了西汉中期长沙国的大量法律材料，其中有两份文书经缀合后系同一案件，被命名为“宫司空令史儿等为武擅解脱易桎弗举劾案”：①

① 简文转引自杨芬、宋少华：《长沙走马楼西汉简〈宫司空令史儿等为武擅解脱易桎弗举劾案〉初步考察》，载《简帛研究》2020年秋冬卷。

九年五月乙未朔丁未，临湘令坚、长赖丞尊守丞告尉谓仓、都乡，敢告宫司空、攸、南阳、将作。定王后营徒髡钳城旦、故大夫临湘泉阳里武，完城旦徒、故官大夫攸大里儿，宫司空令史、公乘攸臧郢里外，佐、公乘南阳平阳里不识，皆坐。故临武丞武，盗所主守钱臧六百，公士以上盗，武毄宫司空，请主毄令史儿为武擅解脱易桎。狱史外、不识知武请儿，听武请，为武解脱易桎。论完儿为城旦，不劾论武，监临见知纵故弗举劾，外、不识，公士以上，得，毄牢。武、儿、外、不识皆有它重罪。坐。复治。驾武笞百、釱左止，髡钳儿、外、不识，皆为城旦籍髡笞。得论行武、儿、外、不识重罪。如律令。敢告主。

九年五月乙未朔丁未，临湘令坚、长赖丞尊守丞告尉谓仓、都乡，敢告宫司空、攸、南阳、将作定王后。定王后营徒髡钳城旦、故大夫临湘泉阳里武，完城旦徒、官大夫攸大里儿，宫司空令史、公乘□攸臧郢里外，佐、公乘南阳平里不识，皆坐。武故为临武丞，盗所主守臧六百，公士以上盗，武毄宫司空狱，请主毄令史儿为武擅解脱易桎。外、不识知武请儿，听武请，为武擅解脱易桎。论完为城旦，不劾论武，监临见知纵故弗举劾，外、不识，公士以上，得，毄牢。驾论武笞百、釱止，髡钳儿、外、不识，皆为城旦籍髡笞。令人将致。其听书。仓受入髡傅衣所当依服。移校九年应狱计。它以从事。敢告主。

从上述两份文书可知，“武”犯了主守盗罪，“儿”犯了擅自释放“武”之罪，而“外”与“不识”二人犯有“监临见知纵故弗举劾”即玩忽职守、明知犯人出逃不予告发之罪。两份文书均为对案件纠劾、审理、判决的记录，但文书细节不同，其中第二份文书末尾明确提及了“狱计”，可以推测，两份文书的上报对象各有不同。

更为详细的有东汉时期的居延新简《建武三年候粟君所责寇恩事》册，该卷册由数部分组成，每一部分均对案件进行了不同详细程度的记载，在此举三例：[①]

① 甘肃省文物考古研究所等编：《居延新简：甲渠候官与第四燧》，文物出版社1990年版，第475页。

建武三年十二月癸丑朔乙卯，都乡啬夫宫以廷所移甲渠候书，召恩诣乡。先以“证财物故不以实、臧（赃）五百以上，辞已定，满三日而不更言请（情）者，以辞所出入罪反罪”之律，辨告。乃爰书验问：

恩辞曰：“颍川昆阳市南里，年六十六岁，姓寇氏。去年十二月中，甲渠令史华商、尉史周育当为候票君载鱼之觻得卖。商、育不能行。商即出牛一头，黄、特，齿八岁。平贾（价）直（值）六十石，与交谷十五石，为谷七十五石。育出牛一头，黑、特，齿五岁。平贾（价）直（值）六十石，与交谷卌石……”决：恩不当予粟君牛，不相当谷廿石，皆证。它如爰书。

建武三年十二月癸丑朔戊辰，都乡啬夫宫以廷所移甲渠候书，召恩诣乡。先以“证财物故不以实，臧（赃）五百以上，辞以定，满三日而不更言请（情）者，以辞所出入罪反罪”之律，辨告。乃爰书验问：

恩辞曰：“颍川昆阳市南里，年六十六岁，姓寇氏。去年十二月中，甲渠令史华商、尉史周育当为候粟君载鱼之觻得卖，商、育不能行，商即出牛一头，黄、特，齿八岁，平贾直（值）六十石，与交谷十五石，为谷七十五石。育出牛一头，黑、特，齿五岁，平贾直（值）六十石，与交谷卌石……”决：不当予粟君牛，不相当谷廿石。皆证，它如爰书。

建武三年十二月癸丑朔辛未，都乡啬夫宫敢言之。廷移甲渠候书曰：“去年十二月中，取客民寇恩为就，载鱼五千头到觻得，就贾用牛一头，谷廿七石，恩愿沽出行钱卌万，以得卅二万。又借牛一头……”

右爰书。

上述案卷三部分的起首日期均不同，第一部分为初始的审讯记录，第二、三部分则为审讯者誊抄的案卷及后续二次审理的记录。其中，既包含对当事人“寇恩”的详细询问记录，又包含判决结果。通过第一份文书与第二、三份文书的对比，并联系前述《为狱等状四种》及《奏谳书》中的案例记录，可以充分了解从基层原始案件文书到编纂下发的奏谳文书的发展过程。

类似的狱讼文书在其他批次的出土简牍如长沙五一广场东汉简、悬泉汉简中均有例证，这类狱讼文书的体例、格式均有统一固定的标准，同类狱讼文书不断积累导致了各级审判机构中案例的大量汇总，这也成为狱计与奏谳制度的基础，并不断抽象、简化，成为判例文本的基础。

（2）案例上报的制度途径：狱计与疑案奏谳制度

秦汉时期已经形成了成熟的狱计与奏谳制度。所谓“狱计”，是秦汉上计制度的重要内容，指的是各级郡县将本年度处理狱讼、判处囚犯以及上报疑难案件的数据统计上报到中央，以此作为考评政绩的依据。岳麓秦简收录的秦代令文中对此有明确规定：

廷岁以郡狱计冣（最）人数，率潚（谳）及奏移廷者人数，课移多者为殿，取殿人。

郡岁以计时□□狱计，独写其狱不当律令献（谳）者计籍，即臧（藏），以案来年计，其别论它县官者尽校之。[①]

大意为，秦郡每年进行上计时，要对县所上呈的“狱计”进行校计，单独写明没有律令适用的疑难而需上谳狱案中的具体涉案人员，并制作成汇总性质的文书，等来年狱案论决后再进行统计。如一郡上报的疑案多而自行解决的案件少，这一郡在政绩排名上将列位下等。

值得注意的是，这一令文中明确提出进行狱计时要上报“其狱不当律令”的奏谳案件，这表明秦代已经对无律令可适用的疑难案件设置了专门的汇总处理途径，这一疑难案例汇总、解决的途径是判例生成、编纂并最终补充律令的重要保障。

所谓奏谳，是对已生效或即将生效的不公正判决设立的一种救济程序，客观上的决狱不当、冤狱和疑狱是奏谳的根本原因。这类疑案上报制度萌芽于先秦时期，《礼记·王制》中记载：

疑狱，泛与众共之；众疑，赦之。必察小大之比以成之。成狱辞，史以狱成告于正，正听之。正以狱成告于大司寇，大司寇听之棘木之下。大司寇

① 陈松长主编：《岳麓书院藏秦简（柒）》，上海辞书出版社2022年版，第142—143页。

以狱之成告于王，王命三公参听之。三公以狱之成告于王。

即，有疑狱时，众人一起审判，如果大家对案件都有疑问时，就应当赦免，并且将案情不断层层上报于王，王又命三公参听审讯，审判结束后将结果报于王。至秦汉时期，伴随着律令体系和国家治理能力的不断发展，司法官员已经意识到不公正审判的危害性，并对此类行为设立了专门的罪名。如睡虎地秦简《法律答问》中规定：

论狱［何谓］“不直”？可（何）谓“纵囚”？罪当重而端轻之，当轻而端重之，是谓“不直”。当论而端弗论，及傷其狱，端令不致，论出之，是谓“纵囚”。①

其中的“不直”，为不公正之意，而“纵囚”为故意放过囚犯之意。正是由于现实中存在此类不公正的审判现象，朝廷才规定疑案上奏制度。这类疑案上报程序被命名为“奏谳”。具体而言，当县道一级的基层官吏对疑难案件的律令适用无法确定时，就需要将疑难案件的案卷及审讯记录、处理意见汇总、上报，由郡一级官吏酌情处理，郡一级官员难以判断的则继续上报至中央廷尉处，甚至至皇帝处。

从前述岳麓秦简《为狱等状四种》可以判断，秦代的奏谳制度已经相当成熟。汉代这一制度继续发展，公元前200年，汉高祖刘邦颁布诏令称：

狱之疑者，吏或不敢决，有罪者久而不论，无罪者久系不决。自今以来，县道官狱疑者，各谳所属二千石官，二千石官以其罪名当报之。所不能决者，皆移廷尉，廷尉亦当报之。廷尉所不能决，谨具为奏，傅所当比律令以闻。

诏令指出，司法审判中的疑难案件，官吏多不敢决断，导致有罪者长期不被惩罚，而无辜者却被长期关押。因此皇帝要求，凡各县道官员定罪论刑

① 睡虎地秦墓竹简整理小组编：《睡虎地秦墓竹简》，文物出版社1978年版，第191页。

中有疑义的案件，都上报给上级的二千石官员，如二千石官员仍无法决断，就上报给中央的廷尉决断。廷尉无法决断的则需上奏给皇帝本人，并将案件所涉及的难以判断的律令条文全部附于上奏的案卷之后。

其后的汉景帝继续推动这一疑案奏谳制度的完善，分别于中元五年（公元前145年）和后元元年（公元前143年）颁布诏令，强调疑难案件上报的重要性：

> 法令度量，所以禁暴止邪也。狱，人之大命，死者不可复生。吏或不奉法令，以货赂为市，朋党比周，以苛为察，以刻为明，令亡罪者失职，朕甚怜之。有罪者不伏罪，奸法为暴，甚亡谓也。诸狱疑，若虽文致于法而于人心不厌者，辄谳之。

> 狱，重事也。人有智愚，官有上下。狱疑者谳有司。有司所不能决，移廷尉。有令谳而后不当，谳者不为失。欲令治狱者务先宽。[①]

这两条诏令都强调了司法审判公正的重要意义，指出了现实审判活动中存在的司法官员审判能力高下不一甚至违反律令、收受贿赂、用法苛刻等诸多问题。对此，在第二条诏令中，为了使基层官吏能够无后顾之忧地上报疑难案例，汉景帝要求即使上报的案例原有判决结果被纠正了，原审判官员也不会被论处，以此希望基层官员能够避免严刑酷法。更为重要的是，在第一条诏令中，汉景帝扩大了对疑案的解释，指出除了律令没有明确规定的疑难案件外，即使符合律令规定可以定罪的案件，如存在合法而不合情理的情况，同样也要作为疑案上报。

与汉高祖时期相比，汉景帝显然扩大了需要奏谳的疑案的范围，这无疑反映了司法实践中的一种矛盾，即部分案件从律令规定上可以对犯罪者定罪，从“人心”这一普遍情理或社会道德认知出发，又显然存在不恰当之处。正是这一对“疑案”的认识的扩大，催生了更广泛意义上的疑难案例的

① 《汉书·景帝纪》。

上报、汇总、编纂。在一定程度上，正是这类案例的上报、讨论推动了“春秋决狱”这类强调义理性判例的产生。

（3）法律效力与指导意义的赋予：奏请、制令与入律

从前文的介绍可知，秦汉时期判例制度以及狱讼文书、奏谳制度互为支撑，共同推动了秦汉判例的产生、发展。然而，这些制度并不以判例的编纂、推行为最终目的。在成文法发展相对成熟的秦汉时代，判例的产生固然是为了弥补律令的不足或缺位，但从秦汉律令的整体状况特别是其制定、扩充的过程来看，判例所包含的核心内容往往经过一定的程序转化为令文甚至律文，最终成为成文法的一部分。尽管根据史籍记载，秦汉以来存在固定的律令篇目，如《法经》六篇、商鞅“改法为律”以及萧何制《九章律》等，但从出土秦汉律令的情况可知，秦汉时期并未形成固定封闭的律令体系，而是存在多种律令分类，各种律令都处于不断补充、调整、变化的开放状态中。作为审判参考依据的判例，无疑是律令扩充的最重要来源。具体而言，秦汉时期司法案例的出现至新律令的制定，往往经历了“日常案件—奏谳案例—廷行事、决事比、故事等判例形式—令—律”这一抽象提炼的过程。判例最终转化为律令的关键在于地方或中央官员的奏请与皇帝的最终认可，这一点可在岳麓秦简、张家山汉简的令文中找到大量例证。

常见的方式为，地方或中央官员将一件案例或事例的处理意见奏报皇帝，皇帝对此意见认可的同时，作出“它有等比”即“其后类似事件参照此处理”的命令，这类被赋予指导意义进而扩大适用的判例，往往被直接编纂为令文，如岳麓秦简所见秦令：

> 嚣园宣深有斗食啬夫、史各一人，毋与相襍稍廪月食者卖□息子。所以为秏□物及它当卖买者，令相监，毋（无）律令。议：令嚣园宣深啬夫若史相襍监，坐，如监令史，它有等比。内史二千石官共令。[①]

即，有关官员上奏称，嚣园、宣深二地的斗食啬夫、史并不参与每月钱

① 陈松长主编：《岳麓书院藏秦简（肆）》，上海辞书出版社2015年版，第208页。

粮的发放及卖买息子的事务，因此对于卖买物资的监督无法可依，众人讨论的处理意见为令他们共同参与监督并承担责任，建议今后类似事件按照这一办法处理。这一处理被列为正式的令文，编纂入《内史郡二千石官共令》。

东郡守言，东郡多食，食贱，徒隶老、庠（癃）病毋（无）赖，县官当就食者，请止，勿遣就食。它有等比。制曰，可。①

即，东郡郡守上奏称，东郡粮食很多，价格便宜，徒隶罪犯中有生活无所依靠的，原应派往外地，现在请求停止。其他类似事件参照此处理。皇帝同意此处理意见。

叚（假）正夫言：得近（从）人故赵将军乐突弟、舍人袑等廿四人，皆当完为城旦，输巴县盐。请：论轮（输）袑等【廿四人，故】代、齐从人之妻子、同产、舍人及其子已傅嫁者，比故魏、荆从人。御史言：巴县盐多人，请令夫轮（输）袑【等廿四人，故】代、齐从人之妻子、同产、舍人及其子已傅嫁不当收者，比故魏、荆从人之【妻】子、同产、舍人及子已傅嫁者，已论轮（输）其完城旦舂洞庭，洞庭守处难亡所苦作，谨将司，令终身毋得免赦，皆盗戒（械）胶致桎传之。其为士五（伍）、庶人者，处苍梧，苍梧守均处少人所，疑亡者，戒（械）胶致桎传之，其夫妻子欲与，皆许之。有等比。②

即，名"正"的官员上奏称，逮捕了二十四名应当判处"完为城旦"的犯人，应当将他们送往巴县劳作服刑，御史认为，巴县刑徒已经很多，建议将其派往洞庭郡服刑，终身不许赦免。其中的士伍、庶人派往苍梧郡，犯人的夫妻子女欲随同的都允许随同前往。其他类似事件参照此处理。

上述令文或繁或简，都是由一具体的案例或事例的处理办法出发，借助

① 陈松长主编:《岳麓书院藏秦简（肆）》，上海辞书出版社2015年版，第214页。

② 陈松长主编:《岳麓书院藏秦简（伍）》，上海辞书出版社2017年版，第43—44页。

"它有等比"的方式上升为指导性判例，并编纂为令文。这类令文显然未经过系统的凝练整理，而是保留了类似于《奏谳书》和《为狱等状四种》等判例的原始案件信息。可以推测，这类令与前述的"比行事""决事比"等存在一定联系，令文中的"它有等比""有等比"之类的表述充分证明了其"比"的原始性质。

此外，汉代还存在部分律令，是皇帝直接参考某一判例的处理结果命令御史等官员制定令文，其中最为典型的当数引发汉文帝刑罚改革的缇萦救父之事，《汉书·刑法志》记载：

（文帝）即位十三年，齐太仓令淳于公有罪当刑，诏狱逮系长安。淳于公无男，有五女，当行会逮，骂其女曰："生子不生男，缓急非有益也！"其少女缇萦，自伤悲泣，乃随其父至长安，上书曰："妾父为吏，齐中皆称其廉平，今坐法当刑。妾伤夫死者不可复生，刑者不可复属，虽后欲改过自新，其道亡繇也。妾愿没入为官婢，以赎父刑罪，使得自新。"书奏天子，天子怜悲其意，遂下令曰："制诏御史：盖闻有虞氏之时，画衣冠、异章服以为戮，而民弗犯，何治之至也！今法有肉刑三，而奸不止，其咎安在？非乃朕德之薄而教不明与？吾甚自愧。故夫训道不纯而愚民陷焉，《诗》曰：'恺弟君子，民之父母。'今人有过，教未施而刑已加焉，或欲改行为善，而道亡繇至，朕甚怜之。夫刑至断支体，刻肌肤，终身不息，何其刑之痛而不德也！岂称为民父母之意哉！其除肉刑，有以易之；及令罪人各以轻重，不亡逃，有年而免。具为令。"

汉文帝感于缇萦的事迹，对淳于公的肉刑刑罚予以宽免，并直接命令御史制定令文废除肉刑，推动了刑罚改革的进程。

此外，前述董仲舒"春秋决狱"案例一"养父匿子案"中写道，汉律规定藏匿死罪犯人本应判处"黥为城旦舂"，董仲舒按照春秋之义认为，父亲隐匿儿子为人之常情，不应被处罚。于是皇帝下诏不予处罚。这一汉武帝时期的判例，至汉宣帝时期被正式指定为令文，《汉书·宣帝纪》记载，皇帝下诏称：

自今，子首匿父母、妻匿夫、孙匿大父母，皆勿坐。其父母匿子、夫匿妻、大父母匿孙，罪殊死，皆上请廷尉以闻。

此令直接规定了子女隐匿父母、妻子隐匿丈夫、孙隐匿大父母不构成犯罪，以诏令形式确定了“亲亲得相首匿”的合法性，从而修正了原有汉律的规定。

至于秦汉时期这类令文到律文的转化，可以参考秦汉律中的“诈避负偿”罪名，所谓“诈避负偿”，指的是通过欺诈手段逃避债务、罚金的犯罪行为，对此，岳麓秦简的一条令文规定：

诸当负偿，詐（诈）相移居之及相并令一人独名负之，皆坐所移与盗同法。[①]

而在西汉初年的《二年律令》中，这一条令文已经被列入《贼律》：

诸诈增减券书，及为书故诈弗副，其以避负偿，若受赏赐财物，皆坐臧（赃）为盗。[②]

由此可见，令文在经历一段时期的适用完善后，会被吸纳编纂进入正式的律篇中。《汉书·杜周传》所谓“前主所是著为律，后主所是疏为令”，正是指这种情况。

总之，秦汉判例对律令的补充修正作用不仅体现在其指导其他案件审判的参考价值上，还体现在其通过奏谳、上奏等程序被抽象、提升，进而被赋予法律效力、转化为律令的过程中。

2.秦汉判例的司法实践

通过前文对秦汉判例诸多形式及其生成、编纂的介绍可知，秦汉判例对

---

① 陈松长主编:《岳麓书院藏秦简（陆）》，上海辞书出版社2020年版，第53页。

② 张家山二四七号汉墓竹简整理小组编著:《张家山汉墓竹简〔二四七号墓〕》（释文修订本），文物出版社2006年版，第10页。

司法审判的指导作用是明显的，无论是“廷行事”“决事”等判例与律令的并列地位还是众多案件对“春秋决狱”判例的援引都证实了这一点，在此不再赘述。值得一提的是，这些例证却很少提及对秦汉时期司法官吏适用、参考判例的要求，岳麓秦简中的一条令文体现了这一点：

> 制诏御史：吏上奏当者，具傅所以当者律令、比行事。固有令，以令当，各署其所用律令、比行事曰：以此当某。今多弗署者，不可案课，却问之，乃曰：以某律令某比行事当之，烦留而不应令。今其令，皆署之如令。[①]

即，律令要求官员上报的疑难案例应当在案卷后附录判决所依据的律令或“比行事”等参考判例，但多有不按规定者，所以难以考察原有审判意见的根据，因而皇帝命制诏御史下令，奏报的疑难案件必须标注审判意见的律令或判例依据。

此条令文明确要求司法审判中参考的判例需要附录在案卷中，可见秦汉判例制度在实践中产生了固定的程序与格式要求。这说明，秦汉时期司法实践中参考、适用判例的做法已经具有普遍性与正式性，充分证实了秦汉时期的判例制度已经十分成熟。

三、秦汉判例的特点

通过上文对秦汉时期判例制度诸多层面的介绍，可以清晰地看到，秦汉时期的判例制度上承先秦，下启魏晋隋唐，无论是在律令法体系的发展过程中还是在司法实践中都发挥了重要的作用，具有鲜明的时代特色与连贯继承性。具体而言，秦汉时期的判例及其相关制度具有如下特点。

其一，秦汉时期的判例形式复杂，种类繁多。就前文对秦汉时期诸多判例的列举介绍而言，秦汉判例有多种称谓、类别，如“廷行事”“比行事”“决事比”“故事”“行事”“成事”等正式判例称谓，又如“春秋决狱”

---

① 陈松长主编：《岳麓书院藏秦简（伍）》，上海辞书出版社2017年版，第60—61页。

等后人归纳的判例称谓，以及被编纂的岳麓书院藏秦简《为狱等状四种》和张家山汉简《奏谳书》等汇编判例。对上述判例的划分，既有根据判例的来源划分的实际判例与拟制判例，又有根据判例效力划分的普通案例与具有法律效力的判例，还有根据判例性质划分的事例性判例、拟制性判例与援理性判例。除此之外，还可按制定、颁布的主体将秦汉判例划分为地方性判例与中央颁布的判例。

其二，秦汉时期的判例规范、系统，存在清晰层次。尽管上述判例名称众多、划分的方式多样，但从整体上看，秦汉判例内部有其固定的层级与系统。首先，岳麓秦简《为狱等状四种》属于郡一级的判例汇编，往往只在郡内发挥作用。当这类判例经过奏谳上呈至中央廷尉甚至皇帝处后，则被编纂整理形成全国性的判例文集，即张家山汉简《奏谳书》的形式。当一定数量的判例积累，相关官员对其进行整理、抽象，即形成了“廷行事”“比行事”“决事比”“故事”“行事”“成事”这类具有普遍指导意义的判例，而此类判例具有进一步补充、提升为律令的可能性。

其三，秦汉判例不拘律令，强调义理，援律与说理并重。秦汉时期的判例内容并非单纯地对秦汉律令的细节予以说明、细化、补充，而是在必要的时候引理破律，进而达到法律效果与社会效果的统一。早期的秦简《法律答问》已经体现了这一倾向。至汉代，“春秋决狱”的判例形式集中体现了这一特点。伴随着时代的发展，至东汉时期，这一重视说理的判例特色与律学家的引经释律结合，共同推动了秦汉至魏晋隋唐法律儒家化的进程。

其四，秦汉判例制度注重实践性，服务实际审判与奏谳制度。秦汉判例制度服务于秦汉时期的司法审判，而其产生与秦汉狱计、奏谳制度密不可分，判例的最初形态就是实际司法中奏谳上报的疑难案例。同时，秦汉判例制度还同秦汉吏员的考课制度密不可分。汉律规定，对吏员的考校内容包括吏员对狱计、奏谳的掌握程度。正是在这些相关联制度的彼此配合下，秦汉判例制度逐步发展完善，并始终服务于实际司法审判。

其五，秦汉判例制度的最终设计目的是补充、完善秦汉律令体系。从前述秦汉判例“比”的效力赋予及被制定为令文、转化为律文的过程可知，无论秦汉判例的应用多么广泛，秦汉时期律令法始终保持着核心地位，判例的生成、演化体现了其完善律令的最终目的。判例的最终发展结果是被赋予法律效力，进而被制成令文，最终成为律条被纳入秦汉律令的开放体系。

总之，秦汉判例制度继承先秦判例传统，植根于秦汉司法实践，在动态中弥补着律令的缺失与滞后，发挥了重要的作用，并成为其后魏晋隋唐时期更为成熟的判例制度的先声。

第二章　魏晋南北朝判例

一、魏晋南北朝判例概况

魏晋南北朝时期，中国古代法制发生了重大变化。立法思想上，一改汉武帝以来“罢黜百家，独尊儒术”的做法，兼采儒法两家学说，礼刑并重。在成文法的制定上，实现了中国古代法制由繁到简的变革，晋代的律令与汉魏相比，“蠲其苛秽，存其清约，事从中典，归于益时”[①]。而北齐律则吸收前朝的立法经验，“校正今古，所增损十有七八”[②]。可谓科条简要，法令明审。而且，随着中国传统律学的产生和发展，立法技术取得了前所未有的成就。主要表现在：其一，对律文的解释、注释，成为律的重要内容，且与律具有同样的法律效力。通过解释、注释，使律文表述准确化，有利于司法实践中规范化操作，为后代所沿用。其二，从张斐《注律表》中不难看出，这一时期法律概念已较为准确、规范。如“其知而犯之谓之故”“意以为然谓之失”“不意误犯谓之过失”“取非其物谓之盗，货财之利谓之赃”[③]等。与之相适应，判例除了继续确立和维护封建法制原则外，还从理论方面对制定法作出了补充、完善乃至变通。

二、魏晋南北朝判例的实践

首先，判例关于法制原则的确立和维护，突出了制定法实施的地位，为

① 《晋书·刑法志》。

② 《北齐书·崔昂传》。

③ 《晋书·刑法志》。

制定法的贯彻执行提供了保障。例如：

1.太祖临兖州，辟为从事。及为大将军，辟署西曹属，为许令。时曹洪宗室亲贵，有宾客在界，数犯法，宠收治之。洪书报宠，宠不听。洪白太祖，太祖召许主者。宠知将欲原，乃速杀之。太祖喜曰："当事不当尔邪？"故太尉杨彪收付县狱，尚书令荀彧、少府孔融等并属宠："但当受辞，勿加考掠。"宠一无所报，考讯如法。数日，求见太祖，言之曰："杨彪考讯无他辞语。当杀者宜先彰其罪；此人有名海内，若罪不明，必大失民望，窃为明公惜之。"太祖即日赦出彪。初，彧、融闻考掠彪，皆怒，及因此得了，更善宠。[①]

2.安帝义熙中，刘毅镇姑熟。常出行，而鄢陵县吏陈满射鸟，箭误中直帅，虽不伤人，处法弃市。何承天议曰："狱贵情断，疑则从轻。昔有惊汉文帝乘舆马者，张释之断以犯跸，罪止赎金。何者？明其无心于惊马也。故不以乘舆之重，而加异制。今满意在射鸟，非有心于中人。按律：'误过伤人三岁流刑'，况不伤乎？"[②]

3.梁武帝天监三年，建康女子任提女坐诱口当死。召其子景慈对鞫辞云："母实行此。"是时法官虞僧虬启："按子之事亲，有隐无犯，直躬证父，仲尼为非。景慈素无防闲之道，死有明目之据，陷亲极刑，伤和损俗。凡乞鞫不审，降罪一等。岂得避五岁之刑，忽死母之命。景慈宜加罪辟。"诏流于交州。[③]

上述第一道判例中，满宠在查明事实后将曹洪宗亲先行处死，严格地执行了制定法规定。他对杨彪依法予以拷讯，在拷讯而无犯罪事实之后，要求及时将其释放，以判例的形式强调了制定法实施的严肃性。第二道判例，对故意伤害与过失伤害不同刑事责任的成文法规定作了理论上的阐述，重申了误伤从轻的法律原则。第三道判例，则对儒家"亲亲相隐"的法律原则作了

① 《三国志·魏书·满宠传》。
② 《通典》卷一百六十六。
③ 《通典》卷一百六十七。

进一步发展。根据儒家“父为子隐，子为父隐”的原则，父母为子隐，子为父母隐均不构成犯罪。但是，实践中如子不容隐父母，是否应追究刑事责任，通过判例作了肯定的解释。

其次，判例对制定法的疏漏进行了补充与完善，填补了制定法的空白。例如：

1. 宋前废帝景平中，大司马府军人朱兴妻周，坐息男道符，年三岁，先得痫病，周因其病发，掘地埋之，为道符姑双女所告，正周弃市刑。司空徐羡之议曰：“自然之爱，虎狼犹仁，周之凶忍，宜加明戮。臣以为法律之外，故尚弘通物理。母之即刑，由子伏法，为子之道，焉有自容之地。虽伏法者当罪，而在育者匪宜。愚谓可特屏之遐裔。”诏从之。[①]

2. 孔渊之大明中为尚书比部郎。时安陆应城县人张江陵与妻吴共骂母黄，忿恨自缢死，遇赦。律文：“子杀伤殴父母，枭首；骂詈，弃市。妇谋杀夫之父母，亦弃市。遇赦，免刑，补兵。”江陵骂母，母以之自裁，重于殴伤，若同杀科，则疑重；同殴伤及骂制，则疑轻。准制：唯有伤于父母遇赦犹枭首，无骂母致死遇赦之科。渊之议曰：“夫题里逆心，仁者不入；名且恶之，况乃人事。故殴伤咒诅，法所不原；詈之致死，则理无可宥。罚疑惟轻，经文之旨，非此之谓。江陵虽遇赦恩，故合枭首。妇本以义，爱非支属；黄之所恨，情不在吴。原死补冶，有允正法。”诏如渊之义。[②]

3. 太祖征陶谦，留惇守濮阳。张邈叛迎吕布，太祖家在鄄城，惇轻车往赴，适与布会，交战。布退还，遂入濮阳，袭得惇军辎重。遣将伪降，共执持惇，责以宝货，惇军中震恐。惇将韩浩乃勒兵屯惇营门，召军吏诸将，皆案甲当部不得动，诸营乃定。遂诣惇所，叱持质者曰：“汝等凶逆，乃敢执劫大将军，复欲望生邪！且吾受命讨贼，宁能以一将军之故，而纵汝乎？”因涕泣谓惇曰：“当奈国法何！”促召兵击持质者。持质者惶遽叩头，言：“我但欲乞资用去耳！”浩数责，皆斩之。惇既免，太祖闻之，谓浩曰：“卿此可为万

① 《通典》卷一百六十七。
② 《通典》卷一百六十七。

世法。”乃著令：自今已后有持质者，皆当并击，勿顾质。由是劫质者遂绝。[①]

上述第一道判例对父母故意杀死患病幼子的行为确定了法律责任，从而以判例方式弥补了制定法的空白。第二道判例对制定法未作规定的骂母致死遇赦案件确立了处理依据：夫、妻共骂其母，致其母死亡，虽遇赦，夫亦枭首，妇则原死补冶。第三道判例对持质者予以斩首，明确了此类犯罪的法律责任。通过判例，形成了“自今已后有持质者，皆当并击，勿顾质”的诏令，填补了制定法的空白，丰富了制定法的内容。

再次，判例对制定法的变通适用，适应了制定法对社会生活的有效调整。例如：

1. 文帝为五官将，召毓署门下贼曹。崔琰举为冀州主簿。时天下草创，多逋逃，故重士亡法，罪及妻子。亡士妻白等，始适夫家数日，未与夫相见，大理奏弃市。毓驳之曰：“夫女子之情，以接见而恩生，成妇而义重。故诗云：‘未见君子，我心伤悲；亦既见止，我心则夷。’又《礼》：‘未庙见之妇而死，归葬女氏之党，以未成妇也。’今白等生有未见之悲，死有非妇之痛，而吏议欲肆之大辟，则若同牢合卺之后，罪何所加？且《记》曰：‘附从轻’，言附人之罪，以轻者为比也。又《书》云‘与其杀不辜，宁失不经’，恐过重也。苟以白等皆受礼聘，已入门庭，刑之为可，杀之为重。”太祖曰：“毓执之是也。又引经典有意，使孤叹息。”由是为丞相法曹议令史，转西曹议令史。[②]

2. 魏国初建，为尚书郎。转拜丞相理曹掾，令曰：“夫治定之化，以礼为首。拨乱之政，以刑为先。是以舜流四凶族，皋陶作士。汉祖除秦苛法，萧何定律。掾清识平当，明于宪典，勉恤之哉！”鼓吹宋金等在合肥亡逃。旧法，军征士亡，考竟其妻子。太祖患犹不息，更重其刑。金有母、妻及二弟皆给官，主者奏尽杀之。柔启曰：“士卒亡军，诚在可疾，然窃闻其中时有悔者。愚谓乃宜贷其妻子，一可使贼中不信，二可使诱其还心。正如前科，固

① 《三国志·魏书·夏侯惇传》。

② 《三国志·魏书·卢毓传》。

已绝其意望，而猥复重之，柔恐自今在军之士，见一人亡逃，诛将及己，亦且相随而走，不可复得杀也。此重刑非所以止亡，乃所以益走耳。”太祖曰：“善。”即止不杀金母、弟。蒙活者甚众。①

3.文帝元嘉七年，郑县人黄初妻赵打息载妻王死，后遇赦，王有父母及息男称，依法徙赵二千里。司徒左长史傅隆议曰：“礼律之兴，盖本自然。求之情理，非从天堕，非从地出。父子至亲，分形同气；称之于载，即载之于赵，虽云三代，合之一体，非有分者也。称虽创巨痛深，固无仇祖之义，故古人不以父命辞王父命也。若云称可杀赵，当何以处载？若父子孙祖，互相残戮，俱非先王明罚、皋陶立法之本旨也。向使石厚之子，日磾之孙，砥锋挺锷，不与二祖同戴天日，则石碏、秺侯何得纯臣于国，孝义于家矣。旧令云：‘杀人父母，徙二千里外。’不施父子孙祖明矣。赵当避王固当千里外耳。令云：‘凡流徙者，同籍亲近欲相随，听之。’此又大通情理，因亲以教爱者也。赵既流，载为人子，何得不从？载行而称不行，岂名教所许？赵虽内愧终身，沈痛没齿。孙祖之义，自不得绝，事理固然也。”②

4.吴兴武康县人王延祖为劫，父睦以告官。新制：“凡劫，身斩刑，家人弃市。”睦既自告，于法有疑。时尚书何叔度议曰：“设法止奸，本于情理，一人为非，阖门应刑。所以罪及同产，欲开其相告，以出造恶之身。睦父子之际，容可悉共逃亡，而割其天属，还相缚送。螫毒在手，解腕求全，于情可愍，理亦宜宥。使凶人不容于家，逃刑无所，乃大绝根源也。睦既纠送，则余人无应复告，并合赦之。”③

5.及景帝辅政，是时魏法，犯大逆者诛及已出之女。毌丘俭之诛，其子甸妻荀氏应坐死，其族兄颉与景帝姻，通表魏帝，以匄其命。诏听离婚。荀氏所生女芝，为颍川太守刘子元妻，亦坐死，以怀妊系狱。荀氏辞诣司隶校尉何曾乞恩，求没为官婢，以赎芝命。曾哀之，使主簿程咸上议曰：“夫司寇作典，建三等之制；甫侯修刑，通轻重之法。叔世多变，秦立重辟，汉又

① 《三国志·魏书·高柔传》。

② 《通典》卷一百六十七。

③ 《通典》卷一百六十七。

修之。大魏承秦汉之弊，未及革制，所以追戮已出之女，诚欲殄丑类之族也。然则法贵得中，刑慎过制。臣以为女人有三从之义，无自专之道，出适他族，还丧父母，降其服纪，所以明外成之节，异在室之恩。而父母有罪，追刑已出之女；夫党见诛，又有随姓之戮。一人之身，内外受辟。今女既嫁，则为异姓之妻；如或产育，则为他族之母，此为元恶之所忽。戮无辜之所重，于防则不足惩奸乱之源，于情则伤孝子之心。男不得罪于他族，而女独婴戮于二门，非所以哀矜女弱，蠲明法制之本分也。臣以为在室之女，从父母之诛；既醮之妇，从夫家之罚。宜改旧科，以为永制。”于是有诏改定律令。①

6.先是，皇族有谴，皆不特讯。时有宗士元显富犯罪须鞫，宗正约以旧制。尚书李平奏：“以帝宗磐石，周布天下，其属籍疏远，荫官卑末，无良犯宪，理须推究。请立限断，以为定式。”上诏曰：“云来绵远，繁衍代滋，植籍宗氏，而为不善者，良亦多矣。先朝既无不讯之格，而空相矫恃，以长为暴。诸在议请之外，可依常法。”②

7.东晋成帝时，廷尉奏殿中帐施吏邵广盗官幔二张，合布三十四，有司正刑弃市。广二子，宗年十三，云年十一，黄幡挝登闻鼓乞恩，辞求自没为奚官奴，以赎父命。尚书官朱映议以为：“天下之人，无子者少，一事遂行，便成永制。惧死罪之刑，于此而弛时议者以广为钳徒，二儿没入，既足以惩，艾使百姓知父子之道，圣朝有垂恩之仁。可特听减广死罪为五岁刑，宗等付奚官为奴，而不为永制。”尚书右丞范坚驳之曰：“自淳朴浇散，刑辟乃作，刑之所以止刑，杀之所以止杀。虽有时赦过宥罪，议狱缓死，未有行不忍而轻易典刑者也。且既许宗等，宥广死罪，若复有宗比而不求赎父命者，岂不摈绝人伦，同之禽兽邪！按主者今奏云，唯特听宗等而不为永制。臣以为王者之作，动关盛衰，嚬笑之间，尚慎所加。今之所以宥广，正以宗等耳。人之爱父，孰不如宗？今既许宗之请，将来诉者，何独匪人！特听之意，未见其益；不以为例，交兴怨讟。此为施一恩于今，而开万怨于后也。”从之。③

① 《晋书·刑法志》。

② 《通典》卷一百六十七。

③ 《通典》卷一百六十六。

上述第一道判例，对士亡法作了适当变通，即对并未庙见成亲的未婚妇，适用较已婚之妇为轻的连坐处刑原则，明确了妇女既受礼聘，已入门庭，刑之为可，杀之为重的连坐责任。第二道判例，对逃亡士兵的母、妻、弟等人不再处以死刑，以避免士卒因惧怕连累而加速逃亡，并促使逃亡士卒悔而复归，实现刑罚的惩治与预防等多重功能。第三道判例，虽然制定法明文规定“凡流徙者，同籍亲近欲相随，听之”，则“欲不相随”，亦应听之。但判例却从名教、事理出发，确立了祖被流徙，子、孙必须相随的制度。第四道判例，对制定法“凡劫，身斩刑，家人弃市”，规定在子犯劫罪，父以告官的案件中不予适用，从而确立了对此类案件“并合赦之”的变通制度。第五道判例改变了妇女从坐范围，对妇女从坐进行了适当限制。第六道判例变通了“皇族有谴，皆不持讯”的制定法内容，限制了“不得刑讯”皇族的适用范围。第七道判例涉及的邵广死刑可否通过变通方式予以执行的问题，绝非死刑执行方式、程序的变化，而是对责任主体的改变。判例对责任主体变通的否定，明确了刑罚的不可被代替性，丰富和完善了刑罚目的、刑罚功能理论。

复次，判例对制定法的解释，阐发了制定法的精神，促进了制定法的发展。例如：

1.孝武于元嘉中，出镇历阳。沈亮行参征虏将军事。人有盗发冢者，有罪所近村人，与符伍遭劫不赴救同坐。亮议曰：“寻发冢之情，事止窃盗，徒以侵亡犯死，故同之严科。夫穿掘之侣，必衔枚以晦其迹；强劫之党，必讙呼以威其事。故凶赫者易，应潜密者难知。且山原为无人之乡，丘垅非常途所践，至于防救，不得比之村乡。督实劾名，理与劫异，则符伍之坐，居宜降矣。又结罚之科，虽有同符之限，而无远近之断。夫家无村甲，当以比近坐之，若不域之以界，则数步之内，与千里之外，便应同罹其责。防人之禁，不可不慎。夫止非之宪，宜当其律。愚谓相去百步内赴告不时者，一岁刑。自此以外，差不及咎。”①

2.沛郡相县唐赐往北村朱起彭家饮酒还，得病，吐蛊虫十余枚。临死，

① 《通典》卷一百六十七。

语妻张，死后刳腹出病。死后，张手自破视，五脏悉縻碎。郡县以张忍行刳剖，赐子副又不禁止，事起赦前，法不能决。按律，伤死人四岁刑，妻伤夫五岁刑，子不孝父母，弃市，并非科例。三公郎刘勰议："妻痛遵往言，儿识不及理，考事原心，非存忍害，谓宜哀矜。"吏部尚书顾凯之议曰："法移露尸，犹为不道，况在妻子，而忍行凡人所不行。不宜曲通小情，当大理为断。谓副不孝，张同不道。"诏如凯之议也。①

3.后魏宣武帝景明中，冀州人费羌皮母亡，家贫无以葬，卖七岁女子与张回为婢，回转卖与梁之定而不言状。按律："掠人和卖为奴婢者，死。"回故买羌皮女，谋以转卖，依律处绞刑。诏曰："律称和买人者死，谓两人诈取他财也。羌皮卖女，告回称良，张回利贱，知良公买。诚于律俱乖，而各非诈，然回转卖之日，应有迟疑，而决从真卖，于情固可处绞刑。"三公郎中崔鸿议曰："按律，卖子一岁刑，五服内亲属在尊长者死，卖周亲及妾与子妇者流。盖以天性难夺，支属易遗，又尊卑不同，故殊以死刑。且买者于彼无天性支属，罪应一例。明知是良，决便真卖，因此流漂，家人不知，追赎无迹，永沈贱隶。按其罪状，与掠无异。"太保、高阳王雍议曰："检回所买，保证明然，处以和掠，实为乖当。律云：'谋杀人而发觉者流，从五岁刑。已伤及杀而还苏者死，从者流。已杀者斩，从而加功者死，不加者流。'详沈贱之与身死，流漂之与腐骨，一存一亡，为害孰甚？然《贼律》杀人有首从之分，盗人、买卖无唱和差等。谋杀之与和掠，同是良人，应为准例。所以不引杀人减之，降从强盗之一科。纵令谋杀之与强盗，俱得为例，而以从轻。其义安在？又云：'知人掠盗之物，而故买者，以随从论。'此明禁暴掠之源，遏奸盗之本，非谓买之于亲尊之手，而同之于盗掠之僭。窃谓五服相卖，俱是良人，所以容有差等之罪者，明去掠盗理远，故从亲疏为差级，尊卑为轻重。依律：'诸共犯罪者，皆以发意为首。'明买卖之先有由，魁末之坐宜定。若羌皮不云卖，则回无买心，则羌皮为首，回为从可也。且既一为婢，卖与不卖，俱非良人，何必以不卖为可原，转鬻为难恕？张回之僭，宜鞭一百。卖子葬亲，诚孝可美，而表赏之议未加，刑罚之科已及，恐非敦风

① 《通典》卷一百六十七。

化之谓。”诏曰：“羌皮卖女葬母，孝诚可嘉，便可特原。张回虽买之于父，母不应转卖，可刑五岁。”①

4.河东郡人李怜坐行毒药，按以死坐。其母诉称：“一身年老，更无周亲，例合上请。”检籍不谬，怜母身亡，州断三年服终后乃行决。主簿李阳驳曰：“按《法例律》：‘诸犯罪，若祖父母、父母年七十以上，无成人子孙，旁无周亲者，具状上请。流者鞭笞，留养其亲，终则从流，不在原赦之例。’且李怜既怀鸩毒之心，母在犹阖门投畀，况今已死，给假殡葬，足示仁宽，不合更延。可依处斩，流其妻子。”诏从之。②

5.吴兴余杭人薄道举为劫，制同籍周亲补兵。道举从弟代公、道生等并为大功亲，非应在补谪之例。法以代公等母存为周亲，则子宜随母补兵。何承天议曰：“寻劫制，同籍周亲补兵，大功不在此例。妇人三从，既嫁从夫，夫死从子。今道举为劫，若其叔尚在，制应补谪，妻子营居，固其宜也。但为劫之时，叔父已殁，代公、道生并是从弟，大功之亲，不合补谪。今若以叔母为周亲，令代公随母补兵，既违大功不谪之制，又失妇人三从之道。由于主者守周亲之文，不辨男女之异，远嫌畏负，以生此疑，惧非圣朝恤刑之旨。谓代公等母子并宜见原。”③

上述第一道判例对“比附断案”这一制定法制度作了进一步解释：罪名可以比附，但刑罚又应变通。通过这一判例，增强了比附制度的适应性。第二道判例对肢解夫、父尸体的妻、子，无论出于何种原因，均应处以不孝、不道罪观点的阐述，扩大了制定法“不孝”“不道”罪的外延。第三道判例对和卖良人律作了进一步解释，即卖子葬母可以宽免，但买主转卖则一律应负刑事责任。第四道判例通过解释，限制了存留养亲的适用范围，即应存留被养之人在诉讼中死亡，留养所依据的要件消失时，存留养亲之制便不得继续适用。第五道判例对缘坐的适用作了限制，即缘坐之人已亡，则其妻、子均

① 《通典》卷一百六十七。
② 《通典》卷一百六十七。
③ 《通典》卷一百六十七。

免除缘坐处分。值得注意的是，第三道判例在《魏书·刑罚志》中有明确记载，进一步说明本案成为判例的重要原因。

三年，尚书李平奏："冀州阜城民费羊皮母亡，家贫无以葬，卖七岁子与同城人张回为婢。回转卖于鄃县民梁定之，而不言良状。案盗律'掠人、掠卖人、和卖人为奴婢者，死'。回故买羊皮女，谋以转卖。依律处绞刑。"诏曰："律称和卖人者，谓两人诈取他财。今羊皮卖女，告回称良，张回利贱，知良公买。诚于律俱乖，而两各非诈。此女虽父卖为婢，体本是良。回转卖之日，应有迟疑"，而决从真卖。于情不可。更推例以为永式。①

"更推例以为永式"道出了本案的典型性，说明皇帝面对当时法律规定尚存空白及矛盾之处时，希望通过认真的讨论，为今后处理同类案件树立一个可供参考的范例。通过这些过程的加持，本案成为一个名副其实的判例。

最后，某些判例在特定案件中确立的原则，与制定法规定格格不入，严重冲击了制定法的实施，破坏了封建法制。例如：

1.（孙礼）征拜少府，出为荆州刺史，迁冀州牧。太傅司马宣王谓礼曰："今清河、平原争界八年，更二刺史，靡能决之；虞、芮待文王而了，宜善令分明。"礼曰："讼者据墟墓为验，听者以先老为正，而老者不可加以榎楚，又墟墓或迁就高敞，或徙避仇雠。如今所闻，虽皋陶犹将为难。若欲使必也无讼，当以烈祖初封平原时图决之。何必推古问故，以益辞讼？昔成王以桐叶戏叔虞，周公便以封之。今图藏在天府，便可于坐上断也，岂待到州乎？"宣王曰："是也。当别下图。"礼到，案图宜属平原。而曹爽信清河言，下书云："图不可用，当参异同。"礼上疏曰："管仲霸者之佐，其器又小，犹能夺伯氏骈邑，使没齿无怨言。臣受牧伯之任，奉圣朝明图，验地著之界，界实以王翁河为限；而鄃以马丹候为验，诈以鸣犊河为界。假虚讼诉，疑误台阁。窃闻众口铄金，浮石沈木，三人成市虎，慈母投其杼。今二郡争界八

① 《魏书·刑罚志》。

年，一朝决之者，缘有解书图画，可得寻案擿校也。平原在两河，向东上，其间有爵堤，爵堤在高唐西南，所争地在高唐西北，相去二十余里，可谓长叹息流涕者也。案解与图奏而鄃不受诏，此臣软弱不胜其任，臣亦何颜尸禄素餐。"辄束带著履，驾车待放。爽见礼奏，大怒。劾礼怨望，结刑五岁。①

2.芝亡，子岐嗣，从河南丞转廷尉正，迁陈留相。梁郡有系囚，多所连及，数岁不决。诏书徙狱于岐属县，县请豫治牢具。岐曰："今囚有数十，既巧诈难符，且已倦楚毒，其情易见。岂当复久处囹圄邪！"及囚至，诘之，皆莫敢匿诈，一朝决竟，遂超为廷尉。是时大将军爽专权，尚书何晏、邓飏等为之辅翼。南阳圭泰尝以言迕指，考系廷尉。飏讯狱，将致泰重刑。岐数飏曰："夫枢机大臣，王室之佐，既不能辅化成德，齐美古人，而乃肆其私忿，枉论无辜。使百姓危心，非此焉在？"飏于是惭怒而退。岐终恐久获罪，以疾去官。②

3.崔琰既死，玠内不悦。后有白玠者："出见黥面反者，其妻子没为官奴婢，玠言曰'使天不雨者盖此也'。"太祖大怒，收玠付狱。大理钟繇诘玠曰："自古圣帝明王，罪及妻子。书云：'左不共左，右不共右，予则孥戮女。'司寇之职，男子入于罪隶，女子入于舂稿。汉律，罪人妻子没为奴婢，黥面。汉法所行黥墨之刑，存于古典。今真奴婢祖先有罪，虽历百世，犹有黥面供官，一以宽良民之命，二以宥并罪之辜。此何以负于神明之意，而当致旱？案典谋，急恒寒若，舒恒燠若，宽则亢阳，所以为旱。玠之吐言，以为宽邪，以为急也？急当阴霖，何以反旱？成汤圣世，野无生草，周宣令主，旱魃为虐。亢旱以来，积三十年，归咎黥面，为相值不？卫人伐邢，师兴而雨，罪恶无征，何以应天？玠讥谤之言，流于下民，不悦之声，上闻圣听。玠之吐言，势不独语，时见黥面，凡为几人？黥面奴婢，所识知邪？何缘得见，对之叹言？时以语谁？见答云何？以何日月？于何处所？事已发露，不得隐欺，具以状对。"玠曰："臣闻萧生缢死，困于石显；贾子放外，谗在绛、灌；白起赐剑于杜邮；晁错致诛于东市；伍员绝命于吴都：斯数子者，或妒其前，或害其后。臣垂龆执简，累勤取官，职在机近，人事所窜。属臣以私，

① 《三国志·魏书·孙礼传》。
② 《三国志·魏书·司马芝传》。

无势不绝，语臣以冤，无细不理。人情淫利，为法所禁，法禁于利，势能害之。青蝇横生，为臣作谤，谤臣之人，势不在他。昔王叔、陈生争正王廷，宣子平理。命举其契，是非有宜，曲直有所，春秋嘉焉，是以书之。臣不言此，无有时人。说臣此言，必有征要。乞蒙宣子之辨，而求王叔之对。若臣以曲闻，即刑之日，方之安驷之赠；赐剑之来，比之重赏之惠。谨以状对。”时桓阶、和洽进言救玠。玠遂免黜，卒于家。[①]

4.神龟中，兰陵公主驸马都尉刘辉，坐与河阴县人张智寿妹容妃、陈庆和妹惠猛奸乱，殴主伤胎，遂逃。门下处奏：容妃、惠猛各入死刑；智寿、庆和并以知情不加限防，处以流坐。诏曰：“容妃、惠猛恕死，髡鞭付宫。余如奏。”崔纂执曰：“伏见旨募若获辉者，职人赏二阶，白人听出身进一阶，厮役免役，奴婢为良。按辉无叛逆之罪，未可募同反者。王者理天下，不为喜怒增减，不由亲踈改易。按斗律：‘祖父母、父母忿怒，以兵刃杀子孙者，五岁刑；殴杀及爱憎而故杀者各加一等。’虽王姬下降，贵殊常妻，然人妇之孕，不得非子。又依永平四年先朝旧格，诸刑流及死罪者，皆首末判定，然后处决。且事必因本，若以辉逃避，便应悬募，未有舍其首罪，而成其末愆。容妃等罪止奸私，律处不越刑坐，何得同宫掖之罪，齐奚官之役？按智寿口诉，妹已适人，已生二女，是他家之母，他人之妻。昔魏晋未除五族之刑，有免子戮母之坐，谓：‘在室之女，从父母之刑；已醮之妇，从夫家之戮。’律许周亲相隐，况奸私之丑，岂得使同气证之。按律，奸罪无相缘之坐。不可因失辉之忿，加兄弟之刑。夫刑人于市，与众弃之；爵人于朝，与众共之。明不私于天下也。”右仆射游肇及奏如纂言。诏曰：“辉悖法乱理，罪不可纵。厚赏悬募，必冀擒获。容妃、惠猛与辉私乱，因此耽惑，主致非常。此而不诛，将何惩肃！智寿、庆和初不防禁，招引刘辉，共成淫丑，败风秽化，岂得同于常人。且古有诏狱，宁复一归大理。而尚书理本，纳言所属，弗究悖法之浅深，不详损化之多少，有辜执宪，殊乖任寄！崔纂可免郎，都官尚书悉夺禄一秩。”[②]

① 《三国志・魏书・毛玠传》。

② 《通典》卷一百六十七。

5.是时王侯子弟皆长，而骄蹇不法。武帝年老，厌于万机，又专精佛戒，每断重罪，则终日弗怿。尝游南苑，临川王宏伏人于桥下，将欲为逆。事觉，有司请诛之。帝但泣而让曰："我人才十倍于尔，处此恒怀战惧。尔何为者？我岂不能行周公之事，念汝愚故也。"免所居官。顷之，还复本职。由是王侯骄横转甚，或白日杀人于都街，劫贼亡命，咸于王家自匿，薄暮尘起，则剥掠行路，谓之打稽。武帝深知其弊，而难于诛讨。①

上述第一道判例中，孙礼以图籍作为判断地界的主要证据，正确性毋庸置疑。他因坚持依法断案而被曹爽劾以怨望，并"结刑五岁"，受到法律制裁，体现了判例对法制原则的否定。第二道判例中，司马岐能对数岁不决之狱一朝决竟，可见其善于察狱。他因在司法审判中坚持法制原则而触怒权贵，最终不得不以疾去官，表现了制定法实施的艰巨性。第三道判例中，毛玠的所谓罪行，并未得到质证，在证据未经查证、犯罪事实没有查明的情况下，魏太祖收玠付狱，将毛玠予以免黜，反映了具体判例对制定法的冲击。第四道判例所强调的"古有诏狱，宁复一归大理"的案件管辖和审判做法，显系皇权对司法审判权的侵夺。在此判例中，刘辉殴妻兰陵公主伤胎，根据当时法律，究属夫殴妻应从轻案件，至于伤胎则较之杀子为轻。张智寿、陈庆和以妹犯奸缘坐，更是与制定法规定不容。在这种情况下，明知属于错案，而孝明帝仍以"诏狱"为借口坚持错误，并对严明执法的司法官予以打击，由此形成的皇权对法制的破坏，同样对后世产生了深刻影响。第五道判例中，武帝对触犯反逆罪的临川王萧宏不加惩治，其放纵犯罪的结果，便是王侯因之骄横日甚，造成了难以挽回的后果。

三、魏晋南北朝判例的特点

魏晋南北朝判例重视法理阐述，为中国古代法制的发展奠定了理论基础。不仅如此，魏晋南北朝时期还形成了判例与制定法相互关系的理论，对

① 《隋书·刑法志》。

正确对待判例、运用判例以完善中国古代法制起到了重要的作用。

晋惠帝之代，政出群下，每有疑狱，各立私情，刑法不定，狱讼繁滋。尚书裴頠表谏之曰：夫天下之事多涂，非一司之所管；中才之情易扰，赖恒制而后定。先王知其然也，是以辨方分职，为之准局。准局既立，各掌其务，刑赏相称，轻重无二，故下听有常，群吏安业也。旧宫掖、陵庙有水火毁伤之变，然后尚书乃躬自奔赴，其非此也，皆止于郎令史而已。刑罚所加，各有常刑。去元康四年，大风之后，庙阙屋瓦有数枚倾落，免太常荀寓。于时佥谓事轻责重，有违于常。会五年二月天有大风，主者惩惧前事。臣新拜尚书始三日，本曹尚书有疾，权令兼出，按行兰台。主者乃瞻视阿栋之间，求索瓦之不正者，得栋上瓦小斜十五处。或是始瓦时斜，盖不足者，风起仓卒，台官吏往，太常按行，不及得周，文书未至之顷，便竞相禁止，复兴刑狱。昔汉时有盗高庙玉环者，文帝欲族诛，张释之但处以死刑，曰："若侵长陵一抔土，何以复加？"帝从之。大晋垂制，深惟经远，山陵不封，园邑不饰，墓而不坟，同乎山壤，是以丘坂存其陈草，使齐乎中原矣。虽陵兆尊严，唯毁发然后族之，此古典也。若登践犯损，失尽敬之道，事止刑罪可也。去年八月，奴听教加诬周龙烧草，廷尉遂奏族龙，一门八口并命。会龙狱翻，然后得免。考之情理，准之前训，所处实重。今年八月，陵上荆一枝围七寸二分者被斫，司徒太常奔走道路，虽知事小，而按劾难测，骚扰驱驰，各竞负，于今太常禁止未解。近日太祝署失火，烧屋三间半。署在庙北，隔道在重墉之内，火即已灭，主者便责尚书不即按行，辄禁止，尚书免，皆在法外。刑书之文有限，而舛违之故无方，故有临时议处之制，诚不能皆得循常也。至于此辈，皆为过当，每相逼迫，不复以理，上替圣朝画一之德，下损崇礼大臣之体。臣愚以为犯陵上草木，不应乃用同产异刑之制。按行奏劾，应有定准，相承务重，体例遂亏。或因余事，得容浅深。

頠虽有此表，曲议犹不止。刘颂为三公尚书，又上疏曰：自近代以来，法渐多门，令甚不一。臣职思其忧。伏惟陛下为政，每尽善，故事求曲当，曲当则例不得直，尽善故法不得全。何则？夫法者，固以尽理为当，而上求尽善，则诸下牵文就义，以赴主之所许，是以法不得全。刑尽征文，征文必有乖于情听之断，而上安于曲当，故执平者因文可引，则生二端。是法多门，令不一，则吏不知所守，下不知所避。奸伪者因法之多门，以售其情，所欲浅深，苟断不一，则居上者难以检下，于是事同议异，狱犴不平，有伤于法。古人有言："人主详，其政荒；人主明，其事理。"详匪他求，尽善则法伤，故其政荒也。明者轻重之当，虽不厌情，苟入无文，则议而行之，故其事理也。理有穷塞，故使大臣释滞；事有时宜，故人主权断。主者守文，若释之执犯跸之平也；大臣释滞，若公孙弘断郭解之狱也；人主权断，若汉主戮丁公之为也。天下万事，自非斯格，不得出法以意妄议，其余皆以律令从事。然后法信于下，人听不惑，吏不容奸，可以言政。人主轨斯格以责群下，大臣小吏各守其局，则法一矣。古人有言："善为政者，因人设教。"制法之谓也。又曰"随时之宜"，当务之谓也。则因人随时，在大量也，而制其法。法轨既定则行之，信如四时，执之坚如金石，群吏岂得在成制之内，复称随时之宜，傍引"因人设教"以乱政典哉！何则？始制之初，固已因人而随时矣。今若设法未尽当，则宜改之。若谓已善，不得尽以为制，而使奉用之司公得出入以差轻重也。人君所与天下共者，法也。已令四海，不可以不信为教。上古议事以制，不为刑辟。夏、殷及周，书法象魏。三代之君齐圣，然咸弃曲当之妙鉴，而任征文之直准，非圣人有殊，所遇异也。今论时敦朴，不及中古，而执平者欲适情之所安，自托于议事以制。臣窃以为听言则美，论理则违。然天下之大，事务众杂，时有不得悉循文如令。故臣谓宜立格为限，使主者守文，死生以之，不敢错思于成制之外，以差轻重。至如非常之断，出法赏罚，若汉祖戮楚臣之私已，封赵氏之无功，唯人主专之，非奉职之臣所得议拟。然后情求旁请之迹绝，似是而非之奏塞，此盖齐法之大准也。夫出法权制，指施一事，厌情合听，可适耳目，诚有临时当意之快，胜如征文不允人心也。然起为经制，终年施用，恒得一而失十。故小有所得者，必大有所失；近有所漏者，必远有所包。故谙事识体者，善权轻重，不以小害大，不以近妨远。忍曲当之近适，以全简直之大准。不牵于凡听之所安，必守征文以正例。每临其事，恒御此心以决断，此又法之大概也。又律法断罪，皆当以法律令正文，若无正文，依附名例断之，其正文、名例所不及，皆勿论。法吏以上，所执不同，得为异议。如律之文，守法之官，唯当奉用律令。

至于法律之内，所见不同，乃得为异议也。今限法曹郎令史，意有不同为驳，唯得论释法律，以正所断，不得援求诸外，论随时之宜，以明法官守局之分。

诏下其事，侍中、太宰、汝南王亮奏曰："臣以去太康八年，随事异议。且周悬象魏之书，汉咏画一之法，诚以法与时共，义不可二。臣以为宜如颂所启，为永久之制。"于是门下属议曰："昔先王议事以制，自中古以来，执法断事，既已立法，诚不宜复求法外小善也。若以善夺法，则人逐善而不忌法，其害甚于无法也。按启事，欲令法令断一，事无二门，郎令史以下，应复出法驳按，随以事闻也。"①

上述裴頠的论述，从正、反两方面对判例的效力进行了说明。从其论述中不难发现，前代判例在某种意义上仍有约束力。不仅如此，裴頠还从判例中引出了一般的法律原则，从张释之判盗窃高庙玉环判例中总结和概括出了"犯陵上草木，不应乃用同产异刑之制"的主张。刘颂等人则对制定法的适用提出了严格要求，对防止判例对制定法的冲击提出了十分中肯的见解。他们强调不得以判例破坏制定法，这在传统法制的形成与确立时期，无疑具有积极作用。魏晋南北朝这种关于判例与制定法关系的认识，直接影响了隋唐判例实践。

此外，魏晋南北朝还对前代判例进行了一定程度的反思，对继承和借鉴前代判例起了一定促进作用。据《三国志·魏书·王朗传》记载：

景初间，宫室盛兴，民失农业，期信不敦，刑杀仓卒。肃上疏曰："……凡陛下临时之所行刑，皆有罪之吏，宜死之人也。然众庶不知，谓为仓卒。故愿陛下下之于吏而暴其罪。钧其死也，无使污于宫掖而为远近所疑。且人命至重，难生易杀，气绝而不续者也，是以圣贤重之。孟轲称杀一无辜以取天下，仁者不为也。汉时有犯跸惊乘舆马者，廷尉张释之奏使罚金，文帝怪其轻，而释之曰：'方其时，上使诛之则已。今下廷尉。廷尉，天下之平也，一倾之，天下用法皆为轻重，民安所措其手足？'臣以为大失其义，非忠臣

① 《通典》卷一百六十六。

所宜陈也。廷尉者，天子之吏也，犹不可以失平，而天子之身，反可以惑谬乎？斯重于为己，而轻于为君，不忠之甚也。周公曰：‘天子无戏言；言则史书之，工诵之，士称之。’言犹不戏，而况行之乎？故释之之言不可不察，周公之戒不可不法也。”①

上述王肃的论述，对汉代张释之在判犯跸案时所确立的法律原则提出了质疑，主张对君主的自由处分权应进行严格的限制，其观点对中国古代法制的发展意义深远。

总之，魏晋南北朝判例既有对秦汉判例的继承，也有对秦汉判例的发展。判例促进了中国古代法律体系的形成。在法律儒家化过程中，判例扮演着重要的角色，加速了这一历史转变的进程。通过判例，制定法的基本法地位得以巩固；通过判例，制定法的实施在重大理论问题上得以扫清障碍；通过判例，制定法调整社会关系的力度不断加大，由此不断完善与发展。

① 《三国志·魏书·王朗传》。

第三章　隋唐判例

一、隋唐判例概况

隋唐时期，《唐律》的制定，具有承前启后、继往开来的典范作用，标志着中国古代制定法立法取得了巨大的成就。与之相适应，唐代判例在形成与适用上建立了相应的规则，判例在传统法制中的地位，也进一步得到了巩固。

首先，唐代在继承和总结自秦汉以来制定法立法成果，制定了作为中华法系代表作的《唐律》的同时，不但严格了司法实践中判例形成的规则，而且限制成文法规范判例的适用。详刑少卿赵仁本所撰《法例》三卷，“引以断狱，时议亦为折衷。后高宗览之，以为烦文不便，因谓侍臣曰：‘律令格式，天下通规，非朕庸虚所能创制。并是武德之际，贞观已来，或取定宸衷，参详众议，条章备举，轨躅昭然，临事遵行，自不能尽。何为更须作例，致使触绪多疑。计此因循，非适今日，速宜改辙，不得更然。’自是，《法例》遂废不用”①。这表明唐代对判例适用进行严格限制。而且，唐创立了以制定法规范判例的立法模式，《唐律疏议·名例》“诸断罪无正条”律文规定：“诸断罪而无正条，其应出罪者，则举重以明轻；其应入罪者，则举轻以明重。”②正是因为唐代对判例适用采取了上述措施，唐律的适用才达到了“一准乎礼，而得古今之平”的境界。

其次，从唐开始，判例对制定法律文的注释和说明，在立法上起着扬长避短的作用。制定法与判例的有机结合，形成了中国古代饶有特色的立法技术特

---

① 《旧唐书·刑法志》。

② 《唐律疏议·名例》。

点。具体而言，制定法的某些律文，往往离不开判例的辅助性说明与解释。以《唐律疏议·名例》“诸本条别有制”律文（明、清律律文为“本条别有罪名”）为例，这条律文的疏议（明、清律为注），采用的就是判例注解的方法。该条律文规定：“其本应重而犯时不知者，依凡论；本应轻者，听从本。”对此规定，疏议就援引判例进行了注释：“假有叔侄，别处生长，素不相识，侄打叔伤，官司推问始知，听依凡人问法。又如别处行盗，盗得大祀神御之物，如此之类，并是‘犯时不知’，得依凡论，悉同常盗断。其‘本应轻者’，或有父不识子，主不识奴，殴打之后，方始知悉，须依打子及奴本法，不可以凡斗而论，是名‘本应轻者，听从本’。”[①]不难看出，采用判例的方式注释律文，一方面避免了律文烦冗的缺陷，回避了制定法立法的缺点；另一方面又发挥了制定法概括性强、适用性强的长处，保持了制定法立法的优势。这一立法的技术性特点，在世界各国的立法史上，可谓独树一帜，具有鲜明的特色。

运用判例填补制定法调整对象空白的做法，并不限于制定法在立法者意想不到的情形下留下的空白，中国古代针对某些特定问题法律调整的复杂性，制定法有意地为判例的调整留下了余地。如《唐律疏议·职制》“指斥乘舆及对捍制使”条规定：“诸指斥乘舆，情理切害者，斩；非切害者，徒二年。”注云：“言议政事，乖失干涉乘舆者，上请。”这里，对“言议政事，乖失干涉乘舆者”，“律不定刑名，临时上请”，[②]就是用制定法的形式，为判例的调整规定专门的对象。

二、隋唐判例的实践

（一）判例助推了传统法律原则的实践应用

隋唐两代，判例进一步确立和完善了一系列中国古代法律原则，使制定法适用于社会生活时能够实现有效的法律调整。例如，在隋朝：

---

① 《唐律疏议》卷六。

② 《唐律疏议》卷九。

1.（秦孝王）俊渐奢侈，违犯制度，出钱求息，民吏苦之。上遣使按其事，与相连坐者百余人。俊犹不悛，于是盛治宫室，穷极侈丽。……每与宾客妓女，弦歌于其上。俊颇好内，妃崔氏性妒，甚不平之，遂于瓜中进毒，俊由是遇疾，征还京师。上以其奢纵，免官，以王就第。左武卫将军刘昇谏曰："秦王非有他过，但费官物营廨舍而已。臣谓可容。"上曰："法不可违。"昇固谏，上忿然作色，昇乃止。其后杨素复进谏曰："秦王之过，不应至此，愿陛下详之。"上曰："我是五儿之父，若如公意，何不别制天子儿律？以周公之为人，尚诛管、蔡，我诚不及周公远矣，安能亏法乎？"卒不许。[①]

2.刑部侍郎辛亶，尝衣绯裈，俗云利于官，上以为厌蛊，将斩之。绰曰："据法不当死，臣不敢奉诏。"上怒甚，谓绰曰："卿惜辛亶而不自惜也？"命左仆射高颎将绰斩之，绰曰："陛下宁可杀臣，不得杀辛亶。"至朝堂，解衣当斩。上使人谓绰曰："竟何如？"对曰："执法一心，不敢惜死。"上拂衣而入，良久乃释之。明日，谢绰，劳勉之，赐物三百段。[②]

3.大理掌固来旷上封事，言大理官司恩宽。帝以旷为忠直，遣每旦于五品行中参见。旷又告少卿赵绰滥免徒囚，帝使信臣推验，初无阿曲。帝又怒旷，命斩之。绰因固争，以为旷不合死。帝乃拂衣入阁，绰又矫言："臣更不理旷，自有他事未及奏闻。"帝命引入阁，绰再拜请曰："臣有死罪三：臣为大理少卿，不能制驭掌固，使旷触挂天刑，死罪一也；囚不合死，而臣不能死争，死罪二也；臣本无他事，而妄言求入，死罪三也。"帝解颜。会献皇后在坐，帝赐绰二金杯酒，饮讫，并以杯赐之。旷因免死，配徒广州。[③]

上述第一道判例中，秦孝王杨俊骄奢淫逸，违法乱纪，隋文帝对其予以严厉处罚，这是维护和巩固其统治所必需的。常言道，"千里之堤，溃于蚁穴"，统治阶级内部成员，尤其是最高统治集团内部成员破坏法律制度，将会造成严重后果。隋文帝不为其子开脱，带头厉行法制，严明执法，维护了

① 《隋书·秦孝王俊传》。

② 《隋书·赵绰传》。

③ 《隋书·刑法志》。

法律的尊严。判例的形成肯定了制定法的不可侵犯地位。第二道判例中，不奉诏书，罪可处死。赵绰作为司法官，明知不奉诏书的后果，却一再表示"执法一心，不敢惜死"，有力地抵制了隋文帝对法律的破坏，防止了本来无辜的刑部侍郎辛亶被错误认定为厌蛊重罪而处以死刑冤案的发生。判例对制定法罪名的严格解释，同样维护了制定法的权威。第三道判例中，来旷罪不至死，隋文帝因一时的怒气欲判处其死刑，赵绰固争，使旷免死，判例所体现的精神，仍然是对罪刑相当原则的坚决维护。

在唐朝：

1. 贞观初，太宗务止奸吏，乃遣人以财物试之。有司门令史受馈绢一匹，上怒，将杀之。民部尚书裴矩谏曰："此人受贿，诚合重诛。但陛下以物试之，即行极法，所谓陷之入罪，恐非道德齐礼之义。"上纳其言，谓百僚曰："矩廷折，不肯面从，天下何忧不治。"[①]

2. 其年（贞观初），温州司户参军柳雄于隋资妄加阶级，人有言之者，上令其自首，不首与尔死罪。雄固言是真，竟不肯首，大理推得其伪，将处雄死罪。少卿戴胄奏："公法止合徒。"上曰："我已与其断当讫，但当与死罪。"胄曰："陛下既付臣法司，罪不至死，不可酷滥。"上作色遣杀，胄言之不已，至于四五，然后赦之。仍谓之曰："胄但能为我如此守法，岂畏滥有诛夷也。"[②]

3.（贞观五年）河内人李好德风疾瞀乱，有妖妄之言，诏按其事。大理丞张蕴古奏，好德癫病有征，法不当坐。治书侍御史权万纪劾蕴古贯相州，好德之兄厚德，为其刺史，情在阿纵，奏事不实。太宗曰："吾尝禁囚于狱内，蕴古与之弈棋，今复阿纵好德，是乱吾法也。"遂斩于东市。既而悔之。又交州都督卢祖尚以忤旨斩于朝堂，帝亦追悔，下制：凡决死刑，虽令即杀，仍三复奏。寻谓侍臣曰："人命至重，一死不可再生。昔世充杀郑颋，既而悔之，追止不及。今春府史取财不多，朕怒杀之，后亦寻悔，皆由思不审也。比来决囚虽三复奏，须臾之间三奏便讫，都未得思，三奏何益？自今已

① 《通典》卷一百六十九。

② 《通典》卷一百六十九。

后，宜二日中五复奏。”①

4.（贞观）七年，贝州县令裴仁轨私役门夫，上欲斩之。殿中侍御史李乾祐奏曰：“法令者，陛下制之于上，率土遵之于下，与天下共之，非陛下独有也。仁轨犯轻罪而致极刑，是乖画一之理。臣守职宪司，不敢奉制。”②

5.（贞观七年）九月八日，吏部尚书、权检校左武卫大将军长孙无忌被召，不解佩刀入东上阁。右仆射封德彝议以监门校尉不觉，合罪死；无忌误带刀入，徒二年，罚铜二十斤。大理卿戴胄驳之曰：“校尉不觉与无忌带入，同为误耳。臣子之于君父，不得称误。准律云：‘供御汤药、食饮、舟船，误不如法者，皆死。若录功舍过，非宪司所决；若当罪据法，罚铜未为得衷。’”太宗曰：“法者，非朕一人法也。何得以无忌一人国戚，便欲阿之。”更令重议。德彝执议如初，胄又驳之曰：“校尉缘无忌致罪，于法当轻。若论其过误，则其情一也，而死生顿殊，敢以请。”乃免校尉死刑。③

6.（贞观七年）九月，盛开选举，或有伪为资荫者，上令自首，不首者死。俄有诈伪事泄，大理少卿戴胄断流。上曰：“朕下敕不首者死，令断从流，是示天下以不信。卿拟卖狱乎？”胄曰：“陛下既付所司，臣不亏法。”上曰：“卿自守法，而令我失信邪？”胄曰：“法者，国家所以布大信于天下；言者，当时喜怒之发耳。陛下发一朝之忿而许杀之，既知不可而置之于流，此乃忍小忿而存大信。若顺忿违信，臣窃为陛下惜之。”上曰：“法有所失，公能正之，朕何忧也。”④

7.（贞观）十八年九月，茂州童子张仲文忽自称天子，口署其流辈数人为官司。大理以为指斥乘舆，虽会赦犹斩。太常卿摄刑部尚书韦挺奏：“仲文所犯，止当妖言。今既会赦，准法免死。”上怒挺曰：“去十五年，怀州吴法良亦浪入先置钩陈，口称天子，大理、刑部皆言指斥乘舆，群断处斩。今仲文称妖，同罪异罚。卿作福于下，而归虐于上邪？”挺拜谢，趋退出。自是，

---

① 《旧唐书·刑法志》。

② 《通典》卷一百六十九。

③ 《通典》卷一百六十九。

④ 《通典》卷一百六十九。

宪司不敢以闻。数日，刑部尚书张亮复奏："仲文请依前以妖言论。"上谓亮曰："日者，韦挺不识刑典，以重为轻。朕时怪其所执，不为处断。卿今日复为执奏，不过欲自取刚正之名耳！曲法要名，朕所不尚。"亮默然就列。上因之曰："尔无恨色，而我无猜心。夫人君含容，屈在于我。可申君所请，屈我所见。其仲文宜处于妖言。"①

8.上元三年九月，左武卫大将军权善才、右监门中郎将范怀义并为斫昭陵柏，大理奏遂欲破其产除名，上特令杀之。大理丞狄仁杰执奏，称不当死。上引入，谓曰："善才斫陵上柏，是我不孝，必须杀之。"仁杰又执奏，上作色令退，仁杰进曰："臣闻逆龙鳞，忤人主，自古以为难，臣愚以为不难。居桀纣时则难，尧舜时则易。臣今幸逢尧舜，不惧比干之诛。昔汉文帝时，有盗高庙玉环，张释之廷争，罪止弃市；魏文帝将徙冀州士家十万户，辛毗引裾而谏，亦见纳用。且明主可以理夺，忠臣不可以威惧。今陛下不纳臣言，瞑目之后，羞见释之、辛毗于地下也。陛下作法，悬之象魏，徒流死罪，具有差等。岂有犯非极刑，即令赐死？法既无恒，则万姓何所措手足！陛下必欲变法，请从今日为始。古人云：'假使盗长陵一抔土，陛下何以加之？'今陛下以昭陵一株柏杀一将军，千载之下，谓陛下为何主？此臣所以不敢奉诏杀善才，陷陛下于不道。"上意乃解，谓仁杰曰："既能为善才正我，岂不能为我正天下也。"②

9.永徽二年七月，华州刺史萧龄之，前任广州都督，受左智远及冯益妻等金银奴婢，诏付群臣议奏，上怒，令于朝堂处置。御史大夫唐临奏曰："臣闻国家大典，在于刑赏，古先圣王，惟刑是恤。今天下太平，合用尧、舜之典。比来有司多行重法，叙勋必须刻削，论罪务从重科，非是憎恶前人，止欲自为身计。今议龄之事，有轻有重，重者至流、死，轻者除名。以龄之受委大藩，赃罚狼藉，原情取事，死有余辜。然既遣详议，终须近法。臣窃以律有八议，并依《周礼》旧文，务其异于众臣，所以特制议法。《礼》'王族刑于僻处'，所以议亲；'刑不上大夫'，所以议贵。明知重其亲贵，议欲缓

① 《通典》卷一百六十九。

② 《通典》卷一百六十九。

刑；非嫉其贤能，谋致深法。今议官必于常法之外，议令入重。正与尧舜相反，不可为万代法。臣既处法官，敢不以闻。”诏遂配流岭南。[①]

10.（开元）十年八月，冀州武强县令裴景仙犯乞取，赃积五千匹。事发，上大怒，令集众杀之。大理卿李朝隐奏曰：“景仙缘是乞赃，罪不至死。又景仙曾祖故司空寂，往昔缔构，首参元勋。载初年中，家陷非罪，凡其兄弟，皆被诛夷，唯景仙独存，今见承嫡。据赃未当死坐，准犯犹入议条。十代宥贤，功实宜录；一门绝祀，情或可哀。愿宽暴市之刑，俾就投荒之役，则旧勋不弃，平典斯允。”手诏不许。朝隐又奏曰：“轻重有条，臣下当守。枉法而取，十五匹便抵死刑；乞觅为赃数千匹，止当流坐，今若乞取得罪，便处斩刑，后有枉法，当科当加何辟，所以为国惜法，期守律文，非敢以法随人，曲矜仙命。射兔魏苑，惊马汉桥，初震皇赫，竟从逆议，岂威不能制，而法贵有恒。又景仙曾祖寂，定为元勋，恩倍恒数。若寂勋都弃，仙罪特加，则叔向之贤何足称者，若敖之鬼不其馁而？舍罪念功，乞垂天德。”遂决一百，流配。[②]

上述第一道判例中，司门令史并无犯罪事实，因而对其判处死刑，显然有违法律的要求。第二道判例中，柳雄的行为依法只能判处徒刑，戴胄坚持依律论罪，在诏令与律典发生冲突时，坚持以律典为准，维护了制定法的严肃性。第三道判例中，重申了死刑执行中体现慎刑原则的复奏程序，并确立了二日五复奏，即在行刑前二日，分别执奏五次的制度，以体现对死刑执行案件的谨慎态度。第四道判例中，裴仁轨私役门夫，触犯轻罪，太宗欲对其判处斩刑，明显违背了罪刑相当原则，李乾祐坚持罚当其罪，严肃了制定法的执行。第五道判例中，监门校尉因长孙无忌不解佩刀入东上阁门而牵连犯罪，则长孙无忌所犯罪重，而监门校尉所犯罪轻。重罪尚被罚铜，轻罪则无由处死，判例也体现了罪刑相当的量刑原则。第六道判例中，在律典与诏令相冲突时，坚持律的效力，体现了与上述第二道判例相同的原则，即令不得破坏律、代替律。第七道

① 《通典》卷一百六十七。

② 《通典》卷一百六十九。

判例中，强调罪名认定中应充分考虑各方面意见，以准确定性。第八道判例中，强调了法律适用中的罪刑相当原则，体现了法律执行的严肃性。第九道判例中，严格地区分枉法赃与不枉法赃，此外，唐临要求对“于朝堂处置”这一于法无据的处罚予以改正，从另一个侧面补充、完善了中国古代法律原则，维护了法制的尊严。第十道判例中，裴景仙乞赃从性质上讲为不枉法赃，不枉法赃罪不至死。判例严格以法律规定为据，仍判处了其流刑，体现了定罪量刑中的准确性要求。

（二）判例对反逆罪的立法完善

首先，唐朝通过一系列判例，确立了反逆罪的处理原则。反逆罪作为直接危害皇权的犯罪，具有其特殊性。反逆罪处理原则的确立，对传统中国法制的执行具有重要意义。例如：

1.武太后时，……魏州人冯敬同，告贵乡县尉颜余庆与博州刺史虺冲同反。余庆，博州人，冲先放粟债于贵乡百姓，遣家人敛索，托余庆为征，所得征钱，冲家人自买弓箭。余庆兼修启状于冲，直叙寒温，并言债负不可征得。敬同遂以此状论告。武太后令殿中侍御史来俊臣就推，俊臣所推征债是实，其弓箭非余庆为市，遂奏余庆与冲同谋反。曹断缘会永昌赦，称其与虺贞同恶魁首并已伏诛，其支党未发者将从原放，遂准律改断流三千里。侍御史魏元忠奏：“余庆为冲征债，叶契凶谋，又通书，启即非支党。请处斩，家口籍没。”奉敕依。有功执奏曰：“谋反大逆，罪极诛夷，殄其族未可以谢愆，污其宫宁可以塞责。今据余庆罪状，颇与虺冲交涉，为冲理债，违敕是情，于冲致书往反为验。既属永昌恩赦，在余庆罪即合原状。”据永昌元年赦曰：“其与虺贞等同恶徒党，魁首既并伏诛，其支党事未发者，特赦原。”谨详“魁首”两文，在制非无所属。《尚书》曰：“歼厥渠魁。”《名例律》曰：“造意为首。魁即其帅，首乃原谋。魁帅首谋已露者，既并伏法；支派党与未发者，特从原宥，伏请既标‘并’字，足明魁首无遗。余庆赦后被言发觉，即为支党。必余庆是魁首，当时寻已伏诛。若从魁首逃亡，亦应登时追捕。进则不入伏诛之例，退则又异捕亡之流，将同魁首结刑，何人更为支党？况非常之恩，千载罕遇；莫大之罪，万死蒙生。岂令支党之人，翻同魁首；应生之伍，更入死条。嫉恶虽臣子之心，好生乃圣人之德。令赦而复罪，即不如无赦；生而又杀，则不如无生。窃谓圣朝伏当尔。余庆请当依律断为支党，处流。”有功玉阶具奏，太后大怒，抗声谓有功曰：“若为唤作魁首？”有功对曰：“魁是大帅，首是原谋。”太后曰：“余庆可不是魁首？”有功又对曰：“若是魁首，虺冲败日，并合伏诛。今赦后事彰，只是支党。”太后又谓曰：“违敕征债，与虺冲买弓箭，何为不是魁首？”有功又对曰：“违敕征债，诚如圣旨；所买弓箭，状不相关。”太后又谓曰：“二月与冲征债，八月又通书，此岂不是同谋？”有功又对曰：“所通之书，据状是寒温。其书搜检不获，余庆先经奏讫。通书征债，只是支党。”太后怒少解，乃谓曰：“卿更子细勘问，是支党不是支党奏来。”当时百僚供奉及仗卫二三百人，莫不股栗，而有功神色不变，奏对无差，人皆服其胆力，直而不挠。①

2.故左相苏良嗣男践言、践中、践义，推事使、金吾将军丘神勣奏称请被法绞刑者，奉敕依。顷又有敕：“苏良嗣往者频被言告，指验非虚。朕以其年逼桑榆，情敦簪履，掩其恶迹，竟不发扬。洎乎归壤之辰，爰备饰终之礼。不谓因子重发逆踪，所司执法论科，请申毁柩之罚。朕念劳志切，惟旧情深，是于囚杀之科，特降非常之霈。式延恩于朽骼，俾流德于幽魂。特免斫棺之刑，宽其籍没之典者。”少卿郭奉一等所奏：“苏良嗣作逆先死，准敕免斫棺，矜其籍没，其男践言等缘坐，既在敕无文，请准法处绞刑。奉依者。”有功断执奏曰：“践言、践忠，良嗣之子，缘其父逆，合坐绞刑。但为敕称：屈法申恩，特降非常之霈。”又言：“念劳志切，惟旧情深，特免斫棺之刑，宽其籍没之典。两节皆具‘特’字，信知恩是非常。父免斫棺之刑，子无缘坐之死；既宽籍没之典，理免收录其家。按《名例律》：‘因罪人以致罪，若罪人遇恩原减，亦准罪人原减法。’又云：‘即缘坐家口虽配没，罪人先死者，亦免。’斫棺为其父逆，因父致其绞刑，父既得遇殊恩，子便不拘常律。践言等并即不合缘坐尽录奏者。”奉敕：“践言等缘坐合死，朕好生恶杀，不忍加

① 《通典》卷一百六十九。

刑，宜特免死配流。”[①]

3.逆人丘神勣弟神鼎并男畯，被奴羊羔告反。司刑司直刘志素推案，奏称：“神鼎身居文职，黑袄子即是武夫之衣，若不夙怀叛心，拟投豫州，无故不合辄造。文烧却反状分明，请付法者。”曹断：“神鼎处斩，家口籍没者。”有功批云：“丘神鼎，丘神勣之弟。兄先反，弟合没官。凭状以推，事迹可验，在于断结，理固难逾。羊羔称投豫州，作两个皂袄。假令是实，终在赦前，况乃涉虚，何以为据？往时纵犯，今日方告，准赦据敕，不合推科。使人为鼎著皂衣，将为叛逆，曹司以烧却文状，处以叛谋。切寻此途，颇伤苛酷。且衣之五采，随人好尚。武夫一着，岂限玄黄。烧书虽匪赦前，推勘须穷窟穴，或言《周易》，或道卜书；既云抛着厕中，又云鼎自裂破。书既著标，便非反书；必是反书，书论何事？为是簿帐，为是谶图，竟不甄明，遂无承款，即处以斩，乃籍没其家。请更详审，务令允当者。”刘志素又批：“神鼎反逆，夙蕴苞藏，非只一途，岂惟今日。虺贞豫州作逆之岁，于时秩满神泉，准其家在西京。言旋即合归舍，为与虺贞相应，迂水道下嘉州，更至荆、襄，路过淹留，遂经一岁。当闻豫州起逆，星夜即向唐州。接荆河界首，于悬泉馆，遂共男畯俱作黑褐袄子，拟充战服，即明事相应接。及闻贞败，星夜走来神都，即将袄子布施天宫寺。明知原来所造缘反。近以兄勣反彰之后，复烧却反逆文书。此反不诛，谁反合杀？况又圣泽哀矜，重令来中丞推覆，追奴问鼎，勘接逾明。论其本愆，辜当万死。徐丞内纵奸匿，外诈平反。奉敕令推反人得实，宁敢隐默者。”又曹依前断者，举申秋官详议者。符下，员外郑思齐判：“凡断刑名，须得指实。朦胧作状，斟酌结刑，司刑此申，过为非理。欲令集议，须审议由，状未指归，遣议何事？仰寻所推之按，取堪凭信之由，处分讫申者。”曹断又依前者。有功又批：“赦前纵实合免，恩后谋状未分。不反何为烧书，法家无文臆度，使人的知是反，鞫按何不具言？当时按状朦胧，奏后方便勦略。人命至重，一死不可再生；王法须平，居轻无宜入重。恐乖泣辜之惠，方亏祝纲之慈。在愚所窥，请更商度者。”刘志素又批：“神鼎谋反，与虺族同谋，苞藏日深，又共逆党连结。有功侮文弄法，党逆不忠，批

① 《通典》卷一百六十九。

退欲纵反人，每事唯希侥倖，不寻按状，孟浪即批。批即不据科条，法外岂得依允。惟据志素所批之状，与有功意故纵逆人之平，即请申秋官及台，集众官议。”奉敕依。得春官员外郎杨思雅等一百十七人依志素议，以缘坐为允；又得夏官尚书杨执柔等百二十二人等议，并无反状，准更差明使推。准议状，奏请差五品使。推事使杜无二奏无反状，准赦例处分释放。①

4.汾州司马李思顺……被韦秀告称：“思顺共秀窃语云，汾州五万户，管十一府，多尚宿宵，好设斋解。”《大云经》上道：“理复思顺好，李三五年少。思顺恰第三，兄弟五个者。”监察御史李恒等奏称：“据思顺潜谋逆节，苞藏祸心，研核始引《唐兴辩占》，复承斋谶。请从极法。”奉敕依奏者。司直裴谈断：“处斩刑，家口籍没者。”主簿程仁正批：“合从妖处绞。只向韦秀一人道状，当不满众，合断三千里者。”裴谈又判：“请依前断录奏者。”焦元亶判：“退司寺官却议者。”有功议曰：“谋危社稷，罪合反条。自述休征，坐当妖例。反依斩法，妖从绞论。律著成文，犯标定状。状在事难越状，文存理无弃文。若违状以结刑，舍文而断狱，譬乘马不俟衔勒，遏流不用堤防？今判官处以反谋，司直批从妖说；不耻下问，窃欲当仁。李思顺解《大云经》，韦秀称共窃语私解，明非众说。窃语不合人知，虚实唯出秀辞，是非更无他证。纵解‘三五年少’，只是自述休征。既异结谋之踪，元非背叛之事。即从叛逆，籍没其家，便是状外弃文，岂曰文中据状。请依程仁正批，妖不满众，处流三千里。”焦元亶判：“具申秋官请议者。”右台中丞李嗣等二十人议称：“请依王行感例，流二千里，庶存画一者。”留守司府卿丁思言等六十三人议称：“依徐有功议者。”录奏，敕：“思顺志怀奸慝，妄说图谶。唯其犯状，合寘严刑；为其已死，特免籍没者。”缘有功议，遂免没家。②

5.御史郭弘霸奏：“宕州刺史皇甫怀节，为芳州司仓薛璟所告，称共芳州刺史李思征谋反。”曹断：“处斩、籍没者。”有功批执曰：“思征，芳部宣条；怀节，宕州分竹。爰因羌叛，奏使讨擒，暂见思征，屏人共语，即疑怀节与

① 《通典》卷一百六十九。
② 《通典》卷一百六十九。

征同谋。同谋须述谋由，共语当论语状。语既无状，谋又无由。思征伏诛，一无牵引，薛璟陷辟，方始言。璟元共征同情，怀节复与征连结，节当共征私语，语状在璟合知，征在不知语由，征死谁明反状？有比州刺史，奉敕讨羌，白日入州，官人参谒，暂与思征相见，遂即平章反谋。察狱以情，未闻此理。羌走出界，无贼可击，所领之兵，更留何用，为此放散，致将为反。节实拟反，更须发兵，成集之兵，何须放却？非诬之状，于此更明。怀节据状无反。请差使推鞫。"无反，为发兵迟断为官当。会赦，总免。[①]

6.推事使顾仲琰奏称："韩纯孝受逆贼徐敬业伪官同反，其身先死，家口合缘坐。"奉敕依曹断，家口籍没。有功议："按贼盗律：'谋反者处斩'者正为身存，身亡即无斩法。缘坐元因处斩，无斩岂合相缘？缘者是缘罪人，因者为因他犯。非己所犯，例是因缘。所缘之人先亡，所因之罪合减。合减止于徒坐，徒坐频会鸿恩。今日却断没官，未知据何条例。若情状难舍，敕遣戮尸，除非此途，理绝言象。伏惟逆人徐敬业同柳明肃之辈，身先殒没，不许推寻。未敢比附敕文，但欲见其成例。勘当尚犹不许，家口宁容没官？"申覆，依有功所议，断放。此后援例皆免没官者，三数百家。[②]

7.推事使奏："瀛州人李仁恒等三十七人，被告称谋反。"曹断："并处斩，父母、妻子流三千里。"有功执曰："元淑里正元得户人缘祖分事，因相告言，或以反逆相唤，或将奔叛相牵。反逆须有同谋，奔叛宁无叶契？无谋无契，口语口陈，即以实论，颇亦苛酷。枪榔元无影响，星文本自参差，纵使实有反言，只恨换其宗姓。因恨称有，正是口陈；徒侣绝无，明非实反。《贼盗律》云：'口陈欲反之言，心无真实之计，流三千里。'疏云：'口陈欲反者，杖八十。'准依告状，并是口陈之言；原究犯情，皆非心实之计。忝居商度，用此当宜。如不使推，请从鄙见。将或未允，终须重推。"录奏，敕依。得宗君哲状，称："无反可寻，请依徐丞见，流三千里。"奉敕依，会赦免。[③]

8.推事左台监察御史卢偡奏称："告事人问赵推之，得款唐子产与推之

---

① 《通典》卷一百六十九。

② 《通典》卷一百六十九。

③ 《通典》卷一百六十九。

手状，遣告长孙仲宣，实不知事由者。依问唐子产，得款与推之手状，令告仲宣宅中私置炉，拟打枪矟，谋反是实。其长孙仲宣是子产亲舅，为子产先与三舅庶几妾成蹊私通，仲宣既知，即骂辱子产，为此诬告者。”曹断：“准律：‘诬告谋反大逆者，斩；从者，绞。’又条云：‘放令人告事虚，应反坐；得实，应赏。皆以告者为首，教令为从。’推之为首，处斩，子产为从，处绞。”推之在禁告密，因得引见，遂诉枉屈。武太后曰：“赵推之得唐子产手状，即告。今子产引虚，自是子产之罪，何得枉断杀推之。宜令停决，正断奏闻者。”有功重执曰：“推之所告反由，元于子产处得。奉敕勘当，具状是诬，付法科绳，已断处斩。奏书临决，恩旨遣停。圣上为子产引虚，则将推之枉死。但教令告事，律著正文，告者为首，教者为从。若其事虚受责，推之合当重科；如其反实论功，子产才沾薄赏。律开此条，本防避罪争功；在于宪司，固当守文奉法。”奉敕依奏。迁有功为侍御史。[①]

上述第一道判例的意义，并非仅在于对魁首与支党的严格区分，而是牵涉到已决案的效力。颜余庆一案，有永昌元年赦文明定的处理原则，即“其与虺贞等同恶徒党，魁首既并伏诛，其支党事未发者，特赦原”，已属成案。颜余庆在事实上也只有“通书征债”的行为，难以认定其为魁首。判例对已决案效力的维护，适用于反逆案件，对维护社会稳定具有重要作用。第二道判例确立了反逆犯罪中，如果罪犯遇恩赦从宽，则被株连者亦应从宽的原则。缘坐作为一人犯罪株连他人的制度，从法理上看，被株连者是以他人的犯罪行为作为牵连条件，以犯罪者应受刑罚制裁为前提。而且，法律对罪犯遇赦减免刑罚时受株连者亦可因此而减免刑罚有明确规定。那么，判例将这一原则推及反逆罪中，无疑规范了反逆罪的法律适用。第三道判例严格了反逆罪的认定标准。反逆罪虽然属于罪大恶极的犯罪，是法律重点打击的对象，但此类犯罪的认定，必须以确凿的事实为依据，“凡断刑名，须得指实”。反之，主观臆断并不能作为认定事实的依据，即被烧毁的文状既已无法查证其内容，则不能作为认定反逆事实的证据。判例所强调的既无反状，便不构成

① 《通典》卷一百六十九。

反逆罪的原则，对反逆案件的事实认定，具有指导意义。第四道判例对妖言惑众与反逆罪的区分，明确了反逆罪的构成要件。从客观上看应有反状，即谋反的事实；从主观上看则应有反意，即谋反的意图。缺乏这两方面的要件，便不构成反逆罪。第五道判例对反逆罪的主观方面作了强调，可以说更进一步严格了反逆罪的认定标准，即谋反必须有同谋的事实，以同谋的内容作为确系谋反的证据。反之，既无谋由，又无语状，便难以认定为谋反。第六道判例强调了谋反者如已身故，则不再追究缘坐者刑罚的制度，反映了历史的进步。第七道判例对制定法关于反逆罪的内容，作了严格的解释和适用。因为，口称欲反，却并无真实之计，对这种行为的处理既然制定法作了明文规定，则不应再以谋反罪定罪量刑。第八道判例严格体现了反逆案件中诬告反坐的法律原则。在诬告案件中，教唆者与诬告者为共同犯罪，诬告者为主犯，教唆者为从犯。反逆案件中诬告反坐原则的实行，同样对此类犯罪的处理提出了严格的要求。

其次，判例对反逆罪刑罚适用的改革，起了重要作用。例如：

（唐太宗时）又旧条疏，兄弟分后，荫不相及，连坐俱死，祖孙配没。会有同州人房强，弟任统军于岷州，以谋反伏诛，强当从坐。太宗尝录囚徒，悯其将死，为之动容，顾谓侍臣曰："刑典仍用，盖风化未洽之咎。愚人何罪，而肆重刑乎？更彰朕之不德也。用刑之道，当审事理之轻重，然后加之以刑罚。何者有不察其本而一概加诛，非所以恤刑重人命也。然则反逆有二：一为兴师动众，一为恶言犯法。轻重有差，而连坐皆死，岂朕情之所安哉？"更令百僚详议。于是玄龄等复定议曰："案礼，孙为王父尸。案令，祖有荫孙之义。然则孙重而兄弟属轻，荫重反流，合轻翻死，据礼论情，深为未惬。今定律，祖孙与兄弟缘坐，俱配没。其以恶言犯法不能为害者，情状稍轻，兄弟免死，配流为允。"从之。自是比古死刑，殆除其半。[①]

上述判例确立了两类不同情节的反逆罪的刑事责任，以判例的形式促成

① 《旧唐书·刑法志》。

了对制定法内容的修改和完善。

（三）判例对法律原理的深入揭示

唐朝判例从广泛的角度探讨和揭示法律原理，深化了法律对社会生活的调整。例如：

1.奉判：雍州申称地狭，少地者三万三千户，全无地者五千五百人。每经申请，无地可给。即欲迁就宽乡，百姓情又不愿。其人并是白丁、卫士，身役不轻。若为分给，使得安稳？又，前折卫赵孝信妻张，有安昌郡告身。其夫犯奸除名，主爵追妻告身。张云：夫主行奸，元不知委。不服夺告身事。

用天分地，今古共遵。南亩东翠，贵贱同美。雍州申称地狭，百姓口分不充。请上之理虽勤，抚下之方未足。但陆海殷盛，是号皇居；长安厥田，旧称负郭。至如白丁、卫士，咸曰王臣，无地少田，并皆申请。州宜量其贫富，均彼有无。给须就彼宽乡，居宅宜安旧业。即欲迁其户口，弃彼粉榆，方恐楚秦未穷。越吟思切，既乖宪纲，又负人情，公私两亏，窃未为允。且赵孝信身任折卫，爵班通贵，朝仪国范，顺亦应知。自可志励冰霜，心齐水镜。岂得监临之内，恣彼淫奔。无存秉烛之仁，独守抱梁之信。贞清莫着，秽浊斯彰。败俗伤风，此而尤甚。但奸源已露，罪合除名，除名官爵悉除，资荫理从斯尽。妻张本缘夫职，因夫方给郡君。在信久已甘心，于张岂劳违拒。皮既斯败，毛欲何施？款云不委夫奸，此状未为通理。告身即宜追夺，勿使更得推延。①

2.奉判：赵州人赵寿，兄弟五十余人，同居已经三纪。上下和睦，名著乡闾。虽恭顺有闻，更无瑞膺。申请义门，未知合否？

赵寿早遇昌辰，幸沾唐化，遂能怀恭履信，砥义栖仁，穆彼家风，光斯里闬。故以天伦义重，嗟断臂而增怀；同气情深，叹唇亡而轸虑。遂乃一门之内，五十余人，人耻薛苞之异居，慕姜肱之共被。一荣花萼，三纪于兹。亲亲之义既隆，怡怡之颜斯在。虽尺布斗粟，俱怀饮啄之欢，弟瘦兄肥，无

① 《文明判集残卷》，现藏于巴黎国立图书馆，编号P.3813，第38—52行。

惮干戈之险。遂使恒由四鸟，长销离别之声；田氏三荆，永茂连枝之影。宜可嘉其节义，旌以门闾，庶使无赖之人，挹清风而知耻；有志之士，仰高躅而思齐。宜即下州，允其所请。①

3.奉判：选人忽属泥涂，赁马之省。泥深马瘦，因倒致殂。马主索倍，选人不伏。未知此马合倍已不？

但选人向省，远近易知，平路虽泥，艰危可见。向使扬鞭抗策，故事奔驰，马倒制不自由，取毙似如非理。披寻状迹，悬亦可知。折狱片言，于兹易尽。向若因奔致倒，明知马死因人。马既因倒致殂，人亦无由自制。人乃了无伤损，马倒即是乘闲。计马既倒自亡，人亦故无非理。死乃仰惟天命，陪则窃未弘通。至若马倒不伤，人便致死，死状虽因马倒，马主岂肯当辜？倒既非马之心，死亦岂人之意。以人况马，彼此何殊。马不合倍，理无在惑。②

4.奉判：黄门缪贤，先聘毛君女为妇，娶经三载，便诞一男。后五年，即逢恩赦。乃有西邻宋玉，追理其男，云与阿毛私通，遂生此子。依追毛问，乃承相许未奸。验儿酷似缪贤，论妇状似奸宋玉。未知儿合归谁族？

阿毛宦者之妻，久积标梅之欢。春意易感，水情难留，眷彼芳年，能无怨旷？夜闻琴调，思托志于相如；朝望危垣，遂留心于宋玉。因兹结念，夫复何疑。况玉住在西邻，连瓦接栋，水火交贸，盖是其常；日久月深，自堪稠密。贤乃家风浅薄，本阙防闲，恣彼往来，素无闺禁。玉有悦毛之志，毛怀许玉之心，彼此既自相贪，偶合谁其限约。所款虽言未合，当是惧此风声。妇人唯恶奸名，公府岂疑披露。未奸之语，实此之由。相许之言，足堪明白。贤既身为宦者，理绝阴阳。妻诞一男，明非己胤。设令酷似，似亦何妨。令若相似者例许为儿，不似者即同行路，便恐家家有父，人人是男，诉父竞儿，此暄何已。宋玉承奸是实，毛亦奸状分明，奸罪并从赦原，生子理须归父。儿还宋玉，妇付缪贤。毛、宋往来，即宜断绝。③

5.奉判：郭泰、李膺，同船共济，但遇风浪，遂被覆舟。共得一桡，且

① 《文明判集残卷》，现藏于巴黎国立图书馆，编号P.3813，第127—135行。
② 《文明判集残卷》，现藏于巴黎国立图书馆，编号P.3813，第148—155行。
③ 《文明判集残卷》，现藏于巴黎国立图书馆，编号P.3813，第101—114行。

乎且竞。膺为力弱，泰乃力强，推膺取桡，遂蒙至岸。膺失桡势，因而致殂。其妻阿宋，喧讼公庭，云其夫亡，乃由郭泰。泰供推膺取桡是实。

郭泰、李膺，同为利涉，扬帆鼓枻，庶免倾危。岂谓巨浪警天，奔涛浴日，遂乃遇斯舟覆，共被漂沦。同得一桡，俱望济已。且浮且竞，皆为性命之尤；一弱一强，俄致死生之隔。阿宋夫妻义重，伉俪情深。悴彼沉魂，随逝水而长往；痛兹沦魄，仰同穴而无由期。遂乃喧诉公庭，心仇郭泰。披寻状迹，清浊自分。狱贵平反，无容滥罚。且膺死元由落水，落水本为覆舟，覆舟自是天灾，溺死岂伊人之咎。各有竞桡之意，俱无相让之心。推膺苟在取桡，被溺不因推死。俱缘身命，咸是不轻，辄欲科辜，恐伤猛浪。宋无反坐，泰亦无辜，并各下知，勿令喧扰。[①]

6.奉判：弘教府队正李陵，往者从驾征辽，当在跸驻阵，临战遂失马亡弓。贼来相逼，陵乃以石乱投，贼徒大溃。统管以陵阵功，遂与第一勋，检勾依定，判破不与陵勋。未知若为处断？

经纬乾坤，必借九功之力；克平祸乱，先资七德之功。往以蕞尔朝鲜，久迷声教，据辽东以狼顾，凭蓟北以蜂飞。我皇凤跱龙旋，天临日镜，掩八纮而顿纲，笼万代以翔英。遂乃亲统六军，恭行九伐。羽林之骑，肃五校而风马；倾飞之伦，俨七萃而云布。李陵雄心早着，壮志先闻，弯繁弱以从戎，负干将而应募。军临驻跸，贼徒蜂起，骇其不意，失马亡弓。眷彼事由。岂其情愿？于时凶徒渐逼，锋刃交临，乃援石代戈，且前交战。气拥万人之敌，胆壮匹夫之勇。投躯殒命，志在必摧，群寇詟威，卒徒鱼溃。是以丹诚所感，鲁阳回落日之光；忠节可期，耿恭飞枯泉之液。以今望古，彼实多惭。于时统管叙勋，陵乃功标第一。司勋勾检，咸亦未疑。兵部以临阵忘弓，弃其劳效。以愚管见，窃未弘通。且饰马弯弓，俱为战备，弓持御贼，马拟代劳，此非仪注合然，志在必摧凶丑。但人之性，工拙有殊；军事多权，理不专一。陵或不便乘马，情愿步行；或身拙弯弓，性工投石。不可约其军器，抑以不能。苟在破军，何妨取便。若马非私马，弓是官弓，于战自可录勋，言失亦须科罪。今若勋依旧定，罪更别推，庶使勇战之夫，见标功而励己；怯懦之

① 《文明判集残卷》，现藏于巴黎国立图书馆，编号P.3813，第135—145行。

士，闻定罪而惩心。自然赏罚合宜，功过无失。失纵有罪，公私未分，更仰下推，待至量断。[①]

7.奉判：豆其谷遂本自风牛同宿，主人遂邀其饮，加药令其闷乱，困后遂窃其资。所得之财，计当十正。事发推勘，初拒不承。官司苦加拷掠，遂乃挛其双脚，后便吐实，乃款盗药不虚。未知盗药之人，若为科断？

九刑是设，为四海之堤防；五礼爰陈，信兆庶之纲纪。莫不上防君子，下禁小人。欲使六合同风，万方攸则。谷遂幸沾唐化，须存廉耻之风；轻犯汤罗，自挂吞舟之网。行李与其相遇，因此踅款生平，良宵同宿。主人遂乃密怀奸匿，外结金兰之好，内包溪壑之心，托风月以邀期，指林泉而命赏，啖兹芳酎，诱以甘言，意欲经求，便行鸩毒。买药令其闷乱，困后遂窃其资。语窃虽似非强，加药自当强法。事发犹生拒讳，肆情侮弄官司。断狱须尽根源，据状便可拷谇，因拷遂挛双脚，挛后方始承赃。计理虽合死刑，挛脚还成笃疾，笃疾法当收赎，虽死只合输铜。正赃与倍赃，并合征还财主。案律云：犯时幼小，即从幼小之法；事发老疾，听依老疾之条。但狱赖平反，刑宜折衷，赏功宁重，罚罪须轻。虽云十正之赃，断罪宜依上估，估既高下未定，赃亦多少难知。赃估既未可明，与夺凭何取定？宜牒市定估，待至量科。[②]

8.奉判：妇女阿刘，早失夫婿，心求守志，情愿事姑。夫亡数年，遂生一子，款亡夫梦合，因即有娠，姑乃养以为孙，更无他虑。其兄将为耻辱，遂即私适张衡。已付娉财，克时成纳。其妹确乎之志，贞固不移。兄遂以女代姑，赴时成礼。未知合为婚不？刘请为孝妇，其理如何？

阿刘夙钟深舋，早丧所天。夫亡愿毕旧姑，不移贞节。兄乃夺其永志，私适张衡。然刘固此一心，无思再醮。直置夫亡守志，松筠之契已深；复兹兄嫁不从，金石之情弥固。论情虽可嘉尚，语状颇欲生疑。孀居遂诞一男，在俗谁不致惑？款与亡夫梦合，梦合未可依凭。即执确有奸非，奸非又无的状。但其罪难滥，狱贵真情。必须妙尽根源，不可轻为与夺。欲求孝道，理恐难从。其兄识性庸愚，未闲礼法。妹适张衡为妇，衡乃克日成婚，参差以

① 《文明判集残卷》，现藏于巴黎国立图书馆，编号P.3813，第53—71行。

② 《文明判集残卷》，现藏于巴黎国立图书馆，编号P.3813，第71—86行。

女代姑，因此便为伉俪。昔时兄党，今作妇翁；旧日妹夫，翻成女婿。颠倒昭穆，称易尊卑。据法法不可容，论情情实难恕。必是两和听政，据法自可无辜；若也罔冒成婚，科罪仍须政法。两家事状，未甚分明，宜更下推，徒至量断。①

9.奉判：长安县人史婆陁家兴贩，资财巨富，身有勋官骁骑尉，其园池屋宇、衣服器玩、家童侍妾比侯王。有亲弟颉利，久已别居，家贫壁立，兄亦不分给。有邻人康莫鼻，借衣不得，告言违法式事。

五服既陈，用别尊卑之叙；九章攸显，爰远上下之仪。婆陁阛阓商人，旗亭贾竖，族望卑贱，门地寒微。侮慢朝章，纵斯奢僭。遂使金玉磊砢，无惭梁霍之家；绮谷缤纷，有逾田窦之室。梅梁桂栋，架回浮空；綉桷雕楹，光霞烂目。歌姬舞女，纡罗袂以警风。骑士游童，转金鞍而照日。公为侈丽，无惮彝章。此而不惩，法将安措。至如衣服违式，并合没官。屋宇过制，法令修改。奢［僭］之罪，律有明文。宜下长安，任彼科决。且亲弟贫匮，特异常伦，室惟三径，家无四壁。而天伦义重，同气情深，罕为落其一毛，无肯分其半菽。眷言于此，良深喟然。颉利纵已别居，犹是婆陁血属，法虽不合征给，深可哀矜。分兄犬马之资，济弟到悬之命，人情共允，物议何伤。并下县知，任彼安恤。②

10.奉判：秦鸾母患在床，家贫无以追福。人子情重，为计无从，遂乃行盗取资，以为斋像。实为孝子，准盗法合推绳。取舍二途，若为科结？秦鸾母患，久缠床枕。至诚惶灼，惧舍慈颜，遂乃托志二乘，希销八难；驰心四部，庶免三灾。但家道先贫，素无资产，有心不遂，追恨曾深。乃舍彼固穷，行斯滥窃。辄亏公宪，苟顺私心。取梁上之资，为膝下之福。今若偷财造佛，盗物设斋，即得着彼孝名，成斯果业，此斋为盗本，佛是罪根，假贼成功，因赃致福，便恐人人规未来之果，家家求至孝之名，侧镜此途，深乖至理。据礼全非孝道，准法自有刑名。行盗理合计赃，定罪须知多少，既无

① 《文明判集残卷》，现藏于巴黎国立图书馆，编号P.3813，第87—100行。

② 《文明判集残卷》，现藏于巴黎国立图书馆，编号P.3813，第114—126行。

正数，不可悬科。更问盗赃，待至量断。[①]

上述第一道判例中，对缺地的白丁、卫士等人的用地如何解决、对赵孝信之妻张氏的告身应否追夺，分别从法理上作出了回答，即对无地、少地的白丁、卫士，“州宜量其贫富，均彼有无”，使其安于旧业；赵孝信之妻张氏本缘夫职才给予告身，赵孝信“罪合除名”，因而对其告身即宜追夺。第二道判例中，赵寿因天伦义重，同气情深，对其允许申请义门，有助于教育无赖之人，鼓励有志之士，判例注重社会的稳定与进步，并以之为裁决依据。第三道判例中，选人所赁之马在履泥途时，泥深马瘦，马倒而死，则马倒并非因人，人无法控制和预见马倒这一事实。判例强调了意外事件免责的民事责任原则。第四道判例中，身为黄门之人的缪贤，既自为宦者，则“理绝阴阳”，不可能有生育功能。判例将孩子判归西邻宋玉抚养，确立了唐代亲子认定中的法理依据：只有符合事理，与客观事物的内在联系不相矛盾的情节，才能认定为法律事实。否则，与自然科学或人情常理不相一致的情节，不得贸然认定。第五道判例中，确认李膺溺死的直接原因，是舟覆落水这一意外事件，而非舟覆之后与郭泰同争一桡。判例在法理分析中所阐发的因果关系理论，区分了直接因果关系与间接因果关系的不同，强调了直接因果关系在刑法中的重要地位，体现了刑事案件中意外事故免责的原则。第六道判例中，首先分析了李陵失马亡弓的原因：或因贼来得突然，骇其不意；或因李陵不善马弓，而性工投石。但无论出于何种原因，李陵以石投敌的行为，使贼大溃，产生了良好的效果，对其录勋无可厚非。但是，其失马亡弓的行为，如果马非私马，弓是官弓，则侵犯了国家财产。判例要求分清公、私财产，并进而作出最终判决，一方面强调了行为的客观效果，另一方面强调了行为的法律性质，从而使录勋与失马亡弓成为相互独立的两个法律事实，体现了深刻的法理内容。第七道判例中，加药使物主闷乱，然后窃取其物，看似窃盗，实为强盗。因为，从法理上讲，强盗罪的行为特征是使用暴力，“以

① 《文明判集残卷》，现藏于巴黎国立图书馆，编号P.3813，第20—28行。

威若力而取”。而窃盗罪的行为特征则是“潜形隐面而取”[①]。加药后物主失去反抗能力，便与使用暴力使物主无法反抗具有相同的后果。第八道判例中，阿刘孀居诞男，有违常理。其辩称与亡夫梦合，更是值得怀疑。判例对这一情节的质疑，表现了法律评价中的慎重要求。另外，阿刘之兄以女代姑与张衡成亲有无妄冒情节，是决定其罪之构成与否的关键。判例关于罔冒成婚罪的认定，采取的同样是慎重的态度。第九道判例中，针对史婆陁为长安县人这一事实，判决“宜下长安，任彼科决”，以判例的形式强调了管辖与审判制度，体现了程序原则的重要性。第十道判例中，秦鸾为其母行盗取资追福，与礼所谓的行孝，大相径庭。判例确定为行孝而盗窃并不影响其行为的犯罪性质，在礼教与法律冲突中，维护了法律的尊严和地位。

三、隋唐判例的特点

隋唐时期法制的运行，曾一度处在最佳的状态。其根本原因在于，隋唐立法处于确立阶段，成文的法典基本符合当时的社会关系。而且，唐代政治、经济和文化各方面的发展，既对法制的完善提出了客观要求，也为法制的成熟创造了条件。白居易在《论刑法之弊》一文中曾慨叹：“虽有贞观之法，苟无贞观之吏，欲其刑善，无乃难乎？”[②]完善的立法、高素质的司法官吏与开明的统治者同时存在，使隋唐判例呈现出如下特点。

首先，最高司法官重视判例的创立，坚持制定法的基本法地位，最大限度地防止了判例对制定法的冲击：

有功前后执正大狱，凡有六七百家，以此频被推弹，亦经数四，对答并是理直，咸得无罪。时周唐革命，将相阴谋，非其父兄，即其子弟，往往事泄，多被论告，差使推勘，获日即酬官赏。由是告密之辈，推核之徒，因相诬构，共行深刻。新开总监之内，洛州牧院之中，递成秘狱，互为峻网，塞

① 《唐律疏议》卷十九。

② 高绍先主编：《中国历代法学名篇注译》，中国人民公安大学出版社1993年版，第485页。

窗墐窗，粗杖大枷，追摄掩捉，匪朝伊夕。炬火围宅，刀棒阑门，苦楚掠拷，非承亦承。来俊臣既便决云弘嗣，亦手刃张虔勗。郭弘霸传李思征之首，王弘义亦枭毛元素之元。朝野屏气，道路以目。于斯时也，谁敢忠正？遂于群邪之侧，众谄之傍，孑然介立，守法不动，抑扬士伍，慷慨朝端，始卒不渝，险易如一。于是酷法之吏，诬告之人，见嫉甚于仇雠矣。论曰：详观徐大理之断狱也，自古无有斯人，岂张、于、陈、郭[①]之足伦，固可略举其事。且四子之所奏，多逢令主，诚吐至公，用能竭节。若遇君求治，其道易行。武太后革命，欲令从已，作威而作周政，寄情而害唐臣。徐有功乃于斯时，而能定以枉直，执法守正，活人命者万计；将死复舍，忤龙鳞者再三。以此而言，度越前辈。徐大理有功，久为法官，历秋官郎中、司刑少卿，后赠大理卿。前后雪冤狱甚多，被酷吏薛季昶等奏有功党援凶逆，太后赫怒，付法司结刑，三经断死。则张、于之辈，岂足比其难乎。[②]

上述杜佑以徐有功曲折艰辛的执法经历为例，论证了公正执法的不易，着重强调了司法官所应具有的崇高气节。正是他们执着的追求，才有力地防止了判例在特定时期对制定法的冲击，维护了中国古代法律原则。

其次，君主重视对判例经验的总结，从根本上维护了制定法的权威：

太宗既诛张蕴古之后，法官以出罪为诫，时有失入者，又不加罪焉，由是刑网颇密。帝尝问大理卿刘德威曰："近来刑网稍密，何也？"威德对曰："律文失入减三等，失出减五等。今失入则无辜，失出则便获大罪，所由吏皆深文。"太宗然其言。由是失于出入者，令依律文，断狱者渐为平允。[③]

由于司法官吏职业具有特殊性，即使在开明君主统治时期，公正执法亦绝非易事。因为，维护法律的尊严虽然符合国家的根本利益，但由于各种主

① 西汉张释之，文帝时为廷尉；于定国，宣帝时为廷尉；东汉陈宠、郭躬，章帝时为廷尉。

② 《通典》卷一百六十九。

③ 《旧唐书·刑法志》。

客观因素的影响，无论任何时期，公正执法的司法官吏总难免受到非难，乃至打击。不同的是，开明君主能够及时总结经验，挽回局面，防止冤案的发生，在一定程度上协调好判例与制定法之间的关系：

广州都督党仁弘尝率乡兵二千助高祖起，封长沙郡公。仁弘交通豪酋，纳金宝，没降獠为奴婢，又擅赋夷人。既还，有舟七十。或告其赃，法当死。帝哀其老且有功，因贷为庶人，乃召五品以上，谓曰："赏罚所以代天行法，今朕宽仁弘死，是自弄法以负天也。人臣有过，请罪于君，君有过，宜请罪于天。其令有司设藁席于南郊三日，朕将请罪。"房玄龄等曰："宽仁弘不以私而以功，何罪之请？"百僚顿首三请，乃止。[①]

上述判例中，唐太宗宽赦党仁弘，实属对法律的破坏。然而，唐太宗的高明之处在于，通过自己向天请罪的行为，明确了臣下决不能以此判例为开端，予以仿效的鲜明态度，以防止对法制的冲击。其结果便是在一定程度上消除了判例的消极影响。

再次，唐朝君、臣重视对判例的规范，使判例所确立的法律规则具体化、明确化，增强了可操作性：

（元和）六年九月，富平县人梁悦，为父杀仇人秦果，投县请罪。敕："复仇杀人，固有彝典。以其申冤请罪，视死如归，自诣公门，发于天性。志在徇节，本无求生之心，宁失不经，特从减死之法。宜决一百，配流循州。"职方员外郎韩愈献议曰："伏奉今月五日敕：复仇，据礼经则义不同天，征法令则杀人者死。礼法二事，皆王教之端，有此异同，必资论辩，宜令都省集议闻奏者。伏以子复父仇，见于《春秋》，见于《礼记》，又见于《周官》，又见于诸子史，不可胜数，未有非而罪之者也。最宜详于律，而律无其条，非阙文也。盖以为不许复仇，则伤孝子之心，而乖先王之训；许复仇，则人将倚法专杀，无以禁止其端矣。夫律虽本于圣人，然执而行之者，有司也。

① 《新唐书·刑法志》。

经之所明者，制有司也。丁宁其义于经，而深没其文于律者，其意将使法吏一断于法，而经术之士得引经而议也。"《周官》曰："凡杀人而义者，令勿仇；仇之则死。义，宜也，明杀人而不得其宜者，子得复仇也。此百姓之相仇者也。"《公羊传》曰："父不受诛，子复仇可也。"不受诛者，罪不当诛也。又《周官》曰："凡报仇雠者，书于士，杀之无罪。"言将复仇，必先言于官，则无罪也。今陛下垂意典章，思立定制。惜有司之守，怜孝子之心，示不自专，访议群下。臣愚以为复仇之名虽同，而其事各异。或百姓相仇，如《周官》所称，可议于今者；或为官吏所诛，如《公羊》所称，不可行于今者。又《周官》所称，子复仇，先告于士则无罪者，若孤稚羸弱，抱微志而伺敌人之便，恐不能自言于官，未可以为断于今也。然则杀之与赦，不可一例。宜定其制曰："凡有复父仇者，事发，具其事由，下尚书省集议奏闻。"酌其宜而处之，则经律无失其指矣。[①]

韩愈的上述论述，通过对梁悦复仇杀人案判例所形成规则的严格限制，为判例的适用从法理上提出了更高的要求。司法官类似的工作，维护了判例的正常运作。

最后，判例与判词的发展相辅相成。唐代不仅是判例发展成熟的重要阶段，也是判词迅速发展的历史时期。判词在当代一般被称为"裁判文书"。中国古代判词除了包括司法机关的裁判文书外，还包括一些文人学士为了欣赏制作的判词，包括科举考试中应试考生拟作的判词，以及为准备参加科举考试而练习拟作的判词，文学作品中的判词等，范围较当代裁判文书要广。就概念讲，《说文解字》："判，分也。""分"又解为"别"。判词是对是非曲直的判断与评价的结果的文字体现，是法律判断的结果。判词的质量是反映司法状况与水平的重要根据，判词所反映的是具体案件的法律适用，这些具体案件的法律适用在成文法占主导地位的法律体系中，通过个别体现着一般。也就是说，判例或判词所反映的个案的质量即是法制状况的缩影。要考察成文法实施的状况如何，离开了对个案的考察便无从谈起。要改善司法状

① 《旧唐书·刑法志》。

况，就必须从个案的高质量审理入手。个案考验着法制的文明进程，个案也反映着司法水平的真相。只有严格了每一具体案件的审理，才能普遍地提高审判质量。

判例与判词不同，判例以判词为表现形式，但一般的判词并不能称其为判例。当判词创制了某一法律规则，或对法律原则与规范作出解释、补充、变通时，其所确定的内容就具有规范作用。由于这一判词开创了处理同类案件的先例，具有法律渊源的性质，因而成为判例。判例也不同于案例，判例与案例的共同点在于，它们都是司法活动调整社会关系形成的结果的表现。但判例是具有法律渊源性质，具有规范作用的案例，案例则是司法调整社会关系而形成的具体结果。在中国古代，秦汉以降的某些判词具有判例的性质。

现今保存下来的唐代判词，有专集，有汇编，篇目不少。张鷟的《龙筋凤髓判》四卷，白居易的《白氏长庆集》中有《甲乙判》百篇，《全唐文》《文苑英华》中也收集了大量的判词，敦煌吐鲁番出土文书中也有数目可观的判词①。唐代判词保留下来的大部分为拟判，而且，由于制作拟判往往与科举考试应考有关，制判者力求文辞简练、表达准确、说理充分，因而又形成了骈体判词。骈判在中国古代判词的语言风格方面，影响至深。将判词作为一种文学体裁加以制作时，可以使判词摆脱枯燥、乏味等缺点，增强判词本身的可读性。此外，文学作品多样性的表达方式，准确凝练的语言特色，也是高质量判词所必须具备的要求。因此，判词以文学体裁出现，大大地加强了其对社会的影响。诸多文人学士积极参与制判，有利于对判词的研究，有利于判词制作水平的提高。

判词和判例，均反映着司法官的专业素养和断案水平。特别是《龙筋凤髓判》的形成，得益于张鷟博学多才，律学功底深厚。他不仅有丰富的阅历和司法实践经验，从中央政府到地方政府都有深切的体验，能够将审判心得

① 在出土文书中，敦煌的《文明判集残卷》和《麟德安西判集残卷》收录较完整的判词近三十道，是重要的唐代判例判词史料。上述残卷后被法国考古学家伯希和掠走，现藏于法国巴黎国立图书馆，前者编号为P.3813，残卷首尾皆缺，存九纸二百零一行；后者编号为P.2754，残卷首尾皆缺，存七纸八十一行。我国北京大学图书馆藏有缩微胶卷，前者编号XXⅣ，后者编号XXV。敦煌吐鲁番出土文书中的判词，大多属于拟判，且为骈判。

及时转化为判词智慧；而且，对书中的每一条判例内容，都能引经据典，从律学的高度加以阐释，对每一案例所包含的刑罚适用原则都能清晰地加以说明，对每项案件的裁决，都提出“持之有故”“言之成理”的判决意见。至于敦煌吐鲁番出土文书，其中的判词几乎涉及所有的社会关系，反映了当时社会生活的客观情况。这些判词中，既不乏刑事判词，又兼有民事和行政管理判词，从而揭示出唐代判词在适用范围上的广泛程度。而且，文书中的判词大都是针对疑难案件而拟制的。这些疑难案件，有的是由于律令规定不明确、不具体，使法律适用难度较大；有的是由于在特定的变化了的案情下，死板适用律令有悖礼制，致使法律的适用产生分歧。这种情况表明，敦煌吐鲁番出土文书中的判词，对司法实践中司法官制判有重大的影响。如果说这些判词对司法官具有的约束力究竟有多大尚难确定的话，那么，抄录和学习、掌握这些判词旨在指导司法实践，对司法实践提供借鉴，则完全可以肯定。这是因为，这些判词大都具有独到的见解，体现了制判者对法律规范所作出的杰出的阐发，对法律的适用起了积极的推动作用。正是由于这样，这些判词在传统中国无疑具有广泛的影响，司法官主动接受这些判词的影响，并在处理同类案件时予以参考，便是自然的事情。从这些判词的广泛流传这一点，便足以证明。

总之，隋唐时期，制定法关于判例适用的某些规范，既为判例的适用留下了有限的空间，也为判例的适用创造了条件。隋唐判例的使命主要在于推动制定法的实施。唐代统治者正是认识到了没有判例的推行便难有制定法的有效实施这一道理，因而对个案的处理表现出了极大的慎重。唐朝较为恰当地处理了诸种法律形式相互之间的关系，摆正了判例在法律体系中的地位，从根本上维护了中国古代法制的基础。

第四章　两宋判例

一、两宋判例概况

两宋是判例发展过程中的关键历史阶段，宋代判例既承接了秦汉以来经魏晋直至隋唐判例演变、形成和发展的历史趋势，又开启了元明清判例进一步完善和繁盛的崭新篇章，可谓承上启下、继往开来。如果说隋唐时期为中国传统法制确定了基调，那么从宋代开始中国传统法制进入了变调阶段。随着时代的剧烈变迁和社会的不断变革，传统法制也在应对这些变化的过程中展现出新的面貌，从而形成了具有自身特色的宋代法制。“变”成为理解两宋时期法制发展的关键字眼。判例在法律体系中地位的显著提升，则成为观察这一变化的重要窗口。

宋代判例在中国古代法律形式由律令制向律例制的转化过程中发挥了重要作用。判例这种法律形式由宋代以前的相对沉寂、为律令制的光芒所掩盖，经过宋代的发展逐渐活跃，最终大放异彩，到明清时期成为与律典并行的基本法律形式。对于判例的研究和分析是全面正确理解中国古代法律形式，乃至更好地认识传统法律制度、法律文化的重要内容，而对于两宋判例的探讨，更属其中关键性的一环。

一般而言，宋代判例包括司法例和行政例两大部分，司法例是指断例，行政例则有条例、格例、则例、事例等。宋代的断例有未经编修和已经编修之分，以司法案件为基础，经过一定编修程序而形成的断例，作为成文法的必要补充和有益变通，在宋代的司法审判活动中发挥了不可替代的作用。宋代的行政例内容繁杂、层次多样，涵盖了行政活动的方方面面，有成文与不成文之别，条例、格例、则例、事例各有特色，既有很大的价值，也有不少的弊病。

宋代的司法判例主要是指断例，与唐代的法例不被统治者重视相反，宋代的断例或者是由朝廷直接下诏编修，或者是由臣僚编修后由朝廷予以颁行。从整体来看，有宋一代，朝廷上下对于断例都十分重视，除了个别时期对于断例的态度有所差异外，在大多数时期对于断例的价值和作用都是肯定的。这也直接推动了宋代断例的大发展，就目前掌握的史料来看，宋代编修成书的断例有十数部之多，还有不少有编修记录但最终未能成书的断例，其规模相当庞大。而且宋代的断例在内容和体系上也逐渐趋于完善，从目前已知的两部南宋断例的编排体例来看，至迟在南宋绍兴时，断例的编排体例已经实现与成文律典篇章结构的同质化。

宋代的行政判例包括条例、格例、则例和事例，宋代的行政判例在秦汉以来，特别是魏晋至隋唐时期行政例持续发展的基础上又有新的充实和扩展。宋代的条例仍具有低层次法律规则的基本特点，而且在王安石变法期间，条例作为可以便宜行事的规则体系，有力推动和保障了各项改革措施。宋代的格例也在魏晋隋唐格例演化的基础上进一步明确化，主要适用于官员的管理等问题。宋代的则例更是随着社会经济的不断发展，以及宋政权对于中央和地方各项事务管理的日益加强而大放异彩，获得了更大的运用空间。宋代的事例则包括常例、成例、定例、恩例、优例、旧例、久例、近例、新例等一系列名目各异但以具体事务的处理为核心的行政散例。

需要说明的是，行政判例虽然作为两宋判例体系的组成部分，在行政事务处理中发挥了重要作用，但由于内容、类别较为庞杂，特别是相当部分的判例并非源于具体案例，实际为制定法。因此后文我们将以两宋司法判例为中心，对两宋判例制度进行介绍。

二、两宋判例的实践

（一）两宋判例的内容

在宋代以前就已经存在断例的名称和用法，但作为一种法律形式，断例形成于宋代。汪世荣指出，宋代在运用判例态度上发生了转变，宋元两代采取了与唐代截然不同的做法，司法实践中广泛适用判例。宋代在因案所生

“禁于已然”的敕大量存在的同时，断例被广泛适用。[①]从现有史料来看，宋代名称可考的断例至少有十六部。（见表4-1）

表4-1　宋代断例编修情况

序号	名　称	编纂者	篇　幅	出　处
1	《庆历断例》	刑部、大理寺	不详	《续资治通鉴长编》卷一四〇；《宋史》卷三一〇《王曾传》
2	《嘉祐中书刑房断例》	富弼、韩琦	不详	《续资治通鉴长编》卷三九一；《宋会要辑稿》刑法一之一四
3	《熙宁法寺断例》	刑部	8或12卷	《通志》卷六五、《国史经籍志》卷三认为是8卷；《玉海》卷六七、《宋史》卷二〇四《艺文志》认为是12卷
4	《元丰断例》	详定编敕所	6卷	《郡斋读书志》卷第二下；《文献通考》卷二〇三
5	《元祐法寺断例》	不详	12卷	《通志》卷六五；《国史经籍志》卷三
6	《绍圣断例》	不详	4卷	《通志》卷六五
7	《元符刑名断例》	曾旼	3卷，409件	《续资治通鉴长编》卷五〇八；《玉海》卷六七
8	《崇宁申明断例》	尚书左右司	不详	《宋史》卷二〇《徽宗纪二》
9	《崇宁刑名例》	尚书左右司	不详	《宋史》卷二〇《徽宗纪二》
10	《宣和断例》	刑部、大理寺	不详	《宋会要辑稿》职官一五之一九至二〇、六九之一二
11	《绍兴（十年）刑名疑难断例》	刑部、大理寺	不详	《宋会要辑稿》刑法一之四七
12	《绍兴（十五年）刑名疑难断例》	不详	不详	《宋会要辑稿》刑法一之四七
13	《绍兴编修刑名疑难断例》	详定编敕所	22卷	《宋会要辑稿》刑法一之四六
14	《乾道新编特旨断例》	刑部	70卷，547件	《宋会要辑稿》刑法一之四七；《文献通考》卷一六七

① 汪世荣：《中国古代判例研究》，中国政法大学出版社1997年版，第82页。

续表

序号	名　称	编纂者	篇　幅	出　处
15	《淳熙新编特旨断例》	详定编敕所	420件	《建炎以来朝野杂记》乙集卷五；《宋会要辑稿》刑法一之五一
16	《开禧刑名断例》	不详	不详	《续编两朝纲目备要》卷八；《宋史》卷三八《宁宗纪二》

关于宋代断例的编修情况，有以下几个值得注意的问题：

第一，编修的时期。在这16部断例中，北宋有10部，南宋有6部。自北宋仁宗庆历年间编修第一部断例开始，至南宋宁宗开禧年间，除在位时间较短的英宗、钦宗、光宗朝外，断例的编修活动一直在持续，几乎没有中断。

第二，编修的名称。从成书的断例来看，除直接冠以年号的断例外，另有中书刑房断例、刑部断例、法寺断例、刑名断例、申明断例、特旨断例等不同的名称。在哲宗元符以前，断例多以部门、机构为名，如《嘉祐中书刑房断例》《熙宁法寺断例》《元祐法寺断例》,《庆历断例》和《元丰断例》亦是以刑部、大理寺断例为基础。此时的断例虽编集成书，但未有迹象表明颁之于天下以供地方使用，其适用范围基本限于中央。

而从《元符刑名断例》开始，断例的类别进一步细化,《元符刑名断例》已分为颁之天下和颁降刑部、大理寺两大类。崇宁年间的断例则明确区分为申明断例和刑名例，前者颁于天下，后者颁于刑部、大理寺。高宗绍兴年间编修的断例，则在名称上进一步规范和完善，开始有特旨断例和刑名断例的区别。

第三，编修的机构。在上述16部断例中，除《元祐法寺断例》《绍圣断例》《绍兴（十五年）刑名疑难断例》《开禧刑名断例》由于资料匮乏，难以判断外，其他12部断例的编纂都有皇帝明确的诏令可查，并且交由宰臣或者尚书左右司、刑部、大理寺、详定编敕所等机构编修，表明了对于编修断例的重视，断例的编纂权限也不断上移、日趋集中。

就编修技术而言，断例作为成文律条的重要补充，其编修不是简单地对案例进行汇编，而是遵循一定的原则。如神宗元丰三年（1080年）八月丁巳，诏中书：

以所编刑房并法寺断例，再送详定编敕所，令更取未经编修断例与条贯同看详。其有法已该载而有司引用差互者，止申明旧条。条未备者，重修正；或条所不该载，而可以为法者，创立新条；法不能该者，著为例。其不可用者，去之。①

可见在编修《元丰断例》时，皇帝要求与条贯即制定法相互比较和对照，并详细区分了几种不同的情况。

第一，“其有法已该载而有司引用差互者，止申明旧条”。如果律条就相关问题已经有记载和规定，但存在一些处理方式有所不同的断例，导致有司在引用时存在分歧，那么仅重申原有的律条，效力以律条规定为准。第二，“条未备者，重修正”。如果律条的规定不够完备和周详，则对其进行修改和更正。第三，“或条所不该载，而可以为法者，创立新条”。如果律条中没有相关记载，而断例的处理方式可以成为制定法的，则制定新的条文。第四，“法不能该者，著为例”。如果未经编修的断例，其所处理的内容不是制定法所应容纳和包括的，但又具有存在价值，则经过编修定为正式的断例。第五，“其不可用者，去之”。如果断例（既包括已编定的刑房、法寺断例，也包括未经编修的断例）不具有存在的价值，不能发挥作用，则予以删除。

又如哲宗元符二年（1099年）四月辛巳，左司员外郎兼提举编修刑房断例曾旼等奏：

准尚书省札子编修刑房断例，取索到元丰四年至八年，绍圣元年二年断草，并刑部举驳诸路所断差错刑名文字共一万余件，并旧编成刑部大理寺断例。将所犯情款看详，除情法分明，不须立例外，其情法可疑，法所不能该者，共编到四百九件。许依元丰指挥，将诸色人断例内可以令内外通知，非临时移情就法之事，及诸处引用差互，曾被刑部等处举驳者，编为刑名断

① 《续资治通鉴长编》卷三百七元丰三年八月丁巳。

例，共一百四十一件，颁之天下，刑部雕印颁行。其命官将校依条须合奏案，不须颁降天下，并诸色人断例内不可颁降者，并编为刑名断例共二百六十八件，颁降刑部大理寺检用施行。[①]

从这则史料中可以看出，《元符刑名断例》编修时选择材料的范围是“元丰四年至八年”“绍圣元年二年断草”以及“刑部举驳诸路所断差错刑名文字”，明确指出“情法分明”者“不须立例”。从一万余件中，筛选出“情法可疑，法所不能该者”409件，这409件断例又分为两类。

一类是“诸色人断例内可以令内外通知，非临时移情就法之事，及诸处引用差互，曾被刑部等处举驳者”，即涉及普通百姓的并没有因情破法的案件，以及地方或者其他部门审理的引法不当受到刑部驳正的案件，共有141件，这一类断例“颁之天下”。另一类是“其命官将校依条须合奏案，不须颁降天下，并诸色人断例内不可颁降者”，即涉及官员因而须奏请的案件，以及涉及普通百姓的不能公诸天下的案件，共有268件，这一类断例“颁降刑部大理寺检用施行”。

断例的编修，除了遵循既定的原则，亦要严守法定的程序。如戴建国指出：“断例的编修，通常由皇帝下诏命官，或命有关机构进行，最后经皇帝批准成为定例，方可颁布执行。”[②]而且宋人对于修例的难度十分清楚，所以相当重视修例官员的选任：“缘修例于法外别作轻重，尤难于创法，非深识义理善揣情法者，不能精也。”[③]“深识义理善揣情法”被认为是修例者所应具备的重要素养。

断例编修的程序也同宋律及敕、令、格、式等其他法律形式一样，较为严格和规范。哲宗元祐元年（1086年）十一月二十八日，诏：“中书省编修《刑房断例》，候编定，付本省舍人看详讫，三省执政官详定，取旨颁行。”[④]

---

① 《续资治通鉴长编》卷五百八元符二年四月辛巳。

② 戴建国：《宋代刑法史研究》，上海人民出版社2008年版，第98页。

③ 《续资治通鉴长编》卷三百九十六元祐二年三月庚午。

④ 《宋会要辑稿》刑法一之一四。

可见要经过编定、看详、详定三道程序，其严谨慎重程度已接近制定成文法。又如哲宗绍圣四年（1097年）：

诏枢密院，于刑部及军马司取索见用断例，及熙宁、元丰年以来断过体例，选差官两员逐一看详分明，编类成书，以备检断。令都副承旨兼领。其应干本院见编修文字，仍委今来所差官看详删定。以宣德郎陈瓘、承事郎张庭坚充枢密院编修文字。①

这里令枢密院编集的是供内部检断使用的断例，其程序也较为规范，要求选择两名官员，在对刑部、军马司断例以及枢密院内部断过案例逐一看详的基础上编类成书。宣和年间，大理寺卿宋伯友更是因为《宣和断例》修成后未经过刑部看详，因而遭到弹劾："宣和五年七月五日，大理卿宋伯友降两官，以刑部劾其上编断例不经刑部，违紊官制是也。"②

南宋绍兴时，臣僚在奏请编修断例时，也十分重视编修官和看详官的选择，并且多次强调要限制编修期限，防止拖延。如绍兴四年（1134年）："乞再立严限，专委丞、评编集成书，复委通晓法令强敏郎官一二员，看详允当，上之朝廷，审实行下，方得引用。"③又如绍兴九年（1139年）："乞下刑寺根究节次立限之后如何编类，再立严限，专委官看详。遂诏刑部委员郎官张柄、晏孝纯，大理寺委评事何彦猷、赵子籈，依限一月。"④

由于宋代的断例原文早已失传，目前看不到宋代断例的具体内容，但从一些零散的史料中，我们依稀能够了解到宋代特别是南宋断例的编排体例。如《绍兴编修刑名疑难断例》：

（绍兴三十年八月十一日），尚书右仆射、同中书门下平章事、兼提举详

① 《续资治通鉴长编》卷四百九十二绍圣四年十月甲午。

② 《宋会要辑稿》职官六九之一二。

③ 《建炎以来系年要录》卷一百三十三。

④ 《宋会要辑稿》刑法一之四七。

定一司敕令陈康伯等又上《刑部断例》,《名例》、《卫禁》共二卷,《职制》、《户婚》、《厩库》、《擅兴》共一卷,《贼盗》三卷,《斗讼》七卷,《诈伪》一卷,《杂例》一卷,《捕亡》三卷,《断狱》二卷,《目录》一卷,《修书指挥》一卷。诏下刑寺遵守,仍以《绍兴编修刑名疑难断例》为名。①

又如《乾道新编特旨断例》:

(乾道)二年六月五日,刑部侍郎方滋上《乾道新编特旨断例》五百四十七件,《名例》三卷,《卫禁》一卷,《职制》三卷,《户婚》一卷,《厩库》二卷,《擅兴》一卷,《贼盗》十卷,《斗讼》十九卷,《诈伪》四卷,《杂例》四卷,《捕亡》十卷,《断狱》六卷,分为一十二门,共六十四卷;《目录》四卷,《修书指挥》一卷,《参用指挥》一卷。总七十卷。仍乞冠以《乾道新编特旨断例》为名。从之。②

从《绍兴编修刑名疑难断例》与《乾道新编特旨断例》来看,南宋这两部断例都是按照《唐律疏议》《宋刑统》等律典的篇目进行分类。如此的编排方式,既表明南宋时期,已经编修的断例与未经编修的断例在规范程度上有显著差异,也表明相较于早期编修的断例,后期编修的断例在形式和效力上又有进一步发展。

由于目前找不到宋代断例的文本,因此对于其具体内容的分析,只能借助于推测而难有实据。断例的编修材料是以刑部、大理寺为主的中央各部门的司法判决,这是没有疑问的,诸多官员的上奏和皇帝的诏令都能证明。但修成后的断例,其内容是抽象的条文还是具体的案例,则不得而知。从目前所见史料来看,断例由案例构成的可能性更大,而非既包括条文也包括案例。断例的编修是以具体案件的原始审判材料为基础,按照既定的取舍原则筛选和甄别后,对案情进一步剪裁、浓缩,最后再分门别类地加以编排,并

① 《宋会要辑稿》刑法一之四六。
② 《宋会要辑稿》刑法一之四七。

未经过成文化、抽象化的程序。断例的核心就是体现着一定审判原则和规则的案例，或者反过来说同样成立，就是以案例为载体的审判原则和规则。因此，本书认为断例的内容是具体的案例。[①]

（二）两宋判例的适用

宋代的断例运用十分广泛，但这并不意味着在任何条件、任何情形下都能适用断例。如戴建国认为，断例的适用"必须有一个前提，那就是审理疑难案件，敕、律等常法没有相应的条款时，可以比附援用例"[②]。刘笃才则指出，"刑例是奏案制度的产物"，"刑例是宋朝在恢复奏谳制度过程中形成的"[③]。这都看到了断例在适用方面非常关键的几个问题。

哲宗元符二年（1099年），臣僚在修成《元符刑名断例》的进奏中，曾提到修例申明对于颁降断例的内容与适用所作的说明，为我们了解时人有关断例运用的理念提供了帮助："勘会申明，颁降断例系以款案编修刑名行下检断，其罪人情重法轻，情轻法重，有荫人情不可赎之类，大辟情理可悯并疑虑，及依法应奏裁者自合引用奏裁。"[④]申明中指出，颁降给地方使用的断例，是供地方在奏案时加以检断的。如果遇到罪犯情重法轻、情轻法重，有荫但是情重不可赎，判决死刑但是值得怜悯并且有疑虑，以及依法应该奏裁的情况，便需要在奏折中引用相关断例作为参照。

而刑部、大理寺在审理本部门案件及地方上奏的案件时如果存在疑虑，需要再向上奏请时也需要引例。绍兴九年（1139年）十一月，臣僚在督促断例编修的建言中就指出："窃详编类之意，盖为刑部进拟案引用案例，高下用情，轻重失当。今既未成书，不免随意引用。"[⑤]由于刑部在拟定意见上奏

① 关于断例内容的争议及论证过程，参见杨一凡、刘笃才：《历代例考》，社会科学文献出版社2012年版，第96—97页；李云龙：《宋例研究》，花木兰文化出版社2016年版，第50—54页。

② 戴建国：《宋代刑法史研究》，上海人民出版社2008年版，第100页。

③ 杨一凡、刘笃才：《历代例考》，社会科学文献出版社2012年版，第92—93页。

④ 《续资治通鉴长编》卷五百八元符二年四月辛巳。

⑤ 《宋会要辑稿》刑法一之四七。

皇帝时，引用零散的、未经认可的案例在情理上存在问题，导致案件的处理轻重失当，所以需要编修正式的断例。而断例编修工作一直未能完成，导致引例行为十分随意。

淳熙四年（1177年），《淳熙新编特旨断例》颁布后，朝廷要求："今后刑寺断案别无疑虑，依条申省取旨裁断外，如有情犯可疑，合引例拟断事件，具申尚书省参照施行。"[①]后又再次强调："刑部自今将情法相当、别无疑虑案状依条施行外，有情犯可疑，即于已抄录在部例册内检坐体例比拟，特旨申省。如与例轻重不等，亦令参酌拟断，申取指挥。"[②]要求遇到"情犯可疑"的情况时，先要在已有例册内进行检索和比照。淳熙十年（1183年）八月，臣僚在建言中也希望刑部在奏案中列出相似的断例，并提出相应的处理意见："自今应拟贷刑名，并开具断例之相类者，然后酌其轻重，用小贴声说，以取朝廷裁断。"[③]可以看到，在处理疑难复杂等难以定夺的案件时，无论是刑部、大理寺还是尚书省、中书省，都需要引用断例向上级奏报。

在宋代，引用断例在司法审判中最重要的体现就是奏案中的"贴例"（或称"帖例"），下面就对断例适用的程序——贴例的问题进行分析。

贴例在宋代司法活动中得到广泛运用，大致始于神宗元丰改制后，史载："元丰更定官制，断狱公案并由大理、刑部申尚书省，然后上中书省取旨。"[④]元丰三年（1080年）八月，"诏审刑院并归刑部"[⑤]，刑部取代审刑院的原有职权，负责详复大理寺所断奏案。"由于大理寺断上的都是命官要案以及地方疑虑可悯的奏裁案，法律条文中基本上找不到判罪的依据，故刑部详复拟定的主要手段就是'帖例'，即检索合适的'例'以比附定夺、草拟断敕、进呈皇帝批准，称为'帖例拟进'。"[⑥]

元丰五年（1082年）发布的诏令中指出："刑部贴例拟公案并用奏钞，

① 《宋会要辑稿》刑法一之五一。

② 《宋会要辑稿》职官一五之二六。

③ 《宋会要辑稿》职官一五之二六。

④ 《宋史·刑法志一》。

⑤ 《续资治通鉴长编》卷三百七元丰三年八月己亥。

⑥ 王云海主编：《宋代司法制度》，河南大学出版社1992年版，第323页。

其大理寺进呈公案，更不上殿，并断讫送刑部。贴例不可比用，及罪不应法，轻重当取裁者，上中书省。”[①]可见刑部在奏章中是需要贴例的，如果贴例难以类比，及罪与法不相应需要奏裁的，则交由中书省。但严格依照此一套上奏程序来实行，过程会较为烦琐和冗长，再加之贴例的滥用，也带来了一些问题：

门下侍郎韩维言：“天下奏按，必断于大理，详议于刑部，然后上之中书，决之人主。近岁有司但因州郡所请，依违其言，即上中书，贴例取旨，故四方奏谳日多于前。欲望刑清事省，难矣。自今大理寺受天下奏按，其有刑名疑虑、情理可悯，须具情法轻重条律，或指所断之法，刑部详审，次第上之。”[②]

该官员认为，由于一些地方和部门过多地贴例上奏于中书，并且不按既定的程序，导致进入奏谳程序的案件十分繁多。因而要求大理寺受理地方的奏案，应当经过刑部的详审后再奏闻于上。哲宗元祐二年（1087年），三省又言：

今大理、刑部所上奏案，必先经尚书省，次上中书，中书贴例取裁，乃过门下。门下职在省审，见其差误，理须驳正。不惟事涉迂滞，稽留犴狱，亦有逐省退下有司，其间轻重相反，有司缘此益增眩惑。欲刑部、大理奏案，两司所议皆同，即令具指疑虑可悯、情法轻重之状；若两司所见异同，则各为一状，并上中书三省参听；若州郡元作疑虑可悯及情法轻重奏上，而有司以为罪不当谳，却行改断，依例具钞奏上，内尚书、门下省点检，尚有可疑，亦委三省同议。[③]

三省指出大理、刑部的奏案，须经尚书省、中书省、门下省层层机构，

---

① 《续资治通鉴长编》卷三百二十八元丰五年七月壬辰。

② 《宋史·刑法志三》。

③ 《续资治通鉴长编》卷三百九十六元祐二年三月庚午。

颇为烦冗，容易导致狱事积滞。因此要求根据大理寺、刑部两寺所议之异同，区别处理。另外，这里也提到了“中书贴例取裁”的做法。哲宗元祐六年（1091年）五月丙子，御史中丞赵君锡等言：

臣伏见近降敕命，任永寿特依大理寺前断，决臀杖二十，千里编管。臣等取会刑部、大理寺元断公案详究，乃是先勘到永寿受任中立赃，系犯仓法流罪编管，该赦外，其报上不实，未奏，减一等断杖一百。都省以开封府见任永寿冒请食料钱等未结案，退送刑部，候案到从一重断罪。相次刑部、大理寺将后案再断，徒一年，并具例数件，皆是编配，上尚书省。兼言永寿情重，合取旨，遂奉特旨施行。[①]

刑部、大理寺将后案审理后，判决徒一年，并且备有数件亦是编配的断例，以供参酌。直到南宋，贴例都广泛存在于奏谳活动中。而与贴例相伴而生的一个程序就是检例，神宗元丰二年（1079年），中书言：“刑房奏断公案，分在京、京东西、陕西、河北五房，逐房用例，轻重不一，乞以在京刑房文字分入诸房，选差录事以下四人专检详断例。”[②]可见臣僚希望差专人负责检例。哲宗元祐元年（1086年），刑部官员认为检例乃是吏人之事，不应由官员来负责：

其应供检案牍之事，专责吏人。所以分事体大小，别官吏高下。今看详编修断例房要例册，草踏乃是专责吏人供检之事，本房却申请吏令官吏同共保明，显失朝廷分任省曹之体。欲乞三省诸房应案牍之事只令当行人吏供检，委郎官催促应报，不须长、贰保明供纳，庶不失官制格法之意。[③]

检例之事看上去虽琐屑，却直接影响到案件的进一步处理，并且放任吏

① 《续资治通鉴长编》卷四百五十八元祐六年五月丙子。

② 《续资治通鉴长编》卷二百九十八元丰二年六月乙丑。

③ 《续资治通鉴长编》卷三百九十三元祐元年十二月丁亥。

员来检用断例会带来诸如舞文弄法、徇私舞弊等问题，因而不少官员还是能够认识到检例的重要性，严格地选任相关人员。元祐二年（1087年），三省长官奏请："欲例之在有司者，收还中书。……欲择烛理明审者二人，充中书刑房检例官，使议去取类例，因令阅大理、刑部所上奏案，签贴差失，以告于执政。"[①]甚至主张由中书的官员来负责这一事务，以防止低级吏人插手。但刑部对于将部门中行用的例收归中书的做法颇为不满，毕竟检例事虽小，其背后所体现的案件处理权限却不小，《续资治通鉴长编》元祐二年（1087年）三月庚辰载：

御录刘赓传云：元祐初，大臣议收刑部例还中书，设刑房检讨官，乃上疏言官制尽出先帝圣画，以例藏刑部，可比则拟钞，不可则取旨。六曹惟刑部用例，且唐制中书舍人六员押案，今以案为房，尚袭故事。置检讨官，则刑房舍人虚设矣。[②]

时任刑部侍郎的范百禄甚至不惜以去官来抗争："百禄请去，且上疏极论之。疏奏，悉如所请，既宥诸囚，而例复归刑部。"[③]有关北宋韩琦的一则史料也载：

中书习旧弊，每事必用例，五房吏操例在手，顾金钱惟意所去取，所欲与白举用之，所不欲行，或匿例不见。公令删取五房例及刑房断例，除其冗缪不可用者，为纲目类次之，封縢谨掌，每用例必自阅。自是人知赏罚可否出宰相，五房吏不得高下于其间。[④]

韩琦正是因为将包括断例在内的中书诸房所用之例的使用权限，由诸房

① 《续资治通鉴长编》卷三百九十六元祐二年三月庚午。

② 《续资治通鉴长编》卷三百九十六元祐二年三月庚辰。

③ 《续资治通鉴长编》卷三百九十六元祐二年三月庚辰。

④ （宋）朱熹、李幼武：《宋名臣言行录》后集卷一，文渊阁四库全书本。

吏人转移到自己手中，加强了管理和约束，有效地限制了五房吏的不法行为，因而受到人们的赞誉。但这也从另一个侧面表明，能够亲力亲为、一丝不苟地专注于此项事务的官员之少见，在大多数情况下，检例、用例还是为地位低下的胥吏所掌握。

直到南宋孝宗时，臣僚还以韩琦为例，向朝廷建议加强对于断例检用的管理，淳熙四年（1177年）五月九日，刑部郎官梁总言："昔韩琦在中书日，尽取断例编次纲目，封誊谨掌，每当用例，必自阅之。窃谓今之断例，正亦断类此。乞明诏刑部，以断例委之长贰或郎官封镉收掌，用则躬自取阅，庶几定罪用刑在官而不在吏。"[①]朝廷采纳了这一建议，于同年六月五日下诏，要求："刑部将拟断案状，照自来体例依条拟定，特旨申尚书省，仍抄录断例在部，委长贰专一收掌照用。"[②]再次强调了部门长官在检用断例时的主导作用。

下面我们通过几个与断例有关的具体司法案例，来进一步认识断例的内容、适用等问题。

第一，《续资治通鉴长编》神宗熙宁五年（1072年）十一月丁卯载：

> 贬太子中允、权监察御史里行张商英为光禄寺丞、监荆南税。先是，商英言："博州官吏失入赃不满军贼二人死罪，枢密院检详官刘奉世党庇亲戚，令法官引用赃满五贯绞刑断例，称博州官吏不见断例，失奏裁，止从杖罪取勘。"[③]

张商英认为博州官吏失入二人死罪，而枢密院检详官刘奉世庇护亲戚，令负责审理的法官引用"赃满五贯绞刑断例"，避重就轻地认为博州官吏在审判时未见到相关断例，本应奏裁却没有，因而定以杖罪。可见断例在审判活动中的适用是比较普遍的。另外，此案发生在神宗熙宁五年（1072年），当时可能适用的断例有《庆历断例》《嘉祐中书刑房断例》和《熙宁法寺断例》三部，这些断例本是仅供中书刑房、刑部、大理寺使用的，但从"博州

① 《宋会要辑稿》职官一五之二五。

② 《宋会要辑稿》职官一五之二五。

③ 《续资治通鉴长编》卷二百四十熙宁五年十一月丁卯。

官吏不见断例，失奏裁”中可以看出，当时地方是能够见到中央司法机构编集的断例的，这几部断例的实际行用范围并不限于编集时的初衷。

第二，《续资治通鉴长编》神宗熙宁八年（1075年）闰四月癸丑载：

大理寺言，洪州断百姓周汝能应坐徒而决杖，汝能余罪会恩免，官吏失出徒罪，当劾。中书堂后官刘衮驳议，以谓律因罪人以致罪，罪人遇恩者，准罪人原法，议曰：“因罪人致罪，谓保证不实之类，洪州官吏因推罪人以致失出之罪，自合从原。缘法寺断例，官司出入人罪，不用因罪人以致罪之法，乞自今官司失出，许用此法。”审刑院、大理寺以谓失入人罪，即是官司误致罪于人，难用因罪人致罪之法，其失出人罪，宜如衮议。从之。[①]

中书堂后官刘衮认为律文规定，由于相关罪犯的原因而导致犯罪的，如果相关罪犯遇到恩赦被减免刑罚，受牵连的罪犯亦如此，官吏犯失出人罪时也应适用这一律文。但法寺断例对此有不同规定，当官员涉嫌出入人罪时，不适用因罪人以致罪的律文。可见因罪人以致罪的律文中，没有规定官员在出入人罪的情形下是否适用的问题，而法寺断例则作出了具体规定，给予否定的回答。

第三，《续资治通鉴长编》哲宗绍圣四年（1097年）七月戊辰载：

殿中侍御史陈次升言：“穜贪污卑猥，迹状甚明，奸佞倾险，清议不与。自去年屡有进擢，不协公议，臣尝论奏，陛下付之有司考实，悉如臣言，特与放罪。且臣尝为刑部郎官，伏见刑部断例，有受寄财物辄费用者，所犯杖罪，遇恩特旨冲替。穜擅用张绶供给等钱，计会弟秩出文帖，以寄还为名，支付梢工，却令手分收取文帖，三年并不报知，致绶论讼事发，方始寄回澧州。所为如此，无异于盗，原情量重，岂止与受寄财物辄费用者为比乎。设使就轻，姑以受寄财物辄费用论，犹有徒罪，比之前例，冲替有余，朝廷特

① 《续资治通鉴长编》卷二百六十三熙宁八年闰四月癸丑。

与放罢。”[①]

陈次升提到，在任刑部郎官时曾见过刑部断例，其中记载，有受寄财物径自使用的官吏被处以杖罪，遇到恩赦后，仍降特旨予以贬官。其通过引用此断例来比照周穜的贪污行为，证明其严重程度。而且从“有……者”的描述方式来看，也足以说明断例是由具体案例而非抽象条文组成的。

第四，《宋会要辑稿》刑法四，宣和三年（1121年）十二月五日，臣僚言：

伏见大理寺断袁州百姓李彦聪令人力何大打杨聪致死公事，其大理寺以元勘官作威力断罪可悯，寺正、丞、评并无论难，因少卿聂宇看详驳难，称是李彦聪止合杖罪定断，其寺丞与评事亦从而改作杖罪。案上刑部，看详疏难，称大理寺不将李彦聪作威力，使令殴击致死，断罪未当，欲令改作斩罪。其寺正、评事议论反复，少卿聂宇执守前断，供报省部。本部遂申朝廷，称大理寺所断刑名未当，已疑难不改，若再问，必又依前固执，枉有留滞。伏乞特赐详酌。既而大理寺检到元丰断例，刑部方始依前断杖罪施行。[②]

在对案犯李彦聪该如何定断的问题上，大理寺与刑部各执己见，互不退让。直到大理寺检索到元丰断例中的相关内容，刑部才依从了大理寺的意见。在这一案件处理过程中，断例发挥了关键性的作用，如果没有查找到之前的断例，最终结果将难以预料。这体现了臣僚对断例的重视，也反映出断例在当时司法实践中的重要地位，断例的效力得到广泛认可。

第五，《苏魏公文集》卷十七《论胡俛罪名》：

臣等伏见，前尚书度支员外郎、充集贤校理胡俛，昨因解宾王论告，先知登州日将斫伐到廨宇内桐木，制造笼子入己，坐监主自盗法，计赃不满一贯文，遂至停废。窃闻俛被劾之日，曾攀援法寺断例，有廨宇内斫竹卖钱入

① 《续资治通鉴长编》卷四百八十九绍圣四年七月戊辰。

② 《宋会要辑稿》刑法四之七八至七九。

己者，只作收到地利，并不书罪。及有依前官言说，将卖公使菜园钱入己者，只作误认官私财物罪名定断。[①]

据苏颂奏折中载，胡俛被论告在知登州时，将官舍内的桐木制笼子据为己有，从而因犯监主自盗罪被停废。胡俛在被劾问时曾援引法寺断例中的两个类似案例，一是将官舍内竹子卖钱入己的，二是将卖菜园钱入己的，对于其中涉及的官员，都未按监主自盗这样较重的罪名来定断。从胡俛提及的这两条断例来看，其内容亦是具体的案例。

（三）两宋判例的性质

宋代断例的性质是什么？这主要涉及两个问题，一为断例是不是法律形式，二为断例是不是判例。对于这两个问题，学界尚存在不同意见。

就断例是不是法律形式，本书认为经过编修的断例是法律形式，理由有二：

第一，从编修的程序来看。断例的编修需要遵循一定原则和程序，编修机构和官员的选择也颇受重视。宋代断例编修之频繁是有目共睹的，虽然“在数量上远不能与编敕相比，但宋代编修断例的活动没有间断过”[②]。其难度也并非想象中那么低，宋人曾有“修例于法外别作轻重，尤难于创法”[③]的说法。况且编敕亦不过是将皇帝的散敕加以编录、删定，却是公认的宋代最为活跃和权威的法律形式之一。

第二，从运用的方式来看。已经编修的断例相较于未经编修的断例，在运用上的一个显著差异就是，已经编修的断例不再是胥吏私藏之物，而是具有了相当的公开性和稳定性。无论是编修后颁降刑寺和地方的一般刑名断例，还是仅限于中央范围的特旨断例，其内容和范围都相对地固定了下来，未经编修的断例则不能再随意被引用，所谓“看详允当，上之朝廷，审实行下，

① （宋）苏颂：《苏魏公文集》卷十七《论胡俛罪名》，文渊阁四库全书本。
② 郭东旭：《论宋代法律中“例”的发展》，载《史学月刊》1991年第3期。
③ 《续资治通鉴长编》卷三百九十六元祐二年三月庚午。

方得引用"[①]。断例适用的情形有着明确的规定，适用的程序也有检例、贴例等具体的要求。因而断例之例，与所谓"例与法并提而且对立""修可行之例入法""废例守法"中的例是不同的，后者多指不成文的行政事例，而前者的地位在宋代特别是南宋，已经得到广泛的认可。

再来看断例是不是判例的问题。在分析断例是不是判例之前，有必要先对判例的概念作一番界定。对于判例，本书接受《中国大百科全书·法学》中的说法："指法院可以援引，并作为审理同类案件的法律依据的判决和裁定。"[②]那么有宋一代，在成文法律之外是否存在以案例为基础汇纂而成的、能够作为司法审判依据的判例，即断例？

本书认为断例是判例，根据有三：

第一，从具体的内容来看。断例产生和来源于具体的案例，其编修是从具体案例中取材，这一点从臣僚编修断例的奏请，及修成断例的上书中都能看到。如哲宗元符二年（1099年）修成《元符刑名断例》时，臣僚提到其材料来源系"元丰四年至八年，绍圣元年二年断草，并刑部举驳诸路所断差错刑名文字共一万余件，并旧编成刑部大理寺断例"[③]。孝宗乾道元年（1165年），臣僚在奏请编修《乾道新编特旨断例》时也提到，希望"将绍兴元年正月一日以后至目今刑寺断过狱案，于内选取情实可悯之类，应得祖宗条法奏裁名件，即编类成书"[④]。可见亦是狱案。淳熙六年（1179年），刑部郎中潘景珪在奏请编修特旨断例以外的一般刑名断例时也指出："乞下刑部将隆兴以来断过案状编类成册，许行参用，庶几刑罚适中，无轻重之弊。"[⑤]

第二，从适用的方式来看。断例内容是否由案例构成是判定断例是否具有判例性质的前提，而在运用过程中是否能脱离其所依存的案例则是更进一步的标准。断例在运用时并没有脱离其所依存的案例，可以看到不少直接冠以人名的具体断例。如司马光在讨论阿云案时的《议谋杀已伤案问欲举自首

① 《建炎以来系年要录》卷一百三十三。
② 《中国大百科全书·法学》，中国大百科全书出版社1984年版，第87页。
③ 《续资治通鉴长编》卷五百八元符二年四月辛巳。
④ 《宋会要辑稿》刑法一之四七。
⑤ 《宋会要辑稿》刑法一之五一。

状》奏折中，就曾提到许遵所引的“苏州洪祚断例”：

遵所引苏州洪祚断例，案《律疏》云：“假有因盗故杀伤人而自首者，盗罪得免，故杀伤罪仍科。”疏既指言故杀伤人，明是因盗谋杀伤人者，自从谋法。当时法官误断，不可用例破条。[①]

即使是未冠以具体人名的断例，我们从臣僚征引断例的描述中，也能看到将其与正在审理案件的情节进行对比的过程。可见在运用断例时，需要具体地分析断例中的情节，而非抛开其所依存的案例只引用抽象的法律原则和规定，这就体现出断例与成文法之间的本质区别。

第三，从发挥的作用来看。断例在宋代的司法审判中是否发挥了重要作用，能否成为审理案件的依据，则是除具体内容、适用方式外，判定其是否具有判例性质的另一个要素。在宋代，断例能够作为制定法的补充，在制定法没有规定或规定不尽合理时，成为案件处理的依据，发挥重要的法律效力。从适用的程序来看，断例作用的发挥往往伴随着疑难案件的奏谳程序。

在宋代，刑部、大理寺在处理疑难案件时需要引例，中书省则要贴例取旨，将以前的类似断例附上，以供皇帝决断时参考。虽然最终决定权在皇帝，但正如胥吏检例的情况会影响到官员的判决一样，官员引用的断例及其拟定的判决，也会在很大程度上影响皇帝的最终判决。况且所引用的断例往往是皇帝之前对类似案件的处理，因而断例虽然在很大程度上出自君主，所反映的却并不只是君主个人的意志，此种情形下断例所发挥的作用是不容小觑的。

（四）两宋判例的成因

断例在宋代的广泛运用绝非偶然，而是与当时的诸多历史条件息息相关，特别是与唐宋之际法律形式演变这一时代背景密不可分，具体可以从三个方面来认识：

第一，经济社会的发展和传统律典的僵化。

① （宋）司马光：《温国文正公文集》卷三十八《议谋杀已伤案问欲举自首状》，四部丛刊本。

唐代律、令、格、式的法律体系可谓集中国传统法典之大成，《唐六典》载："凡律以正刑定罪，令以设范立制，格以禁违正邪，式以轨物程事。"[①]四种法律形式分工不同，在适用过程中相互配合和补充，特别是唐律，被认为"出入得古今之平"，为后世所沿用。但唐律这座高峰形成之日，也是其僵化开始之时，仅有502条的唐律远不能涵盖社会生活的方方面面。早在唐代后期，律典之外的格后敕就开始发挥重要的作用，通过这种相对灵活的法律形式弥补不能轻易更改的律文。

如果说唐律在唐代还勉强能够应对社会的发展，那么到了经济和社会发生巨大变革的宋代，传统律典在现实中的作用无疑更为有限。唐宋之际，中国社会发生了诸多深刻的变化，无论是政治组织、经济模式还是社会结构，宋代都与前代存在很大的差别，这被日本学者内藤湖南概括为"唐宋变革说"，而为唐宋史学界所广泛接受。戴建国指出了这种变革及于法律领域的必然性："唐中叶以来的社会巨变，必然要反映到法律领域。统治阶级采取什么样的法律体系，归根结底是由现实社会决定的，其背后蕴含着当时深刻的政治背景，体现了社会重大变化。"[②]有宋一代，以唐律为蓝本而制定的《宋刑统》虽仍居于根本法地位，但编敕和断例等其他法律形式则更为活跃，作用也更为凸显。宋代在沿袭唐代法律形式的基础之上，结合五代的法制经验和成果，在立法中更加重视编敕和编例，并对唐以来的律、令、格、式法律体系加以修正。

编敕虽较刑统而言更为灵活简便，但与其同为制定法的范畴，既然是成文法，就难以避免僵化、滞后的问题，毕竟"法有一定之制，而事有无穷之变，苟事一为之法，则法不胜事"[③]。因此，基于实际案件特别是由皇帝裁决的疑难重大案件而形成的断例，就能够在成文法鞭长莫及时发挥其独特作用，从而在司法审判活动中日益受到重视。仁宗庆历三年（1043年）三月，诏："刑部、大理寺，以前后所断狱及定夺公事编为例。"[④]自此拉开了宋代断

① 《唐六典》卷六。

② 戴建国：《唐宋变革时期的法律与社会》，上海古籍出版社2010年版，第15页。

③ 《宋会要辑稿》刑法一之二三。

④ 《续资治通鉴长编》卷一百四十庆历三年三月戊辰。

例编纂的序幕，社会和经济的变化可能刺激了新法律的大量产生，而大量的新法律又会激励产生更灵活的法律形式。因而断例与唐律形成以后律典逐渐僵化的背景息息相关。

第二，中央集权的加强和奏谳制度的完善。

宋代承接五代之乱局，深知国家分裂和地方割据的危害，因此高度重视加强中央集权，在制度设计和机构设置上也十分注意分权和制约，始终坚持“事为之防，曲为之制”[①]，以确保大权统于君上。这种理念在司法领域也有诸多体现，司法机构上如中央审刑院、刑部、大理寺之间的制约，诸路提点刑狱司的设立，州府中州院（府院）与司理院的分掌等。司法制度上如翻异别勘、鞫谳分司制度的实行，重大案件的制勘与推勘等，而与断例的广泛适用关系最为密切的，当数奏谳制度的完善。

所谓奏谳，往往与疑难案件联系在一起，《宋史》载：“狱，重事也。稽者有律，当者有比，疑者有谳。”[②]《续资治通鉴长编》也载：“古者，狱疑则司寇以告于王，王命三公参听之。”[③]奏谳制度，或称奏裁制度，是指“对刑名疑虑、情理可悯的案件必须上奏朝廷敕裁的制度”[④]，这一制度在秦汉时期就已出现，既体现了皇权对司法审判最终权限的控制，也反映出中国古代统治者重视狱讼和民命的恤刑精神。而“宋代将这一精神加以发扬光大，特别重视对疑狱的奏谳，即使因奏谳而造成大量滞狱也在所不惜，形成了宋代司法制度上的一大特点”[⑤]。

之所以说断例与奏谳制度密切相关，是因为断例体现着中央司法机构乃至皇帝处理类似案件时的意见和态度，而在自上而下的奏谳程序中，无论是地方司法机构还是中央司法机构都需要断例：地方司法机构（主要是诸州）需要通过断例来了解中央司法机构及皇帝对类似案件的处理方式；中央司法机构（包括不属于司法机构的中书）则需要通过断例来进行检例、贴例，并

① 《续资治通鉴长编》卷十七开宝九年十月乙卯。

② 《宋史·刑法志二》。

③ 《续资治通鉴长编》卷三百九十六元祐二年三月庚午。

④ 王云海主编：《宋代司法制度》，河南大学出版社1992年版，第315页。

⑤ 王云海主编：《宋代司法制度》，河南大学出版社1992年版，第315页。

提出意见、作出拟判，最后交由皇帝裁决。

奏谳制度的存在催生了适用断例的必要，而皇帝也希望通过断例的适用限制奏谳案件的范围和数量，从而更好地发挥奏谳程序的作用和价值。元符二年（1099年）四月，臣僚在修成《元符刑名断例》的进奏中，就将编修好的断例分为“颁降刑部大理寺检用施行”的和“颁之天下”的两个部分。而且为使地方领会朝廷颁降断例的用意，臣僚建议将编修断例的申明一并颁行：“颁降断例系以款案编修刑名行下检断，其罪人情重法轻，情轻法重，有荫人情不可赎之类，大辟情理可悯并疑虑，及依法应奏裁者自合引用奏裁，虑恐诸处疑惑，欲乞候颁降日令刑部具此因依申明，遍牒施行。”①可见，断例适用与奏谳制度之间存在密切联系。

因此，中央集权的加强和奏谳制度的完善也是断例广泛适用的原因。值得注意的是，强势的中央集权一方面决定了宋代以断例为中心的判例制度有存在的必要，却也在另一方面限制了判例制度进一步发展的可能。君主集权专制背景下的判例制度，决定了判例的形成与运用都必须以皇帝为代表的朝廷的认可为基础和条件，这与西方的判例法制度大相径庭。

第三，统治阶层的重视和现实形势的推动。

“自古帝王理天下，未有不以法制为首务。法制立，然后万事有经，而治道可必。”②宋代是中国古代法制建设卓有成效的朝代，时人曾云：“本朝所以立国定制，维持人心，期于永存而不可动者，皆以惩创五季，而矫唐末之失策。为言细者愈细，密者愈密，摇手举足，辄有法禁。”③并且“内外上下，一事之小，一罪之微，皆先有法以待之”④。这从一个侧面反映出宋代各项制度之完备、规则之繁多。而更为重要的是，宋代统治者除少数皇帝外，普遍能够认识到法制的重要性，法律得到了较好的实施和遵守。加上宋代偃武修文、优待士人的统治策略，宋代可谓中国古代政治运作最为宽松、法制环境最为优越的朝代。

---

① 《续资治通鉴长编》卷五百八元符二年四月辛巳。

② 《续资治通鉴长编》卷一百四十三庆历三年九月丙戌。

③ （宋）叶适：《水心集》卷三《法度总论二》，四部丛刊本。

④ （宋）叶适：《水心集》卷四《实谋》，四部丛刊本。

宋代断例编修的数量和规模是繁多和庞大的，其背后皇帝和臣僚的推动自然毋庸置疑。对于法律未有规定和难以处理的案件，由皇帝最终定夺，并以断例的形式表现出来，经过系统的编修后成为具有约束力的法律渊源。这看似只是皇帝意志的表达和记录，但断例所体现的处理方式，在形成过程中无疑或多或少参考了臣僚的建议，而这样的建议则是从之前皇帝和臣僚对类似案件的处理中得来的。并且新形成的断例又会成为检索和引用的对象，为皇帝和臣僚之后的决断提供参考和指引。

这样的处理模式逐渐确定下来，成为宋代中央决策者处理棘手法律问题的常态化手段。如果皇帝对现有的诸多法令毫不在意，对之前自己关于类似案件的处理方式完全不顾，对臣僚的建言皆不采纳，那断例的编修就不仅没有必要，反而会成为约束自己的枷锁，以其为基础形成的疑难案件处理模式也自然完全没有可能。因此，正是皇帝和臣僚对法制的重视和对传统的因循，才促成了断例的广泛编纂和运用。

而到了南宋，断例的行用则有了更为现实和迫切的理由："高宗播迁，断例散逸，建炎以前，凡所施行，类出人吏省记。"[①]"自国朝以来断例，渡江以来，皆已散失。今所引用，多是自建炎以来近例。若建炎以前，皆出官吏省记，间亦引用。"[②]可见在南宋初期，由于经过战乱，原来历年积累下来的断例都已散失。而经过北宋长期的编修和运用，断例已经为司法审判活动所依赖。尤其是中央司法机构在处理疑难和可矜案件时，更是需要以断例为依据。因此在宋代，断例已经成为规范和约束司法审判的重要手段，在制定法付之阙如的地方，有断例可供参酌要远胜于没有依据的自由裁量。

（五）两宋判例的利弊

对于宋代断例所具有的重要价值，宫崎市定先生有过概括说明，他指出："断例是由中央政府编纂的，身附来自天子的权威，具有法律效力，可以作

① 《宋史·刑法志一》。

② 《建炎以来系年要录》卷七十八。

为审判疑难案件的参考。出现这样的断例，无论如何也是社会的一大进步。”[①] 具体来看，断例的价值主要体现在两个方面：一方面，断例是成文法之必要补充；另一方面，断例是成文法之有益变通。

第一，成文法之必要补充。

以唐律为蓝本制定的《宋刑统》，其内容是有限的，并不能涵盖社会的各种情形，也难以应对随着时代发展所出现的新问题。特别是在疑难案件的处理中，常法往往捉襟见肘，不敷适用，史载：“天下疑狱，谳有不能决，则下两制与大臣若台谏杂议，视其事之大小，无常法，而有司建请论驳者，亦时有焉。”[②] 因此传统律典之外的其他法律形式，就有了存在的必要和发展的空间，通过其灵活方便的优势，来克服不宜频繁更动的律典所带来的僵化滞后的弊端。断例的一个重要价值，就是在成文法没有规定时，作为类似案件的处理依据，填补制定法的空白，以实现类似案件类似处理，防止同罪异罚。即使是对“引例破条”深恶痛绝的司马光，也不得不承认：“从来律令敕式，有该说不尽之事，有司无以处决，引例行之。”[③]

从有关捕捉盗贼的一则史料中，也能够看出断例对于制定法的补充作用。仁宗宝元二年（1039年）八月，祠部郎中判大理寺杜曾在奏章中曾提到：“法寺久例，将行劫贼人本因吞并财物，或嫌懦弱伤残，恐有累败，遂自相屠害。又并不依应宣教告官，群盗，因怯赃物窜伏草野，不改前非，别谋行劫，捕获之后，只作杖六十定罪。”[④] 对于盗贼内部出于各种原因而自相残杀应该如何规制，《宋刑统·贼盗律》中并未有细致的说明，因此大理寺内部长久行用的断例，就起到了填补律条空白的作用。杜曾认为大理寺杖六十的刑罚，对于“自相杀并”的盗贼而言太轻，起不到震慑的作用，但在明确的成文法颁布之前，这样长久行用的断例无疑是有效的。此外，庐州知州王质就因不循断例，“将似此不归首劫贼已行处死”，而受到大理寺“依旧断体例疏

① ［日］宫崎市定：《宋元时期的法制与审判机构——〈元典章〉的时代背景及社会背景》，载杨一凡总主编：《中国法制史考证》丙编第三卷，中国社会科学出版社2003年版，第9页。

② 《宋史·刑法志三》。

③ 《续资治通鉴长编》卷三百五十九元丰八年八月癸酉。

④ 《宋会要辑稿》职官六四之三八。

驳”，最终被朝廷劾罪，杜曾也因“不当因事请改法”而降官。[①]

因此，填补成文法的空白和漏洞成为断例的重要价值，在律条终归有限的宋代（其他朝代同样存在类似问题）法律体系中发挥了重要作用。正如川村康所指出的：“法令条文是有限的，人的行为是无限的。即使多么注意详细的用语，也不能完全对应上仅凭法规定处理的具体案件。这种法的不完备和缺欠，就产生了由判决例的应用来补充的必要性。”[②]赵旭也认为：“‘用例’的发展是解决司法中疑狱及正条不载之案件的必由之路。例可以破条，但同时又补充了法律。若能抓住典型案例，处断合情合理，以为后比，然后审慎用之，也符合法制在实践中不断发展的一般规律。”[③]但也应该看到，断例对于成文法的补充价值，相较于下文中将会谈到的变通价值是次要的。一方面因为仅起到补充作用（而无变通作用）的断例，与具体案例的关系相对疏离，对其进行抽象化的难度较低，容易被纳入制定法的范畴；另一方面，在宋代，其他法律形式如编敕，亦发挥着对律典进行补充的作用，而且规模更为庞大，编修也更为频繁。

第二，成文法之有益变通。

上文分析了断例在成文法没有规定时的补充功能，在很多情况下，成文法虽有规定，但难以与案件的具体情形相匹配，在处理时则需要对法律规定酌情作出变通，这就体现了断例的另一个重要价值——成文法的有益变通，以防止过于简单和机械地适用法律所导致的千篇一律、不近人情的问题。这是断例最为独特的价值，也最能体现断例与具体案件紧密结合的特点。哲宗元祐六年（1091年）闰八月，刑部侍郎彭汝砺针对朝廷重法处置劫杀人狱、不引例贷配的情况，连上数奏，其中提到：

刑部自祖宗以来法与例兼行。强盗杀人不分首从，在法皆死。强盗一次

① 《续资治通鉴长编》卷一百二十四宝元二年八月庚午。

② ［日］川村康：《宋代断例考》，载中国政法大学法律史学研究院编：《日本学者中国法论著选译》，中国政法大学出版社2012年版，第358页。

③ 赵旭：《论北宋法律制度中“例”的发展》，载《北方论丛》2004年第1期。

及盗杀人，其非为首及元不曾商量杀人，后来徒中杀人，或杀人不曾见、不曾闻、不曾知，或曾有悔戒之言，在例皆贷，前后甚多。[①]

彭汝砺在折中说“强盗杀人不分首从，在法皆死”，确实如此，强盗行为在中国古代社会被认为是一种严重威胁统治秩序的犯罪，向来受到严厉打击，在宋代亦是如此。《宋刑统·贼盗律》沿袭唐律的相关条文，规定：“诸强盗，不得财徒二年，一尺徒三年，二匹加一等，十匹及伤人者绞，杀人者斩。其持仗者，虽不得财，流三千里，五匹绞，伤人者斩。”可见只要在犯罪实施过程中存在故意杀人的行为和后果，便须处斩，并不考虑具体情节如主从犯等问题。而太祖建隆三年（962年）十二月的诏敕中对此又作了加重处罚：

今后，应强盗计赃钱满三贯文足陌，皆处死。不满三贯文，决脊杖二十，配役三年。不满二贯文，决脊杖二十，配役二年。不满一贯文，决脊杖二十，配役一年。其赃钱并足陌。不得财者，决脊杖二十，放。虽不得财，但伤人者，皆处死。[②]

这进一步将刑罚加重到只要有伤人的后果，便予以处死。彭汝砺认为，虽律条规定如此，但根据刑部行用的断例，如果是初次犯强盗罪、并非首犯、临时起意杀人、并不知晓同伴有杀人行为，及犯罪后表示悔改，则可免除死刑，给予宽大处理。可以看到，断例对于强盗罪行具体情节的考虑，实际上构成了对“一刀切”的法律规定的变通。断例体现出对案件细节的充分关注，比处理方式简单的律条更为全面，有助于在司法实践中纠正律典的弊端。断例的这一变通价值，从绍兴四年（1134年）正月，朝臣有关“宣州檀偕杀人疑虑狱案”的讨论中亦能得见：

先是，有叶全三者，盗其窖钱，偕令耕夫阮授、阮捷杀全三等五人，弃

① 《续资治通鉴长编》卷四百六十五元祐六年闰八月壬午。

② 《宋刑统·贼盗律》。

尸水中。当斩，尸不经验，奏裁。诏授、捷杖脊，流三千里，偕贷死，决杖配琼州。孙近为中书舍人，言："偕杀一家五人，虽不经验，而证佐明白，别无可疑。贷宥之恩，止及一偕，而被杀者五人，其何辜焉？"乃命重别拟断。始近之提点浙东刑狱也，绍兴民俞富因捕盗，而并斩盗妻。近奏富与盗别无私仇，情实可悯。诏贷死，（去年三月戊寅）故法寺援之。近言："富执本县判状，捕捉劫盗，杀拒捕之人，并及其妻女。而偕私用威力，拘执打缚，被杀者五人，所犯不同。"刑部亦言："右治狱近断孙昱杀一家七人，亦系尸不经验。法寺为追证分明，不用疑虑奏裁，何不依例？"法寺坚执不移……乃诏偕论如律，大理寺当职丞、评，刑部郎官皆赎金有差。[①]

宋代是检验制度得到巨大发展的时代，司法审判活动十分重视证据的运用，证据制度相当完备。宋法规定，发生命案后，如果尸体不经检验，地方司法机关不能遽为判决，而是应当逐级奏裁，以示慎重。时人云："在法，大辟情法相当之人，合申提刑司详覆，依法断遣。其有刑名疑虑、情理可悯、尸不经验、杀人无证，见四者，皆许奏裁。"[②]《宋史》也载，绍兴二十九年（1159年）："令杀人无证、尸不经验之狱，具案奏裁，委提刑审问。如有可疑及翻异，从本司差官重勘，案成上本路，移他监司审定，具案闻奏。否则监司再遣官勘之，又不伏，复奏取旨。"[③]而臣僚在讨论中提到，刑部之前断过案例中有孙昱杀一家七人的案件，虽也是尸不经验，但由于大理寺认为该案众证分明，因而不视其为疑虑案件加以贷配，可见是对尸不经验则作疑虑案件奏裁制度的变通，这一断例所体现的处理方式是很有价值的，大理寺和刑部的相关官吏还因为不引用该案作参考受到了处罚。

法律条文总归是有限的，因而断例起到了很好的补充作用。除此之外，法律条文往往还是相对固定的，这是律典为了保证自身权威所应具备的特征。但具体案件总是千变万化，特别是在坚信"徒法不足以自行""有治人，

① 《建炎以来系年要录》卷七十二。

② （宋）楼钥：《攻愧集》卷二十七《缴刑部札子》，文渊阁四库全书本。

③ 《宋史·刑法志三》。

无治法”，且对情理法的结合孜孜以求、主张“论心”和“原情”的古人看来，相当多的案件（特别是疑难复杂案件）在引法裁断时，往往或者情轻法重，或者情重法轻，因而需要人来发挥作用，特别是居于最高地位、掌握生杀大权的人主。

虽然《宋刑统》沿袭了唐代的规定：“诸制，敕断罪，临时处分，不为永格者，不得引为后比。”[①]但体现着人主和朝廷意旨的断例，必然为各级官府、上下臣僚所效仿，成为风险最低的裁断依据。时人云：“朝廷好恶，有司以为表；其所行，有司以为例。上有好者，下必有甚焉。”[②]《续资治通鉴长编》载，太祖开宝五年（972年）正月癸酉，“陕州言，民范义超周显德中以私怨杀同里常古真家十二人，古真年少脱走，得免，至是长大，擒义超诉于官，有司引赦当原。上曰：‘岂有杀一家十二人而可以赦论乎。’命斩之”[③]。

在宋太祖看来，如果按照大赦的一般效力对其罪行予以免除，无疑是“情重而法轻”，无以平民愤，最后的处断体现出对常法的变通，这样的处理方式也成为后世法官可资援引的有力依据。《齐东野语》卷十《俞侍郎执法》载：“常德有舟艄程亮，杀巡检宋正国一家十二口，累岁始获，乃在宁庙登极赦前，吏受其赂，欲出之。（俞）澄奏援太祖朝戮范义超故事，以为杀人于异代，既更开国大霈，犹所不赦，况亮乎。于是遂正典刑。”[④]俞澄在审理程亮杀人案中，就援引了宋太祖对于范义超杀人案的处理方式作为依据。

因此，断例形成了对成文法的变通，以实现情与法的融合与贯通，防止刻板和机械适用法律所带来的问题。断例的这一价值，产生于案例与法律之间的冲突与矛盾，而在其之后的运用过程中，也离不开与待决案件具体情状的比较与分析。可见断例始终与案例不可分割，难以将其简单抽象为成文化的制定法，而只能连同案情加以记载、编类。这就决定了断例对于成文法的

① 《宋刑统·断狱律》。

② 《续资治通鉴长编》卷四百六十五元祐六年闰八月壬午。

③ 《续资治通鉴长编》卷十三开宝五年五月癸酉。

④ （宋）周密：《齐东野语》卷十《俞侍郎执法》，中华书局1983年版，第180页。

变通价值相较于补充价值是更为独特的，也是编例能够与编敕等律典之外的其他法律形式并行不悖的根本原因。正如时人所言："前后臣僚屡有建请，皆欲去例而守法。然终于不能革者，盖以法有所不及，则例亦有不可得而废者；但欲尽去欲行之例，只守见行之法，未免拘滞而有碍。"①

另外，出于更为有效地震慑和打击犯罪的目的，中国古代的律典往往较为严苛和残酷，而断例所体现出的更加注重情理的处理原则和方式就显得弥足珍贵。时人云：

> 夫罪疑惟轻，帝者之治也。刑罚之疑有赦，王者之治也。使某之事诚可疑者，尚冀庙堂之上仁以权之，使侥幸于帝王之治。况本之以情，程之以法，参之以例，了然无可疑者乎？独以为太优，某窃惑之。且天下之所取平，与所取信者，法与例而已矣。荀子曰：谓有法者以法行，无法者以类举是也。有法有例，其事虽优不可得而已也，无法无例，其事虽杀不可得而行也。②

可见断例与恤刑之间有密切的内在联系，恤刑是宋代断例所具有的鲜明特征，是其发挥的重要作用，也是断例变通价值的体现。

川村康认为断例的弊端主要体现在三个方面：第一个方面是断例的公开性低，第二个方面是断例产生的多样性，第三个方面是用例破法。③汪世荣也指出，这一时期的判例缺乏必要的规范，运用较为混乱。"在特定时期，判例竟上升成为超越制定法的法律渊源，其最直接的后果便是造成了对制定法的严重冲击。"④本书从另一个角度出发，认为断例的弊端可以从两个层面来看：一是未经编修的断例的弊端，二是已经编修的断例的弊端。

先来看未经编修的断例的弊端。

第一，具体内容不公开。未经编修的断例散见于各部门中，不能集中起

① 《宋会要辑稿》刑法一之五五至五六。

② （宋）邹浩：《道乡集》卷二十二《上政府书》，文渊阁四库全书本。

③ ［日］川村康：《宋代断例考》，载中国政法大学法律史学研究院编：《日本学者中国法论著选译》，中国政法大学出版社2012年版。

④ 汪世荣：《中国古代判例研究》，中国政法大学出版社1997年版，第114页。

来予以公开。非但不能公开，由于此时的断例繁杂琐碎，不便检索查阅，因而其适用就为精通细务的低级胥吏所掌握，官员反受其制。史载："中书习旧弊，每事必用例，五房吏操例在手，顾金钱惟意所去取，所欲与白举用之，所不欲行，或匿例不见。"[①]且"例之所传，乃老奸宿赃秘而藏之，用以附下罔上，欺惑世俗，舞文弄法，贪饕货赂而已"[②]。虽主要针对行政事例而言，但零散的断例无疑也存在类似问题。可见未经编修的断例不仅不是法，反而是法的对立物。

特别是在南宋初期，经过靖康之乱后，散例内容不公开的问题愈加凸显："自渡江以来，官司文籍散落，无从稽考，乃有司省记之说，凡所与夺，尽出胥吏，其间未免以私意增损，舞文出入。"[③]直至孝宗乾道、淳熙时，情况仍未有改观："当是时，法令虽具，然吏一切以例从事，法当然而无例，则事皆泥而不行，甚至隐例以坏法，贿赂既行，乃为具例。"[④]"今之有司既问法之当否，又问例之有无。法既当然，而例或无之，则是皆沮而不行。夫法之当否人所共知，而例之有无多出吏手，往往隐匿其例，以沮坏良法，甚者俟贿赂既行，乃为具例，为患不一。"[⑤]为克服这样的弊端，宋代官员主要采取了两方面的对策。

一方面要求对断例加以编修，改变断例不公开的状况。随着断例编修活动的不断深入，断例编修的技术也是日臻成熟，这表现为断例的编修机构逐渐集中和统一，以及编修程序逐渐规范和完善。南宋绍兴初年，由于断例久未修成，刑部用例之弊益甚，因而臣僚希望"专委丞、评编集成书，复委通晓法令强敏郎官一二员，看详允当，上之朝廷，审实行下，方得引用"[⑥]。另一方面则要求断例的使用须由官员负责，而不能委之于胥吏，防止其徇私舞弊。北宋嘉祐年间，韩琦就曾"令删取五房例及刑房断例，除其冗缪不可用

① （宋）朱熹、李幼武：《宋名臣言行录》后集卷一，文渊阁四库全书本。

② 《宋会要辑稿》刑法一之四六。

③ 《宋会要辑稿》刑法一之三四。

④ 《宋史·刑法志一》。

⑤ 《宋会要辑稿》刑法一之四九至五〇。

⑥ 《建炎以来系年要录》卷一百三十三。

者，为纲目类次之，封縢谨掌，每用例必自阅”[①]。南宋淳熙四年（1177年），臣僚也奏请“乞明诏刑部，以断例委之长贰或郎官封镐收掌，用则躬自取阅，庶几定罪用刑在官而不在吏”[②]。

第二，运用程序不规范。既然具体内容不公开、不透明，那么运用上的不规范就难以避免。绍兴九年（1139年）十一月，臣僚言：“窃详编类之意，盖为刑部进拟案引用案例，高下用情，轻重失当。今既未成书，不免随意引用。”[③]由于断例没有经过修纂成书，所以在处理奏案、需要引用断例时就没有一定的标准，也没有限定的范围，因而出现引用较为随便的情况，为徇情枉法、徇私舞弊大开方便之门。史载：“自国朝以来断例，渡江以来，皆已散失。今所引用，多是自建炎以来近例。若建炎以前，皆出官吏省记，间亦引用。至于进拟案用例，或罪轻而引用重例，或罪重而引用轻例，或有例而不引，无例而强引，即无检察断罪指挥。”[④]

甚至还有更为严重的情况出现，《建炎以来系年要录》卷一百三十三载：“议者以为刑部用例之弊，非止临时翻检案牍、随意引用、轻重失当而已，外议相传有部吏卖例之说。”其弊端已经不限于随意引用，而是出现了“卖例”的行为，也即上文所提到的“操例在手，顾金钱惟意所去取”。此类非法行为在各种行政例的使用过程中体现得更为突出，但从这则史料来看，其亦存在于司法审判活动中。

第三，处理方式不统一。未经编修的断例的第三个问题就是，在对类似案件的处理上存在差异，例出多门，不同部门的断例有着不同的处理方式，甚至同一部门内的断例，也因适用对象不同而不一致。《续资治通鉴长编》载，元丰二年（1079年）六月，中书曾针对刑房引用断例时区分过细的问题建言：“刑房奏断公案，分在京、京东西、陕西、河北五房，逐房用例，轻重不一，乞以在京刑房文字分入诸房，选差录事以下四人专检详断例。”[⑤]中书希望将在

① （宋）朱熹、李幼武：《宋名臣言行录》后集卷一，文渊阁四库全书本。

② 《宋会要辑稿》职官一五之二五。

③ 《宋会要辑稿》刑法一之四七。

④ 《建炎以来系年要录》卷七十八。

⑤ 《续资治通鉴长编》卷二百九十八元丰二年六月乙丑。

京刑房所用断例作为范本，并专差四人负责检详，以克服“逐房用例，轻重不一”的弊端，此为同一机构内断例存在的差异。而从元祐五年（1090年）十二月御史中丞苏辙的奏请中，我们既能够看到不同机构的断例存在差异，也能够看到同一机构内部的断例存在差异，其繁杂情况令人咋舌：

窃见大理寺、审刑院旧制，文臣、吏民断罪公案并归中书，武臣、军员弁人并归密院，而中书、密院又各分房，逐房断例，轻重各不相知，所断既下，中外但知奉行，无敢拟议。及元丰五年，先帝改定官制，知此情弊，遂指挥凡断狱公案并自大理寺、刑部申尚书省，上中书取旨。自是，断狱轻重比例始得归一，天下称明。①

可见在元丰改制以前，中书和枢密院各有本机构处理案件的范围，并且两机构下又分诸房，各房断例又有差异。直到元丰改制，将案件处理权限统归于大理寺、刑部，以及之上的尚书省、中书，不再区分文武，才基本实现了“断狱轻重比例始得归一”。而在南宋乾道初年，朝廷对运用断例的态度曾出现过较大改变，也正是因为断例存在处理方式不一致的问题：

乾道元年五月，诏：法令禁奸，理宜画一。比年以来，旁缘出入，引例为弊，殊失刑政之中。应今后犯罪者，有司并据情款，直引条法定断，更不奏裁。内刑名有疑，令刑部、大理寺看详，指定闻奏，永为常法，仍行下诸路遵守施行，其刑部、大理寺见引用例册，令封锁架阁，更不引用。仰刑部遍牒诸州，大字出榜晓谕。②

虽然如此极端对待断例的措施只是昙花一现，但我们仍能够感受到浸淫于成文法传统之中的统治阶层，对于诸事不能一断于法的担忧。应该看到，断例处理方式不统一的问题，首先是由于负责司法审判的机构和部门不统

① 《续资治通鉴长编》卷四百五十三元祐五年十二月丁巳。

② 《宋会要辑稿》帝系一一之六。

一，其次才是断例本身的问题。而随着断例编修活动的进行，处理方式不统一的弊端也逐渐得以克服和消除。

再来看已经编修的断例的弊端。

未经编修的断例（散例）由于存在种种弊端，因而需要对其进行整理，加以纂集。已经编修的断例（编例），无论从形式上、内容上还是效力上，都与编修前存在很大不同。二者最显著的区别，就是编修后的断例取得了接近于法的效力和地位。不管称之为“非常法”还是“准法”，可以看到，此时的断例内容公开、范围确定、编排有序，已非彼时零散无序、繁多冗杂的散例所能比。但编修后的断例是否就没有问题和弊病了？答案是否定的。编修后的断例，其最大问题是在效力上容易产生与律条的矛盾与冲突，即为时人所诟病的“引例破法”“用例破条”等。类似问题在前朝就已出现，《唐会要》载：“开元十四年九月三日敕：如闻用例破敕及令式，深非道理，自今以后，不得更然。”[①]这条敕文为宋代所继承和沿用，《宋刑统》载：“准刑部格敕：如闻诸司用例破敕及令、式，深乖道理，自今以后，不得更然。”[②]

仅就宋代断例而言，未经编修的断例同样存在这样的问题，只是在当时由于散例被公认不具有法律效力，也不允许被引用，因而“以散例破成法”受到了一致的反对，所以其问题较为明显且相对容易解决。而对于已经编修的断例，朝廷虽亦是不准用例破条，强调“有司所守者法，法所不载，然后用例”[③]，但由于编例被赋予了法律效力并允许在审判中予以引用，加之制定法与断例之间存在模糊性，导致“以编例破成法”的危害更为隐蔽，也更容易引发争论，而且难以真正解决。宋人孙觌的《鸿庆居士集》中，曾记载了惠迪任大理寺主簿时的上奏，其文曰：

画一之法，守之如金石，行之如四时，所以使我人迁善远罪、徙义修慝之道也。而本寺一司勅外又有申明，此附断例之属，无一定之制，老奸宿赃

① （宋）王溥：《唐会要》卷三十九《定格令》，中华书局1955年版，第706页。
② 《宋刑统·断狱律》。
③ 《宋史·刑法志一》。

以狱为市，轻重高下皆出其手。正条不可则入之申明，申明不可则入之比附，比附不可则断例。有司虽知其非，属已著之申令，无如之何矣。[①]

虽然《宋刑统》中明确要求断罪须俱引律令格式，并且规定了适用的顺序和方法，但在奸吏面前显然形同虚设。奸吏们更关心的是，如何通过选择判案依据来实现自己的非法目的，而以断例为代表的成法以外的几种法律形式，自然因其灵活性而受到青睐。至于成法的权威和效力是否会受到影响，则不在他们的考虑范围之内。光宗绍熙元年（1190年）正月二十一日，臣僚言：

古者以例而济法，后世因例而废法。夫例者，出格法之所不该，故即其近似者而仿行之。如断罪无正条，则有比附定刑之文；法所不载，则有比类施行指挥。虽名曰例，实不离于法也。沿袭既久，行法者往往循私忘公，不比法以为例，而因事以起例，甚者自有本法，亦舍而弗用。转相攀援，奸胥猾吏皆得以制其出入，而法始废矣。[②]

这段话十分概括地指出了法与例之间的关系，以及断例对于成法的破坏。断例编集的初衷是补法之不足、为法之变通，依托制定法来发挥作用，只有法所不及时才能用例。但在臣僚看来，随着时间推移，断例的作用却由“济法”转为了“废法”。这一点在北宋重臣司马光与其他朝臣有关引例奏裁案件的限制及其惩处的争论中，体现得特别充分。元丰八年（1085年）八月，针对曹州百姓赵倩、吕德、吕文打劫南华县界顿荣家一案，司马光主张对于此三人“准律敕合决杖一顿处死”，但“刑部检到例，拟并特贷，命决脊杖二十，各刺面配广南远恶州军牢城”。[③]司马光认为曹州案中，三人打劫顿荣家、刺伤顿荣的行为，事实清楚。只是因为顿荣被刺伤没有经官检验，地方就以此为由奏裁求贷，这实际上姑息和纵容了犯罪行为。关于这一点，其在

① （宋）孙觌：《鸿庆居士集》卷三十九《宋故国子博士惠公墓志》，文渊阁四库全书本。

② 《宋会要辑稿》职官七九之六。

③ （宋）司马光：《温国文正公文集》卷四十八《乞不贷强盗白札子》，四部丛刊本。

同月针对泰宁军姜齐和张存杀孙遇案、怀州魏简杀郭昇案、耀州张志松杀张小六案的奏折中说得更为明确：

况此三人皆即时殴杀，当死无疑。止是逐州避见失入罪名，妄作“情理可悯”，或“刑名疑虑”奏裁。刑部即引旧例，一切贷命。若因循不改，为弊甚大。所以然者，从来律令敕式，有该说不尽之事，有司无以处决，引例行之。今斗杀当死，自有正条，而刑部不问可贷与否，承例尽免死决配，作奏钞施行。是杀人者不死，其斗杀律条更无所用也。①

在宋代，正常的引例行为，即在法有所不及时引用断例以为补充和变通，是合法的，对此司马光也是认同的：“凡律、令、敕、式或不尽载，则有司引例以决。”②但对于这三宗案件中的行凶者而言，司马光认为是有明确法律依据的，并无可悯与疑虑之处，这三人的行为都合归入斗杀而处死。因此，司马光最后建议：

欲乞今后应诸州奏大辟罪人，并委大理寺依法定断。如非情理可悯，其刑名疑虑，即仰刑部退回本州，令依法施行。如委见有可悯及疑虑，即仰刑部于奏钞后别用贴黄声说情理如何可悯，刑名如何疑虑，今拟如何施行，令门下省省审如何，拟委得允当，则用缴状进入施行。如有不当及用例破条，即仰门下省驳奏，乞行取勘。③

建言中强调，应当约束地方不加区别、不加限制地以情理可悯和刑名疑虑为由，上奏贷免死刑犯。大理寺和刑部也应依法定断和施行，由门下省对不当奏裁和引例的行为加以监督。司马光的建议得到了皇帝的支持与肯定，并以诏令的形式确定了下来：“诏诸州鞫讯强盗，情理无可悯，刑名无疑虑，

① （宋）司马光：《温国文正公文集》卷四十八《乞不贷故斗杀札子》，四部丛刊本。

② 《宋史·刑法志三》。

③ （宋）司马光：《温国文正公文集》卷四十八《乞不贷故斗杀札子》，四部丛刊本。

而辄奏请，许刑部举驳，重行朝典，无得用例破条。”[1]《续资治通鉴长编》元丰八年（1085年）七月甲寅的一段史料中，详细地记载了这条诏令背后的争论。[2]支持司马光观点的认为：

祖宗以来，大辟可悯与疑虑得奏裁，则情理无可悯，刑名无疑虑者，有司妄谳以希宽纵，非辟以止辟之意。今使刑部举驳，不得用例破条，正合祖宗立法之意。治奸恶，安善良，则断狱虽多，乃致刑清之渐也。[3]

本朝累圣一德，主于好生，然亦未尝纵舍有罪。末流之弊，吏以便文自营为俗，虽于用法无疑者，皆以上谳，辄见亏除。是故奸宄以为幸，而民多冤。司马光所以救有司之过，以辅成王者制乱之仁，此天下正议也。[4]

而反对者的声音亦不少，刑部侍郎范百禄称：“熙宁之令，非疑虑与可悯而辄奏者免驳劾。至元丰删去之。去年诏书不得用例，贷配不当，即奏劾，自是官吏畏罪，不惮论杀。”[5]给事中王震也与司马光有过争辩：

震见光省中曰：“天下奏案一耳，前此例贷死，今皆杀之！”光曰：“刑轻于古，民易犯，矧刑名疑虑，引例求贷，皆古所无。”震曰：“汉约法三章：‘伤人及盗抵罪。’今盗固有至死者，罪疑惟轻，与其杀不辜，宁失不轻，皆圣人在上悯元元之意也。且汉有决事，此何谓无。”[6]

随着这一诏令所导致的死刑案件数量的增多，到元祐时其又被废止：“癸酉，诏罢元丰八年十一月二十三日奏谳大辟不当及用例破条法。”[7]此次争

① 《宋史·刑法志三》。
② 《续资治通鉴长编》卷三百五十八元丰八年七月甲寅。
③ 《续资治通鉴长编》卷三百五十八元丰八年七月甲寅。
④ 《续资治通鉴长编》卷三百五十八元丰八年七月甲寅。
⑤ 《续资治通鉴长编》卷三百五十八元丰八年七月甲寅。
⑥ 《续资治通鉴长编》卷三百五十八元丰八年七月甲寅。
⑦ 《续资治通鉴长编》卷四百一十一元祐三年五月癸酉。

论后，关于引例奏裁的规定又有过多次反复，这里不再赘述。

从目前能够掌握的史料来看，到元丰八年（1085年）时，宋代已经至少编纂了五部断例。而且从元丰断例开始，断例的编修日益规范和成熟，再加之奏谳制度的逐步确立和完善，运用断例与遵循成法之间的矛盾开始显现。虽然正常的引例行为是合法和必要的，也得到广泛认同，但断例本身所具有的模糊性，决定了引例由合法走向非法、由济法转为废法的界限总是难以把握，更无法精确地作出规定。

另外，经过编修的断例，在一定程度上体现出对皇帝意志的固化和确定，但这种固化和确定，在专制集权的背景下无疑十分脆弱和有限。因此，也就决定了想要通过编修断例来完全限制恣意的皇权，将小大之事统归于成法及与成法相一致的断例，是难以从根本上实现的，毕竟“概为定法，则事归有司，而人主操柄失矣”[①]。总的来看，经过编修的断例与制定法在整体上是协调的，二者能够相互配合、相互补充。但其背后的冲突与矛盾也始终存在，“用例破条”的潜在风险和现实弊病更是如影随形，难以彻底厘清。

三、两宋判例的特点

宋代以前，随着判例的不断演变和发展，判例的表现形式日益规范和完善。判例的名称越来越具体和明确，其所规制的内容也日益清晰和固定，逐渐形成司法例和行政例两大部分。但由于涉及的事务层次较低，所受重视程度不够，判例的地位和作用一直处于传统成文法律形式之下。而官方对于判例的介入越来越多，不再持放任态度。判例与成文法相互促进，共同成长，在中国古代法律体系演进过程中得到了长足的发展。这些成果为宋代的判例确定了框架，奠定了基础，经过传承和积累，判例在宋代翻开了新的一页，迎来了新的篇章。

总的来看，判例在宋代法律体系中扮演了关键性角色，发挥了十分重要的作用。宋代的司法判例为司法审判活动的顺利进行提供了保障，特别是在

① 《宋会要辑稿》刑法一之二三。

疑难重大复杂案件的处理中，起到了富有价值的参照作用。宋代的行政判例则在以刑法为主体的成文律典之外，为包括部门和地方在内的具体行政事务的处理提供了准则和依据。但不可否认，无论是宋代的司法例还是行政例都不是完美无缺的，二者在发挥作用的同时也存在着种种弊病，再加上中国传统社会专制集权的背景和环境，其本身的作用受到了很大程度的影响和削弱。

宋代的司法例——断例，在宋代的司法审判中发挥了相当重要的作用。有宋一代，仅就我们已知的而言，共编有十几部断例。断例的广泛运用，反映出宋人在案件审理过程中对于情的关注：一方面，不同案件所具有的情节不同，律条相对单一的处理方式总显得过于简陋；另一方面，情节不同其所反映的情理也不同，在古人眼中，当然不能不加区分地予以对待。对于情的关注是断例最为鲜明的特征，也是断例得以运用的一个重要因素。但断例的运用也是有限度的，毕竟成法在一定程度上体现出的不近人情，为的是更大范围内的人心悦服和社会有序。因此断例的运用，特别是与成法的相互关系，体现出情与法的对立与融合。

另外，宋代断例的运用还反映出，中国传统社会对于人在司法中之作用的复杂看法。从抽象的理念层面来看，儒家思想主导下的立法和司法体系总是倾向于相信人而怀疑法，认为能动的人在案件的处理中要胜过机械的法。但从具体的操作层面来看，除了高高在上的皇帝，任何层级司法官所作的判决都是可能被怀疑的，他们总是被怀疑不具有作出合理判决的能力。尤其是在面对重大疑难复杂案件的时候，普通司法官员的判决从未被赋予绝对的权威和效力。因而中央会不断要求地方、上级会不断要求下级，通过已经编修的断例来了解朝廷的旨趣和意图，反过来，下级和地方也存在着这样的需求。

从两宋判例的实践历程可以看出，判例的产生与发展深受中国古代政治制度和法律形态的影响，与成法共同作用于传统社会发展进程中。中国传统法的一些根本性特征，在判例的内容中亦能觅其踪迹，如偏重于打击刑事犯罪，欠缺民事领域的内容，重视对官员的管理和约束，轻视程序性的价值等，不一而足。无论是司法例还是行政例，其内容与成法一样，都被打上了传统法律文化与法律制度的鲜明印记，成为中国古代法律体系的一部分。从这一角度而言，尽管判例与成法存在着显著差异，但在本质上二者却具有相似性。

成文法内容的有限性是判例能够在传统社会得以存在的重要因素，决定着判例运用的广度和深度，但成文法传统的顽强性也限制着判例的进一步演进和变化。无论是司法例还是行政例，成文法可以允许其在一定范围和程度内的存在，却不可能放任判例的效力突破和超越成法，总是希望将其纳入成文法的轨道。因此，虽然并非所有的例都被吸收为成文法，从宏观的角度来看，由例向法的转化与过渡则是大势所趋。另外，强势的成文法没有也不可能完全抑制判例的成长，法的存在是确定性的体现，而在法未有规定或虽有规定但不合理的地方，将相关的处理方式以判例的形式固定下来，也是寻求确定化和制度化的一种体现。虽然用例的方式相较于用法容易产生各种弊病，但相对于法不可行或于法无据，又是值得肯定的。对于判例在实践中所带来的问题当然需要保持清醒，但对于判例本身所具有的合理性亦不能熟视无睹，毕竟这是例在中国古代法律形式的漫长发展过程中，能够与法共生和相随的重要原因。

宋代判例正值中国古代法律体系由律令制向律例制转换的历史阶段，在这一进程中，令和例这两种法律形式在法律体系中所扮演的角色发生了明显变化：令的作用在逐渐下降，而例的作用却日益凸显。作为律令制之重要一端的令，其作用无疑随着唐中期以后，特别是唐宋之际的社会发展和变革而大大弱化。而随着令的地位逐渐降低，另一种法律形式——例的地位却在缓慢上升。宋代判例无疑处在律令制向律例制转变的中间环节，发挥了关键性作用。在宋代以前，判例经历了一个由性质含混不清到概念和框架基本形成的过程，但由于作为成文法体系之代表的律令制持续发展，因而相对于地位更为突出且处于上升期的令而言，判例的作用受到了遮蔽和抑制。自宋代开始，判例在法律体系中所扮演的角色由幕后走向台前。无论是以断例为代表的司法判例，还是包括条例、格例、则例、事例等的行政判例，都在前代基础上又有了进一步的发展，虽然从表面上看，宋代判例的发展成果似乎由于元代的建立而中断，但实际上，判例作为历史发展趋势的体现，如一股涓涓细流始终流淌，未曾停止，并最终在明清时期大放异彩，成为与律典并行的基本法律形式。

综上所述，关于两宋判例制度，本部分主要有以下几点结论：

第一，宋代共编修十多部断例，从编修原则和程序来看，断例日益规范与完善。断例的内容与成文法典存在很大的差别，断例是在具体案件的基础上形成的。虽然宋代的断例在编排体例上逐渐与成文法趋同，特别是在南宋，一些断例采用了与律典相同的分类方式，但断例的具体形态基本保持了案件的原貌，并非条文与案例的混合。

第二，断例的适用既有情形上的规定，也有程序上的要求。断例是宋代法律体系的重要组成部分，作为成文法典之外的补充性法律形式，断例在当时的司法审判活动中发挥了不可替代的作用，否认断例是一种法律形式的论断是不太客观的。断例的内容、运用和效力等表明断例具有判例的性质，虽然与西方的判例存在诸多不同，但在本质上二者具有相似性。

第三，断例在宋代的司法活动中具有重要地位，这主要体现在两个方面，一是编修频繁，二是运用广泛。断例在宋代得到广泛运用绝非偶然，而是与当时的诸多历史条件息息相关，既折射出唐宋时期政治、经济、社会发展的新趋势，也体现出唐宋之际法律形式演变的新脉络。宋代的断例既是社会变迁和法制发展的产物，又以其重要的作用和独特的价值推动着这样的进程。

第四，宋代断例既有很大价值，也有不少弊端。断例的价值可以从两个方面来认识：一方面断例是成文法的必要补充，另一方面断例是成文法的有益变通。这对于解决成文法体系下律典的有限和僵化问题，发挥了不小的作用。而无论是未经编修的断例还是已经编修的断例，都存在一些难以彻底解决的问题，伴随着断例运用的整个过程。

第五章 元代判例

一、元代判例概况

元代没有颁布过类似《唐律》《宋刑统》等形式的律典，主要是“随事立法”，采用“一事一法”的判例法。

（一）元代判例与元代法律体系

元代判例在元代法律渊源中居于重要地位，并不是说元代没有成文法。元代的法律体系是以判例法为主，以成文法为辅。[①]其成文法的形式是单行法规。如大德五年（1301年）的《强窃盗贼通例》规定：“诸强盗：持杖但伤人者，虽不得财，皆死；不曾伤人者，不得财徒二年半，但得财徒三年，至二十贯，为首者死，余人流远。其不持杖伤人者，惟造意及下手者死；不曾伤人者，不得财徒一年半。十贯以下徒二年，每十贯加一等，至四十贯，为首者死，余各徒三年。若因盗而奸，亦同伤人之坐。其同行人止依本法。谋而未行者，于不得财罪上，各减一等坐之。”[②]这是对强盗、窃盗定罪量刑的概括性规定。又如大德七年（1303年）的《取受十二章》：“诸职官及有出身人等，今后因事受财，依条断罪。枉法者，除名不叙，不枉法官，须殿三年，再犯不叙。无禄官减一等，以至元钞为则。枉法：一贯至十贯，四十七下，不满贯者，量情断罪，依例除名；一十贯以上至二十贯，五十七下；二十贯以上至五十贯，七十七下；五十贯以上至一百贯，八十七下；一百贯之上，一百七下。”[③]这是对官员因事受财定罪量刑的概括性规定。

---

① 陈佳臻：《元代刑部研究》，中国社会科学出版社2021年版，第134页。

② 《元典章》，陈高华等点校，中华书局、天津古籍出版社2011年版，第1625—1626页。

③ （明）宋濂等：《元史》，岳麓书社1998年版，第1493页。

在没有颁行法典之前，司法实践中主要使用历年积累下来的单行法规、条令和案例。[①]元人郑介夫云："今天下所奉以行者，有例可援，无法可守，……内而省部，外而郡府，抄写格例至数十册。遇事有难决，则检寻旧例，或中无所载，则旋行议拟"，所以"审囚决狱官每临郡邑，惟具成案行故事"。[②]"民间自以耳目所得之敕旨条令，杂采类编，刊行成帙，曰《断例条章》，曰《仕民要览》，各家收置一本，以为准绳。"[③]

随着时间的推移，立法的增多，需要对这些单行法规、条令和案例进行汇集、筛选、分类，编辑成书，以满足司法的方便。至元二十八年（1291年）制定了《至元新格》。元中期英宗时颁布了《大元通制》，元后期顺帝时颁布了《至正条格》。

这两部法典是成文法和判例法的混合体，在其"条格"和"断例"中既存在成文法，也存在判例法。如《至正条格·断例》卷第六《职制》第一条便是"取受十二章"，是原来的单行法规。由于这一成文法是针对所有取受的规定，较为概括，没有考虑到特殊情形，一般在司法实践中用判例弥补其规定的不足，在此成文法之后还有"取受虽死征赃""赃犯再犯""未任取受""已任未受犯赃""去官取受""军官取受值丧""运司取受茶商分例""远方迁调官取受""奴贱为官犯赃""捕盗官匿赃""弓手犯赃""盗用侵使封装""侵使军人寄收钱粮""受要拜见钱""受要离役钱"等条[④]，这些都是解决具体司法案件的判决例，这些判例是对不同情形下的官员取受行为的处罚，是《取受十二章》的细化或补充。又如《至正条格·断例》卷第二十五《杂律》第一条是"诸奸通例"，其后还有各种奸罪，如"强奸幼女""僧盗强奸幼女""十五岁男奸六岁女""刁奸图财""刁奸遇革""奸侄

① 张帆：《〈元典章〉整理的回顾与展望》，载《中国史学》2008年第18卷。

② （元）郑介夫：《上奏一纲二十目》，载邱树森、何兆吉辑点：《元代奏议集录》（下），浙江古籍出版社1998年版，第82—83页。

③ （元）郑介夫：《上奏一纲二十目》，载邱树森、何兆吉辑点：《元代奏议集录》（下），浙江古籍出版社1998年版，第82页。

④ 韩国学中央研究院编：《至正条格》（校注本），韩国城南影印元刊本2007年版，第218—230页。

女”“和奸义女”“欺奸使妻”等46个条目，可惜现存《至正条格》并非完文，此卷遗失，具体内容不详。

元代虽然编纂了《大元通制》与《至正条格》，但有限之法律，不能囊括社会中万变之情。法典中的规定不能解决所有可能出现的问题。元人王亮认为，“法律之意变易而不穷极，随其轻重，各有类例可断”①。此处的“类例”，当指在法律没有明文规定时，或明文规定不细致时，通过裁断形成的“判例”，此后在同类案件中适用。依然需要因事立法，这种通过司法裁判而形成的，又以案例形式存在的则是判例，这些判例是审理以后相同或类似案件的依据。在法典之外，也存在“判例”。

元代判例可分为司法判例和行政判例。行政判例是在行政活动中出现后来被作为行政先例援引的事例。元代法典中“条格”部分存有大量的行政判例、民事判例，如现存《通制条格》并非完文，存有19篇，共收录31条判例，大体上是一事一例或者一事一令，主要是行政管理方面和民事方面的判例；“断例”部分，存在大量的刑事判例。

（二）元代判例的生成

根据现有法律条文或判例所审断之案，一般而言是“案例”，只是对本案的有关人员形成约束力，并不自然地成为判例，不能被以后同类案件所运用。通过案例形成的判例，必须有明确的规定，如“准拟，除外，仰依上施行”等。

大德四年（1300年），蒙古军人明里不花躯口吴敢子，买沧盐一斤六两，除了食用外，还将少部分带到登封县，不知解盐地面，将带过界，被搜获到官。刑部认为，吴敢子是“不知禁例误犯，量情拟决二十七下”，并规定：“今后若有客旅将带食盐一斤之下，误而过犯，减买食私盐罪三等，二斤之上者，减买食私盐一等科断相应。”②中书省予以批准。此处对吴敢子的犯罪

① （宋）傅霖撰、郄韵释、王亮增注：《刑统赋解》，载（清）沈家本编：《枕碧楼丛书》，知识产权出版社2006年版，第112页。

② 《元典章》，陈高华等点校，中华书局、天津古籍出版社2011年版，第863—864页。

行为予以定罪量刑，并规定了以后类似案件的法律适用。

然而，延祐六年（1319年），湖广行省归州李子顺用钞一两买到蜀盐一斤四两，除了食用外，将剩余一十一两藏到裙腰，意图以后食用，越过巴东县界时被查获；王执祖用五钱买到蜀盐一斤，除食用外，剩下约一十两五钱，到巴东县界越过时，被盘捉到官。归州官府“照依犯界盐货例”，将人犯杖断。湖广行省认为，归州的判决“似涉太重”，但是现有法律中并没有关于食盐犯界的罪名，“事干通例”，便上请中书省。刑部与户部议得：“李子顺、王执祖等元于西川涪州等处买到蜀盐，沿途食用不尽，各不及斤，误而将带过界，即与吴敢子所犯一体。其归州失于申禀，将各人比依买食私盐全科，事涉违枉，缘前例不曾遍行，既已断讫，别无定夺。今后似此有犯，拟合照依吴敢子例科断。”[①]可见，归州在审断李子顺等案时，并没有引用吴敢子案，虽然“事涉违枉”，但刑部并没有追究归州官员的责任，因为吴敢子例并没有“遍行”，没有普遍的约束力。在此案中，明确规定“今后似此有犯，拟合照依吴敢子例科断”，此时吴敢子案才成为判例。

具体案件的裁判，就刑事案件来说，大多数由刑部作出，中书省批准后，通行全国，便成为“通例”，具有普遍约束力。元代判例没有经过特殊的批准程序，“可能和元朝的政治体制君主不特别集权有关，所以无须经过皇帝批准，但仍需要经过中央批准”[②]。

某些案件，成为“定例”，也就有了普遍的约束力，这些定例，刑部将之编入“格例簿”内。元代各级政府机构均置“格例簿”，“遇事有难决，则检寻旧例”[③]。《通制条格》卷第六《选举·荫例》“至元十九年十二月”条内有“检会到循行格例”“匠官荫例，于循行格例簿内”之语。[④]

大德六年（1302年），建康路宁二娘与刘狗儿通奸，宁二娘又指出与王福一通奸。建康路将奸夫刘狗儿、奸妇宁二娘，各断讫七十七下，王福一决

① 《元典章》，陈高华等点校，中华书局、天津古籍出版社2011年版，第862—864页。

② 刘笃才：《中国古代判例考论》，载《中国社会科学》2007年第4期。

③ （元）郑介夫：《上奏一纲二十目》，载邱树森、何兆吉辑点：《元代奏议集录》（下），浙江古籍出版社1998年版，第82页。

④ 《通制条格校注》，方龄贵校注，中华书局2001年版，第265页。

讫五十七下。关于王福一的判决，是“比照苏小尹与苏七通奸，又指出与陈佐通奸”刑部的裁判作出的。但御史台认为，苏小尹与苏七通奸，指出陈佐一节，是“约量断决，难为久例”，“今有司遇有指奸，即为定例。若不改正，无所定守”。此前，有段乞僧与刘兰哥通奸，又指奸案，可以作为“定例”。中书省令刑部令史王圭璋，在“格例簿”内书写：“照得：至元六年八月内，右三部拟段乞僧与刘兰哥通奸（见前例）。仰照验施行。”段乞僧与刘兰哥通奸，伊翁阴成捕告到官。除招伏外，司吏杨宁又责出续指，曾与李道和通奸一次。刑部认为：“既是先将捕获奸夫段乞僧、奸妇刘兰哥断罪，别无定夺外，据指出李道和一节，如委非奸所捕获，合革勿论。仰照验施行。”[①]可见指奸，苏小尹与苏七通奸案，不是判例，段乞僧与刘兰哥通奸案是判例。

二、元代判例的实践

元世祖至元五年（1268年），四川行省就“该载不尽罪名”，“凭何例定夺”，请示中书省。中书省批复：对于“刑名公事”，先看“法令格例”有无明文规定，还要“酌古准今”，拟定明白罪名。[②]“酌古准今”，就是参考古代的成例，以现实情况为依据。此处对先例的合法性予以了规定。

（一）元代判例的作用

元代判例是主要的法律渊源。元代通过判例把前朝的法律转化成元代的法律。在没有法律明文规定或法律规定不明确时，通过赋予当前案件法律效力，创设新的法律规定或完善已有法律。另外，由于元代因事、因时立法，有时同一事的法律或案例有所冲突，司法实践中便通过判例来解决此冲突。

1.判例赋予旧例法律效力

元初，元世祖君临中原，没有建立自己的法律体系，“未有法守”[③]。在司

① 《元典章》，陈高华等点校，中华书局、天津古籍出版社2011年版，第1529—1530页。

② 《元典章》，陈高华等点校，中华书局、天津古籍出版社2011年版，第669页。

③ （明）宋濂等：《元史》，中华书局1976年版，第2603页。

法实践中，可以适用旧例，即《唐律》和金朝的《泰和律》[1]，来处理当时的案件，这样旧例在元代依然有法律效力，由此而形成的部分案件，成为判例。

元代通过判例把前朝的法律转化成元代的法律。如至元三年（1266年），上都路梁重兴为母病割肝行孝，左三部根据旧例处罚，得到中书省批准。这一判例具有法律效力，其后相同或类似案件可以援用，其存于《通制条格》卷第二十七《杂令·非理行孝》：

至元三年十月，中书省。左三部呈："上都路梁重兴，为母病割肝行孝。合依旧例，诸为祖父母、父母、伯叔姑、兄姊、舅姑割肝、剜眼、割臂、脔胸之类，并行禁断。"都省准拟。[2]

此条中有旧例之语，可清晰地看出前朝法律的效力，有的条文没有旧例字样，也是通过判例赋予了前朝法律之效力，如《至正条格·断例》卷第十二《厩库·贸易收税》：

至元七年十月，户部呈："李义与谷大，相换马匹，不曾投税。照得：私相贸易田宅、奴婢、孳畜及质压、交业者，合立契收税。违者，从匿税科断。"都省准拟。[3]

"照得"之后的"私相贸易……"，在元代是属于旧例的。《元典章》卷二十二《户部·课程·杂课·贸易·田产收税》：

至元七年十月，尚书户部奉尚书省札付：

来呈："检到旧例：'私相贸易田宅、奴婢、孳畜及质压交业者，并合立契

① 金《泰和律》已经佚失。但金《泰和律》的篇名、内容与《唐律》相同，二者有继承关系。在涉及旧例内容时，可从《唐律疏议》中寻找相关内容。

② 《通制条格校注》，方龄贵校注，中华书局2001年版，第628页。

③ 韩国学中央研究院编：《至正条格》（校注本），韩国城南影印元刊本2007年版，第303页。

收税。违者，从匿税科断。'乞遍行"事。都省准呈，遍行各路，依上施行。①

此旧例，在《至正条格》中以判例的形式存在，省略了旧例二字。

至元八年（1271年），元朝正式建立。忽必烈颁布奏定条画的同时，下诏禁止使用《泰和律》。但是，从上文可看出，至元八年之前，通过援引《泰和律》而形成的判例，在至元八年之后可以作为裁判的依据，而且有的被纳入法典《大元通制》《至正条格》之中，成为元代法律的一部分。

至元八年（1271年）十一月，虽然下诏禁用《泰和律》，但此后的官方文书及法典中依然有旧例之语。此后的旧例，日本学者小林高四郎认为，是指金《泰和律》或旧判例，或已经颁行的单行法，元代亦往往循用金《泰和律》，及《唐律》。②这表现在两个方面：

其一，就某一类事制定通例。在制定过程中，援引旧例，根据元代具体情形，或比照，或变通，形成元代的"通例"。《元典章》新集《至治条例·户部·婚姻·嫁娶·定婚不许悔婚别嫁》载，皇庆二年（1313年），针对悔婚别嫁如何处理之事，晋宁路总管石嘉引用《唐律》，建议："除五年无故不成娶，听许经官告给执照改嫁外，据已到官，罪经钦依诏书释免，事依唐律归结。已后敢有犯者，比照唐律量减二等罪归断，女追归前夫。"③礼部认为，这一建议，"诚为中理"，呈请中书省，"如蒙准呈，本部为例遵守，遍行照会"。中书省命礼部和刑部一起商议，拟定了许婚而悔的处罚，后编入《至正条格·断例》卷第八《户婚·许婚而悔》：

皇庆二年四月，礼部与刑部议得："男女婚配，人之大伦，愚民无知，往往悔亲别嫁，引讼不便。若不立法禁约，无以敦劝民俗。今后许嫁女，已报婚书，及有私约或受财，而辄悔者，笞三十七下。若更许他人者，笞四十七

① 《元典章》，陈高华等点校，中华书局、天津古籍出版社2011年版，第903页。

② ［日］小林高四郎、潘世宪：《元代法制史上之"旧例"》，载《蒙古学资料与情报》1990年第4期。

③ 《元典章》，陈高华等点校，中华书局、天津古籍出版社2011年版，第2125页。

下，已成者，五十七下，后娶者，知情减一等。女归前夫，男家悔者不坐，只不追聘财。外据五年无故不娶者，照依旧例，听许经官出给执照，别行改嫁。”都省准呈。①

《唐律疏议》卷十三《户婚·许嫁女辄悔》规定：“诸许嫁女，已报婚书及有私约，而辄悔者，杖六十。男家自悔者，不坐，不追聘财。”“虽无许婚之书，但受聘财，亦是。聘财无多少之限，酒食者非。以财物为酒食者，亦同聘财。”“若更许他人者，杖一百；已成者，徒一年半。后娶者知情，减一等。女追归前夫，前夫不娶，还聘财，后夫婚如法。”元代同唐代相比，许婚而悔处罚的情形是一致的，对女方的归属、聘财的处理也是一致的，不同的只是具体的处罚。元代的处罚是比照唐律而减轻的。可见，在皇庆年间，元代依然没有真正放弃旧例。

其二，个案裁判。在解决具体司法案件中，仍然援引旧例，根据旧例或“比照旧例”作出裁判。如《元典章》卷五十一《刑部·诸盗三·失盗·捕杀人贼同强盗罪赏》：

至元十年正月，中书右三部：

为彰德路申：“李僧住状告：不知何人就本家将母阿任杀死。前官县尉张玉，违讫三限不获正贼。得替，别无合停俸例。除已出给解由求仕，乞照验”事。省部为此照依旧例：“杀人者比同强盗。”拟自今后，谋故杀人与强盗一体定立罪赏。呈奉到都堂钧旨：“准拟施行。”奉此。仰依上施行。②

此案中，负有缉捕之责的官员在限期内没有捕获杀人罪犯，如何处罚，没有相应的规定。中书省右三部在确定如何处罚时，援引旧例中的“杀人者比同强盗”的规定，来解决缉捕杀人贼的罪赏问题，规定：“谋故杀人与强盗一体定立罪赏。”

① 韩国学中央研究院编：《至正条格》（校注本），韩国城南影印元刊本2007年版，第303页。
② 《元典章》，陈高华等点校，中华书局、天津古籍出版社2011年版，第1729页。

至元八年（1271年）后，有的援用旧例裁判当前的个案，形成判例，在编纂《大元通制》时，还纳入其中。如《通制条格》卷第四《户令·亲属分财》：

至元十八年四月，中书省。礼部呈："彰德路汤阴县军户王兴祖状告：'至元三年于本处薛老女家作舍居女婿壹拾年，此时承替丈人应当军役，置到庄地、宅院、人口等物，有兄王福告作父、祖家财均分'等事。本部照得旧例：'应分家财，若因官及随军或妻所得财物，不在分分之限。'若将王兴祖随军梯己置到产业人口等物，令王兴祖依旧为主外，据父、祖置到产业家财，与兄王福依例均分。"都省准拟。[①]

礼部在处理王福告争家财案时，王兴祖当军役置到庄地宅院人口等物，是否属于"应分家财"，援用了旧例。此旧例很可能就是金的法律规定。

可见，虽然对至元八年（1271年）以后的旧例所指尚未取得一致意见[②]，但在《元典章》《通制条格》《至正条格》有关"至元八年"之后案件中，存在旧例的有关规定，所以，有元一代，通过具体判例赋予了旧例法律效力。

2.判例创制新法

在没有法律明文规定时，可通过赋予当前案件法律效力，创设新的法律规定。通过对某个案件的审理，创设一项新的判例法原则或一项新的罪名，以规制以后人们在这个问题上的作为与不作为。[③]

由于元代没有唐宋时期那样的律典，即使《大元通制》《至正条格》中有断案通例，即整齐划一的法律条文，但毕竟数量有限，成文法很不健全，同其他朝代相比，存在大量的判例就有了可能性，也有一定的正当性。判例

① 《通制条格校注》，方龄贵校注，中华书局2001年版，第178页。

② 陈佳臻认为，至元八年禁行《泰和律》，其从法理上就不可能成为至元八年后元代判例的法律渊源。但同时认为，《泰和律》和现存判例等广义上的旧法仍在不同程度上得到适用，只是不再以旧例的形式体现，而体现为审判官的自由裁量。参见陈佳臻：《蒙汉文化的冲突与调适——以元代判例创制为例》，载王震中主编：《炎黄文化研究》（第十九辑），大象出版社2019年，第113—116页。

③ 何勤华：《中国法学史纲》，商务印书馆2012年版，第61页。

补充成文法的不足。

世祖至元五年（1268年）的一则公文记载："四川行中书省移准中书省咨：来咨：'但有罪名，除钦依圣旨体例洎中书省明文检拟外，有该载不尽罪名，不知凭准何例定断，请定度'事。本省相度，遇有刑名公事，先送检法拟定，再行参详有无情法相应，更为酌古准今，拟定明白罪名。除重刑结案咨来外，轻囚就便量情断遣，请依上施行。"[①]也就是说通过具体上的"事"来创立法律。

先例的创制必须是在没有相应法律，或是不能直接适用相关法律，或是虽有先例但不能适用于现在的案件等情况下才被允许。元代先例创制缘由，大体分为地方官员在审理案件时没有可以直接适用的法律、先例，或是审理案件与已有法律或先例不一致等几种情况。[②]

（1）没有直接适用的法律、判例

处理当前案件，没有直接的法律规定或判例时，通常以此理由请示上级机关如何处理，语言表述上为"不见定例""不见……定例""为例事理""别无定到……体例""别无……罪名"等。下面举例说明。

①"不见定例"

《元典章》卷二十七《户部·钱债·私债·部下不得借债》：

元贞元年，山南湖东道肃政廉访司：为常德路武陵县石应庚等告，李县丞借中统钞一十定不肯归还，取讫招词。不见定例，难议区处。申奉行台札付，移准御史台咨，奉中书札付："送刑部，议得：'在任官吏，除亲戚故旧之家外，今后凡取借部下诸人钱债，合行明立保见出息文约，若不依数归还，理宜究治，难议计赃科断黜降。参详，拟合从一多者为重，准不枉法例，减二等断罪相应。'都省准呈，仰依上施行。"[③]

---

① 《元典章》，陈高华等点校，中华书局、天津古籍出版社2011年版，第139页。

② 胡兴东：《中国古代判例法运作机制研究：以元朝和清朝为比较的考察》，北京大学出版社2010年版，第68页。

③ 《元典章》，陈高华等点校，中华书局、天津古籍出版社2011年版，第995页。

元贞元年（1295年），常德路武陵县石应庚诉李县丞借钞不肯归还，如何治罪，“不见定例”，御史台移交刑部，刑部据此案作出一般性规定：“今后凡取借部下诸人钱债，合明立保见出息文约，依数归还。违者，难议计赃科断黜降，合从壹多为重，准不枉法例，减贰等断罪。”也就是说，刑部处理该案的同时，制定了新的法律。这是由该案的裁判确立的，是以判例形式存在的。在编纂《至正条格》时，将其纳入“断例”的“职制”律中，其存在形式是个案判决例。《至正条格·断例》卷第三《职制·借民钱债》：

元贞元年六月，御史台呈：“常德路武陵县石应庚等，告李县丞借讫中统钞壹拾定，不肯归还。”刑部议得：“在任官吏，除亲戚故旧外，今后凡取借部下诸人钱债，合明立保见出息文约，依数归还。违者，难议计赃科断黜降，合从壹多为重，准不枉法例，减贰等断罪。”都省准拟。[①]

②“不见……定例”

《元典章》卷四十一《刑部·诸恶·内乱·妻告夫奸男妇断离》：

大德九年六月二十九日，准中书省咨：

“李阿邓告夫李先强奸继男妇阿李不成罪犯，已经断讫。看详：纲常之道，夫妇许相容隐。经官告夫李先奸罪，欲令依旧同处，不无别致生事。若断义离异，不见妻告夫罪立定例，请定夺回示。”送刑部议得：“夫妻元非血属，本以义相从，义合则固，义绝则异，此人伦之常礼也。李先罪犯，强奸伊妻阿邓前夫男妇，于妇知见，用言劝道，为人不思自过，反将阿邓打伤。告发到官，对问是实。既将李先断讫，已是义绝，再难同处。看详：李先所犯，败伤风化，渎乱人伦，仰合与妻离异，相应。”都省准拟，合行移咨，依上施行。[②]

① 韩国学中央研究院编：《至正条格》（校注本），韩国城南影印元刊本2007年版，第197页。

② 《元典章》，陈高华等点校，中华书局、天津古籍出版社2011年版，第1420页。

大德九年（1305年），李阿邓向官府告发自己丈夫李先，强奸继男之妇阿李。关于李阿邓和李先是否离异，并没有“妻告夫罪立定例”，刑部认为，李先强奸继男之妇，败伤风化，渎乱人伦，已是义绝，应该与妻离异。这一判决成为通例，适用于以后类似案件的裁判。作为“通例”见于《刑统赋疏》：

大德八年七月，湖广省李阿邓告夫奸男妇，不见妻告夫罪定例。刑部议得：夫妇之道，无非血属，本以义合，义绝则异。李先奸伊妻阿邓前夫男妇，用言劝道，反将阿邓打，既断一百七下，已是义绝，拟合离异。夫殴妻伤，妻告乃坐。①

③“为例事理”

《元典章》卷五十二《刑部·诈伪·诈·诈申漂流文卷》：

大德八年三月，行台准御史台咨：

“海北海南道廉访司申：‘琼州乐会县虚申：大德六年八月十三日戌时，巨风大雨，潦水泛涨，推倒廨宇，渰没本县文卷九百一十三宗。取到各各招伏。’除将典史唐有孚、司吏吴文惠依招断罪，罢役不叙外，据本县官达鲁花赤驴驴、县尹王英、簿尉李德用，通同商议，因风水泛涨，将已救获大德三年至大德六年终已未绝文卷九百一十三宗、奉到安抚司旨挥全未施行三十四道妄申洪水漂流一空，欺诈上司罪犯，全废一县事务，杜绝照刷，原情为重，各决四十七下，罢职，别行求仕。缘系为例事理，咨请照详。”呈奉中书省札：“送刑部议得：‘乐会县官吏将本县文卷九百一十三宗并见行文字隐匿，妄申洪水漂流。廉访司追究到官数内，有干碍盗贼人、佥系官钱粮等事，已招明白。除典史、司吏断罪罢役外，据达鲁花赤驴驴、县尹王英、簿尉李德用所招，各决四十七下，解见任，降一等叙用相应。’都省准拟。除

① （元）沈仲纬：《刑统赋疏》，载（清）沈家本编：《枕碧楼丛书》，知识产权出版社2006年版，第181—182页。

外，仰依上施行。”①

大德六年（1302年）八月十三日，琼州乐会县由于大雨，将县文卷九百一十三宗淹没，在上报时，乐会县官吏将已未绝文卷九百一十三宗、奉到安抚司旨挥全未施行三十四道，妄申洪水漂流一空。对于这种欺诈上司的行为，并没有法律明文规定，海北海南道廉访司建议将各官吏“各决四十七下，罢职，别行求仕”。由于是“为例事理”，海北海南道廉访司上报御史台，御史台转中书省，中书省送刑部，刑部议拟：“除典史、司吏断罪罢役外，据达鲁花赤驴驴、县尹王英、簿尉李德用所招，各决四十七下，解见任，降一等叙用相应。”这一判决，成为判例，适用于以后类似案件的裁判。作为判例，存于《至正条格·断例》卷第二《职制·妄申水渰文卷》：

大德七年十月，御史台呈：“琼州乐会县官吏，因水泛涨，将救获出已未绝文卷玖伯壹拾壹宗，及全未施行安抚司指挥三十三道，中间多有不完，恐廉访司照刷问罪，欺诈上司，妄申洪水漂流一空。”刑部议得：“乐会县官吏所犯，除典史、司吏断罪罢役外，据达鲁花赤驴驴、县尹王英、簿尉李德用，各决肆拾柒下，解见任。”都省准拟。②

④“别无定到……体例”

《元典章》卷五十二《刑部·诈·伪·伪造税印》：

皇庆二年十月□日，江西行省准中书省咨：

户部呈：“奉省判：‘本部元呈：宣课提举司申：至大二年，捉获伪雕税印沈爱帖木儿，至大四年捉获私熬颜色李德全，申覆刑部，断决了当，别无定到追没给赏体例。得此。送户部。’约会刑部谢正议一同议得：匿税之物，告人给赏，已有通例。其伪造税物杂印、私熬颜色、伪税物货，比之匿税，

① 《元典章》，陈高华等点校，中华书局、天津古籍出版社2011年版，第1738—1739页。

② 韩国学中央研究院编：《至正条格》（校注本），韩国城南影印元刊本2007年版，第181页。

情犯尤重，但犯，杖八十七下。伪造颜色、酒记匿税者，亦如之。并许诸人告捕，得实，于犯人名下征中统钞一百贯充赏。物主知情，减犯人罪一等，其匿税之物一半没官，于没官物内一半付告人充赏。不知情者免罪，物给元主相应。”得此。都省议得：若捉事人擅自脱放，减犯人罪二等，受财者与犯人同罪。余准部拟。咨请依上施行。①

至大二年（1309年），沈爱帖木儿伪雕税印被捉获，至大四年（1311年）李德全私熬颜色被捉获，二人的刑事处罚已经确定，但告捕者如何奖赏“别无定到追没给赏体例”，户部同刑部一同商议，“伪造税物杂印、私熬颜色、伪税物货”，比匿税更为严重，告捕匿税较轻犯罪的，进行奖赏，已经有通例规定，那么告捕重罪者，也应当进行奖赏，“于犯人名下征中统钞一百贯充赏”。

（2）法律或先例不一致，通过判例创设新规定

①法律不一致

元代因时、因事立法，在不同时间，针对相同事情，作出了不同的法律规定，有时后一个法律规定，并没有否定前一法律的效力。这种情形下，对当前案件进行裁判创设新的规定。如关于妇女夫亡婚姻的问题，《通制条格》卷第三《户令·夫亡守志》：

至元八年二月，钦奉圣旨节该：“妇人夫亡，服阕守志并欲归宗者，听，其舅姑不得一面改嫁。”钦此。②

《元典章》卷四十八《户部·婚姻·收继·收小娘阿嫂例》：

至元八年十二月，中书省：今月初八日，答失蛮、相哥二个文字译该：“小娘根底阿嫂根底，休收者。行了文字来。”奏呵，圣旨：“疾忙交行文书

① 《元典章》，陈高华等点校，中华书局、天津古籍出版社2011年版，第1742页。

② 《通制条格校注》，方龄贵校注，中华书局2001年版，第147—148页。

者。小娘根底、阿嫂根底收者。”么道，圣旨了也。钦此。[①]

可见至元八年（1271年）二月的规定和至元八年十二月的规定是有冲突的。至元十三年（1276年），蒲台县韩大死亡，抛下妻子阿庄。韩大之弟韩进请求根据至元八年十二月的规定收嫂，但阿庄“自愿守志，不嫁他人，亦不与小叔韩进续亲”，这是符合至元八年二月之规定的。两个法律规定产生了冲突，户部议得：“本妇人既愿守志不嫁拟合听从守志。”并进一步规定：“今后似此守志妇人，应继人不得搔扰，听从守志。如却行召嫁，将各人断罪，更令应继人收继。”得到了中书省的批准。此判例创设了新的规定。在编纂《大元通制》时，此判例被纳入法典。

《通制条格》卷第三《户令·夫亡守志》：

至元十三年三月，中书省。户部呈：“蒲台县人户韩大妻阿臧，夫亡，愿不改嫁，亦不与小叔续亲。本部议得，今后似此守志妇人，应继人不得搔扰，听从所守。如却行召嫁，即各断罪，仍令收继。”都省准呈。[②]

②判例不一致

《元典章》卷四十五《刑部·诸奸·强奸·强奸幼女处死》：

大德十一年六月，行台准御史台咨：

先承奉中书省札付：来呈：淮西廉访司追照得庐州路文卷内，六安县类徐保年一十六岁，将五岁女张凤哥奸污。省委审断罪囚官，止断六十七下，不见如此断例。送刑部呈：至元五年，陕西行省军人郑忙古歹，将王秀儿六岁女蜡梅，强行奸讫。法司拟：合行处死，施行讫。又至元七年闰十一月内尚书省：右三部呈：顺德路归问到陈赛哥，强奸田泽女田菊花罪犯，拟合处死。移准中书省咨：九月初七日闻奏过，奉圣旨：依着您的言

① 《元典章》，陈高华等点校，中华书局、天津古籍出版社2011年版，第653页。

② 《通制条格校注》，方龄贵校注，中华书局2001年版，第148页。

语者。钦此。据京兆路白水县王解愁，至元七年三月二十九日，强奸郭晚驴定婚妻李道道年九岁，有郭晚驴，要讫王解愁布四十匹。白水县官司准拦，断讫王解愁四十七下。取到本县官吏人等招伏，送户部拟呈。照得先奉省札：陈赛哥强奸幼女田菊花，合行处死。有审断罪囚断事官斡脱儿赤等，断讫一百七下，再行捉拿收禁。为此，闻奏过，将陈赛哥疏放了当。据已断王解愁，即系一体，合行处死。若依斡脱儿赤已断体例，犹合贴断六十下。省准，依上施行去讫。以此，本部议得：类徐保所招，奸讫五岁女张凤哥罪犯，例合处死，却为照到断事官斡脱儿赤断讫陈赛哥，又王解愁强奸李道道贴断例，合将类徐保贴断四十下，相应。准拟，仰依上施行。承此。除已行下本道廉访司，依上施行外，照得：奸有和、强，罚有轻重。若执法不一，刑无不滥。伏睹圣朝立法以来，令台察提调审理，盖欲其平也。今类徐保强奸五岁幼女张凤哥，庐州路追勘明白，罪当处死，省委审囚官，挠法任情，擅断六十七下。本道廉访司，纠其不平。刑部既不能比依条例定论，又不以省委官枉错问罪，援引斡脱儿赤断事官已行违错事理，拟类徐保贴断。以此参详：徐保所犯，既已断讫，固难再拟处重。然斡脱儿赤等官擅断之事，即非久远定例。若循今次所拟，切虑已后因仍差失，长恶滋奸，深为未便。今后，合令刑部明立断例，遍行中外遵守。若官吏违例差断，亦合定拟罪名，似望刑政归一。呈奉中书省札付："送刑部议得：'今后，若有强奸幼女者，谓十岁以下，虽和，亦同强，拟合依例处死。如官吏违例差断者，临事详情区处。如准所拟，遍行中外遵守相应。具呈照详。'都省准拟，除外，仰照验施行。"①

大德年间，六安县一十六岁类徐保，将五岁女张凤哥奸污。省委审断罪囚官，止将类徐保断六十七下，淮西廉访司认为，"不见如此断例"，为纠其不平，逐级上报御史台。关于强奸幼女，有三则判例：其一，至元五年（1268年），郑忙古歹将六岁女蜡梅，强行奸讫，处死；其二，至元七年（1270年）闰十一月，陈赛哥强奸田菊花，拟合处死，但斡脱儿赤断事官断

① 《元典章》，陈高华等点校，中华书局、天津古籍出版社2011年版，第1518—1519页。

一百七下；其三，至元七年三月二十九日，王解愁强奸九岁李道道，援引斡脱儿赤已断陈赛哥强奸田菊花判例，贴断六十下。类徐保强奸张凤哥，如何适用上述三则判例，刑部认为，类徐保强奸张凤哥应该处死，却因为“断事官斡脱儿赤断讫陈赛哥，又王解愁强奸李道道贴断例”，将类徐保贴断四十下。御史台认为，“斡脱儿赤等官擅断之事，即非久远定例”，咨请中书省令刑部“明立断例，遍行中外遵守。若官吏违例差断，亦合定拟罪名”。据此案，刑部制定了强奸幼女的处罚：“若有强奸幼女者，谓十岁以下，虽和，亦同强，拟合依例处死。如官吏违例差断者，临事详情区处。”

3.判例完善已有法律

元代是成文法和判例法共存。成文法，由于其概括性、抽象性，不能囊括个案中所有情形；判例法由于是因具体案件而生成的，故其案件事实、情节相对固定。司法实践中通过判例，对已有的法律进行具体化。此种判例不是取代法律，而是使法律更加完善。由于法律条文中含有不确定的概念，此判例的适用在内容上是对抽象条文的解释或增加，对文本内容进行完善，在方法上是对法律规范的补充。例如：

（1）元律规定：“同姓不得为婚。”[①]“同姓”如何认定，并没有明确规定。至大年间，漳州路龙溪县陈良，状告邻人蔡福娶蔡大女广娘为妻，属于同姓为婚。调查发现，蔡广娘虽是蔡大亲女，但在至元二十八年（1291年），过房给曹机察为女，改名为曹福奴。元贞元年（1295年），曹机察主婚，聘与蔡福为妻。这种年幼过房，别家养育成人，并主婚嫁，已有所出二男二女，是否认定为“同姓为婚”，龙溪县逐级请示。礼部认为，蔡福当初凭媒写立婚书，是求娶曹机察之女广娘为妻，十三年之后，因邻人陈良告发，广娘自供身本姓蔡，乃曹氏乞养之女，中间情节瞒昧可疑，况且本妇已有所出男女四人，“比之明知同姓为婚者不同，合准已婚为定”。[②]此则判例对同姓为婚的范围做了适当限制，被收养者改姓养父之姓后，不再以其生父的姓氏限制

① 《新编纂图增类群书类要事林广记》（别集）卷三《刑法类·〈大元通制〉（节文）》，载黄时鉴辑点：《元代法律资料辑存》，浙江古籍出版社1988年版，第70页。

② 《元典章》，陈高华等点校，中华书局、天津古籍出版社2011年版，第2126—2127页。

其成婚。[①]

（2）至大四年（1311年）三月十八日钦奉诏书内一款："官吏丁忧，已着令典。今后，并许终制，实二十七月，以厚风俗。朝廷夺情起复，并蒙古、色目管军官员，不拘此例。"但是守丧二十七个月从何时算起并没有规定。延祐年间，荆湖北道宣慰司令史裴从义母丧，离役丁忧，未及终制，复补令史。山南江北道官员认为，"官吏丁忧，实二十七月，未见合自亲殁日或闻丧日理算"，便逐级请求对此定拟，"早议通例，遍行各处遵守"，刑部认为，"诸父母丧亡，稽之典礼，皆以闻丧日为始"。可见，"裴从义冒哀公参"判例完善了官吏丁忧的法律规定。[②]

（3）强奸幼女，至元十年（1273年）规定："强奸十岁以上室女，拟断一百七下。"[③]大德十一年（1307年）规定："今后，若有强奸幼女者谓十岁以下，虽和，以同强，拟合依例处死。"[④]皇庆二年（1313年），绍兴路山阴县陈伴僧，将十岁女陈归娘强行奸污。法律没有明确规定强奸刚好十岁幼女的处罚，陈伴僧是杖一百七下还是处死，山阴县官员不能决定，故移文上级，申请照详。在议罪中，有四则判例：至元十一年（1274年）杜奴奴强奸十一岁赛赛案，至元七年（1270年）陈赛哥强奸幼女田菊花案，至元七年王解愁强奸九岁李道道案，大德十一年类徐保强奸五岁张凤哥案。[⑤]刑部分析了这几则断例，认为"陈伴僧奸幼女罪犯，依例结案"，这样将"十岁"本数纳入"十岁幼女"之中，作出了明确的解释。

（4）关于休妻，法律是允许的，但休妻的凭证并没有明确规定，大德七年（1303年）的一则判例，进行了明确规定。大德七年，东昌路王钦，因家私不和，"画到手模"，将妾孙玉儿休弃归宗。孙玉儿父母主婚，将其改嫁殷林为正妻。后来，王钦后悔休妻。户部认为，"王钦虽画手模将妾休弃，别无明白休书，于理未应"，但"本妇改嫁殷林为妻，与前夫已是义绝，再难

---

① 汪世荣：《中国古代判例研究》，中国政法大学出版社1997年版，第101页。

② 《元典章》，陈高华等点校，中华书局、天津古籍出版社2011年版，第1391—1392页。

③ 《元典章》，陈高华等点校，中华书局、天津古籍出版社2011年版，第1517页。

④ 《元典章》，陈高华等点校，中华书局、天津古籍出版社2011年版，第1519页。

⑤ 《元典章》，陈高华等点校，中华书局、天津古籍出版社2011年版，第1520—1522页。

同处，合准已婚为定”。进而规定：“今后凡出妻妾，须用明立休书，即听归宗，似此手模，拟合禁治。”通过此判例，明确规定了休妻妾，需要“明立休书”。[①]

（5）至元十三年（1276年），郓城县军户赵全男妇刘冬儿执谋伊翁欺奸，取讫招伏，断杖八十七下。是否离异，有刘粉儿刁骗伊翁判例。刑部裁断：“本妇断离归宗，追回元下聘财，给付夫家，别求妻室。”刘冬儿所犯与刘粉儿无异，但刑部并没有完全依照刘粉儿判例裁决，而是考虑到刘冬儿是“甘欲弃夫家，以事执谋”，如果“追回元财，定离其妇，正合本意”，因此，是否离异，“分付夫家，从其所欲，夫家不存留，许追元财，别求妻室”。[②]这样，刘冬儿案规定了奸罪是否离异，由夫家决定，完善了以往判例的规定。

（6）大德十年（1306年），成都府赵友文，用刀扎死文友贤、文千奴二名。杀死人，征烧埋银，至元二年（1265年），钦奉圣旨条画内一款：“凡杀人者，虽偿命讫，仍出烧埋银五十两。若经赦原罪者，倍之。”至元六年（1269年），省部定例：“打死二人，烧埋银止征五十两。”[③]此案中，四川省认为，如果依旧例，止追烧埋银五十两，“似涉太轻”。刑部拟得：“赵友文所招，杀死文友贤、文千奴二人，依例合征烧埋银一百两，给付苦主。”[④]此判例对杀死人烧埋银数量的征收进行了完善，当杀死数人时，根据杀死人数征收，每死一人，征收五十两。

（7）元律规定，亲属相盗免刺。如果主犯和受害者是亲属关系，主犯免刺，是律中之义，如果从犯与受害者并无亲属关系，是否免刺呢？延祐六年（1319年）的一则判例作出了明确规定。延祐五年（1318年）五月十六日夜，建德路李晋之纠合本家元雇络丝马元五，偷盗讫表兄马佑之家财物。李晋之将赃物收藏，没有分给马元五，只是给马元五钞五两，嘱令其躲避。江浙行省认为，“马元五系贼人李晋之受雇络丝，从本主纠合为从偷盗李晋之表兄

---

① 《通制条格校注》，方龄贵校注，中华书局2001年版，第173页。

② 《元典章》，陈高华等点校，中华书局、天津古籍出版社2011年版，第1528—1529页。

③ 《元典章》，陈高华等点校，中华书局、天津古籍出版社2011年版，第1495页。

④ 《元典章》，陈高华等点校，中华书局、天津古籍出版社2011年版，第1496页。

马佑之财物。李晋之收藏，不曾分张，若便刺徒，其马元五终是首贼李晋之受雇人数，事干通例”，便咨请中书省。刑部议拟：“贼人马元五不合听从雇主李晋之纠合一同偷盗伊表兄马佑之财物，除首贼李晋之依亲属相盗例免刺断罪，别无定夺，所据马元五即系常人，合以凡盗定论。罪虽断讫，若依已拟，依例刺配。”中书省准拟。[①]此则判例规定了亲属相盗分首从，从贼刺字。在《至正条格·断例》中有“亲属相盗从贼刺字”之条[②]，可惜具体内容佚失。

（8）对于强盗的处罚要比窃盗严重得多。元代通过判例对强盗的认定作出补充。皇庆元年（1312年）五月，杭州路席驴儿纠合颜孙儿等，在街衢白昼将缪喜等用拳打伤，抢摸钞两。杭州路认为，“若以比附强盗持杖劫物伤人刺字，恐涉太重”，咨请照详。刑部认为：“席驴儿所犯，既非持杖施威强劫民财，难同强盗定论。各咨行省照审，如已招明白，比依窃盗刺字。”[③]此则判例，确定了强盗罪的重要要件：持杖施威强劫。此则判例，被以后的唐周卿、贾国贤强行夺抢蔡国祥棕帽案援引。皇庆元年，潭州路唐周卿、贾国贤将蔡国祥棕帽抢去，上有红玛瑙珠子一串，白毡帽一个。刑部议得：唐周卿所招，纠合贾国贤同谋，强行夺抢蔡国祥棕帽罪犯，即与席驴儿一体，既已断讫，拟合比依窃盗刺字。

（9）再犯的认定。职官犯赃罪，大德七年（1303年）制定了《取受十二章》，规定：“诸职官及有出身人等，今后因事受财，依条断罪。枉法者，除名不叙，不枉法官，须殿三年，再犯不叙。无禄官减一等，以至元钞为则。”[④]其中，“再犯不叙”，延祐元年（1314年）的判例对“再犯”进行了界定。松江府推官邓鉴，任庐陵县尹时，“取受萧保一嫂钞一十定，知人欲告回付，减二等，笞四十七下，解见任，别行求仕”。担任松江府推官时，“取受赌博人薛元二至元钞二定入己。依不枉法例杖六十七下，殿三年，降一等”。关于是否属于“再犯”，刑部认为：“邓鉴二次取受，若拟再犯不叙，缘先任取

① 《元典章》，陈高华等点校，中华书局、天津古籍出版社2011年版，第2169页。

② 韩国学中央研究院编：《至正条格》（校注本），韩国城南影印元刊本2007年版，第160页。

③ 《元典章》，陈高华等点校，中华书局、天津古籍出版社2011年版，第1681页。

④ （明）宋濂等：《元史》，岳麓书社1998年版，第1493页。

受萧保一嫂钞定，闻知欲告回付，罪既不曾全科，难同再犯，合令吏部依例叙用。”这样，确立了“前犯减断，后犯难同再犯”的原则。[①]延祐四年（1317年），婺州路兰溪州同知亦不刺金取要姜正四钱钞，是否以“再犯不叙”处罚，刑部援引此判例，认为：“今次受要姜正四钞五定，若以再犯不叙，缘先任取受，闻知事发回付，罪既不曾全科，即与松江府推官邓鉴所犯一体，以今犯定论相应。”[②]

大德八年（1306年），元代规定，“旧贼再犯出军”[③]。钱阿添判例对“再犯”进行了界定。嘉兴路钱阿添，在延祐四年（1317年）四月十九日夜，盗讫沈世明钞定银等物，五月二十日偷盗忽都不丁银合儿等物，被捉到官，刺左臂，杖断一百七下，配役三年，责付坊正王显羁管征赃。发遣配役间，在逃。又在延祐五年（1318年）四月初五日夜，盗讫贾头巾、银钗等物，五月初九日夜，盗讫哈只银壶瓶、衣服等物，被捉到官。钱阿添属于再犯，应当出军。但是，刑部认为：“贼人钱阿添所招，若以再犯定论，缘先犯终是未到配所，止据今次不合偷盗事主哈只家财，估赃至元钞一百贯之上，比例杖断一百七下，刺右臂，徒役三年，满日充警。”[④]此案对元律的“再犯”进行了限制，如果前罪未到配所，再次犯罪，不认定为“再犯”。

4.判例解决法律冲突

（1）法律与判例冲突

延祐六年（1319年）平江路吴江州丁庆一争婚案。皇庆元年（1312年）二月，徐千三以周千二为媒，定娶丁庆一之女丁阿女与其儿子徐伴哥为妻，徐千三将女儿徐二娘，许嫁给丁庆一之男丁阿孙为妻，各受聘财，交门换亲，但未曾成亲。延祐元年（1314年），因为缺食，各立合同文字休弃。延祐三年（1316年）九月，丁庆一将丁阿女定与倪福一为妻，未曾过门。当年十二月初七日，徐千三同妻子阿立、儿子徐伴哥等，将丁阿女强制带回，违

① 《元典章》，陈高华等点校，中华书局、天津古籍出版社2011年版，第2223页。
② 《元典章》，陈高华等点校，中华书局、天津古籍出版社2011年版，第2224页。
③ 《元典章》，陈高华等点校，中华书局、天津古籍出版社2011年版，第1627—1628页。
④ 《元典章》，陈高华等点校，中华书局、天津古籍出版社2011年版，第2180页。

理成婚。

关于徐伴哥与丁阿女是否离异，至元二十一年（1284年）“白满儿”判例和皇庆二年（1313年）“许婚而悔”通例都可适用。至元二十一年，胡兴强抱白玉之女白满儿，与胡回斤为妻，断令离异。根据此判例，徐千三强制丁阿女与徐伴哥成婚，徐伴哥与丁阿女应当离异。皇庆二年婚姻通例规定：“今后许嫁女受财而辄悔者依例断罪，女归前夫。”此案中，丁阿女在皇庆元年（1312年）已许嫁徐伴哥，却又于元祐三年（1316年）许嫁给倪福一为妻，属于“受财而悔”，据婚姻通例，丁阿女应当归前夫徐伴哥，那么，此案不需要判决离异。由此可见，根据判例所做裁断与根据通例所做裁断是矛盾的。礼部认为：“丁庆一、徐千三互受聘财，各以男女交门换亲，后因缺食写立休书。其徐伴哥追续节礼，终未知会，不应强将丁阿女抱扱还家，自行违理成婚，罪经释免。若拟离异，必致一女连适二夫，甚非所宜，看详：合令各家依旧换亲，所据倪福一元下财礼依数追给。”中书省同意礼部对此案的议拟，并规定：“今后若有许嫁女，已报婚书及有私约，或受财者，并依皇庆二年元定婚姻通例归断，违者依例断罪。”[①]可见，平江路吴江州丁庆一争婚案，解决了判例和法律冲突时的法律适用，此案中明确了皇庆二年婚姻通例的法律效力[②]。

（2）判例与判例冲突

至大元年（1308年）龙兴路靖安县舒仁仲出卖父亲李清叟田土案。元贞二年（1296年），舒仁仲不曾经官给据，就将父李清叟地土二十五亩三分，私卖与程湣为主，属于违法成交，刑事处罚已经免除，但是田土如何处置，则有两个判例：一是岳州王同知出典田土案。王同知出典田土，不给公据，违法成交，罪经原免，“令钱业各归本主”。二是陕西行省苏小一出卖捞盐地案。苏小一将捞盐地六十亩卖与崔送，不给公据，由于是大德四年（1300年）九月都省定例以前之事，罪经原免，“难议追没悔交”。关于此案，大德八年，

① 《元典章》，陈高华等点校，中华书局、天津古籍出版社2011年版，第633—644页。

② 此则通例依然存于元后期法典《至正条格·断例》“许婚而悔”之目中。详见：韩国学中央研究院编:《至正条格》(校注本)，韩国城南影印元刊本2007年版，第243页。

户部依据前一判例裁判[1]，大德十年（1306年），礼部据后一判例裁断。由于在没有公据的情形下，出卖田土，同样之事，“省部前后断例”不一，“各处田土增价，刁哗之徒往往攀指省部前后断例兴讼，告争纷纭”，“一事归着两例，事不归一无法遵守”。至大元年，礼部认为，“如委系李清累物业，理合依准户部先议，断合钱业，各归本主”。[2]至大元年的裁判，确定了户部的裁判。

（二）元代司法实践中判例适用情形

1.无法律明文规定

（1）判例唯一，据判例裁断

适用判例时，判例的案件事实与当前案件一致。在援引判例时，通常用“与……一体”“一体事理”“事理相同”“与……无异”“依……例”等词语，将当前案件与判例产生关联，依据判例作出裁决。

①“与……一体”

《元典章》卷十八《户部·婚姻·嫁娶·定婚奸逃已婚为定》：

至元十二年十一月，兵刑部承奉省判：

元呈“豆黑厮所招‘女一斤交换郝进女伴姑为妾，止是令媒人刘二嫂下送黄绢三尺，各写讫婚书，追引本妇通奸。伊兄大吓勒讫女一斤婚书，及将郝伴姑前来本家为妾’罪犯及郝伴姑等各各罪名。”批奉都堂钧旨：“送本部，再行拟定呈省。”奉此。照得至元十一年六月二十九日，平滦路申：“史延寿招：‘至元九年三月内，将定到妻刘瑞哥私下戏斗，节次通奸，在逃。’刘瑞哥招伏相同。本路拟于史甫处追征元欠财钱，责付刘瑞哥父收管，将史延寿断决。外，有刘瑞哥怀孕，下录事司听候。至至元十年六月初九日钦奉圣旨，行下录事司照验，去后，按察司刷出此宗文卷批写。照得录事司申，本路勾责史延寿刁带定婚刘瑞哥在逃通奸是实，自合详情，已许定婚，不待财足迎娶，而相纵肆淫意，各背父母，私通在逃，即是不成夫妇之道，合行

① 《元典章》，陈高华等点校，中华书局、天津古籍出版社2011年版，第704页。

② 《元典章》，陈高华等点校，中华书局、天津古籍出版社2011年版，第704—705页。

听离。乞明降。”本部议得：“史延寿所犯，即系刁带定婚妻室事理，难同凡人犯奸。又兼已于史延寿父史甫处追到元欠财钱，责付刘瑞哥父刘留住收管，及将史延寿断讫，似难离异。外，据刘瑞哥所犯，不系见禁罪囚，又不曾前来大都，拟合令平滦路量情施行。”呈奉都堂钧旨：“准拟施行”奉此。行下平滦路，依上施行了当。今来本部再行公议得：豆黑厮与郝伴姑所招，即与史延寿等所犯一体，似难离异，止据逐人不待财足迎娶私通罪犯，量情拟决各二十七下，准已婚为定。外，豆黑厮女郝进男百儿交换亲事，亦凭元立婚书成亲，各依元定聘财下送。其余干连有招人等，德州就便约量施行相应。呈奉都堂钧旨：“送本部，准呈施行。”[①]

至元十二年（1275年），豆黑厮郝伴姑订婚后，还未成亲，豆黑厮就追引郝伴姑通奸。这种行为，是否离异，法律并没有明文规定。兵刑部在议拟本案时，引用了至元十一年（1274年）平滦路史延寿与刘瑞哥未婚通奸案。兵刑部认为，史延寿与刘瑞哥已经订婚，史延寿所犯，是“刁带定婚妻室事理，难同凡人犯奸”，只将史延寿断罪，并不离异。此判决区分了凡人犯奸和已订婚犯奸。在已经订婚尚未成婚时的性行为，按照已经成婚对待，不离异。兵刑部认为，“豆黑厮与郝伴姑所招，即与史延寿等所犯一体，似难离异，止据逐人不待财足迎娶私通罪犯，量情拟决各二十七下，准已婚为定”。可见，史延寿案作为判例，为当前案件的审断提供了依据。

②“一体事理”

至元七年（1270年），刘泉状告：元凯凭媒说合刘泉女伴姨，与元凯男为妇，占固一十一年，现今伴姨二十四岁，已过嫁期，并不来娶。此前，有吴贵状告判例。户部认为，此案与太原路申吴贵状告，“即系一体事理”，因此按判例裁决此案：“部符到日，限三十日下财来娶，如违限不娶，别行改嫁。”[②]

③“事理相同”

至元二十五年（1288年），郡武路许惠，凭媒说合黄三七女鹤姐为妻，

① 《元典章》，陈高华等点校，中华书局、天津古籍出版社2011年版，第625—626页。

② 《元典章》，陈高华等点校，中华书局、天津古籍出版社2011年版，第618页。

后因许惠出外，至元二十八年（1291年）黄三七主婚，又将女出嫁与朱阿老为妻，经九年，已有所生男六岁。此案如何处理，户部援引了“陆千五告杨千六将女杨福一娘改嫁”案。杨千六先于至元二十二年（1285年）三月内，受讫陆细一财礼，将女杨福一娘聘定陆千五为妻。至元二十四年（1287年）十月内，又受陈千十二财礼，将女嫁与陆千五为妻。大德元年（1297年）正月内，陆千五在路上迎见杨福一娘，将本妇夺去，才方陈告。中书省议得：“如杨福一娘有未定婚亲妹，依准所拟，令陆千五求娶，如无，于杨千六处追回元受陆千五裙缎等物，并陈千十二所下财钱，给付陆千五别求娶室。”对于“许惠告黄三七将女黄鹤姐改嫁与朱阿老为妻”案，中书省认为：“即与陆千五告杨千六将女杨福一娘改嫁事理相同。省府合下，仰照验，更为详审明白，中间别无争差，依例施行。”①

④“与……无异”

至元七年（1270年）十一月初一日，太原路陈猪狗与小舅赵羊头作戏，相夺干麻。因用右拳，将赵羊头后心头打了一拳，其后死亡。陈猪狗用背麻绳子，拴在赵羊头项上，推称自缢身死，背回家中。两家私自和解，赵旺受讫陈猪狗父陈贵准折钞二十七两。二十四日，赵羊头尸首埋葬，不曾初复检。但闰十一月，为争私和物、折钞店舍，事发到官，捕到一干人，招证完备。适合允许私自和解，刑部援引了徐斌殴死张驴儿判例。大名府徐斌殴死张驴儿，张驴儿之母告拦，不曾检尸，受讫私和钱物。中书省认为：“驴儿母阿许自愿告免，不须理会，钱物亦无定夺。”此判例确定了“戏杀准和”的原则。关于本案，兵刑部认为，“陈猪狗所招，与小舅赵羊头于河下撇麻，羊头与猪狗斗争作戏，赶上，与赵羊头相争，用右拳于后心打了一拳，本人合面倒地身死。止是因戏致伤人命，私下要讫陈猪狗店舍、地基、牛驴、准折钱物，更令陈猪狗与赵旺做儿，写立文字休罢，不曾检验尸伤，埋殡了当。在后，因争私和店舍，事发追问。若将陈猪狗依已定断，却缘有徐斌殴死张驴儿体例，其陈猪狗所犯，与徐斌无异”，“拟合依例拟准私和”，得到中书省的批准。②

① 《元典章》，陈高华等点校，中华书局、天津古籍出版社2011年版，第628—629页。

② 《元典章》，陈高华等点校，中华书局、天津古籍出版社2011年版，第1445—1446页。

至元六年（1269年），金忙古歹为孙永安先奸伊妻，夜间又来，将孙永安打伤身死。审断官将金忙古歹断讫一百七下。打死的是奸夫，是否追征烧埋银，并没有明文规定，逐级请示。中书右三部援引范德友用斧斫死何三判例。范德友夜间撞见何三在自己家内，何三逃跑，因为范德友妻与何三曾有奸事，范德友追上何三，用斧斫死。“将奸妇断一百七下，范德友免罪，烧埋银不曾追征”。此判例确立了“打死奸夫，不征埋银”的原则。中书右三部认为，金忙古歹将孙永安打伤身死，“即与范德友事体无异，其烧埋银不合追征”。[①]

⑤“依……例”

大德三年（1299年），保定百户刘顺，奸占南阳府民户何大妻室王海棠，各断八十七下。因为百户刘顺即系职官，奸罪已经断讫，是否除名，没有法律明文规定，保定水军万户府逐级请示。刑部援引叙浦县丞赵璋与苌用妻陈迎霜通奸判例。至元二十三年（1286年），神州路叙浦县丞赵璋，与苌用妻陈迎霜通奸，“取讫各各招词，断讫罪犯”，关于行政处分，刑部认为：“赵璋系祗受敕牒官员，专治一方，为民仪范，不务守慎，犯奸断罪，似难再行叙用。”本案中，刑部参详：“百户刘顺所犯，若依赵璋例，除名不叙。”中书省予以批准。[②]

（2）多个判例

①虽有多个判例，但性质、处罚一致

皇庆元年（1312年）绍兴路姚细僧奸污沈阿妹案中有二则判例：其一，至元二十九年（1292年），一十四岁张拾得强奸四岁女，决一百七下；其二，元贞二年（1296年），咸宁路胡坚，年一十四岁，将王阿黄六岁女王丑娘强奸，杖一百七下。第二则判例是依据第一则裁判的。本案中，犯人姚细僧年一十四岁，同判例中人犯年龄相同，奸污八岁女沈阿妹，“虽和，合同强奸论罪”，比前两则判例“决杖一百七下”，“被奸小女沈阿妹，虽有招涉，难议科罪”。[③]

---

① 《元典章》，陈高华等点校，中华书局、天津古籍出版社2011年版，第1498—1499页。

② 《元典章》，陈高华等点校，中华书局、天津古籍出版社2011年版，第1540—1541页。

③ 《元典章》，陈高华等点校，中华书局、天津古籍出版社2011年版，第1520页。

延祐三年（1316年），惠安县林士贵等行劫王通应家财案中有两则判例：其一，至大元年（1308年）十月十六日夜，吴牛儿等三名持杖劫讫王主簿家财。吴牛儿分讫中统钞二十五两、生大绢三匹、白布六匹。犯罪行为是在至大元年十一月二十五日诏赦以前，“革后因事发露到官”。刑部认为：“若拟追赃刺字，终是犯在革前，发在革后，虽有取到招伏，难议追刺。若有到官正赃，合行给主。”其二，至大三年（1310年）九月初七日，王那海与首贼钱总领等，将看守月忽刺、介库潘秀才勒，死盗讫钞定，被捉到官。刑部认为：“王那海等所犯，即系至大四年正月初五日钦遇诏赦已前事理，革后发露到官。若拟追赃刺断，终是犯在革前，发在革后。虽有取到招伏，比例拟合革拨。若有到官正赃，给主。”

这两则判例相同之处在于：犯罪行为发生在“诏赦”之前，被官府发现于“诏赦”之后，即“犯在革前，发在革后”。“革”是“革拨”的省辞。革前、革后犹如说赦前、赦后。[①]大赦只是赦免犯人的刑罚，但根据法律，对犯罪行为的制裁，除了定罪量刑之外，还涉及赃物、犯罪工具、犯人财产的处理，再加之犯罪事实在大赦前已经发现，但没有招供或已经招供等复杂情形，致使已有法律不能详尽如何处理。两则判例的裁决是一致的，都是免罪追赃，确立了“盗贼革后事发，追赃免罪”的原则。

林士贵等行劫王通应家财案，林士贵等三人，在“延祐三年三月二十四日夜二更时分，持棒、火把，将事主王通应门户打开，用斧将锁斫断，劫去家财银器、布帛、衣服等物”。刑部认为：“江浙省咨贼人林士贵等，行劫王通应家财事理，即系犯在革前，发在革后，诏书未到，取讫招伏，呈拟免刺。”[②]

②多个判例不一，运用适合本案的判例

大德十一年（1307年）漳州路郑贵、郑子进同谋将侄郑昭举打死案。郑贵因充里正，欠少米，镇抚责，欲请乡众，收拾米谷，得钱还债，侄儿郑昭举扰乱，又要将弟郑子进伤害。郑贵与弟郑子进同谋，持杖将郑昭举打死，将尸埋藏。打死侄儿有两则判例。

---

① 方龄贵：《元史丛考》，民族出版社2004年版，第190页。

② 《元典章》，陈高华等点校，中华书局、天津古籍出版社2011年版，第2175—2176页。

其一，米恤打死侄男米公寿判例。米恤打死侄男米公寿，取得米恤状招：至元四年（1267年），因亲侄儿米公寿在机上剪了纻丝三尺，米恤用拳殴打，侄儿捽扯抵触，米恤用柳木棍在公寿左耳后侵脑打伤，不多时身死，中书省将米恤断一百七下。[①]

其二，张阿褒打死侄张山儿判例。张阿褒殴打侄儿张山儿，将侄儿活埋身死。

漳州路依照米恤打死侄男米公寿判例，将郑贵、郑子进杖一百七下。福建廉访司认为，郑贵、郑子进所犯，“即系谋故杀人，情理甚重”，请求御史台移送中书省处理，刑部认为，郑贵与房弟郑子进同谋，故将郑昭举啜引山上无人处，用棒打死埋尸，在后，却行发取骸骨抛掷，“与张阿褒欧打侄张山儿活埋身死，情罪无异，例合处死”。刑部议罪时，将当前案件与已经存在的两则判例进行比较，选取适合本案的判例，作出裁决。[②]

2.有法律明文规定，但情法不相应

元代虽没有唐宋时期的律典，但也制定了某些概括性的条文，如“盗贼通例”“圣旨条画”“体例”等。这些一般性的、概括性的规定，不能与案件的特殊情况相适应，如果据法律明文裁判，可能会出现“情重法轻”或“情轻法重”的结果，此种裁判不符合实质正义。寻求以往的判例，与当前案件进行比较，通过变通的方式对当前案件作出“情法相应”的裁判。

（1）完全依照援引判例裁决

延祐二年（1315年）的吉安路卢陵县张元章盗神衣案。张元章盗剥泥塑祖师所穿直裰等衣服计五件，估计至元钞八贯九百文。关于偷盗，已经有“盗贼通例”。此通例规定：

诸窃盗，始谋未行者，杖四十七；已行而不得财，五十七。十贯以下，六十七，至二十贯，七十七。每二十贯加一等。一百贯，徒一年。每一百贯加一等，罪止徒三年。盗库藏钱物者，比常盗加一等。赃满至五百贯已上者流。

① 《元典章》，陈高华等点校，中华书局、天津古籍出版社2011年版，第1396页。
② 《元典章》，陈高华等点校，中华书局、天津古籍出版社2011年版，第1398—1399页。

……

诸窃盗，初犯刺左臂（谓已得财者），再犯刺右臂，三犯刺项。强盗，初犯刺项，并充警迹人。官司拘检关防一如旧法。其蒙古人有犯，及妇人犯者，不在刺字之条。[1]

据此通例，张元章偷盗既要刑事处罚，又要刺字。但此案张元章偷盗“情盖为饥贫，兼所盗神衣别非常用之物”，如果完全适用通例，则情法并不允协。吉安路在杖断六十七下后，上报刑部，请求是否据判例免刺。

刑部援引至大三年（1310年）沂州葛课儿盗神衣案：至大三年，益都路沂州葛课儿，因为饥寒所逼，盗取无人看守庙寺神像衣服，估赃至元钞六两七钱。益都路将葛课儿依例杖断六十七下。刑部议得：“葛课儿所招，先犯偷驴宰杀食用，经刺断罪；令犯因为饥寒所逼，盗取无人看守庙等神像衣服情犯。若与偷盗民财一体刺配，似涉太重。以此参详：葛课儿既已杖断，权免刺配，相应。”得到中书省批准。对于张元章盗神衣案，刑部认为：“贼人张元章偷盗青源山净居禅寺塔内七祖禅师等神像所穿衣服，即是无人看守，难同常盗。罪既断讫，比例刺断相应。”[2]由于适用盗贼通例杖断后又刺字，情轻法重，刑部寻求以往类似案件，张元章盗神衣案与判例的相同之处在于都是无人看守的神衣，与偷盗民财情节上并不相同，“难同常盗”。通过援引判例，做到了情法相应。

（2）比照援引判例裁决

在当前案件与援引判例案件性质相同，但具体犯罪情节等不同时，在所援引判例的定罪量刑的基础上调整。

①比照判例减轻

皇庆二年（1313年）建宁路李孙杀妻蔡佛姑案：李孙在皇庆二年三月内，因为过活生受，有妻义父蔡林并妻蔡佛姑，嗔责不行求趁衣饭，时常将其弃逐打骂。三月十三日，李孙托周德等对蔡林说称，将妻蔡佛姑离还改嫁，导

① 《元典章》，陈高华等点校，中华书局、天津古籍出版社2011年版，第1625页。

② 《元典章》，陈高华等点校，中华书局、天津古籍出版社2011年版，第1663—1664页。

致争论。妻蔡佛姑不容同宿。李孙怀疑妻子与义父蔡林私通，便于房前摸得木柄铁斧，进入房内，用斧脑于妻蔡佛姑左额角，打讫一下，用斧刃于面上连砍数下，气绝身死。[①]

刑部援引池州路霍牛儿扎死妻阿常一案。霍牛儿因为饥荒缺食，将带老小，“流移沿路，有妻常三姐毁祖骂詈”。妻子又道：“我死活不根你去。”又从元起路往北行走。霍牛儿因此发怒，“带酒嗔恨，将木棒于阿常左腮颊连耳，打讫一下，又用小尖刀，于脑后扎讫一下，于咽喉挑断食气颡身死”。霍牛儿所犯属于故杀，但由于所杀是妻，不能与常人一体定论，故池州路拟减等杖一百七下。刑部认为，“霍牛儿终为妻毁祖骂詈，弃伊还家，以此杀死”，不能以常人故杀结案，“比例[②]，合准池州路所拟，杖断一百七下，烧埋银两，同居不须追理”。在审理期间，“钦遇释免”。对于李孙杀妻蔡佛姑一案，刑部认为：“李孙所招，因妻蔡佛姑弃逐，见曾本妇义父蔡林行打，其妻蔡佛姑又不与上床睡卧，因此用斧头将本妇砍死罪犯。初无故杀之情，难与常人一体定论。比例，将李孙钦依释免。”[③]此案与霍牛儿相比，虽都是杀妻，但情节不同，霍牛儿是故杀，李孙开始并没有故杀之心，因此，比照霍牛儿杀妻案，减轻处罚[④]。

②比照判例加重

至元十七年（1280年）平江路吴千三殴死周千六案。至元十五年（1278年）九月初一日，周千六吓奸苏少二男妇吴二娘，吴千三劝和。周千六用瓦钵头殴打吴千三，吴千三用红油棍，在周千六左耳边脸上，打了一下，周

① 《元典章》，陈高华等点校，中华书局、天津古籍出版社2011年版，第1452—1453页。

② 此处刑部还援引了大德九年（1305年）顺州王文书杀妻案：大德十年（1306年）三月初七日，承奉中书省判送：“本部呈：大都路备顺州申：王文书状招：大德九年九月二十六日，带酒，为妻纪秀哥不肯做饭，将伊毁骂，索要休书，又猜本妇与人通奸，以此用刀子于秀哥咽喉嗓上刈讫一下身死。避怕重罪，撇于井内，虚作自抹投井身死。本部议得：王文书状招，虽系故杀，难与常人一体定论。参详：王文书，如量情减等，杖断一百七下；烧埋钱，同居不须征理相应。”奉都堂钧旨，准呈连送，依上施行。参见《元典章》，陈高华等点校，中华书局、天津古籍出版社2011年版，第1453页。

③ 《元典章》，陈高华等点校，中华书局、天津古籍出版社2011年版，第1452—1453页。

④ 此处言“减轻处罚”，是因为霍牛儿案如果没有“钦遇释免”，应是“杖一百七下”的。李孙案“释免”减轻是相对“杖一百七下”而言的。

千六因伤在初二日身死。周千六之父周小十一不欲告官，自愿休和，将尸焚扬。关于吴千三如何定罪量刑，有大名府徐斌殴死张驴儿判例。

徐斌殴死张驴儿，“伊母告拦，不曾检尸，受讫私和钱物”。中书省认为：“既张驴儿母阿许自愿告免，不须理会，钱物亦无定夺。”[①]

此案中，刑部认为，此案“与徐斌殴死张驴儿，伊母告休事理一体，若依全免，其吴千三终是用棍将周千六还打致命，比依前例颇重”，便“将吴千三量情杖断一百七下，征烧埋银五十两，给付苦主”。[②]可见，刑部对此案的定罪量刑，充分考虑了本案致命的工具，并没有完全依照判例免罪，而是比照判例加重处罚。

3.有法律明文规定，但当前案情与法律不一致

大德七年（1303年），袁州路僧人伍普秀，盗窃东寮师伯公袁允中中统钞一百一十三两五钱、黄蜡二饼，共计赃至元钞二十贯之上。大德五年（1301年）盗贼通例规定：“诸窃盗，始谋未行者，杖四十七；已行而不得财，五十七。十贯以下，六十七，至二十贯，七十七。每二十贯加一等。一百贯，徒一年。每一百贯加一等，罪止徒三年。盗库藏物者，比常盗加一等。赃满至五百贯已上者流。”还规定：“诸窃盗，初犯刺左臂（谓已得财者），再犯刺右臂，三犯刺项。强盗，初犯刺项，并充警迹人。”[③]同时，至元八年刑部规定：“亲属相盗，免刺。”[④]袁州路据盗贼通例将其断罪，还俗。

但由于伍普秀“虽非本宗亲属，终是窃盗本院师伯公之物”，是否比同亲属相犯例免刺，不能确定，便逐级请示。刑部援引了“僧人善祥，先与李阿王通奸，窃盗师兄善智财物”案。刑部认为，张善祥窃盗师兄善智财物，虽善祥系善智师弟，义如朋友，难同亲属定论，“将张善祥依例刺断，还俗，籍充警迹人，收系当差”。伍普秀盗师伯袁允中钱物，根据此判例，“依例刺断，追征倍赃”。[⑤]此判例的适用，是排除了案件的特殊情况，依照法律规定判决。

① 《元典章》，陈高华等点校，中华书局、天津古籍出版社2011年版，第1445—1446页。

② 《元典章》，陈高华等点校，中华书局、天津古籍出版社2011年版，第1469—1470页。

③ 《元典章》，陈高华等点校，中华书局、天津古籍出版社2011年版，第1625页。

④ 《元典章》，陈高华等点校，中华书局、天津古籍出版社2011年版，第1658页。

⑤ 《元典章》，陈高华等点校，中华书局、天津古籍出版社2011年版，第1651—1652页。

4.有法律明文规定，也有判例，但二者规定不一致

皇庆元年（1312年）龙兴路张广打死袁六二案。至元三十一年（1294年）十二月二十六日，张广打死袁六二，后来钦遇释免。张广贫穷，并无事产折纳，张广于至大元年（1308年）十月初九日，因病身死。是否追烧埋银两，法律和判例都有规定。

法律是大德九年（1305年）圣旨诏书的规定："致伤人命合死的人每放呵，烧埋钱贼每无呵，官司与者。"①

一则判例是大德六年（1302年）贵溪县陶省四打死张林案。追勘未完，陶省四因病在禁身死。合征烧埋银两，家贫无可折纳，合行免征；另一则是大德十一年（1307年）罗源县张新戒打死周蓬益案。张新戒用石圈圆木一条，将周蓬益左胁打讫一下，致命身死。张新戒应追征烧埋银两，"解府未到，至大元年十二月初一日，钦遇释放，例合倍征"。但张新戒别无财产折纳，根据大德九年（1305年）圣旨诏书，理合官给。但刑部认为，"果无其财可备，保勘是实，亦合除免"。②

张广打死袁六二案，张广因病身死，并无事产折纳，拟免追征。可见，此案烧埋银的追征，并没有依据法律的规定，由官府支出，而是适用了判例，免除追征。

大德八年（1304年）宋仲友偷盗谢秀粟谷案。大德三年（1299年）五月，宋仲友因缺口粮，盗谢秀粟谷五斗，未曾出门，被看仓人鲁六一捉获，拒捕，将事主咬伤，估计至元钞四钱，赃不满贯。宋仲友除断罪外，是否刺字法律和判例规定不一致。

法律是盗贼通例中窃盗刺字的规定。判例是大德七年（1303年）张成、李添儿等偷盗王聚麦谷案。此案据法律，"故意偷钱物来的贼一般刺字呵"，但刑部充分考虑此案与一般盗窃钱物罪不同，认为："饥馑之际，窃粮食者，固法所不容，而情在所宥。比年田禾薄收物斛涌贵。贫民阙食，为救一时之急，因而窃取粮食。原其所由，情非得已。若与偷盗钱物一体刺断，似涉太

① 《元典章》，陈高华等点校，中华书局、天津古籍出版社2011年版，第1501页。

② 《元典章》，陈高华等点校，中华书局、天津古籍出版社2011年版，第1500—1501页。

重。”只是断罪，“权宜免刺”。[①]宋仲友偷盗谢秀粟谷，也是由于“缺口粮”，同判例中偷盗原因一致，判决时适用判例。

三、元代判例的特点

元代在构建法律体系过程中，判例是其主要形式，而且部分判例成为法典的一部分，是元代判例的主要特点，也是中国判例发展史上的特有模式。

在宋代，由于判例的公开性较低和判例之间的不一致，导致用例不一，甚至“以例破法”，宋代臣僚“屡有建请，皆欲去例而守法”[②]，但是，法是固定不变的，人的行为是无限的，“法有所不及，则例亦有不得而废者”，由判例来补充法的不足是必要的。

用例的弊端和断例的作用是共存的，解决的方法便是将判例归于“通行之法”。[③]绍兴二年（1132年），臣僚建言，“凡有陈乞申请，傥于法诚有所不及，于例诚有所不可废者”，让敕令司“详酌审订，参照前后，委无抵牾，则着为定法，然后施行。如有不可，即与尽断，自后更不许引用”，这样一来，所施行的都是法而不是例，由吏用例产生的弊端便自然消灭，“举天下一之于通行之法”[④]。这个建议得到了批准，但这一工作是否完成，如何归于法，是以“敕”的形式发布，还是其他方式，从现有史料来看，无法确定。[⑤]但据史料，元代则将部分判例纳入法典之中，换言之，元代的判例归入了“通行之法”，成为法律体系的一部分，成为正式的法律渊源，能更充分地发

---

① 《元典章》，陈高华等点校，中华书局、天津古籍出版社2011年版，第1660页。

② 《宋会要辑稿》刑法一之五六。

③ 刘笃才认为这种方法是“将处于法律体系之外的例吸收纳入法律体系之中”。参见刘笃才：《中国古代判例考论》，载《中国社会科学》2007年第4期。

④ 《宋会要辑稿》刑法一“绍兴二年四月十二日”。

⑤ 梁松涛认为，黑水城出土的西夏文《法则》卷八中有两则判例，是“以例入法”的表现，可为缺失的宋代“以例入法”的法典形态提供一个直接参照。参见梁松涛：《黑水城出土西夏文〈法则〉卷八考释——兼论以例入法的西夏法典价值》，载姜锡东主编：《宋史研究论丛》（第14辑），河北大学出版社2013年版，第594页。

挥作用，在一定程度上也可防止对判例的滥用。

元代在编纂《大元通制》和《至正条格》时，并非把所有的判例纳入法典，而只纳入那些具有典型意义的判例。如《元典章》卷十八《户部·婚姻·服内婚》有“服内成婚”“焚夫尸嫁断例”“停尸成亲断离”等三条。“服内成婚”是整齐划一的规定；“焚夫尸嫁断例”是谭州路杜阿吴将夫尸焚烧改嫁判例；“停尸成亲断离”是王继祖在父亲停尸期间娶马大姐判例，包含了临州王唐儿在兄未葬与嫂成亲判例。[①]《元典章》新集《户部·婚姻·服内成亲》有“夫亡服内成亲断离与男同居”“祖母丧亡拜灵成亲离异”二条。“夫亡服内成亲断离与男同居”是姜三娘夫死未满期年改嫁判例，包含了蔡寿僧夫死八月改嫁李茂才判例；“祖母丧亡拜灵成亲离异”是钱安一祖母丧亡拜灵成亲判例，包含王继祖停尸迎娶马大姐判例。[②]在《元典章》中关于服内成婚的有六则判例，在编纂法典时，只有王继祖在父亲停尸期间娶马大姐判例和蔡寿僧夫死八月改嫁李茂才判例被纳入了《至正条格·断例》。[③]

元代判例并非简单地直接进入法典，而是经过一定的程序[④]，对通过司法途径产生的判例进行删减、修改，有的成为整齐划一的断案通例，属于成文法，有的还是判例的形式。

（一）成为断案通例，具备了成文法的形式

《元典章》卷四十八《诸赃三·回钱》“知人欲告回钱”条：

延祐二年二月，江南行台准御史台咨：承奉中书省札付：

来呈：“备监察御史呈：‘广宁路同知耶律哈剌孙，取受行使伪钞人石抹君宝至元钞六十贯，阎阳县主簿李荣，亦取受讫本人至元钞一十贯。闻知欲告，回付过钱人傅改驴收管。取讫招伏，罪经释免。’”送刑部议得：“诸官

① 《元典章》，陈高华等点校，中华书局、天津古籍出版社2011年版，第667—670页。

② 《元典章》，陈高华等点校，中华书局、天津古籍出版社2011年版，第2127—2129页。

③ 韩国学中央研究院编：《至正条格》（校注本），韩国城南影印元刊本2007年版，第244—245页。

④ 此“程序”也就是元代法典《大元通制》《至正条格》的编纂程序。

吏及有出身人等，因事受财，未发而自首及回付者，当许自新，准首原罪。其知人欲告，回主及有自首，盖因事不获已，即非悔过，合依已拟，减罪二等科断。罪既经断，似难复任。合准御史台所言，解见任，别行求仕。如蒙准呈，照会相应。”都省准拟，依上施行。①

这一断案事例，在编入法典《至正条格·断例》卷第六《职制》时，以“知人欲告回主”为名，其内容为：

延祐元年闰三月，刑部议得：“诸官吏及有出身人等，因事受财，未发而自首及回付者，当许自新，准首原罪。如已事发，出首回付，罪合全科。其知人欲告，回主及自首者，依例减罪二等科断，仍解见任。”都省准拟。②

此条与《元典章》中的断案事例相比较，有几点不同。

其一，名称不同。《元典章》中由于保留了人犯的具体行为是取受“至元钞”，故以“知人欲告回钱”为名；《至正条格》舍去具体人犯具体行为，只保留刑部议拟内容，且“官吏及有出身人”不仅受“钱”，还可受“财”，但所受“钱”或“财”都是原“主”的，故以“知人欲告回主”为名，更有概括性。

其二，《元典章》保留此断案事例的公文原貌，《至正条格》取刑部议拟和中书省的批复。

其三，《元典章》规定的是，“官吏及有出身人”因事受财，未发于官府，知人欲告，自首或回主的处罚，即“减罪二等科断”。《至正条格》除规定未发情形下的处罚，还加入了“如已事发，出首回付，罪合全科”的规定。

其四，《至正条格》语言简洁。删除了《元典章》中的“盖因事不获已，即非悔过”，“罪既经断，似难复任”等解释性的语言。

可以看出，此条是对耶律哈剌孙、李荣取受知人欲告回付过钱人判例进行改造，上升为整齐划一的法律条文。

---

① 《元典章》，陈高华等点校，中华书局、天津古籍出版社2011年版，第1599—1600页。

② 韩国学中央研究院编：《至正条格》（校注本），韩国城南影印元刊本2007年版，第228页。

《至正条格》中的此条，在《元典章》中有同源史料。那么，其他条文，从形式上看，属于断案通例的，肯定有来源于判例的，只是现有文献资料无法证实。

（二）依然是判例的形式

司法中的判例，在编纂法典时，有所选择地进入法典，有的存在形态并未改变，依然是判例的形式。如《元典章》卷十八《户部·婚姻·服内婚·停尸成亲断离》：

> 大德二年，行省准中书省咨：
>
> 枢密院呈："张德清告：'本管千户王继祖，于伊父服停尸成亲。'责得王继祖状招：'元贞元年六月二十日，父王喜身故，将妻马大姐扶娶过门，拜灵成亲，至二十三日将父王喜埋殡了当是实。'具呈照详。"得此。送礼部照拟得："至元一十五年十月内奉尚书省札付：'礼部呈：河东山西道宣慰司关，方原路临州军户王仲禄男王猪僧，至元二十一年十二月三十日娶到贺真真为妻。至元二十三年正月内，王猪僧身死，停尸在家。王仲禄却过房到王仲福男王唐儿为男，令王唐儿与贺真真拜讫王猪僧尸灵，收继成亲。至二月初二日，才将王猪僧殡葬了当。收继之后，已有所生儿男。本部照得诏条内，收嫂者有例，夫亡服缺守志者有例。其王唐儿不候葬讫伊兄，于停丧之夜，与嫂贺真真拜尸成亲，大伤风化。若依已拟，将各人离异相应。都省准拟，令王唐儿与贺真真离异。'本部议得，王继祖父丧停尸，忘哀成亲，乱常败俗，莫甚于此。参详，宜从都省札付枢密院，断令各人离异。所据王继祖，拟合罢职相应。具呈。"都省准呈，依上施行。①

此判例在编入《至正条格·断例》卷第八《户婚》时，置于"居丧嫁娶"目下，其内容为：

① 《元典章》，陈高华等点校，中华书局、天津古籍出版社2011年版，第669页。

大德二年八月，枢密院呈："均房翼奥鲁府千户王继祖，父王喜身故，将已定妻马氏，扶取过门，拜灵成亲。"刑部议得："王继祖，父丧停尸成亲，拟断捌拾柒下。罪遇释免，罢职离异。财钱没官，妇人不坐。"都省准拟。[①]

此条与《元典章》所载王继祖父丧停尸成亲判例相比，主要有以下不同。

其一，名称不同。《元典章》中，此判例是单独的一条，此条命名为"停尸成亲断离"，概括了判例的主要内容。《至正条格》中，"居丧嫁娶"目下共有两条，另外一条是：

至大元年闰十一月，辽阳省咨："利州蔡珍告：'妹寿僧，聘与李四十为妻。李四十病故八月，本妇背伊婆李阿杨，接受李茂才定物。'利州断令守服，蔡寿僧却行逼令李阿杨，受讫李茂才财钱，小叔李五儿主婚，聘与本人为妾。"刑部议得："蔡寿僧，拟决陆拾柒下。李五儿不应服内主婚嫁嫂，量决肆拾柒下。李茂才知情求娶，量决伍拾柒下。李阿杨，既非得已，原情可恕。蔡寿僧，拟合离异，若有所生男女，许从其父。元财没官。"都省准拟。[②]

此条中，蔡寿僧在丈夫李四十死亡八个月后，在守丧期间，由小叔李五儿主婚，聘与李茂才为妾，并不是在停尸期间成亲，但此两条都是居丧期间成亲，故其目的名称为"居丧嫁娶"。

其二，《元典章》保留此判例的公文原貌，《至正条格》对其删减，删去枢密院案件来源、案件审讯，删去刑部裁断的具体过程，只保留判例主要事实和刑部裁断结果。

其三，《元典章》中的刑部判决和《至正条格》中判决并不完全一致。"拟断捌拾柒下""财钱没官""妇人不坐"在《元典章》的记载中并没有出现。

① 韩国学中央研究院编：《至正条格》（校注本），韩国城南影印元刊本2007年版，第244—245页。

② 韩国学中央研究院编：《至正条格》（校注本），韩国城南影印元刊本2007年版，第245页。

第六章　明代判例

一、明代判例概况

明王朝建国之初，面对经济崩溃、法度纵弛的乱世，朱元璋认为，必须在恢复社会经济的同时，实行法制变革，提出了“当适时宜”“当计远患”“法贵简当、稳定”“治乱世用重典”等一系列立法指导原则，使明代法律体系不断完善，以明《大诰》为代表的成文化判例在国家法律体系中的地位愈加重要。明代中后期，随着社会经济的发展，明初的法律体系已经不能适应社会的法律需求，于是统治者借助修例弥补法律空缺，修例也构成了明代中后期国家法律体系的主体内容，以《问刑条例》为代表的成文化判例在国家法律体系尤其是司法实践中的地位更为重要。判例在明代国家法律体系中的地位得到了进一步提高，确立了因案生例、例以辅律、律以定例、律例汇编等一系列规范判例形成与适用的制度。

（一）明代判例制度的基本文献

明代判例文献内容丰富，涉及范围广泛，是难得的社会史研究材料，因此这方面的成果丰富，涉及的研究领域多样，主要包括民事纠纷、妇女的社会地位、土地关系、宗族、士绅等方面。明代的判例大多已经失传，然在现存的《御制大诰》四编、《问刑条例》、《皇明条法事类纂》、《条例备考》、《增修条例备考》等诸多法律典籍中，仍可以找到相当数量的明代判例。同时在明人的文集、公牍、历史档案及其他一些史籍中，如海瑞的《海瑞集》、归有光的《震川别集》、范景文的《文忠集》、胡敬辰的《檀雪斋集》、沈应文校正和萧近高注释的《刑台法律》、沈演的《止止斋集》、吴亮的《止园集》、李陈玉的《退思堂焚香日录》、祁彪佳的《祁忠惠公遗集》、明代辽东档案等文献中，都收录了一些判例。现存的明代判例集有10余种，主要有：四川地方司法档案、《云间谳略》、《重刻释音参审批驳四语活套》、《新纂四六谳语》、《新纂四六合律判语》、《莆阳谳牍》、《按吴亲审檄稿》、《折狱新语》、《盟水斋存牍》和《谳豫勿喜录》等。本书根据杨一凡、徐立志主编《历代判例判牍》[①]，对现存的一些明代判例文献进行简要介绍。

1.明《大诰》

明太祖朱元璋于洪武十八年（1385年）至二十年（1387年）间，先后颁布了名为《御制大诰》《御制大诰续编》《御制大诰三编》《大诰武臣》的文告四编，世称明《大诰》四编。《大诰》共236个条目，其中《御制大诰》74条，《御制大诰续编》87条，《御制大诰三编》43条，《大诰武臣》32条。各编《大诰》诰文由案例、峻令和明太祖的“训戒”三个方面内容组成，即：一是掇洪武年间，特别是洪武十八年至二十年间的“官民过犯”案件之要，用以“警省愚顽”；二是设置了一些新的重刑法令，用以严密法网；三是在许多条目中，兼杂有明太祖对臣民的“训戒”，明确地表达了朱元璋的法律思想和治国主张。《大诰》中的案件，均经明太祖朱元璋审理或钦准，要求各级法司“比诰所禁者治之”，具有典型的判例性质。四编《大诰》作为一种有教育作用和法律效力的特种刑法，同历代法典比较，有三个鲜明的特色：一曰明刑弼教，二曰律外用刑，三曰重典治吏。诰文中所列刑罚，许多为《大明律》所未设。其用刑之酷烈，在中国法律史上实属少见。《大诰》峻令曾盛行于洪武中后期，延续于永乐。到洪熙、宣德时，仁宗、宣宗仿效建文帝，采取明不言废而实废的策略，《大诰》峻令遂被搁置不用。明《大诰》是研究明初法律制度和当时的政治、经济、军事情况的珍贵文献。杨一凡、徐立志主编《历代判例判牍》收入明《大诰》中的代表性判例79篇，其中《御制大诰》9篇，《御制大诰续编》29篇，《御制大诰三编》20篇，《大诰武臣》21篇。由于四编《大诰》均系朱元璋编纂或据本人口述记录而成，直叙当世之事，儒臣很少润色，史料的可靠性较高。

---

① 杨一凡、徐立志主编：《历代判例判牍》，中国社会科学出版社2005年版。

2.《问刑条例》

《问刑条例》是明中期出现的一部案例汇编。明中期，随着社会经济的发展，明初的《大明律》《大明令》已经不能适应社会的法律需求，于是统治者借助修例弥补社会的法律空缺，修例也构成了明代中后期国家法律体系的主体内容。面对当时的社会状况，作为中兴之主的明孝宗弘治皇帝开始接受大臣有关修订条例的建议，开始系统地编纂条例，弘治五年（1492年），《明实录》记载“刑部尚书彭韶等以鸿胪寺少卿李鐩请删定《问刑条例》，议曰：刑书所载有限，天下之情无穷，故有情轻罪重，亦有情重罪轻，往往取自上裁，斟酌损益，著为事例。盖比例行于在京法司者多，而行于在外者少，故在外问刑多至轻重失宜，宜选属官，汇萃前后奏准事例，分类编集，会官裁定成编，通行内外，与《大明律》兼用”[①]。弘治《问刑条例》共计279条，其体例结构、条目编排顺序参照《大明律》，其内容包括五刑、应议者犯罪、文武官犯私罪、徒流人又犯罪、杀害军人、加减罪例、徒流迁徙地方、选用军职、滥设官吏、漏泄军情大事、赋役不均、逃避差役、欺隐田粮、典卖田宅、尊卑为婚、强占良家妻女、钞法、收粮违限、盐法、匿税、违禁取利、把持行市、禁止师巫邪术、服舍违式、冲突仪仗、冒报军功、私出外境及违禁下海、宰杀马牛、私借官畜产、强盗、劫囚、诈欺官私取财、发冢、杀死奸夫、斗殴、骂祖父母或父母、诬告、官吏受财、赌博、买良为娼、凌虐罪犯、侵占街道等。

3.四川地方司法档案

该档案收录的判例，以明嘉靖年间发生在四川各地的钱粮案为主。资料来源于以下两个部分：其一是藏于中国社会科学院历史所的《明事档遗存》，又名《明嘉靖年钱粮册》。该书不分卷，不著撰人，白棉纸蓝格半页九行抄本一册，计43页。其二是藏于中国国家图书馆的《四川各地勘案及其它事宜档册》。日本学者加藤雄三在其《中国元明法制史特に法源とその援用理论の探求——明朝嘉靖时代を中心として》一文中，附有《四川各地勘案及其它事宜档册》整理表，将其包含的资料按州县归类，《明事档遗存》的相关

① 《明孝宗实录》卷六十五，“弘治五年七月壬午”条。

内容也嵌入其中。收入《历代判例判牍》的该文献标点本，基本上按照加藤雄三整理此文献的线索进行。整理者对加藤雄三整理中的页码错乱和遗漏之处作了更正和补足，对照中国国家图书馆所藏该文献15册原件，对包括因影印而出现的模糊之处作了校勘。原件多缺损，整理者对缺损之文字，可以计数者，均加入相应的“□”数，难以计数者，均以“□……”表示。整理出的案例均以原件片断连接而成。中间有不明显、不能衔接或衔接生硬的，分别以“以上缺文”、“以下缺文”和“以下疑有缺文”标出。另有零散数页中的官员、吏员之签名，如《四川各地勘案及其它事宜档册》第868页下等处，整理者因未能确定相随文件，在此从略。原文中有时出现明显错误，如“一起为科揽吓财等事”末，称刘绪为未到供状人等，标点本仍按原文标点，未加改正。

4.《云间谳略》

明人毛一鹭著《云间谳略》，是作者任松江府推官期间所撰判语及公牍专集。《云间谳略》所记录的案件，均发生在万历三十六年（1608年）以前。何三畏对其评价曰：“公所著《云间谳略》，似于金科玉律之文素所娴习。一人不轻纵，亦一人不轻枉。后先平反凡数百条，无不言爻象而事准绳也。”[①]该书明刊本10卷，五、六卷缺失，现仅存8卷，藏于中国国家图书馆善本部。其卷一至卷九收录了作者对法律案件的判语（或称谳语），并于部分判语后附载了上级官员的批示（详批）。这些判语与批示似乎均为原始法律文件的汇编。卷十记载了作者在任期间的公文，包括告示、报告与参语，该书为理解与阐释明代的法律与社会提供了宝贵的资料。

5.《重刻释音参审批驳四语活套》《新纂四六谳语》《新纂四六合律判语》

这三种文献收录于明代后期刊行的官箴书《官常政要》。《重刻释音参审批驳四语活套》共4卷，其中《参语》1卷，《参议》1卷，《审语》1卷，《驳语》《批语》《审释语》共1卷。该文献系江西泰和萧良泮汇集，瑞金袁应奎同编，泰和康应乾校注。该文献以骈体笔法和简洁的文字，直叙案由，间予释音注解，就书写参、审、批、驳四种法律文书提供范本，意在为司法官吏

① 《云间志略》卷六。

在审判实务中裁判类似案件选择合用的词句。所谓“活套”，即仿照套用。《新纂四六谳语》。著者不详。据其内容，各判语皆出一人之手，且是实际发生的案件，但文体并非骈语，不知何以“四六”为名。该文献共收录10个案件，其中5个是为已定死罪犯平反，推论详密，说理透彻，颇见功力。文中偶有小注，是对判语中典故文义的解说，意在方便读者。《新纂四六合律判语》。按“四六”者，骈体之谓也。“合律”者，依律目之谓也。“四六合律判语”即以骈体文形式按律目所列罪名拟出判词。此文体的特点是案件属于虚拟而非实有形式，讲求对仗用典。它类似唐代的甲乙判，编纂此书的目的主要是供参加策科考试的官员参用。明、清时代，提供给行政、司法官吏施政参考的官箴书中，如《官常政要》《大明律例临民宝镜》《刑台法律》皆有此类判语收录，不过条目多寡与判词文字不尽相同，有无注释和注释内容也各有差异。《新纂四六合律判语》辑录谳语142则，其中吏律类18则，户律类51则，礼律类16则，兵律类34则，刑律类14则，工律类9则。大明律计460条目，就收入该文献的各类判语而言，吏、户、礼、兵、工律下各门大体有一半左右条目附有判语，而刑律仅涉及断狱。

6.《大明律例临民宝镜》

《大明律例临民宝镜》辑大明律例及官员临民的各种规范，以为司法实务和治事宝鉴。该书每页分二栏，下栏载大明律例，加以注释，每条后附有关例令并设拟罪情作成指参、审看、批断、评判、议拟、告示等范式；上栏辑居官临民之要法与程序，内有新官到任要览、吏部示谕新进士、谕民各安生理示、违禁取利示、新奇咨案札付、吏部严禁私揭咨、丈量不均田地咨、清狱牌、新奇散体审语、新拟招议体式、新颁教民榜文、新编刑统赋等目。书前有为政规模论、七杀总论、六赃总论、收赎钞图、科赃则例、招议须知等多目。书后有宪纲、官守、部约、洗冤平冤无冤录等多目。该书卷五至卷九中，载有《新奇散体审语》即判词19类，234件。其中有多位主审案件官员的判词，也有府院的批语驳词。案件涉及人命、婚姻、犯奸、盗贼、抢夺、诬告、吓诈、凶杀、匿名、产业、坟山、钱债、赌博、衙蠹、僧道、彝偏、杂犯等诸多方面。在这些案件中，属于产业、坟山、钱债类民事纠纷案件共31件；还有一些刑事附带民事案件，二者共计60余件，是研究当时的民事法律关系的宝贵资料。

《大明律例临民宝镜》是明末的一部重要司法文献，藩士良在评论该书的实际价值时说："是书也，字字笺释，句句注解。加以审、参、断、议、判、示，凡临民典则，莫不毕具，一开阅自明。如对镜自见，此书真为镜矣。官宦必镜，以断狱讼。考吏必镜，以定殿最。掾吏必镜，以备考试。书办必镜，以供招拟。业儒必镜，以科命判。检验必镜，以洗无冤。庶民必镜，以知趋避。此镜亦宝矣，其共珍之。因端其额曰'宝镜'。"①

7.《辔辞》

《辔辞》共12卷，明末张肯堂撰。卷首有明思宗崇祯七年（1634年）原光禄大夫、太子太保、礼部尚书兼文渊阁大学士成靖之写的《莞尔集叙》，另有内黄门下士司惟标写的《辔辞序》。《辔辞》是张肯堂任浚县知县时写的判词。《辔辞》收录判牍308则。一则一案，记述案情及断狱经过，而寓劝善惩恶之词，以为世相诫。每则判牍前列有犯人姓名，有些还注明定谳刑名。凡不属浚县人者，则注明县籍，此类与其他县有关的案计35件。该书卷十二末尾附有"审录要囚参语"24则，辑录审理重刑犯的谳词。《辔辞》中的案件，多为刑事、民事诉讼，也有像卷十"宁山卫东屯百户徐缺名下军地丈量一案"这样的行政诉讼案件。《辔辞》所辑判词常引经据典，词句华丽，文体简洁，这与作者力图追求文学品位有关。与明、清诸多判牍比较，书中对案件的记述过于简略。然此书反映的明末天启、崇祯年间河南、河北交界的社会经济和治安、狱讼状况，对于研究明末司法审判活动甚有价值。

8.《莆阳谳牍》《按吴亲审檄稿》

《莆阳谳牍》是祁彪佳任兴化府推官时写的判语集，这些判语是为知府审理案件事先准备的材料。该书14册，不分卷，每页单面8行，每行大多为20字或21字。各案之首，标明衙门、内容、刑、人犯。案件按各有关衙门汇总，案首省略了衙门名的，表明该案件与前一案件属于同一衙门。全书共收录案件1300余起，属于兴化府及所属莆田、仙游两县的案件近半数。书中所载兴化府之外的案件，是受命复审管辖地之外的其他县、省、道的案件，这些案

① 藩士良：《大明律例临民宝镜序》。

件是上级审理后驳回要求重审的案件。《莆阳判牍》所收录的案件中，不仅有刑事案件，还有大量的民事、行政案件，其中以买卖、典当、借贷、租赁纠纷居多。从这些案件的判语可以看出，祁彪佳在民事案件审理中坚持了有约必行、有债必还、讲求执法公平、保护受害人利益等审理的原则。另外，该书还记载了不少家族之间争山、争水的宗族纠纷案件及判语。所有这些，对于我们了解和研究明末民事案件的审理程序、判决以及推官制度等甚有意义。

《按吴亲审檄稿》是祁彪佳任苏、松巡按时复审案件的判语集。此书全一册，不分卷，每页单面9行，每行20字，无序跋、目次、凡例、注记。据日本学者滨岛敦俊考证：祁彪佳于崇祯六年（1633年）三月十三日被任命为苏、松巡按，六月四日至苏州，崇祯七年（1634年）冬天奉敕抵京①。《按吴亲审檄稿》所辑判牍是他在这一年多复审案件过程中写成的。该书共收录案件148起。内容全部是命令府、县的印官或佐贰官撤销原判，拘提犯人进行复审。每则判牍书写格式大多相同，语言简洁。该文献不仅对于研究明末苏、松诸府的司法审判和社会经济状况有重要价值，而且是了解当时的审判程序、巡按御史活动等难得的资料。

9.《折狱新语》

《折狱新语》是李清在宁波府推官任内审理各类民、刑案件的结案判词，正文计210篇。其中“婚姻”26篇、“承袭”16篇、“产业”24篇、“诈伪”57篇、“淫奸”33篇、“贼情”14篇、“钱粮”7篇、“失误”4篇、“重犯”10篇、“冤犯”19篇。每案前用三个字书为标题，正文以散文间入骈句的笔法，自“审得”语领起，开门见山，记叙诉讼当事人、案由，承接夹叙夹议，条分缕析，最后束入断语。书末附“疑狱审语”3篇，“详语”20条。《折狱新语》所辑判词，体现了明末司法，折案分明，文词精练优美，是具有代表性的明代判例之一。

10.明人文集所载判牍

《历代判例判牍》辑录了《海瑞集》所载“参语”，《震川别集》所载“审单”，《文忠集》所载“谳牍”和《檀雪斋集》所载“谳牍”。

《海瑞集》所载“参语”。《海瑞集》原名《备忘集》，又名《海刚峰集》。

① ［日］滨岛敦俊：《明代之判牍》，载《中国史研究》1996年第1期。

明海瑞（1514—1587年）撰。瑞字汝贤，号刚峰，回族。广东琼山（今属海南省）人。嘉靖二十八年（1549年）举人，初任福建南平县教谕，继迁浙江淳安知县、兴国知县，户部主事等职，后因上疏陈时政之弊，被嘉靖皇帝逮狱论死。未几，帝死，复官。隆庆三年（1569年）任应天巡抚，因抑制豪强招致论劾，谢病闲居家乡十余年，至万历十三年（1585年），以荐被任南京右佥都御史，寻改南京吏部右侍郎，南京右都御史。万历十五年（1587年）卒于官。其集原有自编《淳安稿》《淳安县政事》《备忘集》《续备忘集》等，又有明万历二十二年（1594年）阮尚宾刊《海刚峰先生文集》，明天启六年（1626年）梁子璠刻《海忠介公全集》；清康熙二十七年（1688年）其六世孙海廷芳汇辑诸本，编定《海忠介先生备忘集》10卷，《四库全书》据以收录。1962年中华书局出版陈义钟编校《海瑞集》，系收集诸本重新编定，颇为完善。收入《历代判例判牍》的该书8则参语，除陈舜兴《人命参语》是海瑞任兴国知县时期所撰外，其他均为他在淳安知县时期之作，属于海瑞任官初期的作品。

《震川别集》所载“审单”。《震川文集》30卷，《别集》10卷，明人归有光（1507—1571年）撰。有光字熙甫，昆山（今属江苏省）人。嘉靖四十四年（1565年）进士，官至南京太仆寺丞。是集为其孙归庄所订。归有光是明代著名散文家，时称“震川先生”。著有《孝经叙录》《三吴水利录》《读史纂言》等。

《文忠集》所载“谳牍”。《文忠集》系明人范景文的文集。范景文（1587—1644年），字梦章，明吴桥（今属河北省）人，万历四十一年（1613年）进士，授东昌推官，历文选员外郎。天启间曾任吏部稽勋主事、文选郎中，后谢病返乡。崇祯间起用，累官太常少卿、右佥都御史、兵部添注左侍郎、南京右都御史、兵部尚书、刑部尚书、工部尚书等职，兼东阁大学士。崇祯十七年（1644年）三月，李自成率军攻取北京，景文投井而死，后赐谥文忠。著有《昭代武功录》《大臣谱》《师律》等。

《檀雪斋集》所载“谳牍”。该书系明人胡敬辰的文集。胡敬辰，字直卿，余姚人，天启二年（1622年）进士，官至江西驿传道。这些谳牍均为其任职期间亲自拟稿，其文“故为涩体，几不可句读”。把此书所载判牍与明代其他判牍相比较，可见不同官员司法判决的不同风格。

（二）明代判例成文化的制度体现

明代法律体系呈现律例法体系的主要特征，例作为明代的主要法律渊源，主要是经明朝官方发布的典型案例再经过汇编整理后，从而以单行条例进行发布的一种法律形式，武树臣认为“对判例不仅汇编，还加以归纳，上升为成文法规《条例》，作为正式法典《律》的补充法律”①。沈国峰认为“明清的例有相当部分案件判决的规范化，有的仍保留了判例的原貌，可见它以判例作为自己的重要根源和组成部分”②。陈光中、谢正权认为“明朝还采用以例断案的做法，明朝的例就是作为断案依据的判例。但是，随着时间的推移，例不断增加并由具体的案例演变成通行的条例，成为正文律的附注”③。明朝成文化判例制度使得判例在明代国家法律体系中的地位得到了进一步提高，以明《大诰》和《问刑条例》为代表的成文化判例确立了因案生例、以例辅律、以律定例、律例汇编等一系列规范判例形成与适用的制度，具体如下。

1. 因案生例

《中华帝国的法律》一书在评价明朝判例制度时，重点指出了明朝判例的产生方式，“在明朝的时候，逐渐形成一套完备的体制，专门解决法律的变化问题。这时产生的一个重要概念便是‘例’。在日常语言中，‘例’可以表示原则、方式、概念或例证等含义。在明代法律体制中，‘例’具有‘判’的意义，具体说来，它是一种在过去某个诉讼案件中作出的、对于后来一些诉讼案件的审判具有参考价值的判决……它的优势在于它能解决那些法典原制定者事先没有能预料到的特殊事件……例一旦被收入法典，它也会像律一样具有某种稳定性”④。汪世荣更加明确地指出“（明代）确立了因案生例的制度，使判例的适用基本上实现了规范化要求。因案生例的制度，是指司法

① 武树臣主编：《判例制度研究》，人民法院出版社2004年版，第286页。

② 沈国峰：《论判例法在我国古代法律渊源中的地位》，载《法学评论》1986年第6期。

③ 陈光中、谢正权：《关于我国建立判例制度问题的思考》，载《中国法学》1989年第2期。

④ ［美］德克·布迪、［美］克拉伦斯·莫里斯：《中华帝国的法律》，朱勇译，江苏人民出版社2008年版，第59—62页。

官在其审判活动中，针对具体案件的裁判，认为应该通过该案总结、创制出特定法律规范时，便在判词中附请定例。有些情况下，皇帝在核准案件时直接定例或指示刑部议定专门条例，以概括出具体的、普遍的法律规范，即定例。定例的表现形式虽然为制定法，但通过具体案件而产生的例，体现的是判例制度。因为，就这种例的产生来看，其产生于具体的司法活动，来源于特定判例。就这种例的形成来看，一般要经过司法官的附请，经过上谕的确定，离不开对具体案件的裁判程序。就这种例的适用看，其赖以产生的具体判例是对其正确理解和适用的基础"①。明代条例的制定就是以现实为依据的，在一般情况下，是由现实生活中（无论京城，还是地方）发生的典型案例引起的。然后由六部、都察院等衙门及大臣向上题奏，再经三法司或九卿会议之后，议拟上请，最后经皇帝敕准，著为定例。著为定例并附入律文的，一般都在原有题奏基础上作过一番文字处理，删除案例中大部分记叙性内容，篇幅作了浓缩，由题奏标题改作条目，用语更见精确，刑罚的适用也更趋合理。如明中后期在大明律所附的条例中，有上奏事例的标题，或时间，或案例概括，以及刑处的轻重等。以大明律例合编的万历本为例，附有万历《问刑条例》共382款，其中表明皇帝准奏时间的案例有17例。因案生例的制度，在体现专制皇权对司法权的绝对垄断时，显示了法律的统一性特点，有限制地认可了司法官创制法律的作用。②

2. 以例辅律

明代律例法体系中判例与成文法，不如西方法律体系中判例与成文法泾渭分明，而是呈现出引例入律、以例辅律、律例并举的法律关系。如《大明律》"私创庵院及私度僧道"条"凡寺观庵院，除见在处所外，不许私自创建增置。违者，杖一百，还俗。僧道，发边远充军；尼僧女冠，入官为奴。若僧道不给度牒，私自簪剃者，杖八十。若由家长，家长当罪。寺观住持，及受业师私度者，与同罪，并还俗"③，对于民间社会私自创建庵院和私自剃

① 汪世荣：《中国古代判例研究》，中国政法大学出版社1997年版，第122页。

② 汪世荣：《中国古代判例研究》，中国政法大学出版社1997年版，第121—122页。

③ 《大明律集解附例》卷四《户律》。

度为僧道行为的禁止作出了法律规定。之后的《问刑条例》在《大明律》的基础上对“僧道擅收徒弟”的行为作了更为细致的规定“凡僧道擅收徒弟，不给度牒；及民间子弟，户内不及三丁，或在十六以上而出家者，俱枷号一个月，并罪坐所由。僧道官及住持知而不举者，各罢职，还俗。僧道犯罪，虽未给度牒，悉照僧道科断。该还俗者，查发各原籍当差，若仍于原寺观庵院或他寺观庵院潜住者，并枷号一个月。照旧还俗僧道官及住持知而不举者，各治认罪。凡汉人出家习学番教，不拘军民、曾否关给度牒，俱问发原籍各该军卫有司当差。若汉人冒诈番人者，发边卫充军”。明朝中晚期，也有“以例破律”或“以例代律”个别现象，出现在“以例辅律”的主流现象之外。“‘例以破律’是因个别君臣随心所欲导致的一种非正常现象，并非普遍的、正当的现象。明代官方对条例可能产生的负面影响绝非毫无意识，而是一直在设法减少或避免律例冲突局面的出现。”[①]

3. 以律定例

“为了保证判例的规范化适用，防止判例的大量出现和引用泛滥对封建法制的破坏，明、清两代都十分重视例的编修，并通过制定法对例的适用进行必要的限制。”[②]明中后期，修例大臣舒化所言“盖立例以辅律，贵依律以定例”，强调律的总则统领地位。如《大明律》“断罪引律令”条规定“凡断罪，皆须具引律令。违者，笞三十。若数事共条，止引所犯罪者，听。其特旨断罪，临时处治不为定律者，不得引比为律。若辄引比，致罪有出入者，以故失论”[③]。《大明律》“断罪无正条”规定“凡律令该载不尽事理，若断罪而无正条者，引律比附。应加应减，定拟罪名，转达刑部，议定奏闻。若辄断决，致罪有出入者，以故失论”[④]。《问刑条例》以《大明律》的内容为原则性规定，在其基本精神和立法原则的影响下，更为详细地规定具体法律内容，“条例申明颁布之后，凡问刑衙门，敢有恣任喜怒，妄行引拟，或移情

① 苏亦工：《明清律典与条例》（修订版），商务印书馆2020年版，第315页。

② 汪世荣：《中国古代判例研究》，中国政法大学出版社1997年版，第123页。

③ 《大明律·刑律·断狱》“断罪引律令”。

④ 《大明律·名例律》“断罪无正条”。

就例，故入人罪，苛刻显著者，比照酷刑事例，奏请降级调用。因而致死人命者，发原籍为民”①。

4.律例汇编

《问刑条例》是明中期出现的一部判例汇编。明中期，随着社会经济的发展，明初的《大明律》《大明令》已经不能适应社会的法律需求，于是统治者借助修例弥补社会的法律空缺，修例也构成了明代中后期国家立法的主体内容。②然明代的修例随意性很大，也缺乏系统的修例规划，往往一事一例、一人一例，同时新登基的皇帝还会全面废除前代的法例，以至于造成“一事三四其例者有之；随事更张，每年再变其例者有之。（训）〔驯〕致条例浩繁，其中得失混杂”③。

面对这样的社会状况以及立法问题，作为中兴之主的明孝宗弘治皇帝开始接受大臣有关修订条例的建议，开始系统地编纂条例，弘治五年（1492年），《明实录》记载“刑部尚书彭韶等以鸿胪寺少卿李鐩请删定《问刑条例》，议曰：刑书所载有限，天下之情无穷，故有情轻罪重，亦有情重罪轻，往往取自上裁，斟酌损益，著为事例。盖比例行于在京法司者多，而行于在外者少，故在外问刑多至轻重失宜，宜选属官，汇萃前后奏准事例，分类编集，会官裁定成编，通行内外，与《大明律》兼用”④。弘治十一年（1498年）十二月，明孝宗以清宁宫火灾之名下诏，正式开始《问刑条例》的编纂，经过刑部、督察院、大理寺、通政司与其他各部尚书、侍郎的选择讨论，最终上报皇帝批准，历时两年三个月，直至弘治十三年（1500年）三月，《问刑条例》颁行天下。

弘治《问刑条例》共计279条，其体例结构、条目编排顺序参照《大明律》。《问刑条例》起首条例与《大明律》名例部分有关，之后的条例条目编排顺序基本按照吏、户、礼、兵、刑、工六部编排。《问刑条例》最后一条

① （明）雷梦麟：《读律琐言》，怀效锋、李俊点校，法律出版社2000年版，第494页。

② 苏亦工：《明清律典与条例》（修订版），商务印书馆2020年版，第246页。

③ 苏亦工：《明清律典与条例》（修订版），商务印书馆2020年版，第249页。

④ 《明孝宗实录》卷六十五“弘治五年七月壬午”条。

“河南地方盗决及故决堤防”条与《大明律》之《工部·河防》“盗决河防”一一对应。弘治《问刑条例》的修订，及时地弥补了《大明律》的不足，如弘治《问刑条例》中对轮操官军为害的惩治条例的设置，《大明律》概括不了相关的内容，弘治《问刑条例》中，便形成了专门针对轮操官军沿途为害的惩治条例。[①]

弘治《问刑条例》适用弘治、正德、嘉靖三朝50余年，直至嘉靖二十九年（1550年），根据社会实际状况的变化，条例修订，《明实录》记载“刑部尚书顾应祥详定《问刑条例》进呈，诏刊布内外衙门，一体遵守，今后问刑官有任情妄引故入人罪者重治”[②]，是为嘉靖《问刑条例》，是例385条。至此，由于《问刑条例》数量的增多和地位的提高，其已发展成为一部与《大明律》并用的大型法规。

万历二年（1574年），刑科给事中乌昇等奏请续修《问刑条例》，《明实录》记载“刑科给事中乌昇等奏请将《大明律》参酌考订，并续增条例，详议上请，共成一书，颁行中外。刑部覆：……至于《问刑条例》，乃采之累朝诏令，或在廷诸臣建白，可补律文之所未悉，自嘉靖三十三年重定之后，未经补辑，合咨各衙门，将嘉靖三十四年以后与刑名相关事体，备查过部，参定附续，颁布中外，报可”[③]。万历三年（1575年），《问刑条例》刑科给事中戴光启重修《问刑条例》，刑部尚书潘季驯会同中央政务衙门完成前期的法条酌议，《明实录》记载“刑科给事中戴光启题乞修《问刑条例》，以饬法守，刑部尚书潘季驯请会同九卿衙门各堂上官，将屡年奉行事例，除简明切要情罪适均者，照旧遵行外，中间如有关略疑以滞碍，逐一简察酌议，务使因革增损允协，舆论足垂久远，完日开奏，报可”[④]。至万历十三年（1585年），修订完成，《明实录》记载“《问刑条例》书成”[⑤]。

万历《问刑条例》一改弘治《问刑条例》和嘉靖重修《问刑条例》单本刊

① 《问刑条例·兵律·军政》，载《大明律》，怀效锋点校，法律出版社1999年版，第394页。

② 《明世宗实录》卷三百六十八“嘉靖二十九年十二月甲申”条。

③ 《明神宗实录》卷二十五“万历二年五月乙未”条。

④ 《明神宗实录》卷一百三十八“万历十一年六月丁巳”条。

⑤ 《明神宗实录》卷一百六“万历十三年四月辛亥”条。

行的历史，而将《大明律》逐款开列于前，各例附列于后，刊刻成书，“律为正文，例为附注”①，颁布问刑衙门，永为遵守。《大明律》以“律例合编”形式颁行，这是古代律典体例的重大变革，被清律沿用。同时万历《问刑条例》为《大明律》补充因时制宜、与时俱进的相关法律内容，与《大明律》一同行用②，作为明王朝中后期的重要法律典籍。如关于漕运之事，明代漕运至嘉靖末年其弊已极，为整顿漕运，在《大明律》简单的条文之外，从嘉靖后期开始，与漕运相关的条例大量设定，万历再修《问刑条例》，去粗存精，将其中情法适中、行之有效的条例充分吸收，漕运事务从此得到较为详明的规范。

修订颁布《问刑条例》，将具有代表性的具体案例的判决，经皇帝批准，适用于同类案例，并通过制定法的形式使之成为普遍适用的审判依据，最后甚至与《大明律》合编了《大明律集解附例》，清朝继承了这种体例结构，这直接影响了《大清律例》的编定。

二、明代判例的实践

（一）明《大诰》的司法实践

《大诰》是明初由朱元璋编订并适用的判例汇编。“大诰”一词源于《尚书·大诰》，是周公东征平定管叔、蔡叔叛乱时所发布的布告，重点是阐释此次武力镇压的必要性。朱元璋借用《大诰》作为特别法名称，表明这种办法于古有据，且以重典治乱世完全必要。《大诰》共236条，包括《御制大诰》《御制大诰续编》《御制大诰三编》《大诰武臣》四部分，每条多由案例、法令和朱元璋的训诫组成。《大诰》以残酷著称，内容涉及社会生活各方面，是重典治吏而非直接治民。《大诰》是律外用刑，用的还是严刑。朱元璋把《大诰》当作对臣民进行教育的教科书，采取了很多措施，强迫全体臣民讲读和一体遵守。到洪武三十年（1397年），朱元璋认为天下已基本太平，遂将《大

① 《明神宗实录》卷一百六“万历十三年四月辛亥”条。

② 吴艳红、姜永琳：《明朝法律》，南京出版社2016年版，第45页。

诰》中的一百四十七条死罪条款编为《大明律诰》，和《大明律》一起颁行天下，废除了《大诰》中的种种酷刑和罪名。《大诰》盛行于洪武，延续于永乐，之后不再有法律效力。

明朝《大诰》具有判例性质，在《预制大诰续编》和《预制大诰三编》的很多案例中，多次提到“前者所颁《诰》”的实施情况，记述了违反《诰》以后被处罚的案例[①]：

《大诰》颁行，民人一一遵守，见丁著业。其（应天府上元县知县）吕贞将民王七所告见丁著业事内事，尽行受财阻滞……由是而获罪杀身矣。[②]

朕将农民艰苦周折备云前二《诰》中，其典史李继业终不恻隐于民，乃敢与主簿同恶相济，又恐吓耆民。然耆民刘汶兴等见此恶党，不将典史李继业拿赴京来，辄便听从妄奏，其徒流之罪，有所不免。[③]

前《诰》所云：三牌不至，方许遣人捉拿。《诰》布天下，有司遵奉。如顽民余永延等故行抗拒，不服牌唤……顽民人刘以能，不止三牌不行，倒将承差人帮缚赴京，以致问出前情，得罪甚不轻矣。[④]

由此可见，《大诰》的案例部分既有事实依据又有相应的裁量定刑，在明初发挥着判例的作用，指导着司法实践。同时《大诰》的判例实践以峻令的形式更多地体现出刑法制裁性，在社会治理、官员管控等方面起到了积极的作用，如以下判例：

山西洪洞县姚小五妻史灵芝，系有夫妇人，已生男女三人，被军人唐闰

---

① 赵青娟：《宋代以来判例制度研究》，青海师范大学2021年博士学位论文，第110页。

② 《御制大诰三编·著业牌第二十一》。

③ 《御制大诰三编·妄举有司第十四》。

④ 《御制大诰三编·民违信牌第三十六》。

山于兵部朦胧告取妻室。兵部给与勘合，著落洪洞县将唐闰山家属起赴镇江完聚。方起之时，本夫告县，不系军人唐闰山妻室。本县明知非理，不行与民辨明，擒拿奸诈之徒，推称内府勘合不敢擅违。及至一切内府勘合，应速行而故违者，不下数十余道。其史灵芝，系人伦纲常之道，乃有司之首务，故违不理，所以有司尽行处斩。①

朱元璋诏诰，吏有在乡下为害百姓者，许民将其擒拿解官。洪武十年，常熟县陈寿六等擒拿害民官吏顾英，赴京面奏。针对此案，朱元璋决定："朕嘉其能，赏钞二十锭，三人衣各二件。更敕都察院榜谕市村，其陈寿六与免杂泛差役三年，敢有罗织生事扰害者，族诛。若陈寿六因而倚恃，凌辱乡里者，罪亦不赦。设有捏词诬陷陈寿六者，亦族诛。陈寿六倘有过失，不许擅勾，以状来闻，然后京师差人宣至，朕亲问其由。"②

歙县民吴庆夫，买求本县官吏，充作巡阑。其家父子兄弟于本处乡村所在，上持官府之威，下怀肥己之奸，将乡民程保家买到牛二只，农四著要税钱二十六贯。民程保不敢与抗，遂与之。本家盖房，木料俱系本处山场土产，其吴庆夫逼要税钱八十贯。贩乾鱼客人至于本乡，著要税钱，准乾鱼三十斤。朱元璋命法司差人将吴庆夫押发原籍，判决：本人凌迟，其弟及男同恶害民，皆枭令示众。今后为巡阑者，倚恃官威，剥尽民财，罪亦如之。三十分中，定例税一，岂有重叠再取者！今后敢有如此者，虽赦不宥。③

从以上案例可以看出，这种处罚涉及社会管控的方方面面，如禁止"官民勾结""造言好乱""滥设吏卒"等行为；对官员管控中，赋予百姓"拿下乡害民官吏"的权力。④

① 《御制大诰初编·军人妄给妻室第六》。

② 《御制大诰续编·如诰擒恶受赏第十》。

③ 《御制大诰三编·巡阑害民第二十》。

④ 赵青娟：《宋代以来判例制度研究》，青海师范大学2021年博士学位论文，第110页。

（二）《问刑条例》的司法实践

杨一凡指出“明代《问刑条例》与《大明律》并行，前后达140余年之久。《问刑条例》系国家‘常法’，具有相对的稳定性，与《大明律》具有同等法律效力，可以在司法审判活动中广泛适用，编入《问刑条例》的事例，已属于‘常法’的组成部分，其性质、法律效力与一般属于‘权宜之法’的事例大不相同。弘治、嘉靖、万历三朝‘度势立法’，定期整理、清理累朝颁行的判例，把仍合时宜、具有稳定性的事例编入《问刑条例》，及时对《大明律》过时的条款予以修正，又针对当时出现的社会问题适时补充了新的规定。这种做法，既保持了明律所应具有的权威性和稳定性，又利于国家法律的实施”①。如《大明律集解附例》卷一中对于“应议者犯罪”是如此规定的：

凡八议者犯罪，实封奏闻取旨，不许擅自勾问。若奉旨推问者，开具所犯及应议之状，先奏请议。议定奏闻，取自上裁。议者，谓其本情，议其犯罪，……其犯十恶者不用此律。②

其后附“判例”记录：

弘治三年二月二十七日，节该钦奉孝宗皇帝圣旨，钟镑、奇浥、奇潙节次重出领状，冒支官粮，好生不遵祖训，就将他每禄米革去十分之二，以示惩戒。今后将军仪宾有犯，都照这例行。钦此。③

由此可见，明代《问刑条例》中的例文对于“八议”之内的人犯罪都给予较轻的处罚。

---

① 杨一凡：《论事例在完善明代典例法律体系中的功能》，载《暨南学报（哲学社会科学版）》2019年第4期。

② 《大明律集解附例》，学生书局1970年版，第58页。

③ 《大明律集解附例》，学生书局1970年版，第58页。

再以张应望"受赃"案的审理看明代条例的司法实践。万历二十二年（1594年）七月辛卯，"刑科给事中李先芳论巡按浙江御史彭应参胁前祭酒范应期死，公论不平。下部、院勘议。……戊戌，吏科给事中耿随龙劾巡抚福建右佥都御史许孚远岁荒不赈，减米价阻贩于酿劫浙江抚按王汝训、彭应参兴讼告讦，胁死范应期；归安知县张应望尤为首祸"[①]。

《明史·王汝训传》记载：

乌程故尚书董份、祭酒范应期里居不法，汝训将绳之。适应参行部至，应期怨家千人遮道陈牒。应参持之急，檄乌程知县张应望按之。应期自缢死，其妻吴氏诣阙诉冤。帝命逮应参、应望诏狱，革汝训职，诘吏部都察院任用非人。尚书孙丕扬、都御史衷贞吉等引罪，且论救。帝意未释，谪救应参者给事中乔胤等于外。言官讼汝训、应参亦及胤，帝愈怒。疏入，辄重胤谴，至除名，而谪应望戍烟瘴，应参为民。

即浙江乌程（今湖州）董份是前任礼部尚书，范应期为祭酒。前者曾因贪附严嵩被除名，后者经筵讲授《书经》，神宗重之。董、范两家作恶多端，引起了湖州百姓的公愤。万历二十一年（1593年）四月，王汝训巡抚浙江。王汝训与巡按御史彭应参在当时都有强直之名。秋天，彭应参按察湖州时，有上千人上院门告发董、范两家。彭应参下令乌程知县张应望勘查。范应期畏罪而自缢身亡。

万历二十二年（1594年）十月十九日，范应期妻子上诉，控告浙江巡按彭应参"挟私招告"，控告他指使乌程知县张应望勒索范家赃银八百两，逼胁范应期自缢，范应期之子汝讷也吞毒而死。实际上，前任礼部尚书董份在暗中唆使、怂恿范妻上诉。范妻吴氏在审堂上袖剃刀以自刎相威胁，与其子大闹公堂。与此同时，巡抚右副都御史王汝训替彭应参辩白，却毫无结果。

神宗皇帝下诏逮捕了彭应参、张应望。结果是：王汝训被革职，张应望被贬谪至烟瘴之地戍边，彭应参被削职为民。

---

① （明）谈迁：《国榷》卷七十六。

万历二十三年（1595年）正月，刑部尚书赵焕上奏，提议重新会勘，以昭大公。未成功。

万历二十三年（1595年）二月十三日，吕坤上奏《救张应望疏》，摘要如下：

律例者，祖宗之法；而刑曹者，奉法之吏也。查得《大明例》一款：凡因事用强殴打，威逼人致死，果有致命重伤及成残废笃疾者，虽有自尽实迹，发边卫充军。此"威逼"之状也。又一款：凡因事威逼人致死一家二命者，发边卫充军。又《大明律》一款，凡因事威逼人致死者，杖一百；若官吏非因公务而威逼平民致死者，罪同。此"威逼"之法也。范祭酒，奉旨听勘官；张应望，奉批承问官也，本因公务。当时应望拘摄牌票，并无范祭酒之名；监禁刑责，不及范汝讷之身。父子相继自尽，屡审不系官逼，臣等不径坐应望"致死二命"，法也，非徇情也。又查得《条例》一款：文职官吏受财枉法至满贯绞罪者，发附近卫所充军。又一款：凡法司一应奏送人犯如有冤枉者，即与辨（辩）理，具奏发落，若明知冤枉，不与辨（辩）理者，以故入人罪论。先是，锦衣卫打审应望、参送法司也，抄中有云：奏内赃私情，尚展转，盖因过付人等未经面质，合行抚按衙门详审具奏。是该卫不敢执其受赃也。

从张应望被诬受赃案，我们可以认识到，在明代中后期，《问刑条例》在实际的司法刑审中起着重要作用①。

（三）《盟水斋存牍》的司法实践

明代《盟水斋存牍》中保存有许多民间田宅争讼的判例，其中展现了明代中后期基层地方社会治理的司法实践技巧。如在"拨讼谭广馨杖"判例中：

审得陈氏之故夫生员谭上俟，与谭期高亲叔侄也。天启五年曾以争产讦

① 张伯元：《法律文献学》（修订版），上海人民出版社2012年版，第294—296页。

讼，至七年而上俟死矣。崇祯元年，有族谭广馨称氏夫匿卖尝田银二百两，挟府照为证。查府号簿未尝有此照，而陈氏手出空照一纸，谓广馨先年与其夫者。二照如出一手，广馨黠吏，惯弄衙门，其为伪无疑也。陈氏孀妇，其子普良口尚乳臭，广馨佐期高而凌之，哀哀上控，情不容已。卑职动以木本水源之谊，二家颇称素封，葬先各欲自尽，安得听广馨之挑斗，蛮触不休？广馨因以为利，而两家坐受其害，愚人之心也哉。氏与期高亦爽然若失，感悔为泣，议期高与氏男普良各出银一百，以了葬局。若照卖田之契，广馨亦应坐一股。而一贫无赖，无可复追。且广馨始而左袒上俟，既而左袒期高，挨身其内，不过欲以证匿卖之，实不知曾有田否也。从来萧墙之祸，骨肉相戕，未有不起于胥人从中插弄。若广馨者，畀之豺虎，差快人意也。本当重拟，念系同族，薄杖示惩，仍请加责，以儆国之败群圮族、得罪于祖宗者。陈氏词多添情，以其茕茕孤寡也，贳之。招详。

察院批：谭上俟卖收蒸尝，似属有因，但身故子幼，词称府照又无据，该厅动以本源之思，各捐金以襄葬事，而绝讼端，真善处骨肉之间者矣。依拟期高、广馨各杖。库收缴。①

由此可见，明中后期的基层司法官员在实际办案过程中往往会针对司法实践的具体情节，以教化的方式展开调解，从而解决纷争。

三、明代判例的特点

（一）明代判例成文化

自战国进入成文法时期后，中国传统法制体系中，成文法典的法律体系中心位置始终没有改变。制定律典，一直是各朝各代其他法律渊源形式的基础和出发点。中国的律典，是多元的、混合的，包含刑事、民事、行政、程序等方面的内容，这种特质，使得其既具备兼容并蓄的优势，又存在不尽不

① （明）颜俊彦：《盟水斋存牍》，中国政法大学出版社2002年版，第145—146页。

详的劣势。判例，作为对制定法的补充，在不同的朝代与时期，在形式表现和功能作用上，体现出不同的特点和性质。判例与成文法的关系，也由初期的相对独立走向逐步的吸纳交融。判例的出现，是为了以其灵活机变的特点，补充律典的不足，完成时代性的修正，并承担了一定的思想导向功能。为了规范判例，使之具备一定的延续性，对判例进行记录和汇编是不可避免的。与其他朝代判例不同，在明代，从《问刑条例》的编纂到“律例合编”，判例完成了适用情形的提取与法律原则的抽象，变成单行条例的形式，并最终被并入成文法典，附于律文之后，实现了律例的一体化。以《问刑条例》为代表的成文化判例在国家法律体系尤其是司法实践中的地位更为重要，通过编纂体例的调整，判例被改造成条例，实现了法律体系的和谐并包，确立了因案生例、例以辅律、律以定例、律例汇编等一系列规范判例形成与适用的制度，标志着中国古代判例制度的不断完备。

（二）明代判例文献丰富多彩

明代判例文献留存较多，丰富多彩，前文只介绍了现阶段保存的部分重要的判例文献。而其中明代司法官群体司法实践中审理刑事、民事案件所形成判例文献集中展示了中国古代判例文献的特点。汪世荣教授将判例文献以“判词”的形式作了专题研究，指出“明代判词既吸收了前代判词的成就，也有创新与发展，已步入了判词的成熟时期”[①]。明代判例文献中的《折狱新语》是中国古代判词的代表，是中国古代判例制度史上判词写作的最高峰，为后世判词的写作提供生动有益的借鉴。[②]《折狱新语》所载200多篇判词，语言生动形象，文辞优美，更是融情理于法，实现了情理法的结合。如《折狱新语·擘破事》：

审得慈溪人任春龙，乃不僧不俗，而道念不胜其情肠者也。夫春龙兄为

① 汪世荣：《中国古代判词研究》，中国政法大学出版社1997年版，第77页。

② （明）李清著，陆有珣等注释，华东政法学院法律古籍整理研究所编：《折狱新语注释》，吉林人民出版社1989年版，第1页。

春九，嫂为严氏，妻为李氏，乃“宜尔室家”者，不知谁作“棒喝”，而忽作削发披缁之孤往也。于是传语兄嫂，为伊妻另觅佳偶，而严氏遂以乃兄严凤应。夫李氏既为凤妻，与春龙诀矣。即令沿门持钵，或与李氏为狭路之逢，当自附于“李下不整冠”耳。胡忽逃禅、忽还俗，且欲以李氏为覆水收也！蒲团座上，不生巫峡之梦；净水池边，宁下云雨之欢。春龙所为，何不知“色是空”？岂其稽首慈悲者，忽慨然作人间并蒂莲之羡，而欲以俗妇为梵嫂乎？今取春龙初情阅之，则出家之誓，嫁妻之呈，曾赴县批照。且契内有云：“高山磊石，并无击转；劈竹两开，再无重合。”坚而决矣。今何磊者顿转，而开者希合也？聚针于钵，举匕食之，方可蓄室。果春龙具此神通乎？不则，登肩而欲障者，岂真二小儿为祟？而欲与李氏为法种之延嗣也，则几同慈水怪鸟矣！从轻拟杖，犹幸其不作“僧敲月下门”耳。今而后，愿春龙之无欲以观妙也。①

再如《折狱新语·欺寡事》：

审得已故吴氏，陈有光前妻，而袁氏则有光后妻也。先因有光壮年求偶，曾聘吴氏为妻，入赘岳母杨氏家。今吴氏死矣，仅余五岁儿耳。生前熨冷，徒感奉倩之多情；死后移温，谁怜伯奇之失爱。伤哉！儿也。继母食子，虽肥不泽。恐此后王冰欲寒，而闵絮不燠矣。此杨氏心念亡女，情眷遗甥，而欲择一继母之慈者以抚也。适有孀妇袁氏，则妇于杨氏之胞妹家耳。此歌无裳，彼希续弦，愿以所有，易其所无。而问媒氏为谁？杨氏实居间焉。噫！女为泉下客，母作冰上人，岂人情乎？善视我甥，不负人母。知杨氏一言泣数行下者，语止此耳。此有光所为携新妻返故庐也。嗟乎！“箧里残妆粉，留将与后人”，想吴氏生不行雁者，亦亡不化鸡，而喃喃于新妻之妒。但抚我儿如汝儿，知鹿母虽死，肠不寸断矣。胡以过督前妇子故，而顿负初言？夫弱子有不以理下瓦者，则慈母笞之。其母为之，则慈母也；其继母为之，则不免为虐母也。于是

① （明）李清著，陆有珣等注释，华东政法学院法律古籍整理研究所编：《折狱新语注释》，吉林人民出版社1989年版，第9—10页。

杨氏护甥，有光复护妻，相与角口。然挞妇翁之说，何忽变为挞妇母，而以拳落门齿言？岂旧恩渐衰于结发，而新语忽构于落齿。将杨氏之言，“彼有取尔也”。抑为有光者，或谓始媒妁，继戈矛，皆妇有长舌，为厉之阶，而忽嫁祸于邻国之齿乎？诞矣！姑念女亡婿离，合从有光名下，断银五两，以给杨氏。今而后，想当“没齿无怨言”乎？虽然，更有以为婿祝者，一曰无忘妇：夫冢魂遗诗，览亡妇之酸句而怆心，伤后妻毒也。愿无令吴氏之及此也；一曰无憎儿：夫栋鬼兴歌，听殇儿之哀声而落泪，怨后母虐也。愿无令吴氏子之及此也。正告袁氏：无违夫子，亲卿爱卿，并以及儿。[①]

《欺寡事》是一道家庭纠纷判词。陈有光娶吴氏为妻，入赘岳母杨氏家。后吴氏亡故，遗下一五岁子。杨氏为媒，陈有光续娶寡妇袁氏为妻。此后，因孩子的抚养教育，杨氏与陈有光、袁氏发生了纠纷。判词在判决“从有光名下，断银五两，以给杨氏”的同时，谆谆教诲陈有光和袁氏，夫妻相爱，并把爱及于儿。这道判词的最成功之处，在于从各个角度分析了案件纠纷的起因，以及当事人各自的过错与责任。作者针对所谓的“家务”纠纷，以饱含感情的笔触，分别对各当事人进行教诲，设身处地、入情入理的分析[②]，体现了情理法的结合。

（三）明代判例比附技术发达

明代判例制度的形成过程中，“比附”是主要的司法技术，这一点在多个方面均有体现。明代的“比附”司法技术主要体现在两种具体方法中，也就是“比附”和“比例”，“比附”强调规范选择的问题，“比例”强调解决量刑的问题。通过应用“比附”和“比例”，就可以成“例”，也就是同类案件的先例。[③]如《莆阳谳牍》“一起擒获海寇事”判例采用了比附的司法技巧：

① （明）李清著，陆有珣等注释，华东政法学院法律古籍整理研究所编：《折狱新语注释》，吉林人民出版社1989年版，第53—54页。

② 汪世荣：《中国古代判词研究》，中国政法大学出版社1997年版，第81页。

③ 张晓永、张英杰：《试论我国明代判例技术的应用及其启示》，载《山西大同大学学报（社会科学版）》2015年第6期。

前件该本馆看得，快哉萧科老之授首也！马砌洋一逞，辄被丘三手擒，乃犹敢奋刀砍杀，而倭盔倭甲固俨然在身也。讵能诡逃三尺，乃以家有告案为词乎？无论此间狡贼多先告一案，以为展辩之根，即初果被掳，而家属能信于出洋之时，不能信于鲍化之后矣。但拟以得财之律，则初之打劫者未有确征，此番方跳渔舫，即为抱住，无财可得也。查强律不载伤人者，非谓伤人之轻于得财也。盖窃盗伤人且斩，况强盗乎？是强盗不必伤人而后斩矣。乃今既伤人，则科老一斩，宁暇问其得财否乎？惜拒捕一条不载于强律也，是所烦拟议者耳，伏候裁夺。①

再如《莆阳谳牍》“一起血战擒获大伙倭贼事”判例采用了比例的司法技巧：

看得黄十二诱结真倭，反戈内地，以久逋之乱民，为门庭之大寇，劫掠陆船，或驾于潮州，或泊于比港，或至东番，或至甘吉，流移行劫。刘瑞春等首被其毒者也，及虎井屿之役，把总奋力长呼，兵士争先用命，至死伤相继，而师无退心，擒斩十人，余贼惊遁。被擒黄十二、倭如完皆渠魁也。维时血溅波红，鲸歼浪走，以七十一人之杀伤，而仅得此四贼之就系，二犯一斩，犹恨无以慰海上之凄魂耳。伏候裁夺。②

本案中的律文没有可以引用的条文，引律比附，比照谋叛判处刑罚。“比附”司法技术的运用，很大程度上可以弥补成文法的固有缺陷，解决法律适用中出现法律漏洞时如何处理案件作出裁决的问题。“比附”技术是明代判例制度演进的技术基础和技术支撑。③

① （明）祁彪佳：《莆阳谳牍》，载杨一凡、徐立志主编：《历代判例判牍》（第五册），中国社会科学出版社2005年版，第490—491页。

② （明）祁彪佳：《莆阳谳牍》，载杨一凡、徐立志主编：《历代判例判牍》（第五册），中国社会科学出版社2005年版，第442—443页。

③ 张晓永、张英杰：《试论我国明代判例技术的应用及其启示》，载《山西大同大学学报（社会科学版）》2015年第6期。

第七章　清代判例

一、清代判例概况

清代在法典编纂方面继承了明代律例合编体例与因案生例制度，并发展出了定期修例制度，从而找到了一条将判例改造成为条例、纳入律典体系的成功道路，也标志着中国古代判例制度发展到新的历史阶段。

（一）清代因案生例制度及其对判例法源地位的影响

清代继承明代律例合编的法典编纂体例，基本法典《大清律例》由“律文”和“条例”两部分组成，而条例“因案增设者为独多”[①]。

“因案生例”中的“案”指案例（判例），“例”指“条例”。“因案生例”指相关官员或皇帝在司法审判活动中遇到具有典型性、代表性的案例，特别是制定法无明文规定的案例时，通过启动一定的立法程序，产生出具有普遍适用意义的法律规则——条例的制度。

“律为一定不易之成法，例为因时制宜之良规”[②]，有清一代，重在修例，并发展出了定期修例制度。“自乾隆元年，刑部奏准三年修例一次。十一年，内阁等衙门议改五年一修。”[③]自雍正三年（1725年）纂修后，直至清末沈家本编纂《大清现行刑律》止，在长达180余年的时间里，清代律文未有变化，但条例定期修改，数量整体呈不断增加的趋势，雍正三年，附律之条例仅八百一十五条，同治年间则增至一千八百九十二条。[④]《刑案汇览》“凡例”

① 《清史稿·刑法三》。

② 胡星桥、邓又天主编：《读例存疑点注》，中国人民公安大学出版社1994年版，第1页。

③ 《清史稿·刑法三》。

④ 《清史稿·刑法三》。

介绍该书收录“例无专条、援引比附加减定拟之案”情形：“自嘉庆十八年起，至道光三年止，得一千九百余案，除续经定有专例各案删去外，共计集入一千四百余件。”[①]虽然这里被删去的约五百起成案未必均通过“因案生例”的途径上升为条例，但据此不难推断出“因案生例”数量庞大。

清代因案生例制度使判例上升为条例，具有了制定法的性质。定期修例则进一步将因案所生之条例及时纳入国家律典之中，实现了律例一体化。因案生例制度固然极大丰富了制定法体系与内容，但对于判例自身的法源地位而言却是一把“双刃剑”。

一方面，因案生例制度无形中强化了判例在司法实践中的地位。因为从对因案所生条例的适用看，“其赖以产生的具体判例是对其正确理解和适用的基础”[②]。“知此例之来由，即可因其由而准情援引，无毫厘千里之差别。”[③]

这方面最为典型的一个例子是乾隆四十四年（1779年）纂修，附于“老小废疾收赎”律文下的条例：

“七岁以下致毙人命之案，准其依律声请免罪。至十岁以下斗殴毙命之案，如死者长于凶犯四岁以上，准其依律声请，若所长止三岁以下，一例拟绞监候，不得概行双请。至十五岁以下被长欺侮，殴毙人命之案，确查死者年岁亦系长于凶犯四岁以上，而又理曲逞凶，或无心戏杀者，方准援照丁乞三仔之例声请恭候钦定。”**丁乞三仔之案系雍正十年奉特旨减等发落；乾隆十年九卿奏准，**“十五以下杀人之犯，令该督抚查明，实与丁乞三仔情罪相等者，援照声请，听候上裁”，并未著为成例；乾隆四十四年，刑部议复四川总督文绶题盐亭县民刘縻子殴伤李子相身死一案，奉旨恭纂为例。[④]

该条例将“援照丁乞三仔之例”写入条例正文，系《大清律例》中不多

① （清）祝庆祺等编撰：《〈刑案汇览〉全编》，尤韶华等点校，法律出版社2007年版，第3页。

② 汪世荣：《中国古代判例研究》，中国政法大学出版社1997年版，第122页。

③ 《大清律例统纂集成》：“律例统纂集成序（陈若霖）”，道光六年刻本。

④ 胡星桥、邓又天主编：《读例存疑点注》，中国人民公安大学出版社1994年版，第63页。

见地明显保留了原判例痕迹的条例。从《刑案汇览》中收录的多起涉及该条例适用的案件来看，该条例的适用需同时查照丁乞三仔原案，仔细比较丁乞三仔原案与所审案件关键情节是否相似，从而最终决定是否适用该条例。

如道光六年（1826年）刑部议复江苏巡抚题戴七砍伤彭柏子身死一案：

> 查例载：十五岁以下被长欺侮，殴毙人命之案，确查死者年岁长于凶犯四岁以上，而又理曲逞凶，方准援照丁乞三仔之例声请。检查丁乞三仔原案，丁乞三仔年仅十四，与年长伊四岁之丁狗仔一处挑土。丁狗仔欺伊年幼，令其挑运重筐，又拾土块掷打，本属有心欺陵。丁乞三仔拾土回掷，适伤丁狗仔殒命。掷由被长欺陵，故得量从末减。是此等十五岁以下殴毙人命之案，必死者有理曲逞凶情事，与丁乞三仔之案情节相似者，方准声请减流。……查本案情节，原与丁乞三仔原案不甚相符，是以该司议驳。①

又如嘉庆十九年（1814年）刑部议复江西巡抚题陈枚太致伤钟壬新身死一案：

> 推原例意，十五岁以下殴死年长四岁以上之人，必须死者理曲逞凶，实与丁乞三仔之案相似者，方可援照声请。是以例内指载丁乞三仔之名，以便问刑衙门得以查照引用。检查雍正十年江西巡抚题丁乞三仔殴死无服族兄丁狗仔一案，奉旨："丁乞三仔年仅十四，与丁狗仔一处挑土。丁狗仔欺伊年幼，令其挑运重筐，又将土块掷打，丁乞三仔拾土回掷，适中丁狗仔小腹殒命。丁乞三仔情有可原，著从宽免死，照例减等发落，仍追埋葬银两给付死者之家。钦此。"恭纂为例，历久遵行。此案陈枚太年仅十四，已死钟壬新年已二十一岁，虽长于凶犯四岁以上，惟钟壬新向伊讨食甘蔗不给，事起细微，钟壬新戏打该犯左臂，迹近戏谑，并非欺侮向殴。迨该犯斥骂，钟壬新仅止回詈，亦无逞凶情状，该犯辄用小刀戳伤其额颅殒命，核与丁乞三仔之

① （清）祝庆祺等编撰：《〈刑案汇览〉全编》，尤韶华等点校，法律出版社2007年版，第292页。

案轻重悬殊。查历年各省似此情节有误，引丁乞三仔之案声请者，均经本部照例驳改，以归画一。[①]

另一方面，因案生例制度压缩了有法律约束力的判例的存在空间，冲击了判例作为法律渊源的独立地位。既然有代表性的判例可以通过因案生例制度上升为制定法，进而被吸收进国家律典——《大清律例》之中，那么具有独立法源地位的、有法律约束力的判例的存在空间必然被大大压缩。《大清律例》"断罪引律令"律文所附条例明确规定："除正律正例而外，凡属成案未经通行著为定例，一概严禁，毋得混行牵引，致罪有出入。"[②]

因案生例制度下的条例虽然与其赖以产生的判例存在密切关系，但因其已丧失判例的基本形态，性质上已不属于判例，而属于制定法范畴。清人对此有明确阐释："夫定例，法也。成案，事也。"[③]《大清律辑注》明确指出："律例乃通行永遵之法。"[④]

（二）清代判例的类型

根据创制主体与法律效力的差异，清代判例大致可分为州县自理词讼判例、成案、通行及有拘束力的地方判例四类。

1.州县自理词讼判例

州县自理词讼判例指州县官审结自理词讼所形成的判例。"各省户、婚、田土及笞、杖轻罪，由州县完结，例称自理。"[⑤]州县自理词讼为州县一审终审，不过清代允许当事人逐级上控。"凡审级，直省以州县正印官为初审。不服，控府、控道、控司、控院，越诉者笞。"[⑥]广义而言，州县自理词讼判例

---

① （清）祝庆祺等编撰：《〈刑案汇览〉全编》，尤韶华等点校，法律出版社2007年版，第293页。

② 《大清律例》卷三十七，田涛、郑秦点校，法律出版社1999年版，第596页。

③ （清）孙纶：《定例成案合镌》"序（王掞）"，清康熙五十八年刻本。

④ （清）沈之奇注：《大清律辑注》，怀效锋、李俊点校，法律出版社2000年版，第1041页。

⑤ 《清史稿·刑法三》。

⑥ 《清史稿·刑法三》。

也应包括因当事人上控而最终由地方各上级司法机关审结的词讼判例。

在清代的法律制度设计中，州县官对自理词讼享有相当大的自由裁量权，无需严格援引律例裁判，“原则是有律例可遵者依律例，无律例者依礼俗、情理与习惯”[①]。

清代保存下来的州县自理词讼判例数量极为庞大，广泛存在于卷帙浩繁的清代州县衙门司法档案和数量众多的州县官判牍中。清代大量州县官判牍的编辑与刊刻，其目的不仅在彰显作者的政绩与才华，也是总结经验，为后人提供借鉴，“公牍别是人间一种文字，可与入官者作前马”[②]。目前已知的清人编纂的判牍数量有数百种之多。[③]杨一凡、徐立志教授主编的《历代判例判牍》收录了《槐卿政绩》《诸暨谕民纪要》《四西斋决事》《樊山批判》《三邑治略》等多部清代颇有影响力的州县官判牍。

州县自理词讼判例并无法律拘束力，司法实践中州县官也绝少援引自理词讼判例作出裁判。不过州县官普遍具有基本的“同案同判”的法律思维，在律例无明文规定时，会尽可能参考当地礼俗、情理或习惯作出裁判，保持自己前后裁判的一致性。如清代州县官熊宾担任东湖县令期间先后审理了卢上达案、胡建堂案、罗永宝案、赵永承案四起“溜庄钱”纠纷案，均参考当地“溜庄钱”习惯作出裁判，保证了自己所审各案前后裁判的一致性。[④]

---

① 张晋藩:《中国古代民事诉讼制度》，中国法制出版社2018年版，第356页。

② （清）樊增祥:《樊山批判》，载杨一凡、徐立志主编:《历代判例判牍》（第十一册），中国社会科学出版社2005年版，“自序”第1页。

③ 杨一凡、徐立志主编:《历代判例判牍》，中国社会科学出版社2005年版，“前言”第3页。

④ （清）熊宾:《三邑治略》卷五“讯卢上达一案”、“讯胡建堂一案”、“讯罗永宝一案”和“讯赵永承一案”，载杨一凡、徐立志主编《历代判例判牍》（第十二册），中国社会科学出版社2005年版，第44、66、68、69页。关于“溜庄钱”习惯，据《豫鄂皖赣四省之租佃制度》记载:“该处佃农向地主租得之田地，有多余者，往往转佃他人，而从中抽取庄钱，俗称‘溜庄’。自后此风日炽，欲佃种之农人，未能直接向田主承揽耕种，惟有向其他佃农出庄钱溜入。于是溜庄一变成为田地优劣之价格矣。当地主租给佃农时，并未注意此弊端，故当时亦曾取得押金，迨后地主发现时，即愿将原押金如数退回，收回其田，而佃农却强硬不从，并谓彼等在田地方面，曾有相当之劳力、管理与施用肥料等。如果地主欲收回土地，须依时价出溜庄钱以及搬家费。”（金陵大学农业经济系调查编纂，1936年6月金陵大学农业经济系印行，第111页。）

当然，对州县官而言，民间习惯本身并无当然拘束力。如果州县官认为某项民间习惯为“陋习”，也可以向百姓阐明理由而拒绝适用。如同治六年（1867年）至同治七年（1868年），时任陕西省紫阳县令马某，先后审理了三起涉及“卖业先尽亲族”习惯的田土纠纷案。[①]在这三起案件中，针对原告以“卖业先尽亲族”习惯为由而主张优先购买权的诉讼请求，马县令均以该习惯系“陋习”为由，驳回了原告的诉讼请求。[②]

2.成案

成案从其本义而言包括司法成案、行政成案等各类成案。本书所称成案特指司法成案。“从广义上讲，所有结审案件都是司法成案。”[③]不过从现存清代司法成案类汇编作品来看，成案通常不包括州县自理词讼判例，主要指督抚、刑部及皇帝审结的徒罪以上案件。

与州县自理词讼判例相同，成案不具有法律拘束力。《大清律例》“断罪引律令”律文明确规定：“凡断罪，皆须具引律例，违者，笞三十。……其特旨断罪，临时处治，不为定律者，不得引比为律。若辄引致罪有出入者，以故失论。”乾隆三年（1738年）纂修条例，再次明确重申：“除正律正例而外，凡属成案未经通行著为定例，一概严禁，毋得混行牵引，致罪有出入。”[④]

与州县自理词讼判例不同，成案在司法实践中受到高度重视，被频繁援引。“根据《刑案汇览》统计，在约4000件裁判中，实质性援引成案的数目，达367件。其中，明显依照所援引的成案为依据、而非立足于对律例及其文

① 清代各地普遍存在“卖业先尽亲族”的习惯。据《中国民事习惯大全》，当时陕西省汉中道属二十四县及扶风县：“出卖产业，须先尽让亲族。亲族无人承买，再尽地邻。若所卖产业，曾经出当者，并须尽让当主。必均无人承买时，始能卖与外人。”施沛生编：《中国民事习惯大全》，上海书店出版社2002年版，第二编《物权》，第二类“不动产买卖之习惯”。

② 陕西省档案馆藏清代紫阳县司法档案2-2-180卷，“同治六年十一月任元玺等告赵有林等欺笼蓦卖事”；2-2-240卷，“同治七年信天荣告信正乾等串奸蓦卖等事”；2-2-131卷，“同治七年十二月来林庆告来林志贱卖措讼事”。

③ 王若时：《清代成案非“司法判例”辩》，载《华东政法大学学报》2020年第1期。

④ 《大清律例》卷三十七，田涛、郑秦点校，法律出版社1999年版，第596页。

义解释作出裁决的案例，共173件，占其中近二分之一。”[①]虽然《大清律例》明确规定成案不得被援引作为裁判依据，但从司法实践来看，从最基层的州县官，到“天下刑名总汇”的刑部，直至最高统治者——皇帝，各级司法官在遇到律例无明文规定的疑难复杂案件时，无不重视对已有成案的检索运用。在各级司法官员看来，“律之所不能尽而有例，例之所不能尽而有成案”，“盖律例为有定之案，而成案为无定之律例”。[②]可以说，在司法实践中，成案具有不容忽视的说服力。

清代成案汇编类作品数量众多，影响较大有《例案全集》《成案汇编》《成案续编》《成案新编》《成案质疑》《成案备考》《刑部比照加减成案》《秋审成案》《秋审实缓比较成案》《刑案汇览》《驳案新编》《驳案汇编》等。社会科学文献出版社2014年出版了杨一凡教授编的《清代成案选编（甲编）》50册，收录清代司法成案、行政成案等各种成案集16种；2016年出版了杨一凡、陈灵海教授编的《清代成案选编（乙编）》30册，收录乾隆至清末各种成案集共25种。

3.通行

“通行”的本义是“通令遵行”。“通行是清代法律体系中作为律、例补充的一种重要法律形式，是指尚未被编入条例或则例、由各部院通令在全国范围内遵行的皇帝谕旨或议准臣工条奏的统称。”[③]

狭义的通行指通行成案。本书所称通行为狭义上的通行。通行成案在性质上属于有法律拘束力的判例。

通行成案系普通成案经过特定程序上升而来。“清代前期实行不定期修

① 王志强：《清代国家法：多元差异与集权统一》，社会科学文献出版社2017年版，第143—144页。因案牍本身表达的问题和研究者见仁见智，其实很难对援引成案的数量得出完全精确的数字；另，王志强教授这一统计数字包括42件通行成案，但通行成案本身具有法律拘束力，与一般成案不同。参见该书第144、151页。

② （清）许梿：《刑部比照加减成案续编》，何勤华等点校，法律出版社2009年版，“叙”第353页；（清）许梿、熊莪纂辑：《刑部比照加减成案》，何勤华、沈天水等点校，法律出版社2009年版，“叙（熊莪）”第4页。

③ 胡震：《清代“通行”考论》，载《比较法研究》2010年第5期。

例，清乾隆十一年确立定期修例制度，嘉庆以后定期修例制度没有得到认真执行，实际上是不定期修例。在两次修例期间出现律例无明文规定新的法律问题时，基于适时立法的急需，中央司法审判机关和其他部门选择内外臣工条奏中具有广泛适用意义的成案，经皇帝批准，在全国或某一地区通行。”[①]

与普通成案不同，通行成案具有明确的法律拘束力，在性质上与律、例同属正式法律渊源，司法官员必须遵守。清末沈家本曰：“律者，一成不易者也。例者，因时制宜者也。于律、例之外，而有通行，又以补律例之所未尽也。……咸当遵守。盖律、例之有通行，譬犹江沱汉潜，而非骈拇枝指也。”[②]

一道典型的通行成案由两部分组成，第一部分是对案件本身的分析与处理，第二部分则为根据对该案件的处理形成的一条抽象法律规则，两部分之间一般以“通行各省，嗣后”的表述为界限。“通行在对案件情况进行分析并援引、比照律例拟断后，均会抽象出一概括性的法律规定，规定嗣后遇有此类案情，均援照本案处理。”[③]这也是通行成案与普通成案的本质区别。对于一道通行而言，真正具有法律拘束力的是“嗣后”的部分。试举一例：

抢夺当被事主识破谋杀事主

广东抚题：贼犯周亚敬听从在逃之陈德用抢夺牛只，致死事主工人徐亚灿灭口一案。……核其情节，周亚敬与在逃之陈德用初意仅止图抢，并无谋命之心。得赃之后因徐亚灿赶捕并声言认识报官究治，陈德用始商令周亚敬用刀戳伤毙命，系恐被指控败露，拒捕致死，自应照抢夺杀人例定拟。今该抚将周亚敬依图财害命拟以斩决，与例不符。周亚敬应改依抢夺杀人为从帮殴刃伤例，拟绞监候。查首犯陈德用虽经在逃，该犯系抢夺拒捕杀人，秋审时应入情实之犯，毋庸监禁待质。再查抢夺、窃盗谋死事主之案，各省有照抢、窃拒捕杀人本例问拟者，亦有照图财害命之例科断者。查图财害命先有致死之心，抢、窃拒捕初无伤人之意，情节不同，是以罪名迥异。若因其均

① 王若时：《清代成案非“司法判例”辩》，载《华东政法大学学报》2020年第1期。

② （清）沈家本：《寄簃文存》，商务印书馆2015年版，第190页。

③ 胡震：《清代“通行”考论》，载《比较法研究》2010年第5期。

一致死事主，即概照图财害命问拟，舍拒捕本例于不问，殊失平允。应请通行各省，嗣后凡抢、窃得财致死事主之案，悉照拒捕杀人本例办理，以免歧异。等因题准。嘉庆十二年通行。①

该件通行，“通行各省，嗣后”表述之前的内容是对“周亚敬听从在逃之陈德用抢夺牛只，致死事主工人徐亚灿灭口一案”本身应如何裁判的详细分析，“通行各省，嗣后”表述之后的“凡抢、窃得财致死事主之案，悉照拒捕杀人本例办理”是具有普遍法律拘束力的抽象规则。

对于一件通行成案来说，虽然真正有法律拘束力的是文本中“嗣后”部分的抽象规则，但“嗣后”之前的案情是司法实践中准确适用“嗣后”部分抽象规则的基础，且通行成案仍保留了题本、奏本的原始法律文书形态，这与纳入律典的条例不同，可以说通行成案在性质上尚未脱离判例的范畴。

通行成案可能在届期修例之时经进一步规范化，上升为更具稳定性的条例，纳入律典之中。《刑案汇览》共收录自乾隆元年（1736年）起至道光十三年（1833年）止600余件通行，经检索统计，其中76件在收入《刑案汇览》时已纂修为条例，编纂者明确标注了“通行已纂例”字样。

与数量庞大的成案汇编不同，单独的通行成案汇编在清代相对较少，出现也较晚，现发现的有20余种。②杨一凡教授编的《清代成案选编（甲编）》收录《历年通行成案》一种。另，杨一凡、徐立志教授主编的《历代判例判牍》与杨一凡教授主编的《清代判牍案例汇编（甲编）》中收录的《刑部各司判例》实为一部通行成案汇编，《刑部各司判例》之名应系清末民初之人所加。

清代单独通行成案汇编不多见，原因可能是多方面的。第一，通行成案是国家正式法律渊源，在官府内部本身有一套比较规范的传达与保存制度③，另行单独汇编的意义不大。第二，通行虽是国家正式法律渊源，但稳定性较

① （清）祝庆祺等编撰：《〈刑案汇览〉全编》，尤韶华等点校，法律出版社2007年版，第889—890页。

② 胡震：《清代“通行”考论》，载《比较法研究》2010年第5期。

③ 乾隆九年专门制定了一条通行传达与保存的管理制度。参见《大清会典事例》卷八百五十二。

低，部分通行本系暂时变通之举，部分通行则在届期修例时正式上升为条例而被纳入律典，单独汇编的需求较小。

4.有拘束力的地方判例

地方各级司法机关审结案件形成大量地方判例。地方判例包括州县审结的自理词讼判例、因当事人上控而最终由地方各上级司法机关审结的词讼判例、督抚批结的无关人命的徒罪判例等。

大部分地方判例不具有法律拘束力，但有少数地方判例经过特定程序而在所在地方具备了法律拘束力。从史料来看，下级司法机关遇到律例无明文规定的疑难复杂案件时，可禀请上级司法机关创制出适用于该类案件的统一规则，将该案上升为在当地具有拘束力的地方判例；上级司法机关也可因当事人上控或下级司法机关审转、通详而直接创制有拘束力的地方判例。

（1）下级司法机关主动禀请创制有拘束力的地方判例

道光年间栾城县知县桂超万审理东客村刘大用诉在城裕成店王玉买其村地八十八亩不办差一案，主动禀请藩司创制适用于该类案件的统一规则，将此案上升为有拘束力的地方判例。

该案裕成店商人王玉买东客村土地八十八亩，但拒绝承担土地上所附出差义务，违背当地村民按地出差的规则，东客村村民刘大用因此将王玉告至县衙。桂超万审理该案，发现该案所涉及纠纷在当地具有一定普遍性，而律例并无明文规定，若处理不当，不但于事无济，而且可能导致官民俱困的不良后果，遂禀藩司请示："叙明村民按地出差，如村地卖归城社即不在乡出差，将来地归城贾，差累乡民，必至官民俱困。应饬买何村之地即办何村之差，庶民不累而差不疲等情。""案经司定后遂为例，自是城中置乡地者胥办差。"[①]该案在当地创制了"城中置乡地者胥办差"的新规则。

（2）上级司法机关因当事人上控而创制有拘束力的地方判例

樊增祥担任陕西省按察使司时审理闵福成上控陈世德一案，创制了"荒

① （清）桂超万：《宦游纪略》卷三"讯东客村刘大用控在城裕成店王玉买伊村地八十八亩不办差一案"，清同治三年养浩斋刊本，载官箴书集成编纂委员会编：《官箴书集成》（第八册），黄山书社1997年版，第359—360页。

年弃妻，妻在后夫家已生子女者，妻归后夫”的规则。该案详情如下：

案据咸宁县申赍民人闵福成、陈世德互控一案卷宗到司。查此案前据闵福成以已断复翻等情控陈世德到司，当经明白批饬，吊阅全案卷宗，以凭核断。兹据封送前来，本司详加披阅，不禁三叹。查陈世德于上年九月以拐妻有著，控李姓于前任刘令案下，经崔委员集讯，业经问明陈世德荒年则弃妻，年丰则又索妻，殊属不合。乃又断令陈世德既愿要人，应持出钱十五串交李姓收受，然后领人，则初断已大谬矣。及舒令到任，闵福成夫妇先后复控到案，闵朱氏不愿归陈世德，尤恋其新生之女，而草滩仓正等亦为代鸣不平，舒令复讯亦明言陈世德不合，而又云惟系本夫，自应断归领度。……夫陈世德之荒年弃妻，情断义绝，崔倅、舒令之堂断屡屡言之，而所断与所言竟如两已相背反，不如仓正乡约之公且明，此本司所百思不解者也。夫以妻还世德，而世德不承情，以钱与福成，而福成不生感，朱氏难乎为妇，幼女莫保其终，断一案而四面皆非，两番上控是亦不可以已乎。做官第一要体人情。陈世德者，不问而知其为奸民也。凶荒抛弃，早无结发之情，陌路相逢，顿起图讹之念。观其四年之久，从不追寻，可见此时坚欲得妻，正为多得钱文之计。而该令等转令出钱领妻，试思该民初次呈词，谓乞食至草滩，瞥见朱氏。夫以乞食之人何能以五十串赎妻？足见未领妻以先已早蓄卖妻之志矣。即令不卖，而从前世德已不顾朱氏之死生，此时朱氏又历讦世德之浪荡，强令复合，终必仳离。况世德既不顾己之妻，岂尚能疼人之女？该令以朱氏母女付世德之手，将来母逃女死实在意中。此等判词，不仁不明，阅之令人胸中作恶。此案由本司更正，即仰咸宁帮审委员张直牧覆集全案人证，将陈世德重责百板，枷号十日，以治其弃妻于前，图讹于后，昧良上控之罪。交案之五十串钱，当堂掷还，并令出具恩义早绝永不索妻甘结存卷，枷满取保释放。朱氏仍归闵福成为妻，俾幼女无失怙恃。以后如有荒年弃妻，在后夫家已生子女者，均照此案办理，以彰公道而顺人情。合行札饬，札到该府州县遵照。①

① （清）樊增祥：《樊山政书》，那思陆、孙家红点校，中华书局2007年版，第181—183页。

（3）上级司法机关因下级司法机关通详创制有拘束力的地方判例

《福建省例》所载长汀县江观发之妻罗氏被丈夫殴伤自缢身死一案，是一起典型的上级司法机关因下级司法机关通详而创制的有拘束力的地方判例。该案详情如下：

一件禀报事。按察使司史禀：乾隆二十三年正月二十四日，奉总督部堂兼署巡抚印务杨批：据长汀县通详江观发之妻罗氏被观发殴伤自缢身死一案验讯议拟缘由，奉批：闽省妇女性不柔顺，轻生之案几于报无虚日。查律载：夫殴骂妻妾因自尽者，勿论。又例载夫与妻角口，以致妻自尽无伤痕者毋庸议；殴有重伤者，其夫杖八十等语。律著倡随之义，例名伉俪之情，并行不悖，并无轻伤之文。今江观发因妻罗氏不肯为之烧水，以致拳殴左臂，伤甚轻微。罗氏有不可解之忿，而辄轻生自尽，孽由自作，于人何尤？该县将江观发拟以笞责，是添出律例未有之条，为妇女轻生者劝也。仰按察司核明转饬，将江观发照律勿论，领埋立案。仍通饬各属，嗣后均照律例办理，毋得意为重轻，致烦驳改未便。并候督部堂衙门批示。并饬备具图结补送备案。缴。二十五日，奉总督部堂杨批：查江观发拳殴罗氏，左臂微红，既非重伤，自应照律勿论。仰按察司核正饬遵。仍候抚部院衙门批示。并饬具图结补送备案。缴。奉此，除饬行汀州府遵照外，合行通饬备票行府，照依院批事理，即使通饬各属一体遵照毋违等因。[①]

针对该案，福建按察使司对《大清律例》律文与条例内容进行了解释，明确了"夫殴妻妾轻伤，因而自尽，照律勿论"规则，统一了福建省地方司法机关裁判该类案件的标准。

有拘束力的地方判例多散见于清代地方省例汇编及地方官判牍汇编中。"省例是省级政府以各种法律形式制定的用以规范地方事务的法规、政令和具有法律效力的规范性文件的统称"[②]。省例适用于当时省级政府管辖的地域，

---

① 《福建省例》"刑政例上·夫殴妻妾轻伤因而自尽照律勿论"。

② 杨一凡、刘笃才编：《中国古代地方法律文献（丙编）》（第一册），社会科学文献出版社2012年版，"前言"第5页。

在本省范围内具有普遍的、相对稳定的法律约束力。杨一凡、刘笃才教授编的《中国古代地方法律文献（丙编）》收录了清代有代表性的省例汇编《湖南省例成案》《治浙成规》《粤东省例》《江苏省例》《四川通饬章程》等。

二、清代判例的实践

因判例自身法律拘束力的差异及《大清律例》对不同类型案件裁判要求的不同，清代四类判例在司法实践中发挥的具体作用存在一定差异。

（一）成案在司法实践中的作用

在清代四类判例中，综合考量数量和在司法实践中的影响力，可以说成案是其中的主体部分。成案数量庞大，在司法实践中具有不容忽视的影响力与说服力，历来受到各级司法官和刑名幕友的高度重视。[①]与之相对，州县自理词讼判例数量虽然庞大，但在司法实践中的影响力颇为有限；而通行及有拘束力的地方判例虽有拘束力，但数量较少。

成案在司法实践中主要发挥着五个方面的作用：第一，情境复现，补强制定法的规则效力，树立法律权威；第二，明确制定法的具体含义，指引司法官准确适用制定法；第三，提供范例，促进司法官比附断罪的规范化；第四，提供事实依据，强化司法官裁判的法理论证；第五，弥补制定法不足，创制新的法律规则。

1.情境复现，补强制定法的规则效力，树立法律权威

“在制定法业已公布的情况下，只有借助于相似情境下的反复适用，规则的效力才能不断得到强化。”[②]制定法只有通过具体成案的适用，才能真正

① 成案，从严格意义上讲，应指在程序上已审结的案件。刑部说帖与刑部驳案在程序上虽不属于审结性质裁判文书，但在司法实践中具有相当于审结成案的影响力与说服力，清代成案汇编类作品也广泛将说帖与驳案收录在内，以供法律工作者参考，故本书所考察成案在司法实践中的适用包括说帖与驳案。

② 汪世荣：《补强效力与补充规则：中国案例制度的目标定位》，载《华东政法学院学报》2007年第2期。

发挥其效力，实现从纸面上的法到实践中的法的转变。通过情境复现，补强制定法的规则效力，树立法律权威是成案发挥的最基础的作用。清代的一些成案汇编类作品注意收录典型的“情境复现”类成案。《成案汇编》“凡例”载：“案无律例虽无增减，但非寻常经见之事，亦并采之以广见闻。”[①]《刑案汇览》中也收录了多起情境复现类案例。

如嘉庆十七年（1812年）黑龙江哈尔呢都用刀戳伤玛勒塔玛勒身死一案。该案哈尔呢都年仅六岁，与九岁的玛勒塔玛勒玩耍起衅，刀戳玛勒塔玛勒，致其殒命。《大清律例》“老小废疾收赎”律文规定：“七岁以下，虽有死罪，不加刑。”所附条例规定：“七岁以下致毙人命之案，准其依律声请免罪。”[②]刑部认为：“是该犯年止六岁，与七岁以下虽有死罪不加刑之律相符。该司将该犯依律免罪，恭候钦定，系属照例办理，应请照办。”[③]

《礼记·曲礼上》：“八十九十曰耄，七年曰悼。悼与耄虽有罪，不加刑焉。”《大清律例》继承中国几千年来悼耄不刑的传统，明确规定：“九十以上，七岁以下，虽有死罪，不加刑。”[④]司法实践中，七岁以下儿童犯死罪的情形颇为罕见，《刑案汇览》中收录了该起典型案件，说明《大清律例》相关规定并非“僵尸条款”，在实践中切实发挥了作用。

又如嘉庆十七年（1812年）广西刘兰正肩卸木条碰伤幼孩何老丙身死一案。该案刘兰正受雇在木铺搬运杉木上堆，适何正得六岁幼子何老丙在其身后跑往木堆玩耍，刘兰正肩木卸放不及照顾，致木梢碰伤何老丙右太阳等处倒地，越日殒命。《大清律例》“戏杀误杀过失杀伤人”律文规定：“若过失杀伤人者，各准斗杀伤罪，依律收赎。”律注曰：“过失谓耳目所不及，思虑所不到。”[⑤]清代认定过失杀人罪的关键是行为人主观无过错，即“耳目所不及，思虑所不到”。刑部认为：“查，该犯负重前行，何老丙跑往木场顽耍，系在

① （清）觉罗雅尔哈善：《成案汇编》“凡例”，乾隆十一年序刊本。

② 胡星桥、邓又天主编：《读例存疑点注》，中国人民公安大学出版社1994年版，第63页。

③ （清）祝庆祺等编撰：《〈刑案汇览〉全编》，尤韶华等点校，法律出版社2007年版，第298—299页。

④ 《大清律例》卷五，田涛、郑秦点校，法律出版社1999年版，第106页。

⑤ 《大清律例》卷二十六，田涛、郑秦点校，法律出版社1999年版，第433页。

该犯身后，该犯不及照顾，致木梢碰伤何老丙殒命，正与耳目所不及，思虑所不到之律注相符，该省将别闻正符认失杀人律收赎，似可照覆。”[①]

该案以情境复现的方式，提供了司法实践中“耳目所不及，思虑所不到”之过失杀人案的典型情形，补强了制定法规则效力，树立了法律权威。

2.明确制定法的具体含义，指引司法官准确适用制定法

“制定法的特点是高度抽象、概括，判例的特点则是形象、具体。判例是正确理解制定法含义的重要手段。”[②]明确制定法具体含义，指引司法官准确适用制定法是成案的另一重要基础作用。

《大清律例》要求各级司法官严格援引律例准确断罪。《大清律例》“断罪引律令”律文明确规定：“凡（官司）断罪皆须具引律例，违者（如不具引），笞三十。”[③]同时清代实行逐级审转制度，“徒以上解府、道、臬司审转”[④]，其间引用法律稍有不当，即可能遭到上级驳斥，甚至因此承担相应法律责任。清人认为：“部颁各例已极详明，然不多阅成案，未免引断无据。”[⑤]司法官参考成案，有助于准确理解制定法含义，迅速找到可以准确援引的制定法依据。

清代大量成案以具体、生动的事例对制定法条文及概念予以解释，明确了制定法的具体含义，保障了司法实践中对制定法的统一准确适用。

如乾隆年间广东电白县梁国升殴伤陈亚念身死一案，涉及对《大清律例》“犯罪存留养亲”律文的理解，这直接关系到对案犯梁国升是否适用存留养亲问题。

广东巡抚第一次具题时将梁国升依斗殴杀人律拟绞监候，未声明留养。刑部复核，发现梁国升供词内有“并未娶妻，母亲陈氏，年八十一岁，胞弟亚四年二十八岁，染患瘫症等语”，遂将案驳回，要求广东巡抚讯查明

① （清）祝庆祺等编撰：《〈刑案汇览〉全编》，尤韶华等点校，法律出版社2007年版，第1670页。

② 汪世荣：《中国的判例文化传统》，载《法律适用》2017年第2期。

③ 《大清律例》卷三十七，田涛、郑秦点校，法律出版社1999年版，第595页。

④ 《清史稿·刑法三》。

⑤ （清）孙纶：《定例成案合镌》“凡例”，清康熙五十八年刻本。

确。刑部驳回广东巡抚第一次具题，固然是因为“事实不清”，即“既取梁国升母老弟病供词，承审官又未详查取结，事涉两歧，难以定议”，但实质涉及对《大清律例》“犯罪存留养亲”律文的理解。《大清律例》“犯罪存留养亲”律文规定：“凡犯死罪非常赦不原者，而祖父母（高、曾同）、父母老（七十以上）疾（笃、废）应侍（或老或疾），家无以次成丁（十六以上）者（即与独子无异，有司推问明白），开具所犯罪名（并应侍缘由）奏闻，取自上裁。”刑部认为：“如陈氏果系八十一岁，而梁亚四染患软瘫属实，则亚四系属病废，必不能侍养其母，而陈氏年届桑榆，有子而若无子。梁国升杀人拟抵，有弟而若无弟。正与名例所载，家无以次成丁之律意相符，自应取具承审各官，及邻族人等，印甘各结送部，照例奏闻。”在这里，刑部事实上从目的论的角度对“家无以次成丁”的律文进行了扩张解释。刑部认为梁国升胞弟梁亚四二十八岁，虽已届成丁年龄，但已成瘫废，从“犯罪存留养亲”条立法目的而言，梁亚四“必不能侍养其母”“有子而若无子”，符合律文规定的“家无以次成丁”的情形。刑部从目的论的角度对律文的扩张解释得到皇帝认可，该案最终经皇帝批准：“梁国升从宽免死，照例发落，准留养亲，余依议。”①

该判例对“犯罪存留养亲”条律文“家无以次成丁”的解释，进一步明确了该条文的具体含义，有助于司法实践中对犯罪存留养亲律文的准确适用。

又如嘉庆十六年（1811年）陕西巡抚具题方兴贵致死问尚廉等二命，并张智瀌谋杀胡老大一案。该案问尚廉、沈老小、胡老大三人同住一窑，各种各地。“该犯方兴贵因挟问尚廉强取衣被抵作赌欠，并诈赖欲将其麦地抵扣之嫌，忿恨莫遏，适张智瀌亦挟胡老大凶殴嫌隙，起意将其杀死泄忿。方兴贵亦将预萌谋杀问尚廉之心吐露，张智瀌吉言即于是夜潜往下手。三更时同至问尚廉等窑内，问尚廉、沈老小同睡一炕，胡老大独宿小炕，张智瀌将胡老大用斧砍毙，方兴贵用斧将问尚廉砍伤，沈老小惊醒喊叫，方兴贵因恐败

① （清）丁人可编：《刑部驳案汇钞》卷一“名例・犯罪存留养亲”，载杨一凡、徐立志主编：《历代判例判牍》（第六册），中国社会科学出版社2005年版，第9—10页。

露，起意一并致死灭口，亦用斧将其叠砍，均各毙命。查，已死问尚廉等三人虽同住一窑，系各种各地，并非共财，与一家不同，且该犯等系各挟各嫌，各自起意谋命，自应各科各罪。”[①]

该案涉及对《大清律例》“杀一家三人”律文的理解。《大清律例》对“杀一家三人”犯罪处刑极重，律文明确规定：“凡杀一家非死罪三人，及肢解人者，凌迟处死。”[②]不仅如此，“杀一家非死罪三人”在中国古代属十恶重罪中的“不道”，不在赦免之列。《大清律例》律注对“一家”的解释为：“谓同居。虽奴婢、雇工人皆是。或不同居，果系本宗五服至亲，亦是。”[③]该判例确认“问尚廉等三人虽同住一窑，系各种各地，并非共财，与一家不同”，明确了“一家”的含义为“同居共财”。另，该判例通过确认“各自起意谋命，自应各科各罪”明确了共同犯罪的认定应以“共谋”为要件。

3.提供范例，促进司法官比附断罪的规范化

中国古代允许比附断罪，但比附断罪并非任意断罪。《大清律例》对比附断罪有严格规范，司法官比附不当，会被上级驳回，甚至要承担相应法律责任。《大清律例》“断罪无正条”律文规定：“凡律令该载不尽事理，若断罪无正条者，(援)引(他)律比附，应加、应减，定拟罪名，(申该上司)议定奏闻。若辄断决，致罪有出入，以故失论。”[④]

《大清律例》所附“比引律条”为各级司法官比附断罪提供了一些范例，如“僧道徒弟与师共犯罪，徒弟比依家人共犯，免科条”[⑤]等，但《大清律例》所附“比引律条”相对于千变万化的社会生活而言是远远不够的。司法实践中，各级司法官在比附断罪时相当依赖具体化的成案。“由成案而观，则知以法断事则事有不符，以事拟事则法无不尽。”[⑥]“律例无可引用，援引别条

① (清)祝庆祺等编撰:《〈刑案汇览〉全编》，尤韶华等点校，法律出版社2007年版，第1490—1491页。

② 《大清律例》卷二十六，田涛、郑秦点校，法律出版社1999年版，第426页。

③ 《大清律例》卷二十六，田涛、郑秦点校，法律出版社1999年版，第426页。

④ 《大清律例》卷五，田涛、郑秦点校，法律出版社1999年版，第127页。

⑤ 《大清律例》卷四十七，田涛、郑秦点校，法律出版社1999年版，第908页。

⑥ (清)孙纶:《定例成案合镌》“序(王掞)”，清康熙五十八年刻本。

比附，或比照某律某例加减一等，最宜斟酌至当，庶免畸轻畸重之訾。集成案以征信，即律载比引律条‘余可例推’之意也。”①

虽然《大清律例》规定“凡属成案未经通行著为定例”，不得直接援引作为裁判依据，但“例无专条、援引比附加减定拟之案”常被司法官作为比附断罪范例而援引，在司法实践中具有重要说服力。刑部曾明确表示：“本部办理刑名，均依律例，……至律例所未备，则详查近年成案，仿照办理。若无成案，始比律定拟。”②

如嘉庆二十二年（1817年）山东王法廷、王孝绪与王路氏通奸败露，致王路氏羞愧自尽一案。此案王法廷、王孝绪先后与王路氏有奸，嗣王法廷瞥见王孝绪走至路氏屋内，将门关闭，疑系有奸，心怀妒忌，起意捉拿，旋即踢门进内。王孝绪慌忙逃逸，王法廷见路氏赤身在炕，复与行奸一次。王路氏声言王法廷踢门吵闹，定被邻佑知觉，令伊无颜见人，最终投井殒命。山东巡抚以《大清律例》无奸夫妒奸致奸妇羞愧自尽作何治罪明文，将王法廷依奸妇因奸情败露羞愧自尽例拟徒，王孝绪仍科奸罪。刑部认为裁判不当，将王法廷改依和奸之案，奸妇因奸情败露羞愧自尽，奸夫拟杖一百徒三年例上酌加一等，杖一百流二千里；王孝绪改依和奸之案，奸妇因奸情败露羞愧自尽，奸夫拟徒例杖一百徒三年。③该案因此确立了“奸夫妒奸致奸妇自尽”应比照“奸妇因奸情败露羞愧自尽，奸夫拟杖一百徒三年例”上酌加一等“杖一百流二千里”的比附断罪范例。其后道光五年（1825年）河南巡抚审理孙盛彩妒奸殴伤奸妇赵李氏，致赵李氏忿迫自缢身死一案，将孙盛彩比照因奸威逼人致死斩监候律上量减一等，拟以满流。刑部复核，认为孙盛彩一案案情与山东省王法廷案及直隶省谢琥、云南省李荣成案相同，而河南巡抚比附断罪与成案不同，“引断殊未允协”，应仿照成案更正，将孙盛彩依奸妇

---

① （清）觉罗雅尔哈善：《成案汇编》“凡例”，乾隆十一年序刊本。

② （清）祝庆祺等编撰：《〈刑案汇览〉全编》，尤韶华等点校，法律出版社2007年版，第1264页。

③ （清）祝庆祺等编撰：《〈刑案汇览〉全编》，尤韶华等点校，法律出版社2007年版，第1883页。

因奸败露羞愧自尽满徒例上量加一等，拟杖一百流二千里。[①]

一般而言，如比附断罪与成案相符，则刑部无异议。

如道光三年（1823年）江苏巡抚审理张廷绪纠抢李果之妾孙氏一案。此案张廷绪起意纠抢李果之妾孙氏已成，未卖亦未奸污，闻拿畏惧，赴县投首。江苏巡抚将张廷绪比依未伤人之首盗闻拿投首例，实发云贵两广极边烟瘴充军。刑部复核："检查历年办过成案，抢夺妇女罪应斩决之首犯，因闻事主欲控，将妇女送还，或闻拿投首，皆比照强盗自首之例减等办理。此案张廷绪起意纠抢李果之妾孙氏已成，未卖亦未奸污，按抢夺妇女已成，首犯罪应斩决，该犯闻拿畏惧，赴县投首，例得减等。该省将张廷绪比依未伤人之首盗闻拿投首例，实发云贵两广极边烟瘴充军，核与办过成案相符。"[②]

《大清律例》"强占良家妻女"条附例："凡聚众伙谋抢夺路行妇女，……并聚众伙谋于素无瓜葛之家，入室抢夺妇女（无论曾否媒说），一经抢获出门，即属已成。审实，不分得财与未得财，为首者，斩立决，为从者，皆绞监候。"[③]《大清律例》"犯罪自首"条附例："闻拿投首之犯，除律不准首及强盗自首例有正条外，其余一切罪犯，俱于本罪上减一等科断。"[④]《大清律例》"强盗"条附例："未伤人之首伙各盗，……闻拿投首者，实发云、贵、两广极边烟瘴充军，面刺'改遣'二字。"[⑤]《大清律例》未直接规定"抢夺妇女已成，未卖亦未奸污，闻拿投首"应如何处理。江苏巡抚将张廷绪比依未伤人之首盗闻拿投首例，实发云贵两广极边烟瘴充军，与历年办过成案相符，得到刑部认可。

又如嘉庆七年（1802年）刑部四川司审拟礼部皂役杨起隆之子杨成偷窃稿件一案，将杨成比照偷窃衙署服物例发极边足四千里充军，刑部律例馆审议："检查嘉庆六年有周四偷窃兵部册籍一案，十四年有孔符见行窃吏部旧稿一案，

---

① （清）祝庆祺等编撰：《〈刑案汇览〉全编》，尤韶华等点校，法律出版社2007年版，第1885页。

② （清）祝庆祺等编撰：《〈刑案汇览〉全编》，尤韶华等点校，法律出版社2007年版，第553页。

③ 胡星桥、邓又天主编：《读例存疑点注》，中国人民公安大学出版社1994年版，第219页。

④ 胡星桥、邓又天主编：《读例存疑点注》，中国人民公安大学出版社1994年版，第75页。

⑤ 胡星桥、邓又天主编：《读例存疑点注》，中国人民公安大学出版社1994年版，第434页。

均系照偷窃衙署服物例拟军。此案杨成系礼部皂役杨起隆之子，同父在署内居住。今该犯偷窃祀祭司旧稿，希图卖钱使用，即被大门皂役盘获。该司将该犯照偷窃衙署服物例发极边足四千里充军。核与成案相符，应请照办。”①

4.提供事实依据，强化司法官裁判的法理论证

司法实践中，成案不仅作为比附断罪的范例而被引用，也常作为司法官阐释律例含义的论据而被引用。《大清律例》“断罪引律令”律文规定：“凡断罪，皆须具引律例，违者，笞三十。”然而律例本身是抽象、概括的，将抽象、概括的律例适用于具体的案件通常需要司法官对律例含义进行一定阐释。在清代，各级司法官在论证自己裁判的正当性时，一方面，立足于对律、例条文本身的解释，“推原律（例）意”“细绎律（例）意”之类的表述比比皆是；另一方面，则通过援引成案提供事实依据，强化裁判的法理论证。

如嘉庆二十四年（1819年）刑部福建司审办高寿行窃雇主银两，计赃罪应拟流一案，声明照律免刺，皇帝要求刑部律例馆审核该案“照律免刺”适用法律是否正确。刑部律例馆首先详细分析《大清律例》相关律文和各条例的规定：“查律载：同居奴婢雇工人盗家长财物，减凡盗罪一等免刺等语。推原律意，奴雇行窃主财，既应照凡盗减等治罪，自不当与凡盗一体刺字。故律文载明免刺，并载在亲属相盗门内明与亲属相盗，减罪免刺同义。迨雍正六年，酌改定例，奴仆偷盗家长财物，照窃盗计赃一体治罪。乾隆五年，又改定雇工人盗家长财物，亦照窃盗计赃治罪，均不准照律减等。现今遵行，是律文所载减等一条，业已不用。例内虽未指明此等人犯应否刺字，但既称照凡盗一体治罪，自当照凡盗一体刺字，以窃盗门内已有刺字明文，不复赘言也。复查木门内行窃素有周恤之各居无服亲属，即以凡人窃盗计赃科断一条，例内载明仍照律免刺，此因亲属素有周恤，故重其相盗之罪，但究系无服亲属，故仍照律免刺，此条仍应免刺，既于例内载明，则奴雇偷盗正财，例内不载明免刺，即应与凡盗一体刺字更可隅反矣。”刑部律例馆认为从法理而言，根据《大清律例》规定，“雇工人盗家长财物”，“自当照凡盗一体刺字”。刑部律例馆进而通查各

① （清）祝庆祺等编撰：《〈刑案汇览〉全编》，尤韶华等点校，法律出版社2007年版，第966—967页。

司成案，为自己的法理论证找到了众多事实支撑："现据四川司查出二十年审办李贵一案，陕西司二十二年审办高海明一案，广东司本年审办李升一案，均系奴雇行窃主财，俱声明照例刺字。惟本年山东司审办西华姐奴窃主财一案，因系妇女，照例声明免刺，此外查无奴雇行窃主财免其刺字之案。历来办理，本属画一，今高寿一稿声明照律免刺，似属错误，应请交司更正。"[①]

又如嘉庆十五年（1810年）刑部议复江苏巡抚题徐贵长等发掘朱尚名孙女尸身，残毁图诈一案。该案徐贵长因向黄邦彦请会不允，挟有嫌隙，嗣见朱尚名孙女病故，用蒲包包裹，埋于田地，起意发掘残尸，移放黄邦彦田内讹诈。徐贵长邀允素好之鲁名山偕至埋尸处所，用树枝掘松泥土，用手扒开，揭去蒲包，提出尸身，鲁名山用刀将尸头割下，连尸身放入篮内，由徐贵长背至黄邦彦田内，撩弃而散。江苏省巡抚将徐贵长依发掘他人坟冢开棺见尸律，拟绞监候；鲁名山依为从例，拟军。《大清律例》"发冢"律文规定："凡发掘（他人）坟冢见棺椁者，杖一百、流三千里。已开棺椁见尸者，绞（监候）。发而未至棺椁者，杖一百、徒三年。（招魂而葬，亦是。为从减一等。）"[②]刑部复核，首先根据律内小注"招魂而葬，亦是"，对律文含义进行扩张解释，认为"招魂而葬，系有棺无尸，是发掘有棺无尸者，既与有尸并论，则发掘无棺之尸比类参观，自应亦照有棺律科断"。为强化论证，刑部进而寻找事实支撑，援引了乾隆二十年（1755年）河南省贾士桀案："虽律例并无明文，检查乾隆二十年河南省贾士桀偷刨贾复智无棺之尸，比例拟军。部驳贾复智殓本无棺，则包尸之席即与棺无异。该犯业已见尸得赃，自应依律拟绞等因在案。"综合律文立法本意与既有成案，刑部认为："今徐贵长与贾士桀案情如出一辙。该省拟罪断语亦与贾士桀一案部驳断语暗相符合，是该省审办此案未始非查从前成案核断，既有成案足依，似可照覆。"[③]

5.弥补制定法不足，创制新的法律规则

① （清）祝庆祺等编撰：《〈刑案汇览〉全编》，尤韶华等点校，法律出版社2007年版，第1051—1052页。

② 《大清律例》卷二十五，田涛、郑秦点校，法律出版社1999年版，第408页。

③ （清）祝庆祺等编撰：《〈刑案汇览〉全编》，尤韶华等点校，法律出版社2007年版，第1152页。

中国古代强调律典的权威性，追求制定法的完备。《大清律例》“断罪引律令”律文规定：“凡（官司）断罪，皆须具引律例，违者（如不具引），笞三十。”[①]同时，统治者也意识到，社会生活复杂多变，律典不可能包罗万象，面面俱到。为弥补制定法不足，最高统治者一方面保留特旨断罪、临时处治的特权，另一方面又在《大清律例》中确立了比附断罪与因案生例两项制度。

（1）皇帝特旨断罪，创制新的法律规则

清代最高统治者皇帝有特旨断罪、临时处治之权，在律例无明文规定或认为律例条文不适宜所审案件时，有权直接创制新的法律规则作出裁决。虽然《大清律例》“断罪引律令”律文规定：“其特旨断罪，临时处治不为定律者，不得引比为律。”[②]但从司法实践来看，皇帝特旨断罪之案仍具有不容忽视的影响力。

如嘉庆十九年（1814年）浙江省题龚奴才误伤其父龚加红一案，道光元年（1821年）十月初一日皇帝特旨施恩准其留养：“惟念该犯父母俱年逾七十，家无次丁，以该犯素非忤逆，伤由过误，呈请留养，其情可悯。龚奴才著施恩准其留养。此系法外施仁，嗣后不得援以为例。”[③]然而道光元年十二月，在浙江樊魁误伤其母樊王氏一案中，樊王氏呈请将樊魁留养，因例无明文，刑部援引浙江省龚奴才成案奏请，奉旨将其留养。[④]其后，刑部奏复山东省翟小良误伤伊父翟玉阶一案时，再次援引龚奴才成案，呈请存留承祧。[⑤]

皇帝特旨断罪之案可能因在司法实践中不断被援引、不断发挥影响力而最终上升为条例。如雍正十年（1732年）江西巡抚题丁乞三仔殴死无服族兄丁狗仔一案，雍正皇帝因丁乞三仔情有可原，特旨从宽免死，减等发落。乾隆十年（1745年）九卿奏准，“十五以下杀人之犯，令该督抚查明，实与丁

① 《大清律例》卷三十七，田涛、郑秦点校，法律出版社1999年版，第595页。

② 《大清律例》卷三十七，田涛、郑秦点校，法律出版社1999年版，第595页。

③ （清）祝庆祺等编撰：《〈刑案汇览〉全编》，尤韶华等点校，法律出版社2007年版，第201页。

④ （清）祝庆祺等编撰：《〈刑案汇览〉全编》，尤韶华等点校，法律出版社2007年版，第201—202页。

⑤ （清）祝庆祺等编撰：《〈刑案汇览〉全编》，尤韶华等点校，法律出版社2007年版，第202—203页。

乞三仔情罪相等者，援照声请，听候上裁”，但并未著为成例；乾隆四十四年（1779年），刑部议复四川总督文绶题盐亭县民刘縻子殴伤李子相身死一案，奉旨恭纂为例。[①]

（2）比附断罪，创制新的法律规则

《大清律例》“断罪无正条”律文规定：“凡律令该载不尽事理，若断罪无正条者，（援）引（他）律比附，应加、应减，定拟罪名，（申该上司）议定奏闻。”[②]可以说每一则比附断罪之案都相当于创制了一条新的法律规则。虽然《大清律例》规定“凡属成案未经通行著为定例”，不得直接援引作为裁判依据，但比附断罪之成案作为比附断罪范例，在司法实践中具有不容忽视的影响力。本书前文已作详述，在此不再赘述。比附断罪之成案所创制的法律规则如具有一定代表性和普遍性，最终可能会被纂修为条例吸收进律典之中，成为一条具有普遍约束力的新的法律规则。《刑案汇览》“凡例”介绍该书收录“例无专条、援引比附加减定拟之案”情形：“自嘉庆十八年起，至道光三年止，得一千九百余案。除续经定有专例各案删去外，共计集入一千四百余件。”[③]据此，十年间大约有五百起比附断罪之案创制的新规则被吸收到律典之中。

（3）因案生例，创制新的法律规则

为保持律典的权威性和稳定性，《大清律例》原则上禁止援引成案：“除正律正例而外，凡属成案未经通行著为定例，一概严禁，毋得混行牵引，致罪有出入。”[④]同时，为回应社会现实的需要，清代确立了因案生例制度，即通过个别成案创制新的法律规则，弥补制定法的不足。“如督抚办理案件，果有与旧案相合，可援为例者，许于本内声明，刑部详加查核，附请著为定

① 胡星桥、邓又天主编：《读例存疑点注》，中国人民公安大学出版社1994年版，第63页。

② 《大清律例》卷五，田涛、郑秦点校，法律出版社1999年版，第127页。

③ （清）祝庆祺等编撰：《〈刑案汇览〉全编》，尤韶华等点校，法律出版社2007年版，第3页。这里的“定有专例”应系纂修为条例纳入律典，而非通行。因为《刑案汇览》同时收录了通行六百余件，其中包括虽已纂修为条例纳入律典，但为时不久，司法适用尚须查看原案的通行七十六件。

④ 《大清律例》卷三十七，田涛、郑秦点校，法律出版社1999年版，第596页。

例。”[①]通过因案生例制度，成案得以合法创制新的法律规则，自身也上升为具有法律拘束力的判例——通行，其创制的新规则最终可能被进一步纂修为条例而纳入律典之中。

如《刑案汇览》所收录的乾隆五年（1740年）安徽省蒋凡殴死卢幅太并卢秀扎死蒋恒一案便是一起典型的附请定例案。该案卢幅太家有围沟一道，筑坝蓄水，备插禾苗。蒋凡地亩在于沟东，种有秫粟。蒋凡因天降大雨，恐沟水伤秫，持锹挖坝放水，卢幅太见而拦阻相争，并向夺锹欲殴。蒋凡随手使锹一击，适中卢幅太顶心偏左倒地，卢幅太之子卢秀见父被殴，持枪趋救，蒋凡之弟蒋恒亦持棍奔助，因卢幅太卧地辱骂，即举棍向击，适卢秀奔至救父情急，用枪格棍，以致扎伤蒋恒左肋跌地。卢幅太、蒋恒先后因伤殒命。安徽巡抚认为该案与雍正十年刑部议复本省林宣殴死戚仁所、戚拴殴死林益礼一案相合，两案均系两家因细事致相争殴，各毙一命。安徽巡抚将蒋凡、卢秀依斗杀律拟绞，声明卢秀应照救父情切减流外，并请求将蒋凡援照林宣旧案减等发落。刑部详加查核，认为两案案情确相符合，应援照宽免，并将该案上升为通行——“请嗣后两家互殴，各毙一命之案……俱照林宣戚拴免死减等例拟军”[②]。乾隆八年（1743年）该则通行被纂修为条例，正式纳入律典之中：“凡两家互殴致毙人命……其两家各毙一命，果各系凶手本宗有服亲属，将应拟抵人犯免死减等，发近边充军。”[③]

（二）其他类型判例在司法实践中的作用

1.州县自理词讼判例的作用

州县自理词讼判例本身不具有法律拘束力，《大清律例》对州县官自理词讼的裁判并无严格要求，司法实践中更极少见到援引自理词讼判例作出裁

---

① 《大清律例》卷三十七，田涛、郑秦点校，法律出版社1999年版，第596页。胡震教授认为该条中的“定例”是“通行”，参见胡震：《清代“通行”考论》，载《比较法研究》2010年第5期。

② （清）祝庆祺等编撰：《〈刑案汇览〉全编》，尤韶华等点校，法律出版社2007年版，第1606页。

③ 马建石、杨育棠主编：《大清律例通考校注》，中国政法大学出版社1992年版，第796页。

判的实例。不过清代大量州县自理词讼判例的编辑、刊刻与传播，必然在无形中为后人处理类似案件提供了一定借鉴。此外，州县官如遇到“屡结屡翻”之案，一般会在查照原讯结底案的基础上作出裁判。在清代，不少地方存在“健讼”之风，有的当事人会利用各种机会就同一事项反复提起诉讼，冀图翻案。[①]如晚清庄纶裔担任莱阳县令时，曾审理一起“屡结屡翻”的张姓与叶、闫两姓田土纠纷案。该案极为曲折复杂，张姓与叶、闫两姓因河道冲淤导致毗邻田地发生变化等原因，在嘉庆十三年（1808年）至光绪三十年（1904年）长达九十六年的时间里，聚讼不断，“屡结屡翻”。庄纶裔审理该案时，“查照历次讯结底案”，在全面了解事情前因后果的基础上，根据查明事实作出裁判。[②]

总体来看，清代大量州县自理词讼判例的保存、编辑、刊刻与传播，有利于司法实践中同案同判的实现。

2.通行在司法实践中的作用

通行具有法律拘束力，是正式的法律渊源，可直接作为司法官员裁判案件的依据。

因通行由各部以单个文件的形式发布，查阅使用不如律典方便，稳定性也远不如律例[③]，实践中司法官援引通行的方式与律例略有差异。司法官援引通行裁判案件一般需要明确通行颁布的时间、颁布部门与内容，而援引律例一般直接表述“律载：……”或“例载：……”。兹举一例：

江西司。**查例载：**人命等案正犯日久无获，为从监候待质人犯，原拟杖罪已过三年，督抚查明，咨部核覆，取具的保释放在外，俟缉获正犯之日，再行质审。又**嘉庆二十一年本部通行内称**，嗣后监候待质之案，无论题奏咨

① 参见侯欣一：《清代江南地区民间的健讼问题——以地方志为中心的考察》，载《法学研究》2006年第4期；尤陈俊：《“厌讼”幻象之下的“健讼”实相？——重思明清中国的诉讼与社会》，载《中外法学》2012年第4期。

② （清）庄纶裔：《卢乡公牍》卷一“详县氏阎长顺府控张冠一案详文”，清末排印本，载官箴书集成编纂委员会编：《官箴书集成》（第九册），黄山书社1997年版，第552—556页。

③ 胡震：《清代“通行”考论》，载《比较法研究》2010年第5期。

结，统以接准咨覆之日起限。按其原定罪名，照例扣满年限，分别发配保释。各等语。此案杨游泮，与在逃之杨春泮，共殴缌麻服兄杨三沅身死。据该犯供，系杨春泮下手伤重，旁无指证。该抚将杨游泮依殴缌麻兄律拟杖，声明业已监禁多年，请照杖罪人犯已过三年之例，取保释放，俟缉获正犯杨春泮等，再行质审，等因咨部。查监候待质案件，应以接准部咨之日，扣满年限，再行查办，**本部通行业有明文**。今拟杖之杨游泮虽经监禁多年，惟现在始据该抚拟罪咨部，而又旁无指证，**自应遵照本部通行**，俟接准咨覆之日，扣满年限，再行查办。该抚拟请照杖罪人犯已过三年之例取保释放，系属错误。应令该抚将杨游泮照所拟杖罪监禁待质，俟三年限满，正犯有无弋获，再行分别办理。道光十三年说帖。[①]

该案刑部认为江西巡抚援引以前条例规定，而未遵照嘉庆二十一年（1816年）通行，系属适用法律错误，应予更正。

通行作为次于律、例的正式法律渊源，虽稳定性不如律例，但对于法制统一、同案同判价值目标的动态实现也发挥着独特的作用。清末沈家本曰："于律、例之外，而有通行，又以补律例之所未尽也。或细绎例意，或申明定章，或因比附不能画一而折其衷，或因援引尚涉狐疑而申其议，或系酌量办理而有成式可循，或系暂时变通而非永著为例。更有经言官奏请，大吏条陈，因而酌改旧文，创立新例，尚未纂入条例者。"[②]

3.有拘束力的地方判例在司法实践中的作用

有拘束力的地方判例在各地方有拘束力，本地各级司法机关应当遵守，这在国家律例缺乏统一细致规定时有助于先在一定区域内实现法制统一与同案同判。

某地创制出有拘束力的判例后，可能为其他地方所借鉴，从而在更大区域内实现法制统一与同案同判。如《江苏省例》中收录溧阳蒋连方因贫嫁卖其妻案，创制了因贫卖妻，妻归后夫完聚、免其离异的新规则，弥补了律例

① （清）祝庆祺等编撰：《〈刑案汇览〉全编》，尤韶华等点校，法律出版社2007年版，第362—363页。

② （清）沈家本：《寄簃文存》，商务印书馆2015年版，第190页。

规定的不足，邻近浙江、江西、福建等各省纷纷效仿。[①]

当然，有拘束力的地方判例如果与《大清律例》及部颁通行等中央立法相冲突，其拘束力可能会被中央否定。如道光八年（1828年）程小诺听从刘玉陇贩卖私盐案。该案程小诺因听从刘玉陇贩卖私盐，被判处杖九十、徒二年半。因主犯刘玉陇在逃，按规定，程小诺须监候待质五年。道光十一年（1831年），山东省下发通饬："嗣后东省拿获零星小贩私盐，照江南现行成案，再犯四十斤以下笞五十。"山东巡抚向刑部请示，程小诺应否照江南现行成案"减笞提禁发落"抑或继续"照原拟杖徒监禁五年，限满再行查办"。刑部认为："该抚所引江南现行成案并非本部通行条例，未便循照办理，应令该抚将程小诺仍行监禁，俟五年限满，逸犯有无弋获，再行查办。"[②]

三、清代判例的特点

（一）判例分类，规范适用

在清代各类判例中，通行具有明确的法律拘束力，各级司法机关必须遵守；有拘束力的地方判例在所在地方有拘束力，但如与中央立法相冲突，其效力可能被否定；州县自理词讼判例不具有法律拘束力，司法实践中也极少见到援引自理词讼判例作出裁判的实例；成案虽不具有法律拘束力，但在司法实践中具有不容忽视的影响力和说服力。

清代注重对判例适用进行规范，特别是对作为判例主体部分的成案在司法实践中的适用有着严格的规范。

第一，成案未经通行著为定例，不得直接援引作为裁判依据。《大清律例》"断罪引律令"律文明确规定："凡（官司）断罪，皆须具引律例，违者（如不具引），笞三十。……其特旨断罪，临时处治，不为定律者，不得引比为律。若辄引（比）致（断）罪有出入者，以故失论。"[③]乾隆三年（1738年）

① 王志强：《清代国家法：多元差异与集权统一》，社会科学文献出版社2017年版，第53—54页。

② （清）祝庆祺等编撰：《〈刑案汇览〉全编》，尤韶华等点校，法律出版社2007年版，第633页。

③ 《大清律例》卷三十七，田涛、郑秦点校，法律出版社1999年版，第595页。

纂修条例，明确重申："除正律正例而外，凡属成案未经通行著为定例，一概严禁，毋得混行牵引，致罪有出入。"①

第二，援引成案，应运用情节类比等推理技术揭示问题案件与成案的相似性或差异性，并据此决定是否参照成案处理问题案件。

一般而言，如问题案件与成案关键情节具有相似性，则问题案件可以参照成案处理。如道光五年（1825年）河南李顺江等勒死奸夫陈矮孜一案。此案中，李顺江因陈矮孜先与其妻王氏通奸，被撞遇逃逸，王氏从此悔过。迨后陈矮孜复于傍晚向王氏拉衣求奸，王氏拒绝喊骂，适李顺江回家撞遇，将陈矮孜揪倒，用绳缚住欲行送究，因其辱骂，起意致死。因《大清律例》无"妇女悔过拒绝，后因奸夫复往图奸，被本夫杀死奸夫"作何治罪明文，河南巡抚将李顺江比照"夜无故入人家，已就拘执而擅杀律"拟徒。刑部议复："检查嘉庆二十一年江苏省咨唐凤因马德方与伊妻张氏通奸，外回撞见，向妻盘出奸情，斥责禁止，张氏亦即悔过拒绝，邻里咸知。嗣马德方复于黹夜推门进屋，向张氏求奸不从，即将张氏揿住欲行扯裤强奸，张氏喊叫，适该犯唐凤回归赶进，见而气忿，取棒殴伤马德方毙命。……查，该犯等有心将陈矮孜致死，虽与唐凤仅止殴伤适毙者稍有不同，惟擅杀兼包谋、故，向不区分轻重，而其杀死拒绝之奸夫，则与唐凤之案事无二致，该省将李顺江比照夜无故入人家已就拘执而擅杀律拟徒，核与成案相符，应请照覆。"②

如问题案件与成案关键情节不同，则问题案件不能参照成案处理。例如道光二年（1822年）广东张绿长殴死胞兄，因亲老丁单，欲援此前翟小良成案声请留养，刑部指出："此案张绿长系属亲老丁单，非翟小良之承祀可比。且系殴毙期亲尊长，因伊母年老声请留养，更与翟小良之即系受伤之人呈请者不同。似未便援照声请。"③

① 《大清律例》卷三十七，田涛、郑秦点校，法律出版社1999年版，第596页。

② （清）祝庆祺等编撰：《〈刑案汇览〉全编》，尤韶华等点校，法律出版社2007年版，第1421页。

③ （清）祝庆祺等编撰：《〈刑案汇览〉全编》，尤韶华等点校，法律出版社2007年版，第203页。

第三，援引成案，应情法两平。成案不具有法律拘束力，其在司法实践中的影响力和说服力来源于案件裁判本身情法两得其平。如所援引成案被认为未能情法两得其平，会被否定。例如道光四年（1824年）江苏巡抚题丹徒县民张喜发误伤朱顺高身死一案。道光四年正月二十三日朱顺高在田割草，张喜发与朱在仁各带锄头扁担挑泥修理村内公共水埂，朱在仁掘有杨树根一个，欲行携回，张喜发称系公物，令其均分不允，彼此争夺，朱在仁顺举锄头向张喜发殴打，张喜发用扁担抵格，适朱顺高赶至张喜发身边拉劝，致被锄口伤及囟门倒地，扶送回家伤处溃烂，延至二月初九日殒命。该案案情与嘉庆十五年（1810年）贵州省黎毓荣案、嘉庆二十四年（1819年）山东省刘二案情节相同，江苏巡抚仿照成案办理，以伤由于格，将张喜发依律拟绞监候，朱在仁拟杖。刑部复核，提出异议："因斗殴而误杀旁人，则殴者格者均非意料所及。……论情定谳，自应罪坐所由，将行殴者以误杀拟抵。……准情酌理，从前黎毓荣、刘二等二案，均以抵格者拟抵，殊未允协，不可援为定式。伏思成案，如果于情法两得其平，原不妨比附定拟。如若轻重稍有倒置，则罪名出入攸关，自不得因仍迁就，一误再误，致启高下其手之弊。……该护抚以伤田于格，将张喜发问拟绞抵，朱在仁问拟杖责。虽与成案符合，而准情酌理，既未允协，即不得援为定谳。"①

第四，远年成案，原则上不准援引。为适应社会不断发展需要，维护律例的权威性和裁判的统一性，皇帝会不时要求各部门清理旧案，销毁与例未符各案，不得再行援引。②《刑案汇览》多处有"远年成案，不准援引"的表述，地方官援引远年成案不当，甚至会遭到法律制裁。如嘉庆七年（1802年）云南巡抚题贼犯黄老九纠窃王刘氏家银物一案，援引乾隆二年（1737年）浙江省俞五携灯照亮情有可原办理成案，拟将黄老九从轻发落，遭到刑部严厉批评："查远年成案，不准援引比照，该抚舍现行之正条，率引未经通行之旧案，殊属违

① （清）祝庆祺等编撰：《〈刑案汇览〉全编》，尤韶华等点校，法律出版社2007年版，第1705页。

② （清）祝庆祺等编撰：《〈刑案汇览〉全编》，尤韶华等点校，法律出版社2007年版，第1676页。

例。黄老九一犯，应改依法所难宥例正法。并查取错拟及违例援引成案各职名，咨送吏部查议。”①

（二）案依于律，重刑轻民

在清代，律典在诸种法律形式中占据主导地位，判例则依附于律典。“律例一书为用刑之本”②。“在法典和其他法律形式之间，是互补的关系。无论立法还是司法，都必须坚持其他法律形式对法典的补充，坚持法典在整个法律体系中的主导地位。”③

从立法来看，《大清律例》强烈维护律典自身的权威性与稳定性，而明确否定判例作为一般法源的独立地位。《大清律例》“断罪引律令”律文明确规定：“凡（官司）断罪，皆须具引律例，违者（如不具引），笞三十。……其特旨断罪，临时处治，不为定律者，不得引比为律。若辄引（比）致（断）罪有出入者，以故失论。”④乾隆三年（1738年）纂修条例，明确重申：“除正律正例而外，凡属成案未经通行著为定例，一概严禁，毋得混行牵引，致罪有出入。”⑤“断罪无正条”律文规定：“凡律令该载不尽事理，若断罪无正条者，（援）引（他）律比附，应加、应减，定拟罪名，（申该上司）议定奏闻。”⑥判例可作为法源被适用的情形被严格限制：“如督抚办理案件，果有与旧案相合，可援为例者，许于本内声明，刑部详加查核，附请著为定例。”⑦

从司法实践来看，作为清代判例主体部分的成案的援引适用，主要是作为司法官比附断罪的范例和司法官阐释律例含义的事实依据而适用。“整体上看，清朝判例在司法中的功能主要是对相关法律的解释、补充、细化，本质

① （清）祝庆祺等编撰：《〈刑案汇览〉全编》，尤韶华等点校，法律出版社2007年版，第832页。

② 马建石、杨育棠主编：《大清律例通考校注》，中国政法大学出版社1992年版，第3页。

③ 汪世荣：《判例与法律发展：中国司法改革研究》，法律出版社2006年版，第62页。

④ 《大清律例》卷三十七，田涛、郑秦点校，法律出版社1999年版，第595页。

⑤ 《大清律例》卷三十七，田涛、郑秦点校，法律出版社1999年版，第596页。

⑥ 《大清律例》卷五，田涛、郑秦点校，法律出版社1999年版，第127页。

⑦ 《大清律例》卷三十七，田涛、郑秦点校，法律出版社1999年版，第596页。

上很少构成独立的法律渊源，在司法判决中仅作判决的论据。”[1]在《刑案汇览三编》收录的适用判例进行判决的个案中，“同时公开引用律条、条例等成文法的达40%左右，不公开引用律条、条例，但明确引用了成文法的达45%，两者相加在85%以上”[2]。

清代成案汇编类作品的编纂体例也从侧面直观反映了判例依附于律典的情形。清代代表性成案汇编作品《刑部比照加减成案》《刑案汇览》均“按律牌次序分门别类”[3]，即按照《大清律例》篇目门类与律文纲目次序汇编判例，一则律目下少则汇编一至数则判例，多则汇编几十则甚至近百则判例，无判例收录的律目则略过。如《刑部比照加减成案》卷一《名例》，共收录律目十三则，依次为“赎刑”“犯罪免发遣”“常赦所不原”“流犯在道会赦”“犯罪存留养亲”“工乐户及妇人犯罪”“徒流人又犯罪”“老小废疾收赎”“犯罪自首”“二罪俱发以重论”“犯罪事发在逃”“本条别有罪名”“徒流迁徙地方”，其中“赎刑”“流犯在道会赦”“本条别有罪名”三则律目均只收录一则比照加减成案，“徒流人又犯罪”为该卷收录判例最多的律目，共收录比照加减成案十三则。

清代判例依附于律典，《大清律例》重刑轻民，清代对判例的研究与运用也呈现出明显的重刑轻民特点。单纯从数量来看，清代无论是州县自理词讼判例汇编还是成案汇编的数量都相当可观，但二者编纂的目的其实有较大差异，州县自理词讼判例汇编主要目的在于彰显作者个人的政绩与才华，而成案汇编则直接服务于实际审判参考。正因为编纂目的不同，州县自理词讼判例汇编通常是结构松散的简单汇编，缺乏对判例本身的深入研究，而成案汇编类作品通常结构严谨，并围绕判例本身有较深入的研究，甚至产生了一批专门的、系统性的研究成果，如《大清律例通考》《读例存疑》《成案质

① 胡兴东：《中国古代判例法运作机制研究：以元朝和清朝为比较的考察》，北京大学出版社2010年版，第306页。

② 胡兴东：《中国古代判例法运作机制研究：以元朝和清朝为比较的考察》，北京大学出版社2010年版，第306页。

③ （清）祝庆祺等编撰：《〈刑案汇览〉全编》，尤韶华等点校，法律出版社2007年版，第2页。

疑》等。[①]从判例在司法实践中的运用来看，成案被频频援引，具有不容忽视的影响力和说服力，而州县自理词讼判例很难见到被援引的实例。

（三）因案生例，判例向制定法转化机制成熟

“明清时期法制的一个重大发展是将判例改造成为条例，将其成功地纳入法律体系之中。”[②]清代继承了明代因案生例制度，并进一步发展，形成了成熟的判例向制定法转化机制。清代因案生例的途径主要有三种：一为督抚附请定例，二为刑部奏准定例，三为谕旨定例。“清代从判例到条例的过程大体是：判决→成案→通行→定例。”[③]

1.督抚附请定例

《大清律例》“断罪引律令”律文所附条例规定：“如督抚办理案件，果有与旧案相合，可援为例者，许于本内声明，刑部详加查核，附请著为定例。”[④]

薛允升《读例存疑》一书对各条例的来源进行了详细考察，以“附请定例”为关键词检索该书，共计有34则条例明确标注了“附请定例”。

乾隆五年（1740年），安徽巡抚陈大受具题“蒋凡、卢秀两家互殴，各毙一命案”附请定例是一起典型的督抚援引旧案附请定例的典型事例。[⑤]

安徽巡抚陈大受审理蒋凡殴死卢幗太并卢秀扎死蒋恒一案，认为该案与雍正十年（1732年）林宣殴死戚仁所并戚拴殴死林益礼旧案相合，两案均系两家因细事致相争殴，各毙一命。“各有殴毙之人，则一命可抵一命”，“若再各行拟抵，彼殴者既死于斗，而殴人者又死于法，是两家同死四人，情堪怜悯”[⑥]，请求将蒋凡案参照林宣旧案减等发落。刑部详加查核，认为两案案情确

---

① 虽然《大清律例通考》《读例存疑》书名中的“例”系指“条例”，但这两部作品均详细考察了作为各条例产生来源的判例，是当之无愧的判例研究著作。

② 刘笃才：《中国古代判例考论》，载《中国社会科学》2007年第4期。

③ 胡兴东：《中国古代判例法运作机制研究：以元朝和清朝为比较的考察》，北京大学出版社2010年版，第59页。

④ 《大清律例》卷三十七，田涛、郑秦点校，法律出版社1999年版，第596页。

⑤ （清）祝庆祺等编撰：《〈刑案汇览〉全编》，尤韶华等点校，法律出版社2007年版，第1605—1606页。

⑥ 胡星桥、邓又天主编：《读例存疑点注》，中国人民公安大学出版社1994年版，第584页。

相符合，应援照宽免，并将该案上升为通行——“请嗣后两家互殴，各毙一命之案……俱照林宣戚拴免死减等例拟军”[1]。乾隆八年（1743年）该则通行被纂修为条例，正式纳入律典之中：“凡两家互殴致毙人命……其两家各毙一命，果各系凶手本宗有服亲属，将应拟抵人犯免死减等，发近边充军。”[2]

2.刑部奏准定例

刑部奏准定例，即刑部审理案件遇到律例无明文规定的具有典型性的案件时，向皇帝奏明将该案裁判意见上升为具有普遍约束力的定例。

以“刑部奏准定例”为关键词检索薛允升《读例存疑》一书，显示共有65例。[3]

如嘉庆五年（1800年）广西黄亚和、陈云通等抢夺事主蒙上超财物并拒伤事主一案。该案陈云通夺取事主扁挑，殴伤蒙上超左胳肘，黄亚和用尖刀戳伤蒙上超右手背。广西巡抚以陈云通拒殴在先，黄亚和刃戳在后，将陈云通依抢夺伤非金刃之首犯，改发极边烟瘴充军；黄亚和照抢夺刃伤为从，改发边远充军。刑部议复：“以刃伤事主之犯，其罪转轻于他物殴伤之人，殊未允协，驳令另拟。”刑部鉴于司法实践中此类抢夺拒伤事主之案情形复杂，而原律例规定失于简略含混，遂因该案向皇帝奏准：“请嗣后抢、窃拒伤事主伤轻平复之案，如两贼在场同拒一人，一系他物，一系金刃，无论先后下手，以金刃伤者为首。如金刃伤轻，他物伤重而未至折伤者，仍以金刃伤者为首。如一系刃伤，一系他物折伤者，刃伤重以刃伤者为首，折伤重以折伤者为首。刃伤与折伤俱重无可区别者，以先下手之人为首。若俱系金刃，或俱系他物，以致命重伤者为首。如俱系致命重伤，或俱系他物折伤，亦以先下手之人为首。若两人共拒一人，系各自拒捕并不同场者，即各科各罪，各以为首论。”[4]该则通行后来被馆修入律。[5]

---

① （清）祝庆祺等编撰：《〈刑案汇览〉全编》，尤韶华等点校，法律出版社2007年版，第1606页。

② 马建石、杨育棠主编：《大清律例通考校注》，中国政法大学出版社1992年版，第796页。

③ 当然，刑部奏准定例未必均直接因具体个案引发。

④ （清）祝庆祺等编撰：《〈刑案汇览〉全编》，尤韶华等点校，法律出版社2007年版，第897页。

⑤ 胡星桥、邓又天主编：《读例存疑点注》，中国人民公安大学出版社1994年版，第455页。

3.谕旨定例

谕旨定例指“皇帝在核准案件时直接定例或指示刑部议定专门条例，以概括出具体的、普遍的法律规范，即定例”[①]。

以“恭纂为例”为关键词检索薛允升《读例存疑》一书，共计有177则条例明确来源于“谕旨定例”，薛允升在相应条例下面均注明该条例系“钦奉上谕，恭纂为例”或“钦奉谕旨，恭纂为例”。

如乾隆十八年（1753年）刑部议复福建巡抚陈宏谋题许皆图奸族婶洪氏，殴伤本夫许巧身死，并在监复殴死廖瑛一案，刑部赞同福建巡抚意见：许皆殴伤本夫许巧身死合依罪人拒捕杀所捕人律拟斩监候，在监殴死廖瑛罪应拟绞，二罪俱发以重论，许皆应拟斩监候，秋后处决。乾隆皇帝审核此案，认为原判情法未为允协，直接将许皆改为斩决，并将此案上升为通行：“许皆因奸拒捕，殴伤许巧身死，本属应斩之犯，乃复在监殴死廖瑛，凶恶已极，虽应归案从重完结，然此等凶残之徒，实王法所不容。例载免死减等人犯复行凶为匪者，照原拟斩绞罪名，即行正法。许皆若仍照常一例监候，于情法未为允协，著改为斩决。嗣后有似此已犯死罪复行凶致毙人命者，俱著照此加重办理。”[②]乾隆二十一年（1756年）纂为条例馆修入律：“凡犯死罪监候人犯，在监复行凶致死人命者，照前后所犯斩绞罪名，从重拟以立决。”[③]

总之，法制统一与同案同判是千百年来人们朴素的正义追求，清代判例制度正是围绕此一价值目标而展开。从以往司法经验中寻找解决当下案件的思路是人类普遍的法律思维方式。在清代，从最基层的州县官，到“天下刑名总汇”的刑部，直至最高统治者——皇帝，各级司法官在审理案件，特别是审理律例无明文规定的疑难复杂案件时，无不重视对已有判例的检索运用。同时，世间情伪无穷，人情万变，世上本不存在完全相同的两个案件，为避免司法实践中滥用判例冲击法制统一并危及同案同判本身，清代在司法

① 汪世荣：《中国古代判例研究》，中国政法大学出版社1997年版，第122页。

② （清）祝庆祺等编撰：《〈刑案汇览〉全编》，尤韶华等点校，法律出版社2007年版，第1591页。

③ 马建石、杨育棠主编：《大清律例通考校注》，中国政法大学出版社1992年版，第797页。

实践中形成了严格规范判例适用的制度，如成案未经通行著为定例不得直接援引作为裁判依据、援引成案应运用一定推理技术揭示问题案件与成案的相似性、援引成案应情法两平、远年成案原则上不得援引等。

社会总是不断向前发展，法律需要与时俱进。清代的因案生例制度，将反映社会发展变化的典型性判例及时转化为制定法，推动了制定法内容的不断完善，实现了法律稳定性与不断发展的现实需求之间的平衡，为同案同判的实现提供了制定法基础。清代判例制度有力保障了法制统一与同案同判价值目标的动态实现，体现了中华民族卓越的法律智慧。

第八章　近代判例

一、近代判例概况

1840年鸦片战争以后，西法东渐成为新的历史潮流。英美俄德法等国组织大批传教士到中国传教，同时兴办各类学校，建立各种所谓的慈善机构，翻译出版报刊书籍，进行以强权为后盾的一系列文化渗透活动，使得西方法律文化通过各种渠道输入中国。中国传统法律文化面临着强烈的冲击与挑战，处于一种不变亦变的境地。在进步的士大夫与开明官僚中，正经历着一场观念的更新。特别是第二次鸦片战争以后，早期的改良主义者逐渐认识到，西方国家之所以强盛，在于制度优越，因而积极提倡和介绍西方法律文化。这一时期，传统的判例制度仍发挥着积极作用，并在适应新的法律关系等方面作出贡献。

庚子国变后，清廷开始变法修律，同步推进新官制改革。传统的审判机关在改革时进行了调整。如大理寺更名为大理院，正式成为全国最高审判机关。它标志着中国几千年来司法附属于行政体制的结束。大理院设卿为院长，下设民刑庭，置推事和庭长，并由推事和庭长组成合议庭进行审判。除审判事务外，大理院有权统一解释法令，其解释对全国各级审判厅具有约束力。大理院各审判庭和大理院分院也有解释法律的权力，但如其解释与本庭或他庭成案有异，则由大理院卿召集“总会”裁判。

民国建立以后，北洋政府基本吸收并延续了晚清的司法改革成果，仍以大理院为最高审判机关。此时，判例的效力得到国家认可。判例由最高审判机关大理院制作，对下级法院具有事实上的拘束力。大理院曾数次对该院的各类判决进行整理，将其中部分判决书择其精义，汇编成《大理院判例要旨汇览》，作为下级法院审判时的判例依据。1922年4月12日大理院统字第一千八百零九号解释例[①]和1916年6月22日大理院统字第四百六十号判例[②]，明确了两个原则：第一，未收入该汇览之判例不具拘束力；第二，后例优于先例。

同时，与判例相互支撑的不成文法还包括：解释例、习惯法和条理。解释例为大理院对有关成文法所作的司法解释。自1913年1月15日至1927年10月22日，大理院共发布二千零一十二号解释例。其后例的效力亦优于先例。[③]习惯法，通常指中国的民商事习惯。1913年大理院上字第141、202号判例规定了习惯法成立的要件：（1）律无明文；（2）确有习惯事实（物的要素）；（3）为该地所普行，当事人均共信为有拘束其行为之效（心的要素）；（4）不违背善良风化、公共秩序。[④]条理，即法理，即根据法律根本精神演绎而成的一般法律原则。大理院于1913年上字第64号民事判例中揭示："本院查：判断民事案件应先依法律所规定，无法律明文者，依习惯法；无习惯法者，则依条理，盖通例也。现在民国民法法典尚未颁行，前清现行律关于民事各规定继续有效，自应根据以为判断。"[⑤]第二次民律草案公布后，司法部曾通令各级法院将该草案作为条理援用。

据统计，自民国元年（1912年）改制至民国十六年（1927年）闭院，大理院民事各庭共审断案件2万余件。[⑥]其中有1757则[⑦]判决或明确解释了某一现行法的内容，或对某一现行法进行扩张解释，或者援引习惯、条理在现行法之外创制了新的民事法律规则。大理院民事审判庭将这些判决视为判例，不但对本案当事人有约束力，而且对同类法律关系有普遍的规范效力。1912

① 郭卫编：《大理院解释例全文》，上海法学编译社、会文堂新记书局1932年版，第1043页。

② 郭卫编：《大理院解释例全文》，上海法学编译社、会文堂新记书局1932年版，第260页。

③ 郭卫编：《大理院解释例全文》，上海法学编译社、会文堂新记书局1932年版，第260页。

④ 大理院编辑处编译：《大理院判例要旨汇览》第一卷，1919年12月，第2页。

⑤ 黄源盛纂辑：《大理院民事判例辑存·总则编》，元照出版公司2012年版，第7—12页。

⑥ 大理院民事判决保存于南京第二历史档案馆，档案全宗号为二四一，共有15651卷。据黄源盛先生统计，民事案件有25000件。参见黄源盛纂辑：《民初大理院司法档案的典藏整理与研究》，载《政大法律评论》1998年总第59期。

⑦ 郭卫编：《大理院判决例全书》，上海法学编译社、会文堂新记书局1932年版，收录了民国二年至民国十六年民事判例要旨1757则。

年12月大理院书记厅汇编之《大理院判决录》(民事卷)出版发行。此后大理院书记厅采取民事判例与刑事判例合编的体例，基本每月出版一集《大理院判决录》[①]，直至1914年7月。1915年大理院出版了《大理院判决录》，收录1911年7月至1914年7月民刑事判例，之后通过《大理院公报》《政府公报》《司法公报》向社会公开公布民刑事判例，同时亦有民间法学杂志刊登判例者。之后，大理院编辑了《大理院判例要旨》，收录了1911年9月至1914年12月民刑事判例要旨；在1919年大理院曾刊印《大理院判例要旨汇览》正集，收集了1912年大理院改组以来至1918年12月间民刑事判例要旨。1924年大理院又刊印了《大理院判例要旨汇览续集》，收集了1919年1月至1923年12月间民刑事判例要旨。1924年以后大理院没有再次汇编判例要旨，其所著为判例之要旨，为民间法学之士汇编，如1932年上海法学编译社出版了郭卫编辑的《大理院判例全书》。[②]

根据1916年《大理院判例要旨汇览(二年度)》附录《大理院判例汇览及大理院解释文件汇览编纂规则》，判例汇览编纂形式分为上、下两栏，上栏附判例要旨与参考的判决例字号、法令、解释号次等，下栏则为裁判原文。大理院判例的选编流程与《大清律例》模式具有相似性：其一，两者都是通过司法行政权的作用而选编出来的；其二，两者都有一般化或抽象化的著成过程，内容上都相对简约精要；其三，汇览编辑体例采用律后附例的方式，但同时以具有现代成文法典形式的六法分类编排，在供法官查询与该法

① 《大理院判决录》所载民事判决，均为判决书全文，包括五部分内容：(1)裁判时间及字号；(2)上诉方(或上告方，或抗告方)及被上诉方(或被上告方，或被抗告方)的基本情况(双方当事人姓名、性别、住址，以及委托代理人的姓名、职业情况)；(3)主文(判决结果)；(4)理由；(5)审理此案的合议庭各推事以及书记官、具体判决时间。民事判决的第四部分——“理由”，大理院的推事在这一部分阐述对案件事实的分析和裁判依据。“理由”部分一般又包括三方面的内容：(1)上告人依据的基本事实和理由；(2)被上告人答辩的基本事实和理由；(3)合议庭在对双方当事人所依据的事实、理由进行分析的基础上阐述的裁判依据，即“本院按”以下部分。参见张生：《民国时期民法体系中的判例：形式与功能的变化》，载《学术研究》2019年第1期。

② 参见刘昕杰、杨晓蓉：《民国学者对民初大理院判例制度的研究》，载《东方法学》2011年第5期。

条相关判例方面甚为便利；其四，民国大理院首次编辑判例汇览时，院长董康为之作序，序言中提到比较东西各国法制以及前清刑律有关例文和《刑案汇览》编辑的故事。

民国大理院通过创设和利用判例制度回应了社会变迁需求，推进了司法进程。大理院的判例制度不仅在一定程度上承袭了传统中国的判例制度，而且有意识地整合了欧陆法系判例所具有的阐释和填补制定法，以及英美法系判例法创设规范的功能，且在继承固有法制与继受外来法制、固守传统与全盘西化之间，表现出相当程度的协调古今中西的兼容性和创造性。大理院在现代法制不完备的时代背景下，通过判例制度创制规范，发挥造法功能，较好地回应了法制转型过渡时期的社会需求。同时，大理院推事因具有双重知识背景和较为独立的审判职能，树立了较高的专业性权威，并在推动民初法制现代化的过程中，通过扮演破译者和转译者的双重角色，使大理院判例制度获得了高度正当性。[①]就判例效力而言，大理院推事郑天锡曾评价："我国法律，尚未完备，裁判时，常赖判例为之补充。大理院为我国最高法院，其判例在实际上与法律有同一效力。外国法院，如上海英美法院，每逢适用中国法律而无明文可引用时，亦采用我国判例。我国大理院判例，在中国法律上占有之地位，其重要亦可想见矣。"[②]民国时期法学家胡长清也描述了判例要旨的适用情况："《判例要旨汇览》正编三卷，续编二卷，承法之士无不人手一编，每遇讼争，则律师与审判官皆不约而同，而以'查大理院某年某字某号判决如何如何'为讼争定谳之根据。"[③]

1927年，南京国民政府成立的最高法院延续了民初大理院的判例制度。最高法院在创建之时，就发布了《最高法院办事章程》，其第3条规定："本院判决例每六个月编纂一次印行。"第6条规定："解释法律案件得由院长指定某庭拟稿，送由院长核定行之。前项案件院长认为必要时得召集庭长推事会议议决之。"第19条规定："民刑事如涉两庭以上，其关系刑事或民事

① 参见敖海静：《民初大理院判例制度创设论略》，载《天中学刊》2018年第3期。

② 郑天锡：《大理院判例之研究》，载《法律评论（北京）》1924年总第36期。

③ 胡长清：《中国民法总论》，王涌校勘，中国政法大学出版社1997年版，第35—36页。

全部，或民刑事互有关系者，得开刑事庭或民事庭联席会议议决之。”第29条规定：“各庭重要裁判应摘录要旨备查，并通知其他各庭。”第30条规定：“各庭设主任书记官一人，书记官若干人，直接受庭长推事之指挥监督，分掌左列事务：……（四）摘录裁判要旨及汇集法律解释。”①

直至1934年春季，最高法院才以判例编辑委员会的名义汇编出版了第一本判例要旨，对1927年12月最高法院成立之日起至1931年12月止的案例予以汇编。居正在这本《最高法院判例要旨》的序言中谈道：清代以前有律例，近世各国有判例，事虽异而义则同……例与法之关系至为密切，实相辅而行，法简而例繁，法具条文，例征事实……大理院刊行之要旨汇览正续两集，由民元至民十二年而止，十二年至十六年虽有一二私家搜罗成帙者，终鲜正确，十六年以后，则无所闻。法律专家每欲求一参考或教材而不可得，颇用为憾。1944年《最高法院判例要旨》第二辑出版印行，内容包含1932年至1940年之历年判例要旨，包括大量的民事、刑事、诉讼等领域的判例内容。②

对于判例和解释例的关系，有学者认为，解释例是“广义的判例”。由最高审判机关行使统一解释法令权并将其解释汇编，使之成为各级法院及官署一体遵行的抽象法源，是近代中国最具特色的司法制度之一。据统计，北洋政府大理院共发布“统字”解释例2012件，南京国民政府最高法院在司法院成立前发布“解字”解释例245件，司法院在1948年大法官会议成立前共发布解释例4097件（其中第1—2875号冠以“院字”，第2876号以后则冠以“院解字”）；另外加上大法官会议成立后于1949年1月作出的2项解释，整个民国时期司法解释共计6356件。③

大理院解释由大理院院长根据案件类型分配民事庭或刑事庭庭长审查主稿，文稿须经民事或刑事庭各庭庭长及推事之阅视；如有疑义，可召集民事或刑事推事全员会议议决。南京国民政府司法院成立后，其司法解释由司法

① 以上见国民政府法制局：《国民政府现行法规》（下册），国民政府法制局1928年版，第26、27、33、34页。

② 参见刘昕杰：《〈民国时期最高法院判例要旨〉整理序》，载刘昕杰等整理：《民国时期最高法院判例要旨：1927—1940》，法律出版社2022年版。

③ 《中华民国史法律志（初稿）》，1994年自刊。

院院长经最高法院院长及所属各庭庭长会议议决，以司法院的名义核准刊行；实际的解释工作仍主要由最高审判机关（最高法院）办理："就法令条文请求解释者，均由本院解答。其办理之程序，原由承办庭长拟具解答案送由各庭庭长及院长签名赞同。嗣以书面讨论恐难详尽，为郑重计乃一律改为会议讨论。定每星期一为统一解释法令会议之期，倘遇案件繁多则随时召集会议。因请求解释之问题多属疑难，其影响亦至重要，故常有讨论多次者。若多次仍不能解决，则召集全院推事加入覆议；或用书面分送表决，再送司法院核定公布。"①司法院院长与最高法院分享法令统一解释权，司法院院长享有组织权和一定的否决权，最高法院院长、庭长具体负责解释工作，全体推事享有复议表决权，彼此互相制衡。这是一个首长负责、专业分工、民主表决相结合的制度设计，与审判组织有异曲同工之妙。最高法院在其繁重的终审工作压力之下，仍固定安排每周一为统一解释法令会议时间，可见其对司法解释工作之重视。

解释例与判决例都属于广义的司法解释，它们必然有一些共通之处：（1）解释例与判决例基本由同一机关办理，院长、庭长、推事分工负责，二者的汇编方式与编辑规则也基本同一，而最高审判机关一向是审判、判例要旨汇编与司法解释工作并重。（2）解释例的来源通常也是实际案例，"判例以外，大理院针对下级法院或其他机关所提的抽象法律问题还作成解释，其中多数仍为实际案例，仅依规定将某甲、某乙隐蔽后始得受理"②。（3）在解释例与判决例中有拘束力的都是抽象的要旨，"解释例中真正有约束力的也是解释例要旨，即解释例中抽象规则的部分"③。

近代中国的解释例与判决例相较，仍有明显的差异：（1）判决例是最高审判机关主动从大量的判决中自主选取少部分具有统一法律适用意义者，而解释例则为依申请所作被动的答复。尽管根据《大理院办事章程》第202

① 南京国民政府最高法院编：《三年来之最高法院》，1934年自刊。

② 苏永钦：《司法造法几样情——从两大法系的法官造法看两岸的司法行政造法》，载王洪亮等主编：《中德私法研究》第17卷，北京大学出版社2018年版，第28页。

③ 侯欣一：《创制、运行及变异：民国时期西安地方法院研究》，商务印书馆2017年版，第168页。

条，大理院解释权的行使可以是被动地“解答质疑”，也可以是主动地“径行纠正”公法人或公务员“法令之误解”，但在司法实践中并未见主动解释者。（2）判决例为裁判文书，其抽象出来的判例要旨更“具有明显的成文化倾向”；而解释例则为公文形式，“风格简洁明了，就呈请解释的内容直接答复，便于遵照执行”[①]。（3）最高审判机关编辑刊行的判决例与解释例汇编，前者仅有判决要旨及根据要旨概括的提要，内容高度抽象，在形式上与立法条文基本相同；而后者包含内容较为丰富、信息量更大，除完整的答复函件外，还附有申请解释机关的“原电”，或在复函中将原申请解释函件内容予以摘要。[②]

在革命根据地，红色政权通过汇编判例的方式，规范和指导司法审判。譬如，延安时期，陕甘宁边区制定了一系列体现民主、平等精神的具有纲领性和引导性的法律制度，与滞后的社会现实和传统观念之间显现出了巨大的落差，为司法提出了独特的要求，使之成为沟通法律文本与社会现实的桥梁。边区政府及司法界在许多场合提到“判例”一词，在边区法律文献及实践中，“判例”主要指处置妥当的典型案例。

边区司法界很早就呼吁编制判例，以辅助司法。早在雷经天任边区高等法院院长时，就已经注意到判例的重要性。1946年在边区高等法院的一次会议上，二科科长高桐说：“收集判例的原则是什么？自雷院长时代即注意了这些，但是做到什么成绩没有？我的答复是没有的。”高等法院干部朱婴说：“我们多年了没有把判例搞出，是否以后认为是典型的案子即放出作为判例，以后再编纂。”推事叶映宣说：“判例应着重在实际问题上。”三人当时均为高等法院的秘书或审判员。[③]

边区参议会副参议长谢觉哉在1942年4月15日《边区参议会常驻会报告》中指出：对于司法制度，“我们还有很多缺点。没有足够的司法干部，也没有

---

① 蒋秋明：《南京国民政府审判制度研究》，光明日报出版社2011年版，第265页。

② 以上参见聂鑫：《近代中国统一法律适用的实践》，载《法学研究》2023年第4期。

③ 《边区高等法院有关刑事政策及业务研究、讨论会记录和报告》（1946年8月5日），陕西省档案馆，全宗15—90。

适宜的司法制度，以致人民对司法诸多不满”。并建议：“拿裁判的好例子做教育裁判员的教材，我们应走捷径，从实际经验中学习，而不可能像法律专门学校一样学得东西。”[①]1944年1月6日，林伯渠在边区政府委员会第四次会议上的工作报告中也指出：“司法机关的法律根据，必须是边区施政纲领及边区颁布的各种现行政策法令。边区现行法令不足，一方面应根据历年经验，将好的判例加以研究整理，发给各级司法机关参考；又一方面由主管机关起草符合于革命三民主义即新民主主义的精神与边区实际的民刑法与诉讼程序。”[②]根据这一精神，由李木庵主持编制了《陕甘宁边区判例汇编》[③]。王子宜任院长时，曾提出：“应作不定期的好、坏典型例子的报告，待汇作判例。”[④]马锡五、乔松山在陕甘宁边区高等法院1948年的工作总结报告中，亦提到收集整理“判例”以辅助司法。他们在报告的“今后意见”部分中指出：“整理判例，本属司法机关的日常工作，但以目前成文法律的不足，判例就显得异常重要。今后应尽力收集成功案例，整理印刷，以补助条文之不足，而使司法干部在审理案件中有所遵循。”随后又说：“报告制度，不但可以使领导了解情况，及时指导政策法令的贯彻，达到统一；在司法工作中，对收集判例亦有重要关系。”[⑤]这些讲话说明边区政府及司法界认识到了判例对辅助司法、提高法律适用的正确性与统一性的重要作用，正是这种认识，促成了编制判例的实践工作。[⑥]

① 谢觉哉：《边区参议会常驻会报告》（节录），载王萍、王定国、吉世霖编：《谢觉哉论民主与法制》，法律出版社1996年版，第131页。

② 林伯渠：《关于改善司法工作》（1994年1月6日），载西北五省区编纂领导小组、中央档案馆：《陕甘宁边区抗日民主根据地·文献卷》（下），中共党史资料出版社1990年版，第169页。

③ 《陕甘宁边区判例汇编》由四部分组成，即例言、案件处理办法、判词、选编意见和审定意见。其中，判词是核心内容。

④ 王子宜：《在边区推事审判员联席会议上的总结报告》，陕西省档案馆，全宗15—70。

⑤ 陕甘宁边区高等法院：《自苏维埃时期至1948年12月止司法工作总结报告》，陕西省档案馆，全宗号15-205。

⑥ 以上参见汪世荣、刘全娥：《陕甘宁边区高等法院编制判例的实践与经验》，载《法律科学（西北政法学院学报）》2007年第4期。

总之，中国近代的判例制度与古代判例制度一脉相承。判例在司法实践中，对成文法进行了有效的解释、补充，指导司法人员正确适用法律，依法维护社会公平正义，推动法治进步，并且对调和刚性的、先进的成文法与复杂的、落后的社会状况之间的矛盾起到了重要的作用。

二、晚清及民国判例的实践

清代的判例常常由刑部对具体个案提出处理意见，并以“通行”的形式晓谕各省。进入近代以后，社会关系发生较大变化。成文法来不及反应，判例的作用更加凸显。

（一）晚清刑部在司法实践中对判例的适用

1.纠正原判，确立新的判决，完善制定法的适用

（1）军营官弁致毙人命照律定拟不准减等

刑部咨：宁夏将军奏管队官员误杀别营差弁遵驳覆审定拟一折。经臣部以案系疑贼致毙人命，与过失杀律内所称耳目不及、思虑不到之义未符，奏明驳令再行妥议。去后兹据该将军覆加研讯，将巴尔佳布等于斗杀罪上减等拟流，并请留营效力赎罪。等因。臣等查疑贼致毙人命案件，例以死者究属平人，故无论共殴、斗杀，均应将下手毙命之犯问拟抵偿，分别情节随案量减。明文所以重人命而防残杀者。立法具有深意。至近年因军务紧要，乃有将议罪之员奏请留营效力之条。此案骁骑校洊保头品顶戴记名副都统巴尔佳布经统领马队之副都统德隆阿奉调移扎芦塘堡防剿。嗣巴尔佳布奉派进卡巡探，风闻赵家店一带现有贼踪，邀同领催已保骁骑校加协领衔鄂辍尔、骁骑校保至协领加副都统衔莫依托骑马前往侦探。适有中卫管经制外委张连相奉差带领兵丁李贵、王吉业往省投文公干，带有骑驼四只，约二更时与巴尔佳布等途遇。张连相等瞥见迎面有人骑马走至，疑系贼队，随牵驼至路旁空窑前暂躲。巴尔佳布等望见路旁有人，亦疑系奸细，连声喝问。张连相并不回答，各执刀矛赶来拒敌。巴尔佳布、鄂辍尔、莫依托虑恐受亏，各用防身

顺刀抵御乱砍，致将张连相等三人砍伤倒地，均各殒命。既据该将军覆讯明，确委因疑贼起衅，并无别情，自应核其情罪，按照疑贼毙命例，将巴尔佳布等均依斗杀律拟以绞抵，方与例义相符。如谓巴尔佳布等屡著战功，实为军营得力之员，该处防剿现在吃紧，指臂需人，应否留营效力，亦当叙明可原情节，恭候圣裁，其罪名轻重本非臣下可以意为轩轾。皇上轸念边防，于明慎用刑之中尤寓激励戎行之意。如果情有可原，无不法外施恩，量从轻典。且旗民人等有犯死罪，察有祖父、子孙阵亡者，例准查取事迹声叙入本，于秋审时恭候钦定。今以律内载明应拟绞抵之犯，该将军并不查照办理，辄以死者执刀拒敌，若不抵御必致为所杀害等词，遂以照律拟绞，谓为情轻法重，率行减等定拟不特与定例大相抵牾，且以惨毙三命重案竟无拟抵罪人，亦不足以昭情法之平。况详核此案情节，巴尔佳布等与张连相等彼此均系差弁，均因疑贼争斗。设张连相等将巴尔佳布等杀毙，不得不照斗杀律问拟绞抵，则巴尔佳布等将张连相等致毙，岂得遽于斗杀律上减等拟流。再如彼造互相争斗之时，两造各有杀毙之人，轻重既无可区分办理，即诸多窒碍。近年直隶、山东等省因防剿捻匪，疑贼毙命案件不一而足，均系按照律例定拟，并无声请减等之案。原以朝廷设立刑章，内外均应遵守。臣部为执法衙门，尤不容畸轻畸重。在巴尔佳布等著有微劳，久在圣明洞鉴之中，业经奉准革职留营效力赎罪，宸衷自有权衡。臣等亦无庸再行置议。特恐外省未能仰体圣意，因有此免罪留营成案，将例应论死之犯纷纷渎请，均借口于军营得力，率援此案免罪留营，为犯法者开巧避之门，殊非慎重刑章之道。臣等公同酌议，嗣后军营官兵致毙人命案件，无论案情轻重，悉照各本律定拟，均不准率行量减，亦不得遽请留营，庶足以饬法纪而昭宪典。同治十年通行。[①]

（2）秋审应入可矜方准随案声请

皖抚题：王新民赴伊婿李泳梓家探望，天晚留住。是夜田牙儿潜至李泳

---

① （清）祝庆祺等编撰：《〈刑案汇览〉全编》，尤韶华等点校，法律出版社2007年版，第47页。

梓楼上行窃，王新民听闻喊捕，与李泳梓等将田牙儿捉获按倒地上殴扎殒命。系属拘执而杀。田牙儿身受各伤系该犯王新民最后所殴左右脚腕骨损为重，应以当其重罪。将王新民依事主因贼犯黑夜偷窃若贼犯已就拘执辄复叠殴致毙者照擅杀罪人律，拟绞监候，秋后处决。该犯王新民擅杀窃贼，讯非谋故，按照通行秋缓决一次，即准减等。据供有父王启训年逾八十，家无次丁，业经讯取地邻供结，核与留养之例相符，应照例枷责发落，准其存留养亲。等因。查定例，擅杀等犯遇有亲老丁单，应否准其随案声请留养，总以所犯情节是否应入秋审可矜为断。例内分晰甚明，引用不容迁就。至前此议覆御史徐嘉瑞条奏内将擅杀一项，除谋故、火器杀人、连毙二命及各毙各命致毙彼造四命以上各项重情之外，余皆改为一次减等，特为秋审减等而设，与查办留养毫无干涉。二例原属并行不背。今王新民擅杀不拒捕罪人，按照向办秋审章程，只应入缓，并非应入可矜之犯。其亲老丁单之处，例应俟秋审时始行查办。该抚予以随案声请，核与定例不符，应令该抚仍俟秋审时照例取结送部，再行核办。该省既涉误会，恐各省办理亦复参差。应请通行各直省一体查照，以免歧误。道光二十四年通行。[①]

（3）杀死犯奸功服尊长毋庸刺字

江西抚咨：张若江因小功服叔张德安与伊妻李氏通奸，先经张若江捉获，因关颜面寝息，嗣张德安又与李氏遇见戏谑，张若江撞见触起前忿，赶向喊捉，张德安举刀向砍。张若江夺刀殴戳伤其额颅等處殒命。将张若江依本夫捉奸杀死犯奸有服尊长，若非登时，又非奸所，系本宗期功尊长，均照卑幼故杀尊长本律拟罪，卑幼殴本宗小功尊属死者斩律拟斩立决。惟查，此项问拟斩决人犯，例得夹签减流，与情重斩绞人犯应行刺字者不同。该抚声明，将该犯先行刺字，系属错误，应予起除，并通行各省一体照办，以免歧误。道光二十年通行。[②]

① （清）祝庆祺等编撰：《〈刑案汇览〉全编》，尤韶华等点校，法律出版社2007年版，第70页。

② （清）祝庆祺等编撰：《〈刑案汇览〉全编》，尤韶华等点校，法律出版社2007年版，第564页。

（4）变通死罪人犯疯犯亦准减发

山东司查：马李氏因疯将伊夫马得柜茎物割落身死，依妻殴夫致死律拟斩立决。奉旨改为斩监候，入于四年秋审情实。因是年该省办理军务，变通酌办。经本部议将情实免勾各犯减等发落，将马李氏减军，仍行监禁，俟疯病痊愈后五年不复举发再行发落。兹据该抚以该犯妇五年限满，疯病不复举发，应照例收赎。惟例内妻致死夫永远监禁不准释放，应否将该氏仍行监禁，抑即减等发落之处，咨部示覆。等因。查直隶省变通秋审章程，永远监禁人犯内惟疯病杀人暨追赃未完两项毋庸查办，其别项监禁罪犯既当肃清囹圄，未便独任淹禁，自应一律减等发配。等因。诚以疯病未愈，虑恐出外滋事，是以不准查办，并非谓疯病业已痊愈仍行羁禁。至因疯致死夫之案，虽疯病痊愈，按例原不准查办。惟此次章程系因军务未竣，既恐在狱重囚乘变滋事，且恐各州县被贼窜入，狱囚无处躲避，致被贼匪杀伤，一时权宜，将人犯先行减发。系因清理监狱起见，不能按照成例办理。况各项情重之犯有免勾后次年仍应入于情实者，此次均得一例减等。疯病一项既经痊愈，即与他犯无异，若不准予查办，未免向隅。是以本部将该犯妇马李氏照例减军。兹据查明，该犯妇疯痊已逾五年，不复举发，自应减发极边烟瘴充军，系妇女照例收赎，仍饬交亲属领回，严加管束。再，此次办理章程，该省既经误会，恐从前军务省分清理囹圄办理减等亦有未能划一之处，应行令一体遵照。其非因军务办理减等省分，不得援照办理。咸丰八年通行。[①]

第一个案例刑部从人命至重、执法公正的原则出发，否定了今后对此类案件罪犯的减免措施。第二个、第三个、第四个案例则是刑部将地方对案犯的不当处置予以纠正。上述案例均是刑部认为原判适用法律或处理不当而提出新的处理意见，并将之确立为今后各省一体遵行的通例。这不仅使得原案的处理更为平允，其作出判决时的说理也使得制定法的适用更加准确。

① （清）祝庆祺等编撰：《〈刑案汇览〉全编》，尤韶华等点校，法律出版社2007年版，第861页。

2.弥补制定法的空白

（1）尊长图财谋杀卑幼议拟专条

刑部咨：光绪五年九月二十四日奉上谕："本年秋审河南省李金木听从图财谋杀年甫五岁小功服侄，系照平人谋杀律问拟。既经刑部改拟情实，实属法无可贷。惟念该犯系属为从加功，例无明文，衡情定罪。若照平人谋杀加功律，应问拟绞候，入于情实。李金木一犯着即改为绞监候。现届勾到之期，即行处决，毋庸派大员覆核。钱所奏饬议专条之处，仍着刑部议奏。"等因钦此。查例载，功服以下尊长杀死卑幼，如系图谋卑幼财产杀害卑幼之命，悉照平人谋故杀律问拟斩候，不得复依服制宽减，等语。臣等窃维律重服制，故以尊杀卑，每从末减，而例杜残杀，故以尊谋卑亦难概宽。况少小无知之卑幼并无干犯可言，而駕尊长者乃因财产肆意残杀，其忍心蔑理已属恩断义绝，故定例平人谋故杀律问拟斩候，不复以服制宽减。细绎例内"斩候"二字为首罪名既定。则为从即可类推。惟例内究未议及，与其就案斟酌，临事殊鲜把握，何如议定专条，随时便于引用。即如本年秋审河南李金木一起，因图财谋杀年甫五岁小功服侄下手加功，臣部以例无治罪明文，从严问拟斩候。奉肯照平人谋杀加功律改拟绞候，入于情实。臣等悚惶之余，弥深钦佩。该犯以图谋财物听旁观之指使，视骨肉如仇讐，如果该犯具有天良，死者谊属至亲，且年甫五龄，外人何敢以惨杀重情遽向启齿。衡情酌理，照平人拟绞，实属罪所应得。臣等公同酌议，应请嗣候功服以下尊长，如系听从外人图财谋杀以下卑幼下手加功，即照此次钦奉谕旨，按平人谋杀加功律问拟绞候入实，系期亲尊长图财听从外人谋杀十岁以下卑幼，亦照此问拟绞候。惟服制轿近，应俟秋审时斟酌办理。其不加功者无论期功，俱杖一百流三千里。如蒙愈允，先由臣部通行内外问刑衙门，一体遵照办理，俟下届修例时，再行纂入例册。光绪六年通行事例。[①]

① （清）祝庆祺等编撰：《〈刑案汇览〉全编》，尤韶华等点校，法律出版社2007年版，第164页。

（2）图奸未成拒扎氏翁身死拟定专条

刑部奏：据豫抚咨称，兰仪县民张二黑图奸王管氏不从喊骂，当时畏惧逃跑，被氏翁王泳聚追至院内扎伤扭住，该犯图脱情急，夺刀拒扎王泳聚致伤，移时身死一折。查例载，强奸未成将本妇立时杀死者拟斩立决，殴伤越数日后因伤身死者拟斩监候。若其夫与父母、亲属闻声赴救，奸夫逞凶拒捕立时杀死者俱拟斩立决，殴伤越数日后因伤身死者亦拟斩监候。又，强奸刃伤本妇及其夫与父母、有服亲属，未成奸者拟绞监候。其图奸、调奸罪人拒伤本妇并其夫与父母及有服亲属，系刃伤者发极边足四千里安置。各等语。溯查强奸杀人例文，系雍正十一年及乾隆三年纂定。只言强奸，未及图奸、调奸。道光三年因该省请示，始定有图奸、调奸拒捕之例。而亦只言伤人。至杀人应如何治罪，例内仍未议及。检查历年成案，有照犯罪拒捕杀人拟斩监候者，亦有比照强奸立时杀人拟斩立决者办理，本不划一。兹据该抚以此等案件律例既无明文、成案亦多互异，未敢率行臆断，咨部请示等因。臣等伏思，图奸杀人与强奸杀人虽同一因奸毙命，惟图奸者，轻只语言调戏、重亦不过手足勾引。视强奸者之悍然无忌、肆行淫暴情形既大不相，俾断罪即难归一致。综核例文，强奸刃伤本妇及拒捕刃伤其夫与有服亲属罪应绞首，图奸、调奸刃伤本妇并其夫与有服亲属止拟军戍。本夫登时杀死强奸未成罪人例应勿论；有服亲属登时杀死强奸未成罪人亦止拟满徒。而杀死图奸未成罪人则无论登时事后，俱拟绞候。是图奸、调奸拒捕刃伤，既不与强奸拒捕同科绞候；则图奸、调奸拒捕杀人，概不应照强奸拒捕杀人同拟斩决；即可类推。本夫及有服亲属杀死图奸未成罪人，不与杀死强奸未成罪人拟以勿论满徒；因图奸罪人杀死本夫及有服亲属，即不应照强奸拒捕杀人问拟斩决亦可隅反。况奸夫拒捕刃伤应捉奸之人，例应绞候，拒杀本夫及应捉奸之人例应斩候，从不问拟立决。若将图奸、调奸拒捕杀人概照强奸例问拟斩决，是伤人既较奸夫科罪为轻，而杀人独较奸夫科罪为重，不特彼此参差，亦与刃伤本例互相抵牾，殊不足以示区别而昭平允。既据该抚咨请部示，自应妥立专条以归划一。臣等公同商酌，应请嗣后图奸、调奸未成罪人杀死本妇及拒捕杀死其夫与父母并有服亲属，无论立时及越数日，俱照犯罪拒捕杀所捕人律拟斩监候。如此斟酌定拟，庶与各例不致互异，而于情法亦得其平。光绪七年通行。[①]

（3）由死罪减等照例专本具题

直督咨称：准部咨开监犯史三仔被匪劫放，自行投首，于原犯故杀斩候律上减等拟流，未便据咨率覆，行令照例具题，等因。细绎例意，凡由死罪减等，仍应专本具题者，系指尚未定案之人犯而言。至于已结之死罪人犯，在监因变逸出，自行投回，其原犯罪名业已题准部覆，情罪毫无疑义，即其逸出投回系属照例减等。是以近年因变逸出投回减等之案，如原犯死罪尚未定案者，仍照例专本具题。至已结斩绞人犯，因变逸出投回减等之案，因原犯已题准部覆，均系专咨完结。查，有已入秋审绞犯郭四年因被匪劫放，裹胁同行，乘间逃回投首，照例减等拟流，系属专咨报部，已准部覆，核与史三仔一案情事相同。咨部查照原咨，将此案援照郭四年之案核覆，以归划一。等因。本部查，命盗案内由死罪减等发遣军流专本具题之例，系嘉庆六年纂定。原因各省办理此案件未能划一，故特立专条，系为慎重起见。例内既未著有已结死罪人犯在监因变逸出投首减等毋庸具题字样，自未便率行咨结。况命盗案内秋审缓决减等，及恭逢恩旨减为军流人犯，尚应题奏。惟近来各省办理此特等因变逸出投首案件，有照例具题者，亦有咨部核覆者，办理总未划一，自应申明定例，通行各省。嗣后遇有死罪人犯因变逸出投首减等之案，仍照例具题，以昭慎重而归划一。至该督援引郭四年之案，系属随时核覆，未经通行之件，不得援以为据。相应咨该督，并通行各省一体遵照办理可也。同治五年通行。[②]

---

① （清）祝庆祺等编撰：《〈刑案汇览〉全编》，尤韶华等点校，法律出版社2007年版，第275页。

② （清）祝庆祺等编撰：《〈刑案汇览〉全编》，尤韶华等点校，法律出版社2007年版，第1450—1451页。

（4）因妻刃伤伊母将妻致毙

山东司查：律载，夫殴妻至死者绞，故杀亦绞。又，妻殴夫之父母而夫不告官擅杀者杖一百。注云，父母亲告乃坐。又例载，可矜人犯内如子妇不孝殴骂翁姑，其夫忿激致毙，免死减等例再减一等。各等语。此案徐允贤之母朱氏抱伊幼女误行失跌，致幼女啼哭，伊妻张氏不依混骂。朱氏向张氏扑殴，被张氏用菜刀划伤左手腕。适该犯回归瞥见，气忿夺获菜刀，扎划伤张氏右手腕。张氏撞头，该犯又砍伤其顶心脑后倒地。经邻人徐明典趋至劝歇，朱氏正欲赴县控究，讵张氏即时殒命。经伊祖徐高愿赴案报明，质讯地邻徐明典、犯母徐朱氏、尸父张淑卞供亦相同。该抚以妻殴骂夫之父母，本犯应死。其夫不报官而擅杀，仅拟满杖。然恐本夫因别故杀妻，捏称殴骂重情，以图卸罪。故必以父母是否事前亲告为断。而亲告在殴毙之后者，仍依律拟绞。原以重人命而杜捏饰。第殴骂亦有重轻，如无殴骂实迹，不能据该犯父母事后一言，曲援满杖之例。倘父母被妻殴有伤痕，甚至刃伤折伤以及残废笃疾，或系身在危急，其夫忿迫情急立时将妻殴打致毙，业已到官验讯，证佐确凿。若谓该犯父母究未事前亲告，则事前实有不及亲告之势。因其事前未告，仍照殴妻致死律拟以绞首，俟秋审时再行查办，似与寻常捕人擅杀应死罪人之律及尊长擅杀罪犯应死卑幼之例甚相抵牾，可否将徐允贤照律拟杖，抑或究非事前亲告，仍应照律拟绞之处，咨部核示等因。查，妻殴骂夫之父母，罪犯应死。其夫不告官而擅杀律止满杖。殆与捕人擅杀应死罪人之律从同。他如有服尊长擅杀罪犯应死之卑幼例，亦应擅杀应死罪人律拟杖。第捕人擅杀应死罪人，律注业已明言，系指捕亡一时忿激而言。擅杀有罪卑幼拟杖之例，亦必卑幼显有罪犯应死实迹，方可援引。若其夫因别故杀妻，事后希图减罪，必以妻殴骂翁姑为解。而翁姑之溺爱其子者，亦必扶同捏饰。如率照擅杀律拟杖，是徒开残杀之端。故必父母亲告乃坐。其父母事前未经亲告，迨到案后供明殴骂者只得将本犯仍按殴妻至死律拟以绞候，俟秋审时再予累减拟徒诚以罪犯应死者各有实迹，而殴骂夫之父母者可以伪为。拟杖、拟绞，律例原无抵牾。惟律内虽殴骂并称，而他律内如妻妾骂夫之父母立绞者，有亲告乃坐之文。殴夫之父母立斩者业未明言亲告乃坐。是以殴重于骂。殴有据，而骂无凭也。本夫如因妻詈骂其父母而杀，詈骂无凭，自必须父母亲告乃坐，以杜串捏。若其妻刃伤翁姑，既有伤痕可验，又有尸亲邻佑人等供证确凿可据。如犹执一而不参观他律，谓父母未经先告，仍将该犯依律拟绞，诚如该抚所称，倘其父母被妻殴至折伤及残废笃疾，事在危急，其夫忿迫情急，立时将妻殴毙。若谓父母究示事前亲告，仍拟缳首，则较之尊长擅杀罪犯应死卑幼及子因救亲殴死平人者治罪转重，实不足以维风化，而示平允，自当量予变通。今徐允贤之妻张氏刃伤伊母朱氏，伤痕证佐业已确凿，有凭。该犯将张氏殴伤，虽朱氏未经亲告，实有不及亲告之势，应即准其照律拟杖完结。仍令该抚作速审明确情，按律定拟，并详叙全案供照到部，再行核办。嗣据山东巡抚将徐允贤依律拟杖咨结。并据咨称，妻殴夫之父母而夫擅杀之案，折伤、刃伤确有证佐，现奉部覆，虽父母未经亲告，准其照律拟杖。若手足、他物伤证佐确凿，虽父母未经亲告，可否照律拟杖。咨请核示等因。本部查，妻殴翁姑但殴即罪应论死，原不论有无成伤，及伤之轻重。第翁姑并有告官而夫即行擅杀，若无伤痕证佐概予拟杖，难保非父母溺爱其子串捏所致。至验有伤痕，证佐又复确凿，则无论刃伤、折伤以及手足、他物，虽父母未经亲告，均可照律拟杖。如止殴詈空言，自应仍以亲告为断。相应咨覆该抚，并通行各省一体查照可也。道光二十六年通行。[①]

以上第一、二、三案中，出现了“例无明文”“律例既无明文”“例内既未著有……”等字样，说明出现了制定法所未涵盖之事项。面对地方的咨询，刑部结合具体案情与现有律例，确定了新的处理方式，从而弥补了制定法的空白。而第四案较为复杂。按照律例规定：妻殴夫之父母而夫不告官擅杀者杖一百。但为了防止夫故意杀妻的情况，又规定了必须父母亲告乃坐。该案迫于案发时之情势，未及亲告。面对这种特殊情形，刑部通过大量说理，指出事前亲告与案发后亲告的处理以及详细区分了殴与骂的

① （清）祝庆祺等编撰：《〈刑案汇览〉全编》，尤韶华等点校，法律出版社2007年版，第868页。

情形，确定了如有确凿伤痕，虽未亲告，仍可采照律拟杖的处理方式。这不仅符合律意，还弥补了制定法在面对特殊情形时的适用空缺。

3.应对新的社会形势

（1）严定兴贩硝磺罪名

刑部咨：咸丰十一年十月初九日恭逢恩诏，查办军流以下人犯减等，当经本部酌定条款奏准通行。其有情罪重大者仍随案酌核办理。兹查兴贩硝磺一项，咸丰元年成案本在准减之列。本年八月间本部因云贵总督潘铎奏请严定兴贩罪名章程奏准通行。诚以硝磺为行军利器，现当军务吃紧之际，此项兴贩人犯未便稍事轻纵，除从前业经核准援免之犯毋庸置议外，嗣后遇有兴贩硝磺问拟军流徒罪各犯，无论事犯在奏定章程以前，一概拟以不准援免。恐各省办理此等案件未能画一，相应通行直省各督抚、将军、都统、府尹一体查照办理可也。同治二年通行。[①]

（2）严定私贩外洋枪炮罪名章程

刑部咨：盛京将军奏请严定私贩外洋枪炮罪名一折。查，洋枪洋炮来自外洋，本系奉禁之物。内地奸民牟取重利，私自销售，辗转入于贼手，以致扰害地方，诚不可不严行禁止。惟查内地鸟枪炮位，例有私造私铸罪名，即贩卖火药硝磺定例亦以斤数多寡分别拟罪，并无私贩鸟枪作何治罪明文，有犯向照私造例科断。则私贩洋枪亦应查照内地私造鸟枪例同科。至私铸炮位罪应拟斩，推原例意，系因其迹近叛逆，故拟置重典。若私贩洋炮究与私铸炮位有间，未便比例遽拟骈首，自应于私铸炮位罪上酌量减等，庶昭平允。臣等公同酌议，嗣后拿获私贩洋炮之案，应于私铸大小炮位处斩例上酌减为发新疆给官兵为奴，仍照例改发极边足四千里充军，到配加枷号六个月。贩卖洋枪照私造鸟枪，例枷号两个月杖一百，每一件加一等，罪止杖一百流三千里。贩卖洋药洋砂铜帽，即照内地民人窝囤兴贩硫磺例，分别斤数多寡

① （清）祝庆祺等编撰：《〈刑案汇览〉全编》，尤韶华等点校，法律出版社2007年版，第105页。

定拟，倘有济匪情事，均以通贼论。至近山滨海地方存备洋枪守御者，亦应照鸟枪例，必须报明地方官錾刻姓名编号立案。如有私藏，照私藏鸟枪例按禁治罪，仍严禁不许借端搜拿，致滋拖累。如此分别科断，庶奸民知所儆畏，而私贩之风可期尽绝。光绪元年通行。[①]

1840年后，国门大开，新事物蜂拥而至，同时社会性质变化，社会矛盾也不断加剧。判例以其灵活性，能够迅速对新的法律关系进行调整、规定。以上判例并未涉及具体的个案，而是以类案的形式上报给刑部。第一案中，兴贩硝磺本在准减之列，但由于战事频仍，硝磺作为军需物资，需要严格管控。为了打击兴贩行为，刑部取消了援免的处理。第二案中，洋枪洋炮为新事物，制定法并未有相关规定。故刑部比照制定法，调整刑等，将其纳入管控之中。

（二）民国初期对判例的运用

民国初期延续了清末法制改革开启的法律近代化进程。在近代法律体系尚未完全建立之时，一方面对清末部分法律予以承认，另一方面则通过大理院以判例调整社会关系。综合而言，民国初期对判例的运用主要体现在以下几个方面。

1. 对前清的部分法律或社会通行之习惯予以承认，并进行补充说明

（1）现行律载“妻犯七出之状，有三不去之理，不得辄绝，但犯奸者不在此限”。是妻对于其夫有不贞洁之行为者，当然可为离异之原因，惟对于此类行为，其夫实已故纵在前（并非仅因保全名誉而为时候之掩饰）者，则妻之责任即已解除，夫不得以业已故纵之行为请求与其妻离异。（四年上字第331号[②]）

判决

上告人： 卫辅尧　江苏吴县人

① （清）祝庆祺等编撰：《〈刑案汇览〉全编》，尤韶华等点校，法律出版社2007年版，第106页。
② 黄源盛编：《景印大理院民事判例百选》，五南图书出版公司2009年版，第795页。

右代理人：潘承锷律师

被上告人：卫孙氏　江苏吴县人　年三十一岁

右代理人：陆炳章律师　费廷璜律师

右上告人对于中华民国三年三月十日江苏高等审判厅就上告人与被上告人因离婚涉讼一案所为第二审判决声明上告。经总检察厅检察官熊兆周陈述意见，本院审理判决如左。

主文

原判撤销。

本案发还江苏高等审判厅迅予更为审判。

理由

本院按现行律载“妻犯七出之状，有三不去之理，不得辄绝，但犯奸者不在此限”。是妻对于其夫有不贞洁之行为者，当然可为离异之原因，惟对于此类行为，其夫实已故纵在前（并非仅因保全名誉而为时候之掩饰）者，则妻之责任即已解除，夫不得以业已故纵之行为请求与其妻离异。此至当之解释也。本案上告人主张被上告人犯奸事实，业经原审合法认定而原判认上告人对于被上告人之犯奸行为有故纵事实者，不外以被上告人犯奸事实为上告人所已知而不即举发之一点。然知奸行而不即举发或系因顾全名誉暂时容忍或因其他原因未便宣扬，要不能即以为有故纵之断定也。上告人果否故纵自应以奸行以前或当时有无对于被上告人可以尽防止之方法而乃显与同意或以言语动作表示不加究诘，无不可之意思为准据。按诉讼法例，原审即应命当事人有立证义务者提出相当凭证，并以职权为必要之居置。是原判未免理由不备。本案事实关系既未臻于明确，本院碍难据为法律上之判断。上告意旨尚非全然不当。据以上论结，本案上告为有理由应予撤销。原判发还江苏高等审判厅迅予更为审判，又本案系原判理由不备，终应发还更审之件，核与本院书面审理事例相符。故以书面审理行之。特为判决如右。

中华民国四年三月二十九日

（2）天津习惯钱商凭折川换所付之款，既系应先作还本，年终始还利息，即应从其习惯认其为原本之清偿。（四年上字第2200号[①]）

判决

上告人：田毅齐

被上告人：焦世卿

代理人：王殿俊

右上告人对于中华民国四年四月十二日直隶高等审判厅就上告人与被上告人因债务纠葛一案，于本院发还后所为更审之判决声明上告。本院审理判决如右。

主文

原判撤销。

本案发还直隶高等审判厅迅予更为审判。

理由

查本案前经本院以（一）庆丰勇等三号自光绪二十年起至各该号歇业时止，所欠同茂永本息究为若干。（二）利息就应算至何时为止。（三）庆丰勇等三号究系自行歇业抑因亏累倒闭。如系倒闭，按照习惯能否主张减成还债。原审均未查讯明确。故特发还更审。兹查原审更审判决，第一，关于债额一层，虽据认定庆丰勇自光绪二十八年至三十二年年终歇业时止，共欠本息四千零五两。勇泰恒自光绪二十八年至三十四年年终歇业时止，共欠本息六千零四十两零九钱八分。勇聚成共欠本息二千一百二十四两三钱六分。总计三号，共欠一万二千一百七十两零三钱四分云云。而查此项额数系凭被上告人一面所开之清单为准。与上告人所开共欠本利一万一千一百十二两七钱七分之数尚差一千余两。所差究在何处，原判竟无一语释明。何足以资折服。其认定殊不能谓为适法。第二，计算利息一层，查钱商凭折川换所付款项，应先作还本，年终始换利息。被上告人在原审已承认天津有此惯例（见四年一月三十日意旨书）。而所欠利息如年终未

① 黄源盛编：《景印大理院民事判例百选》，五南图书出版公司2009年版，第251页。

清，翌年即滚入原本，不惟天津商务总会函复如是。即上告人在原审亦已明认（见三年十二月二十六日状），是计算利息之方法固已不成问题，所应审究者惟在歇业后，应否免除利息之一层。查原审询据商务总会复称商家因亏累之结果致成倒闭事实上，不能本息并还。在倒闭之后，商家以感情所羁免除利息为习惯之通例等语。其感情所羁一语似系概括说明习惯上所以免除利息之原因，非谓免除与否视感情之如何为断。原判谓两造涉诉已久，无感情足道，即歇业后亦无免除利息之理由。所见亦不谓为正当。第三，商家因亏累倒闭者，按商务总会复函所称，似可主张减成还债，即被上告人在原审亦似承认有此习惯（见四年一月二十日笔录）。惟庆丰勇等三号当时究系自行歇业抑因亏累倒闭当有事实可查。乃原审竟以当时未曾禀报商会及县署且上告人现尚开有商号两处，家有稻田多顷等情，即推定庆丰勇等均系自行歇业，亦未尽职权上应尽能事。上告意旨关于以上各节均不能谓无理由。惟王铭三调处一节，本院前判业以原判认定同茂永并未承认为适法，将该上告人之附带上告驳回。此节自属确定，不在更审范围以内。乃上告人于更审之际，执卷内被上告人之前供王铭三系同事一语，据为请求再审之因，殊不合法。原审予以驳斥，并无不合。上告意旨关于此点犹复。断断争执实属不成理由。据以上论结，上告尚非全无理由，应将原判撤销，发还原审更为审判。至本案原审认定事实仍未确当，终因发还更审之件，故依本院现行事例以书面审理，特为判决如右。

中华民国四年十一月二十二日

（3）查民法固有规定应付利息之债务，其利率未经约定亦无法律可据者，周年利率为百分之五。但利率之约定，不以订明定率为要件，当事人约明依市场通行利率计算利息者，即为利率已有约定。（二十一年上字第1457号[①]）

判决

上诉人：豫丰庄

① 黄源盛编：《国民政府最高法院民事判例汇编》，第148页。

诉讼代理人：旷林雪

被上诉人：魏鉴湖　晏明义

右当事人间请求偿还存款事件，上诉人对于中华民国二十年六月二十五日江西高等法院第一审判决提起上诉，本院判决如左。

主文

原判决关于利息及诉讼费用之部分废弃，发回江西高等法院更为审判。其他之上诉驳回。

理由

本件上诉人于民国十五年陆续存款于被上诉人所开之恒丰钱庄，是年十月底结存，八月中券洋一万六千五百六十六元二钱一分，嗣于同年十一月初一日向被上诉人支用现英洋二千元。所谓券洋即不能维持票面价额之江钞，为两造不争之事实。兹所争者即……（一）此项存款，究应依是年七月底江钞每元值银五角七分三厘之市价折现偿还，抑应江钞最后每元值银两角之市价折现偿还。（二）此项存款之利息，究应依市面拆息计算，抑应依过年百分之五之利率计算。是已关于第一点，查两造往来经折所载收付各款，均系以江钞票面价额之英洋为本，业无依收付当时市价为补偿与扣除之记载，原判决据此认定两造确有无论票价如何涨落，均按票面价额偿还江钞之意思，自不得谓为违法。上诉人既谓八月中为履行，其何得依七月底江钞折现之市价请求偿还现银。至上诉人所称，当时该省官厅有不许将江钞折扣之禁令，纵令属实，亦不过为此种法律行为，所以有如此内容之缘由，于法律行为本身之效力，毫无影响。是原审以江钞至八月中已无市价，认为应依江钞最后每元值银一角之市价折现偿还，于法并无不合。关于此点之上诉，不得谓为有理由。关于第二点，查民法第二百零三条固规定应付利息之债务，其利率未经约定亦无法律可据者，周年利率为百分之五。但利率之约定，不以订明定率为要件，当事人约明依市场通行利率计算利息者，即为利率已有约定。本件据被上诉人在原审之陈述，两造间确有依南昌市之拆息计算利息之约定。原判决于此恝置不问，认为应依周年百分之五之利率计算利息，于法殊有为合关。于此点之上诉，不得为无理由。

中华民国二十一年九月二日

上述第一道案例继续认可“七出三不去”这样传统的离婚条件。同时，又通过判决的形式，对其适用范围进行了一定的限制，即对于丈夫故纵在前的情况，则不得适用。第二道、第三道案例则援引了社会上通行之习惯作为判决依据，从而赋予这些习惯以法律效力。

2.对违背近代法理的习惯予以否定

习惯法之成立以无背于公共秩序及利益为要件之一。当事人所主张该地方历来市面旧规，业主典卖房屋，须先尽原住租户留置，不能擅自卖与他人云云，姑无论是否属实，就令非虚。惟此项习惯不仅限制所有权之处分作用，即于经济之流通与地方之发达均不无障碍，为公共之秩序及利益计，断难予以法之效力。（七年上字第224号[①]）

判决

上告人：潘耀宗　年六十七岁　固安县人　住永通木厂

右代理人：萧桂容律师

上告人：邓维藩　年四十九岁　固安县人　住东珠市

被上告人：李池亭　年三十四岁　冀县人　住观音寺京华店

右代理人：唐演律师

右上告人对于中华民国六年八月二十四日京师高等审判厅就上告人等与被上告人等因房屋纠葛一案所为第二审判决声明上告。经本院审理判决如左。

主文

原判撤销。本案被上告人等请求确认先买权之反诉驳回。上告人要求收房之本诉发还京师高等审判厅迅予更为审判。

理由

查本案上告人潘耀宗于民国四年六月间买受上告人邓维藩家所有坐落牛驼镇街中路东铺房一所。该房分前后两院，向由被上告人李池亭、吕荣第分别承租开设商店，均阅多年。而争执之点即在上告人潘耀宗于买受该房后，以被上告人等霸不腾房为词诉，请判准收房管业。而被上告人等则主张按该

① 黄源盛编：《景印大理院民事判例百选》，五南图书出版公司2009年版，第617页。

地习惯，业主卖房应先尽原住租户留置，不能听上告人等蔑视其先买权，以为反诉。两造情词各执、故欲论究本案之讼争孰为曲直。自应审究该牛驼镇地方是否有业主买房必须先尽原租户留置之习惯。又该习惯是否应认为有法之效以为先决。本院按习惯法之成立以无悖于公共秩序及利益为要件之一。本案被上告人等主张牛驼镇历来市面旧规，业主典卖房屋须先尽原住租户留置，不能擅自卖与他人云云。姑无论该镇是否确有此项习惯。两造既有争执即尚难据予断定。就令假定该镇就有业主卖房先尽租户留置之习惯非虚。以此项习惯不仅限制所有权之处分作用，即于经济之流通与地方之发达均不无障碍。于公共秩序及利益计，断难予以法之效力。乃原审误以该习惯为应予以法之效力，认被上告人等之主张为正当，致将上告人潘耀宗合法订立买受房屋之契约判令取消，显非允协。应即由本院予以纠正。夫本案被上告人等以租住房屋关系提起反诉，为自己主张先买权。虽不能认其请求为合法成立。惟两造成讼以后，被上告人等迭次主张自向邓姓租住该房开设商店已阅多年，且各添盖有房间等语。则于上告人潘耀宗诉请收房，关于此项添之房间应如何解决，自属本案应予审究之问题。乃原判竟误于法律上之见解，认为上告人等之买房契约应予取消，而于被上告人之租住该房经商已久，且经添盖房屋是否可认为有铺底权或其他权利足拒绝被上告人等收房之请求，尚未令两造就此为之充分之辩论为之明确认定。即本院自无从为法律上之判断。故关于上告人收房之本诉应认为有发还更审之原因。据以上论结，本案上告不能谓为无理由。应将原判撤销。除关于被上告人等以反诉主张先买权之部分连由本院为之依法改判外，其关于上告人收房之本诉即予发还原高等审判厅迅予更为审判。至本案上告系原判误于实体法上之见解，终应分别改判及发还更审之件。故本判决依本院现行事例以书面审理行之。特为判决如右。

中华民国七年三月八日

承租人的优先购买权是现代各国普遍承认的一项民事法律制度。但是在近代，则流行所有权的绝对支配观念。在这种观念下，承租人的优先购买权是对所有权权能的限制。因此，该案中尽管在习惯上承租人具有优先购买权，但是大理院以近代所有权理论为依据和从经济流通的角度否定了这一习惯。

3.填补制定法条文的空白

未满二十岁之女子，一经结婚即有行为能力，不得视夫为妻之保佐人。故和诱已结婚之未满二十岁妇女，除和诱时有通奸之情事须告诉乃论外，关于单纯和诱部分，应不为罪。（二十一年上字第1069号[①]）

判决

上诉人：陈凤桥　男　年四十二岁　诸暨县人　住黄福庙前　业工

右上诉人因和诱未满二十岁妇女案件，不服浙江高等法院民国十九年十二月三十日第二审判决，提起上诉，本院判决如左。

主文

原判决关于陈凤桥罪刑部分，撤销。陈凤桥无罪。

理由

查未满二十岁之女子，一经结婚即有行为能力，不得视夫为妻之保佐人。故和诱已结婚之未满二十岁妇女，除和诱时有通奸情事须告诉乃论外，关于单纯和诱部分，应不为罪（参照司法院院字第三〇四号、第九五号解释）。本案共同被告祝兆洪将董婉贞带至家内奸宿十余日，据原审认定事实谓：董婉贞系董连琮之妻，年十九岁，事前曾与祝兆洪、董贤卿约定，先至董贤卿家，待祝兆洪赶至，同回祝家，并非略诱云云；就此事实而论，董婉贞于被诱时其年龄虽尚未满二十岁，但系已经结婚之妇，则祝兆洪之和诱，依法固不应为罪，即上诉人陈凤桥纵有帮助情事，亦不负和诱之责。原审判处上诉人帮助和诱罪刑，显系违法，上诉意旨攻击原判决不当，非无理由。据上论结，应依刑事诉讼法第四百零九条第一项、第四百十条第一项第一款、第四百条、第三百十六条，判决如主文。

中华民国二十一年一月十四日

按照1928年《中华民国刑法》第二百五十七条的规定：和诱、略诱未满二十岁之男女脱离享有亲权之人、监护人或保佐人者，处六月以上、五年以下

① 黄源盛编：《国民政府最高法院刑事判例汇编》，第371页。

有期徒刑。该条只规定了年龄条件。对于和诱已结婚但未满二十岁之人，如果按照这一条文，是应处罚的。该条法意本在于保护不具备完全行为能力之人。又，按《中华民国民法》第十二条、第十三条的规定：满二十岁为成年；未成年人已结婚者有行为能力。最高法院从法意的角度出发，结合民法的相关规定，填补了《中华民国刑法》第二百五十七条在特殊情形下适用的空白。

4. 阐释基本法理，弥补制定法的不足

（1）聚众夺犯，稍具常识者，均知其为非法。该被告人果否不知法令，原审调查未及，遽以该被告人乡愚无知，引《刑律》第十三条第二项为之减等，更嫌疏纵。（七年上字第964号[1]）

判决

上告人：沈阿唐即孙阿唐又名小鬼阿唐　浙江绍兴县人　年二十九岁

选定辩护人：刘崇佑律师

附带上告人：浙江高等检察厅检察官

右列上告人，对于中华民国七年九月十七日，浙江高等审判厅就该上告人沈阿唐盗取按律逮捕人及伤害等罪俱发一案，所为第二审判决声明上告，本院审理，判决如左。

主文

原判撤销。

本案发还浙江高等审判厅更为审判。

理由：查阅诉讼纪录，该上告人沈阿唐因警察逮捕赌犯，其父沈阿庆亦在被捕之列，乃鸣罐聚众，以强暴手段将被捕人犯夺回，并将长警朱鉴清等六人殴伤，均跳入水内逃走，郭嵩祥、陆如林二警因此溺毙。以上事实，该上告人自到县后坚不承认，然查该县警察所送，案原咨叙述，该上告人之供词及朱鉴清、包治安、孙阿尧、张阿葵等之供述，合以原县勘验情形；其为本案共犯，毫无疑义。惟查警所原咨，立经叙明该上告人供："有民人在场喝众拒捕，首先揭开船蓬，夺枪共殴"云云；张阿葵在县又称："尚有孙阿唐即小鬼阿唐、

[1] 黄源盛纂辑：《大理院刑事判例辑存》，犁斋社2013年版，第184页。

孙三十等哄得数百人到船将民等抢回”；孙阿尧在县亦称：“又经小鬼阿唐、孙三十等鸣罐聚众，为小的浅念”，其在原审复供：“敲罐为首听说是周思原、沈阿唐两人”，又供：“我在船内听见有沈阿唐声音说：‘将警察的船搁牢，不要放他走’的话”；朱鉴清、包治安在原审亦均供称：“手提灯笼，出而拦阻，并敲起罐来招集人累，是沈阿唐等一班人”各等语。是此案聚众行强，该上告人实有为首或教唆之嫌疑，如就上列供证详细追求，自不难廉得真相。原判不从，此推究乃称，该上告人究竟是否首魁及教唆，并无确实证据可以就定，据依刑律第一百十九条第一项下半处断，已有失出之嫌。再该上告人如果因救父情急，始行聚累，原不妨酌量情节，减轻其刑。至聚累夺犯，稍具常识者，均知其为非法，该上告人果否不知法令，原审调查未及，遽以该上告人乡愚无知，引刑律第十二条第一项为之减等，更嫌疏纵。至警察郭嵩祥、陆如林之溺毙，系被殴伤后自己跳入河内，已经原审传朱鉴清、包治安到案质讯，按之朱鉴清在县初供亦无不合。是郭嵩祥等之跳水身死，与该上告人等之施强暴有无因果关系，更须切实研究。即应否援用伤害人致死律处断，尚难断定，应再发还更审，用求明慎。依以上论结，原判应予撤销，本案发还浙江高等审判厅更为审判。案经发还，所有上告意旨及附带上告意旨，均毋庸议。

又本件上告合于本院现行书面审理之事例，故咨询总检察厅检察官汪袖泽之意见，用书面审理，特篇判决如右。

中华民国七年十二月六日

（2）仅系帮助口角并非帮殴、供证，而两审判决又均明认无共同杀人之认识者，不构成帮助杀伤罪。（四年非字第26号[①]）

判决

上告人：总检察厅检察长

被告人：陶雨青　四川西昌县人　年二十八岁

陶锡华　四川西昌县人　年十八岁

① 黄源盛纂辑：《大理院刑事判例辑存》，犁斋社2013年版，第49页。

右被告人等帮助口角之所为，经四川高等审判厅于民国四年六月二十二日覆判判决，总检察厅检察长以原判违法，提起非常上告，本院审理，判决如左。

主文

原判关于陶雨青、陶锡华之罪刑撤销。

陶雨青、陶锡华无罪。

总检察厅检察长提起非常上告之理由

查此案初判认定，陶雨青、陶锡华帮助陶雨村与李明廷等口角，不意陶雨村一时气忿，拔刀向李明廷等乱戳，即覆判亦谓两人不意陶雨村遂致杀人。是陶雨青、陶锡华对于陶雨村杀人行为，实非意料所及，自不得以有犯意论。初判指为当场助势，竟科以罪刑。覆判审又不为纠正，均属引律错误。案经确定，为被告人利益起见，应即提起非常上告。

总检察厅检察官汪祖泽之意见

查构成犯罪以有犯罪之故意为要素。此案陶雨村与李明廷等口角，一时气忿杀伤李明廷等，原判既谓陶雨青、陶锡华仅帮助口角，不意陶雨村拔刀戳人，是陶雨青、陶锡华对于陶雨村杀人行为，实无共同认识，犯罪自不成立。原判谓为当场助势，论以从犯，殊属违法，应请撤销。将陶雨青、陶锡华宣告无罪。

判决之理由

四川高等审判厅认定事实，陶雨村族人陶云周有马三匹，践食李子元田麦，经团总调处，陶云周认赔了息。而陶雨村出而反对，李子元之族人李明廷、李小六等面斥其非，因而互詈骂，继以斗殴。陶雨村之弟陶雨青及陶云周之弟陶锡华在场助势。讵陶雨村忿极，竟拔刀戳杀李明廷毙命，李小六亦被戳伤。陈锡三上前拦劝，陶雨村又用刀将彼刺伤，越日身死。据以上事实，陶雨村与李明廷等口角以致斗殴，陶雨青、陶锡华是否均曾助势，原判并未分别叙明。但原审系用书面审理，乃据初审所认事实为基础，而初审则仅谓陶雨青、陶锡华二人帮助口角。即查核案卷，亦无陶雨青、陶锡华帮殴供证。是陶雨青、陶锡华显仅帮助口角。两审判决又均明认陶雨青、陶锡华无共同杀人之认识，乃竟依律第三十一条、第三百十条、第三百十三条第三款并第三百十五条处陶雨青、陶锡华之罪刑，显属违法。总检察厅检察长于判决确定后提起非常上告，自属合法。总检察厅检察官之意见，亦属允当。应由本院依刑事诉讼律草案再理编第四百六十二条第一款后半段之规定，将原判撤销，另为判决，陶雨青、陶锡华均宣告无罪，特为判决如右。

中华民国四年九月十八日

（3）诈欺取财罪，虽不限于意图自己所有，然犯罪人苟不知他人已有诈欺之行为，则虽有收受被害人财物转付于他人之事实，在法理上，即属不知构成犯罪要素之事实，不能认为有犯罪故意，自不得仅以收受财物即为完成犯罪之结果。（四年上字第99号[①]）

判决

上告人：张香庭　直隶南皮县人　年二十八岁　住天津城内二道街

选定辩护人：刘崇佑律师

右上告人，对于中华民国三年十一月二日，直隶高等审判厅就该上告人诈欺取财一案所为第二审判决，声明上告，经本院审理，判决如左。

主文

原判关于张香庭处刑之部分撤销，发还直隶高等审判厅更为审判。

理由

查本案上告人诈欺取财罪之成立与否，应以张贻曾否收受傅耀轩所交之洋元为断。原判理由谓："该上告人到庭供称，系交钱之第三日同傅耀轩到报馆找张贻质对，与状内所称当时对证之情节不符。则其所诈得之洋元是否转交于张贻，且携同傅耀轩对证明白。就其供状参考之，已觉矛盾难信"云云。然则据原审证明，已认定傅耀轩与张贻对证之事，未能信为确实。然详核诉讼记录，傅耀轩在第一审曾供称："我问张香庭，他说钱已交主笔的张贻了，可以同到报馆去问。在石印局与张贻见的面。他令我买二十元该报馆股票。我未应允"等语，在控告审又供称："我问他昨天张香庭交你三元钱没有？他说收到

① 黄源盛纂辑：《大理院刑事判例辑存》，犁斋社2013年版，第90页。

了，我说怎么不把报更正过来呢？他说三元钱不能更正。这里有报馆股票五元一张，你可以买四张去。我没有买他的。所以他屡载不休”云云。是据傅耀轩之供述，所交洋元似已明明为张贻所收受，究竟此项供词是否有意诬捏，实于该上告人犯罪之成立关系至重。原审以该报于第三日不惟不予更正，反有昨晚傅某向本报记者要问访事姓名之启事，认定该上告人所供将银元转交之语，断难凭信，即据以为张贻未曾收受三元之根据。而该上告人之诈财行为，亦即因以证明。然究之该报于第三日不惟不予更正，反更肆攻击，是否故以此手段途其敲诈之目的，抑果足为该上告人未曾交付银洋之明证，伺属疑问。则原审认定该上告人确未交付之事实，其基础已不免动摇。况诈欺取财罪虽不限于意图为自己所有，然犯罪人苟不知他人已有诈欺之意思，则虽有收受被害人财物转付于他人之事实，在法理上即属不知构成犯罪要素之事实，不能认为有犯罪故意，自不得仅以收受财物即为完成犯罪之结果也。上告人上告意旨虽属事实范围非上告审所能干涉，然原判认定事实既有疑窦，自不得不重加调查，以成信识。依以上论结，本院认原判调查事实未尽明确，应由本院将上告之部分撤销，发还原审更为审判。本案既经发还上告人，上告意旨应无庸议。

又本件上告合于本院现行书面审理之事例，本案判决经故咨询总检察厅检察官麦鼎华意见，即以书面审理行之，特篇判决如右。

中华民国四年二月二十七日

（4）被害人因伤身死，无论由于拳伤或磕伤，该被告人皆应同负罪责。盖被害人于负伤倒地后，致被磕伤，乃由于一种自然力之关系，绝非被害人故意自伤可知。则因磕伤所生之结果，对于以前之伤害原因，在法律上仍有相当之因果联络，以自然力之介入不得为因果中断之原因。（四年上字第518号[①]）

判决

上告人：杨致和　直隶文安县人　年五十九岁

　　　　王　芶　直隶文安县人　年二十九岁

① 黄源盛纂辑：《大理院刑事判例辑存》，犁斋社2013年版，第109页。

选定辩护人：刘崇佑律师

右上告人，对于中华民国三年十二月七日，直隶高等审判厅就该上告人等伤害人致死一案所为第二审判决，声明上告，经本院审理，判决如左。

主文

上告驳回。

事实

杨致和素以养船为业，本年九月二十九日，在本埠红桥地方与已死周万发之船同泊一处，是日傍晚，杨致和船上之人由周万发船上经过，震动船身致相口角，杨致和等将周万发右眼胞、鼻梁殴有拳伤，并将顶心及眉丛磕擦成伤，当经警署将杨致和及在船之王苟抓获送由天津地方检察厅验明伤痕，旋于十月一日据地方杨俊报告周万发因伤身死，复由检察厅检验尸身，委系受伤后因风身死，侦查起诉。

理由

查本案上告人杨致和与共犯王苟等因细故与周万发口角，致将周万发右眼胞、鼻梁等处殴伤，并将顶心及眉丛磕擦成伤，因伤身死，据天津地方检察厅伤痕鉴定书、证人吴登云供词及该处吴巡长之陈述与该上告人历次自白，其伤害罪之事实业已众证确凿，并经该上告人供认具有甘结在卷，其上告意旨不过主张正当防卫及狡称被害人因风身死系由于磕伤并非拳伤所致，冀图减轻罪责而已。不知正当防卫必对于现在不正之侵害始能成立，若斗殴情形；则彼此互立于侵害地位，已无复防卫权之可言，此项上告理由自不能成立；至周万发因伤身死，无论由于拳伤或由于磕伤，该上告人皆应同负罪责，盖被害人于负伤倒地后致被磕伤，乃由于一种自然力之关系，决非被害人故意自伤可知，则因磕伤所生之结果，对于以前之伤害原因在法理上仍有相当之因果联络，以自然力之介入不得为因果中断之原因也，该上告意旨虽主张致死乃由于磕伤，然于该上告人伤害致死罪之成立与否，并无何等影响，况该上告人在第一审检察厅，固已自认周万发之伤痕实系身所推的，具有切结在卷，是磕伤之原因，亦明明出于该上告人之所为，又何得饰词狡辩，杨致和上告意旨实无理由。上告人王苟仅于上告期间内声明不服，并未具上告理由，其上告自不能成立。依以上论断，本院认为本件上告为无理由，原判并无违法，应行驳回。又本件上告，合于本院现行书面审理之事例，故咨询总检察厅检察官麦鼎华之意见，用书面审理，特篇判决如右。

中华民国四年七月二日

（5）现行法律关于赠与之意思撤销废止毫无规定，依法律无明文适用习惯法则，无习惯法则适用条理之例。凡以书状为赠与之意思表示者，当事人无正当理由不得撤销；以言词为赠与之意思表示，而其赠与物业已履行者，亦不得随意撤销。其赠与人之承继人无论应否同有此种权利，要不能反背此原则。盖所以尊重既定法律关系，使社会得以安然无扰。（三年上字第212号[①]）

判决

上告人：金福康　青浦人　年五十六岁　住朱家角镇　业商

右代理人：秦联奎律师

被上告人：张其瑞

右上告人对于中华民国二年六月十一日江苏高等审判厅就金福康与张其瑞因争租涉诉一案所为第二审判决，声明上告。经本院审理判决如左。

主文

本案上告驳回。

理由

查本案上告要点有二：（一）上告人主张得撤销废其父母对于被上告人夫妇之赠与。（二）主张本案仲裁已经成立，当然有拘束之效力。本院按现行法律关于赠与之撤销废止毫无规定，依法律无明文，适用习惯法则。无习惯法则适用条理之例。凡以书状为赠与之意思表示者，当事人无正当理由不得撤销；以言词为赠与之意思表示，而其赠与物业已履行者，亦不得随意撤销。其赠与人之承继人无论应否同有此种权利，要不能反背此原则。至于受赠人必因重大过失及故意对于赠与人或其近亲有忘恩不能容许之行为者，赠与人或其继承人始得主张废止赠与。所尊重既定之法律关系，使

① 黄源盛编：《景印大理院民事判例百选》，五南图书出版公司2009年版，第349页。

社会得以安然无扰。此民事法上至当之条理也。本案上告人金福康之母金陈氏既于光绪十六年更给交代。据于被上告人之妻所有地产均已交代完毕。其所有权均已移转于被上告人家。依照上开说明，自无主张撤销之余地。又查此次系因被上告人欲将该地自行收租。上告人并非因此即陷于生计窘艰之境况。上告人竟不允许，始行涉诉自不得。即谓其对于赠与人或其近亲有忘恩而不能容许之行为是废止之条件，亦非具备。则上告人第一主张自不能认为正当。至于民事公断制度现在详细规典尚未颁行（商事则否），自属无凭援用。然调处（即和解）之法，当事人固得有效实行，但须经双方同意合法成立。其当事人始有服从之义务。否则断难强其遵循。据原审衙门认定事实。辛亥年七月二十二顾敬闲等之呈词声明两造争执已不容劝处等语。是从中调处确有其事，而调处未谐，亦无容疑。原审衙门以顾敬闲之所为仅认为有调处之经历而不认为有调处之终结，尚非不当。上告人之第二主张亦不得认为正当。据以上论断，本案上告应认为无理由即予驳回。又本件系关于实体法上之见解，核与现行事例书面审理之例相符。故以书面审理之。特为判决如右。

中华民国三年四月十六日

自清末开始的法律近代化，实际上是学习引入大陆法系国家的理论与体系。在制定法国家中，判例最重要的功能即在于弥补制定法之不足。这也是民国判例在司法实践中最突出的作用。上述判例是在制定法无规定或规定不明的情况下，通过阐释法意以及基本理论来确定处理方式的。如第四个判例，即从介入因素对因果关系之影响的刑法理论出发，明确了条文的模糊之处。而第五个判例，则是在法无明文规定的情况下，从维护既定法律关系、保证社会安定的法意出发，明确了赠与撤销的法律问题。

民国初年，政权肇始，法律的制定尚在起步阶段。作为最高法院的大理院在司法实践中通过判例的形式，实际承担着司法与立法的双重功能。这也构成了民国初年司法制度的特色。

至南京国民政府时期，通过制度建设，对判例的效力也加以保障。国民政府司法院1928年公布的《司法院统一解释法令及变更判例规则》规定，司法院院长如果认为有必要，可以召集最高法院各庭庭长及推事组成的会议决定。如果最高法院院长认为有变更判例的必要，也必须呈请司法院院长召集上述人员召开会议来决定。1932年颁布的《法院组织法》第二十五条规定："最高法院各庭审理案件，关于法律上之见解，与本庭或他庭判决先例有异时，应由院长呈由司法院院长召集判例会议决定之。"[①]1935年修订颁布的《最高法院处务规程》规定，最高法院各庭裁判案件经评议，认为以前判例不适用者，应由民事庭或者刑事庭或民、刑事庭开总会决议变更之，并且，前项变更判例之议决须经最高法院院长及司法院院长赞同。

实践中，《司法公报》所载法院裁判文书大都总结了"判例要旨"，以期发挥判例的示范、引领和指导作用。例如：

（1）鲍和甫诉浙江省政府案。（二十五年八月三十一日判字第5号[②]）

判例要旨：（1）关于地方建设之事业，县政府为增进公共利益起见，于法令所赋予之职权内自可为一定之处分。（2）诉愿法所规定，因官署处分致损害其权利系指官署处分直接损害积极或消极之权利而言，其得提起行政诉讼者系指为权利之主体而言。

原告：鲍和甫住上海南市果咸瓜街三十号　鲍孝华住浙江省鄞县鲍家鲍惠康住同其余详卷

诉讼代理人：王祖动律师

被告官署：浙江省政府

右原告因建设桥梁时间不服中华民国二十五年四月二十一日浙江省政府所为再诉讼之决定提起行政诉讼，本院判决如左。

主文

原告之诉驳回。

理由

关于地方建设之事业，县政府为增进公共利益起见，于法令所赋予之职权

① 国民政府司法院参事处：《新订国民政府司法例规》，司法院秘书处1940年版，第232页。

② 国民政府司法院秘书处印行：《司法公报》1936年第148号。

内自可为一定之处分。本件原告鲍和甫等反对陈随三等建桥之地点既在公共水面之上，而桥梁建设又属地方政府建设事业，院县政府根据附近民业张黄桃、江协和等乡乡长之联名呈请及委员会查勘之结果，认为建造桥梁双方俱感便利，因而予以核准之处分自系行使法令上所赋予之职权且与原告权利亦无若何损害，诸上开说明要无不合诉愿，官署委员会覆查桥成之后，由月浦至姜山镇确可缩短途程一·一里，而月浦与鲍家两村间交通亦可缩短途程三里，据以维持原处分尚属允协，再诉愿决定认桥成之后于原告权利无所损害，从而维持诉愿决定之效力，仍为适法至原告所持以论争者无非以原决定认。

中华民国二十五年八月三十一日

（2）王三妹与向鹤轩请求撤销结婚事件上诉案。（民国三十三年度上字第677号[①]）

判例要旨：民法第九百九十二条就结婚违反第九百八十五条规定所定利害关系人之撤销权虽因前婚姻关系之消灭而消灭但在请求撤销婚姻之诉提起时婚姻关系尚存在，起诉后又存在消灭之情形者，其已行使之撤销权并不因此受影响。

参考法条：民法第九百九十二条。

判决

主文

原判决及第一审判决均废弃，上诉人与被上诉人之结婚准予撤销，各审诉讼费用由被上诉人承担。

理由

民法第九百九十二条就结婚违反第九百八十五条规定所定利害关系人之撤销权虽因前婚姻关系之消灭而消灭但在请求撤销婚姻之诉提起时婚姻关系尚存在，起诉后又存在消灭之情形者，其已行使之撤销权并不因此而受影响。本件上诉人与被上诉人均有配偶而重行结婚为原判已确定之事实，上诉

① 国民政府司法院印行：《司法公报》1944年第627—629期。

人与民国三十一年三月十一日以利害关系人之地位，向第一审起诉请求撤销其与被上诉人之结婚，自不能谓撤销权正当之行使，被上诉人虽谓其与前配偶张氏在民国三十一年正月二十七日（即国历三月十三日）业已离婚，无论是否非虚已在上诉人之后，对于上诉人已行使之撤销权自不生影响，原判未见及此维持第一审所为驳回上诉人之诉之判决，将其上诉予以驳回顾非合法，上诉人请求废弃原判不能谓无理由。

据上论结，本件上诉为有理由依据民事诉讼法第四百七十四条第一项，第四百七十六条第一款，第七十八条判决如主文。

中华民国三十三年二月二十八日

（3）高汝明与骆森荣请求返还田亩给付欠租声请诉讼救助抗告案。（三十三年度抗字第114号[①]）

判例要旨：抗告非因裁定而受不利益者不得为之是为诉讼法上之原则，民事诉讼法第一百一十五条不过为同法第四百八十条、第四百八十四条第一项之特别规定，并非对于此项原则所涉之例外准予诉讼救助，仅有同法第一百一十条各款之效力除受救助人依同法第九十六条应供诉讼费用之担保者外，他造对于受救助人请求赔偿诉讼费用之权利绝不因此而受影响，受救助人无须供诉讼费用之担保时，他造既不因准予诉讼救助之裁定而受不利益，即不得对此裁定提起抗告。

参考法条：民事诉讼法第九十六条、第一百一十条、第一百一十五条、第四百八十条、第四百八十四条第一项。

抗告人：高汝明住成都青石桥甫街四十三号

右抗告人因与骆森荣请求返还田亩欠租，声请诉讼救助事件，对于中华民国三十一年五月（原裁定未记明日期）四川高等法院第四〇八号裁定提起抗告，本院裁定如左。

---

① 国民政府司法院印行：《司法公报》1944年第627—629期。

主文

抗告驳回，抗告费用由抗告人承担。

理由

抗告非因裁定而受不利益者不得为之是诉讼法上之原则，民事诉讼法第一百一十五条不过为同法第四百八十条、第四百八十四条第一项之特别规定，并非对于此项原则所涉之例外准予诉讼救助，仅有同法第一百一十条各款之效力除受救助人依同法第九十六条应供诉讼费用之担保者外，他造对于受救助人请求赔偿诉讼费用之权利绝不因此而受影响，受救助人无须供诉讼费用之担保时，他造既不因准予诉讼救助之裁定而受不利益，即不得对此裁定提起抗告。本件抗告人与骆森荣请求返还田产给付欠租事件，骆森荣并无民事诉讼法第九十六条应供诉讼费用担保之情形，抗告人即不因该准予诉讼救助之裁定而受不利益乃对于此裁定提起抗告，依上说明自非法律上所应准许。

据上论结，本件抗告为不合法，依民事诉讼法第四百八十九条第一项、第九十五条、第七十八条而裁定如主文。

中华民国三十三年三月三十日

总之，晚清及民国时期的法制建设中，均重视判例的作用，充分印证了以判例助推制定法进步之历史趋势。正所谓“社会日进步，法律日进化，则判例法典固有交相为用之必要，二者原不可偏废也”[①]。

三、革命根据地判例的实践

革命根据地时期法制建设实践，是中国共产党领导百年法治建设的重要组成部分。特别是中国共产党领导下的红色司法事业，是在革命战争的特殊时期酝酿形成的，是在革命根据地艰苦条件下发展壮大的，体现出党的司法工作者不畏艰难、百折不挠的奋斗精神，体现了红色司法始终走群众路线，

① 陆鼎揆：《判例与大陆法系》，载《法学季刊》1929年第4卷第1期，转引自何勤华、李秀清主编：《民国法学论文精粹》（第一卷基础法律篇），法律出版社2003年版，第729页。

以人民为中心的司法价值导向。革命根据地判例是人民司法光辉历程的历史见证，是中国共产党追求民主与法治、保障公平正义的生动写照，是中国共产党百年来矢志不渝践行以人民为中心、司法为民的重要载体。在革命根据地的法制建设中，判例的影响及于各个方面，对推动立法、改进司法、促进社会公平正义、树立人民司法优良传统起到了积极作用。2021年，笔者曾参与最高人民法院司法案例研究院组织的“十大经典红色司法案例”[①]遴选与评议，现以这十个经典案例为例，简述革命根据地判例的实践情况。

（一）谢步升贪污案

谢步升，原瑞金九区叶坪村苏维埃政府主席。随着中华苏维埃共和国临时中央政府的建立，谢步升声望陡然增高，思想作风却逐渐变质，其利用职权贪污打土豪所得财物，偷盖苏维埃临时中央政府管理科公章，伪造通行证私自运输物资到白区出售，谋取私利。他生活腐化堕落，诱逼奸淫妇女，甚至为了劫色敛财，秘密杀害干部和红军军医。事发后，查办案件遇到一定阻力。毛泽东知道后，作出指示：“腐败不清除，苏维埃旗帜就打不下去，共产党就会失去威望和民心！与贪污腐化作斗争，是我们共产党人的天职，谁也阻挡不了！”[②]1932年5月5日，瑞金县苏维埃政府裁判部对谢步升进行公审判决，判处谢步升死刑。一审判决书如下：

瑞金县苏维埃政府裁判部判决书（第八号）

一九三二年五月五日，瑞金县苏维埃政府裁判部的法庭主席潘立中，陪审谢正平、钟桂先，书记杨世珠，审判反革命案件的被告人谢步升。根据国家原告机关的材料，法庭审判的结果，被告人自己在法庭的口供，被告人的反革命事实已完全证明。谢步升，男，瑞金九区叶坪人，曾为共产党员。兹将被告人的罪状列举如下：

---

① 本节引用的案例内容均见《十大经典红色司法案例》，载《人民法院报》2021年6月25日，第5—8版。各案例的判决书等内容根据史料进行了补充。个别文字略有调整。

② 中央纪委国家监委研究室编：《中国共产党党风廉政建设百年纪事》，中国方正出版社2021年版，第37页。

一、打土豪的财产归私有，吞没公款三千多毛（毫子）。

二、他当村政府主席时，借主席的势力，强奸妇女，包庇富农，将富农改为中农。

三、奸淫了谢某某的老婆，因谢某某打他，就说谢某某是社党，报私仇杀了谢某某。

四、收买群众的米，用大斗进，小斗出卖给“一苏大会”。

五、偷了中央政府管理科的印子，私打牛条过山，每只牛得大洋三元。

六、一九二七年杀了贺龙、叶挺军队的医官，拿了金戒子、毡毯等物。

七、以自己的小牛，换了送往灾区的大水牛二只。

八、加入AB团，担任AB团小组长。

九、抢了瑞林寨丘姓的东西。

十、一千七百毛（毫子）将自己的老婆卖了。

根据中央执行委员会第六号训令，判决谢步升枪决，并没收他个人的一切财产，倘若双方不服，在一星期的期间内可以向临时最高法庭上诉。

主审　潘立中

陪审　谢正平

钟桂先

一九三二年五月五日

谢步升不服，向中华苏维埃共和国临时最高法庭提出上诉。同年5月9日，以梁柏台为主审的中华苏维埃共和国临时最高法庭进行了二审审理，驳回了谢步升的上诉，维持原判：枪决，并没收个人一切财产。当日下午，谢步升在江西瑞金伏法。二审判决书如下：

临时最高法庭判决书（第五号）

一九三二年五月九日，中华苏维埃共和国临时最高法庭主席梁柏台，陪审员：邹武、钟文芳，书记：李伯钊、何秉才，同时参加审判的国家原告人：陈子丰、张振芳；审判反革命案件的被告人：谢步升。

本法庭审理的结果，认为瑞金县苏维埃政府裁判部一九三二年五月五日对于谢步升的判决书是正确的，谢步升的上诉否决，仍按照瑞金县苏维埃政府裁判部的原判执行，把谢步升处以枪决，在三点钟的时间内执行，并没收谢步升个人的一切财产。

主审　梁柏台

陪审　邹　武

钟文芳

一九三二年五月九日

谢步升是中华苏维埃共和国成立后枪毙的第一个贪官，因此，此案被誉为苏维埃政权反腐第一案。在中华苏维埃共和国临时中央政府开展的以肃清贪污浪费、官僚主义为主要内容的廉政运动中，此案具有特殊的历史意义，展现出红色政权依法惩贪的决心，为中国共产党有力打击犯罪、密切联系群众发挥了重要作用。

（二）朱多伸反革命案

1932年5月，时任中华苏维埃共和国临时最高法庭主席的何叔衡，接到瑞金县苏维埃政府裁判部送来的被告朱多伸因反革命罪被判处死刑的第20号判决书。一审判决书如下：

瑞金县苏维埃政府裁判部判决书（第廿号）

一九三二年五月二十四日，瑞金县苏维埃政府裁判部的法庭主审潘立中，陪审钟桂先、钟文高，书记杨世珠，同时参加审判的国家原告人华质彬，审判反革命案件的被告人朱多伸。根据国家原告机关的材料及法庭审判的结果，被告人等反革命事实已经证明。朱多伸，男，七十二岁，瑞金县壬田区人，劣绅。兹将被告人的罪状列举如下：

一、过去是劣绅，以强欺弱，压迫劳苦群众。

二、欺骗别人的田做风水，霸占自己的山不分给别人。

三、吞没公款，克扣罚款。

四、冒称宁、瑞、石三县的巡视员。

五、私扣公家子弹，卖给公家以赚钱。

根据中央执行委员会第六号训令，判决朱多伸处以枪毙。倘若双方不服，在一星期的期限内可以向临时最高法庭上诉。

主审　潘立中

陪审　钟桂先

钟文高

一九三二年五月二十四日

何叔衡曾与朱多伸有过多次接触，了解到他曾对一些贪污浪费、消极怠工的乡干部进行多次举报，在认真研读口供和判决书所列事实后，觉得事有蹊跷。为查清案件事实，他立即赶赴壬田乡调查核实。经仔细审查、认真考量，何叔衡严格按照量刑尺度，撤销了对朱多伸的死刑判决，改判监禁二年。

临时最高法庭批示（法字第十七号）

瑞金县苏维埃政府裁判部第二十号判决书关于朱多伸判处死刑一案不能批准。朱多伸由枪毙改为监禁二年。根据口供和判决书所列举的事实，不过是贪污怀私及冒称宁、石、瑞三县巡视员等等，是普通刑事案件，并非反革命罪。且朱多伸曾组织游击队，参加过革命，又年已七十二岁，因此减死刑为监禁。此批。

瑞金县苏维埃政府裁判部

临时最高法庭主席　何叔衡

一九三二年五月二十六日

此案的背景是中华苏维埃共和国设立了案件审理的复审程序，实行两审终审制，为当事人的权利救济构筑了第二道保障线。中华苏维埃共和国临时最高法庭或最高法院的一个重要职能，就是审核批复各省裁判部、中央苏区各县裁判部、中央直属县裁判部、高级军事裁判所等报送的判决案件及判决书。案件初审后，如果当事人认为初审认定的事实不清、适用法律错误，则允许其上诉，将案件提交上一级裁判机关复审。此案体现了中央苏区尊重事实、重视证据、坚持程序、情理法统一的优良司法传统，以及严格区分重罪与轻罪、罪刑相适应的法治精神，为人民司法审判工作奠定了公开、公正、有错必纠、实事求是的司法作风。

（三）熊仙璧贪污渎职案

1933年底，于都县各项工作落后，中共中央派出检查组进行调查，进展缓慢。1934年初，有重大问题嫌疑的于都县苏维埃主席熊仙璧当选为中央执行委员会委员，调查阻力进一步加大。之后，中共中央与中央政府成立突击队赶赴于都县，深入群众、细致调查，不久就掌握了熊仙璧等腐败分子的所有犯罪证据，并将查处情况上报。1934年3月20日，中央执行委员会下令依法办理此案：

中共执行委员会命令中字（第五号）

前任于都县苏主席熊仙璧领导与包庇贪污，私用公款做生意谋利，熊系中央执行委员会委员，除批准人民委员会将其主席撤职外，并开除其中央执行委员会委员，交最高法院治罪。

主　席　毛泽东
副主席　项　英
张国焘
一九三四年三月二十日[①]

1934年3月25日，遵照中央执行委员会命令，最高特别法庭由董必武担任主审，由何叔衡、罗梓铭为陪审，李澄湘、邹沛甘为书记，由梁柏台为临时检察长，对此案进行了详细调查研究，临时检察长写出控诉书，提出公诉，进行了公开审理，中共中央、中央政府的重要领导人和500多名干部及群众旁听审理。经审理，法庭认为被告人纵容反革命分子、拒不执行中央命令、贪污并包庇贪污，判处被告人犯渎职、贪污罪，监禁一年，期满后剥夺公民权利一年。判决原文如下：

① 彭勃主编：《中华监察执纪执法大典》（第三卷），中国方正出版社2002年版，第96页。

中华苏维埃共和国最高特别法庭判决书（特字第一号）

一九三四年三月二十五日，最高法院遵照中央执行委员会命令，组织特别法庭，以董必武为主席，何叔衡、罗梓铭为陪审，李澄湘、邹沛甘为书记，同时参加审判的是最高特别法庭临时检察长梁柏台，审判渎职贪污的被告人熊仙璧。熊仙璧，又名石长，年三十一岁，于都罗坳区人，成分贫农，前中央执行委员，任于都县苏区主席，一九三四年三月六日逮捕，他的犯罪事实：

（一）对反革命分子纵容：被告人在领导于都县苏工作时，反革命大肆活动，张贴反动标语，殴打政府工作人员，抢夺保卫队枪械，甚至反革命分子混进到政府机关中来活动，曾经群众告发或捉送到县苏的，被告人亦没有迅速的处置。

（二）不执行上级命令：被告人身为县苏主席，对中央决定和命令一贯的采取消极抵抗；对推销公债，收集粮食，修路计划及赤色戒严，从来不去检查；更有些命令不曾在县苏讨论，甚至关起机关门来，放弃工作。

（三）贪污和包庇贪污：强借公家五十元交给家中做生意，影响县市区政府大部分工作人员做投机生意，放弃工作，造成全县的市侩作风。特别是私运大批米谷到白区，影响群众生活，违反苏维埃的基本原则，并包庇贪污，对县军事部大贪污案久延不决。

被告人身为县苏主席，自应竭尽智能，遵守苏维埃法纪为群众表率，乃竟敢放弃职务，图利自己，纵容反革命分子，包庇贪污，玩忽政府法令，已构成渎职罪。又强挪公款去做生意，破坏国家财政，兼犯贪污罪。法庭为肃清苏维埃机关中的害虫，开展反渎职贪污的斗争，保障革命战争的全部胜利，对被告人之渎职贪污犯法行为，特判处监禁一年，一九三四年三月六日起至一九三五年三月五日止。期满后剥夺公权一年。本判决无上诉权。

主审　董必武

陪审　何叔衡

罗梓铭

一九三四年三月二十五日

此案是中国共产党历史上第一个集体腐败案。对中央苏区贪腐的高级干部进行法律制裁，体现了中央苏区时期法律面前人人平等、腐败必查、违法必办的思想，为赢得民心、端正党风、净化社会风气、巩固党的执政基础、保障苏维埃政权安全稳定发挥了重要作用。在苏区，《红色中华》专门开辟了《苏维埃法庭》等法制专栏，报道重要案件的判决书。在一系列惩贪案例的警示下，苏区干部作风、精神面貌焕然一新，贪腐现象得到有效遏制。群众在民歌中唱道："苏区干部好作风，自带干粮去办公，日穿草鞋干革命，夜走山路访贫农。"①

（四）黄克功逼婚杀人案

黄克功，原系延安抗大第六队队长，少年参加红军。被害人刘茜，系太原进步学生，冒险冲破封锁线，到延安抗大十五队学习。黄克功与刘茜短期接触后，有了一定感情，渐涉恋爱。后刘茜转入陕北公学，两人开始疏远。刘茜对黄克功的一味纠缠渐生反感，屡次劝说，表示拒绝同黄克功结婚。黄克功于是萌发杀害刘茜的念头。1937年10月5日夜，黄克功携带手枪，找刘茜谈话，当刘茜明确表示拒绝同其结婚时，黄克功掏枪连击二枪将刘茜杀害于延水畔之沙滩上。

案件发生后，国民党《中央日报》以"桃色案件"为题，攻击边区是"封建割据"，"无法无天"。如何处置黄克功，在边区看法不一：不少人认为，此事败坏了边区的名誉，造成了极坏影响，既违犯了边区婚姻法中自由自主原则，更破坏了人民军队铁的纪律。如此表现实属革命队伍中之败类，不处以极刑不足以显示边区法律之正义。也有人认为黄克功是一位老资格的红军指挥员，为革命出生入死，屡建功绩，当此民族危亡关头，可让他戴罪杀敌，将功赎罪。能否坚决贯彻法律面前人人平等的原则，公正地审理此案，一时间议论纷纷。

黄克功本人亦自恃有功，请求从轻处罚。他在10月7日上书道："功为要把党和革命利益看作超过一切，为收复党及红军之部分影响，愿意牺牲个人，甘受革命法律治罪。但功仍系共产党一分子，值兹国难日益严重，国家民族存亡之秋，非但不能献身疆场，反而卧食监狱，诚然对党和革命深深抱

① 中共中央党史和文献研究院：《中国共产党的一百年（新民主主义革命时期）》，中共党史出版社2022年版，第135页。

愧。因此功对党和法庭有所恳者，须姑念余十年斗争，为党与革命效劳之功绩和苦绩，准予从轻治罪。”[①]陕甘宁边区高等法院坚持依法办事，在董必武院长审定下，认为黄克功这种卑鄙行为，是革命军人所不允许的，为着个人恋爱，便不顾过去艰苦斗争的光荣历史，不顾目前抗日救国的重大任务，以最残忍的手段杀害革命同志，严重破坏了红军的纪律，违犯了边区政府法令。为维护革命纲纪，应当判决死刑。并经边区政府同意上报中央。黄克功得知后，于10月9日再上书法庭，并致书毛泽东，恳求“法庭姑念我十年艰苦奋斗，一贯忠于党的路线，恕我犯罪一时，留我一条生命，以便将来为党尽最后一点忠实，党之幸，亦功之最后希望”[②]。

毛泽东接到判决意见和黄克功的信后，即召集党中央政治局和中央军委会议，讨论审查此案。中央同意将黄克功判决死刑。毛泽东还给审判长雷经天写了亲笔信，原文如下：

雷经天同志：

你的及黄克功的信均收阅。黄克功过去斗争历史是光荣的，今天处以极刑，我及党中央的同志都是为之惋惜的。但他犯了不容赦免的大罪，以一个共产党员红军干部而有如此卑鄙的，残忍的，失掉党的立场的，失掉革命立场的，失掉人的立场的行为，如为赦免，便无以教育党，无以教育红军，无以教育革命者，并无以教育做一个普通的人。因此中央与军委便不得不根据他的罪恶行为，根据党与红军的纪律，处他以极刑。正因为黄克功不同于一个普通人，正因为他是一个多年的共产党员，是一个多年的红军，所以不能不这样办。共产党与红军，对于自己的党员与红军成员不能不执行比较一般平民更加严格的纪律。当此国家危急革命紧张之时，黄克功卑鄙无耻残忍自私至如此程度，他之处死，是他的自己行为决定的。一切共产党员，一切红军指战员，一切革命分子，都要以黄克功为前车之戒。请你在公审会上，当着黄克功及到会群众，除

① 转引自雷云峰编著：《陕甘宁边区史（抗日战争时期）》（上册），西安地图出版社1993年版，第118页。

② 转引自雷云峰编著：《陕甘宁边区史（抗日战争时期）》（上册），西安地图出版社1993年版，第118页。

宣布法庭判决外，并宣布我这封信。对刘茜同志之家属，应给以安慰与抚恤。

毛泽东

一九三七年十月十日[①]

1937年10月11日，在被害人所在的单位陕北公学大操场，召开公审大会，抗大政治部胡耀邦、边区保安处黄佐超、高等法院检察官徐世奎为公诉人，由审判长雷经天和抗大、陕北公学群众选出的李培南等4位陪审员以及书记员袁平、任扶中组成审判庭。经过审理，证据确凿，黄克功本人亦供认不讳，遂当庭宣判黄克功死刑，立即执行。判决原文如下：

陕甘宁边区高等法院刑事判决书（刑字第二号）

被告：黄克功，男性，二十六岁，江西南康人，前抗日军政大学第六队队长。

上列被告人因逼婚不遂杀害人命案件，经检察机关提起公诉，本院公审，特判决如下：

主文

黄克功实行逼婚不遂杀害人命一罪，立判处死刑。

事实

黄克功所枪杀的刘茜，女性，十六岁，山西定襄人，陕北公学的学员。初在太原求学，自卢沟桥抗战后，愤暴日侵凌，感国难严重，于去年八月间，决然舍弃家庭、学业，冒险间道来到延安城，即进抗日军政大学，在第十五队为学员，学习、工作均极努力。当时黄克功适任抗大第十五队队长，遂得与刘茜认识，通信来往，渐涉恋爱，感情尚好。九月间，陕北公学成立，所有抗大第十五队全体人员，拨归公学。但不几日，黄克功仍复被调回抗大转任第六队队长；刘茜留在公学学习，二人关系开始疏离。嗣后黄克功向刘茜追求不已，送钱赠物，要求结婚，而刘茜感觉黄克功过于纠缠，发生反感，曾经表示拒绝，并给以劝诫与批评。黄克功失望，更听信谗言，以刘茜在公学已另有爱人，去

① 中共中央文献研究室编：《毛泽东书信选集》，中央文献出版社2003年版，第100页。

信责备，同时更迫切地要求结婚，但刘茜绝不愿意，亦不给以答复。黄克功认为失恋是人生莫大的耻辱，忘却自己是革命队伍中的干部，放弃十年革命斗争的历史，不顾当前国家民族的危难，陷于恋爱第一的泥坑中，不能自拔，遂萌杀害刘茜之动机，借以泄愤。于十月五日饭后，带备白郎宁手枪，偕同抗大训练部干部黄志勇到公学去访寻刘茜，在公学前适与刘茜相遇，并有她的同学数人董铁凤等，黄即招刘茜走向河边散步，刘不能拒，离开她的同学同黄克功偕行。适天已入黑，黄志勇先行分手回校，尚见黄克功与刘茜仍留在河边谈话。黄即再向刘谈判，要求公开宣布结婚，刘予以严厉抗拒。当时黄克功即拔出手枪对刘威胁恫吓，刘亦不屈服，黄克功感情冲动，失去理智，不顾一切，遂下最后的毒手，竟以打敌人的枪弹对准青年革命分子刘茜肋下开枪，刘倒地未死，尚呼求救，黄复对刘头部再加一枪，刘即毙命。黄克功于谋杀事毕后，即回校，取水洗足，企图湮灭血迹证据，即自行解下外衣及鞋子清洗，才去校部汇报。回来复将手枪擦拭，并在刘茜过去谈恋爱的信上加填十月四日的日期，借作反证掩饰。陕北公学董铁凤等因刘茜一夜未归，翌日（十月六日）即到黄克功处询问，黄神色仓惶，假作不知。迤后，群众在河边发现刘茜的尸体，特向陕北公学当局报告，并在当地捡获白郎宁手枪弹壳两颗，弹头一颗，转报法院检验。在刘茜身上，右肋下有枪伤，入口乌黑色，无出口；左耳背有一枪伤，弹穿脑门，血液模糊；左腿有伤痕两处，紫黑色；实属枪杀毙命。此项杀人行为黄克功实为凶犯，证据确凿。当经抗日军政大学当局，将凶犯黄克功拘押，捆送法院，该凶犯黄克功自己承认杀人不讳，复经检察机关侦查起诉。

理由

（一）蓄意杀害刘茜的犯罪行为，该凶犯黄克功既已直供不讳，更加以检察机关所提出各种确凿证据证明，罪案成立，已无疑义。

（二）值兹国难当头，凡属中国人民，均要认清日本帝国主义及其走狗——汉奸才是自己国家民族的死敌，我们用血肉换来的枪弹，应用来杀敌人，用来争取自己国家民族的自由独立解放，但该凶犯黄克功竟致丧心病狂，枪杀自己革命的青年同志，破坏革命纪律，破坏革命的团结，无异帮助了敌人，无论他的主观是否汉奸，但客观事实，确是汉奸的行为。

（三）刘茜今年才十六岁，根据特区的婚姻法律，未达结婚年龄；黄克功是革命干部，要求与未到婚龄的幼女刘茜结婚，已属违法，更以逼婚不遂以致实行枪杀泄愤，这完全是兽性不如的行为，罪无可逭。无论刘茜对黄克功过去发生如何极好的感情，甚至口头允许将来结婚，在后因不同意而拒绝，亦属正当，绝不能以此借口加以杀害。

（四）男女婚姻，应完全是出于自愿的结合，条件或不适宜，亦可正式分离，绝不许任何的强迫。黄克功与刘茜的关系，最高限度只不过是朋友相恋，即使结婚，各人仍有其个人的自由，黄克功绝不能强制干涉刘茜的行动，更不能借口刘茜滥找爱人成为枪杀原因。

（五）凶犯黄克功对刘茜实行杀害以后，清洗衣服，擦拭手枪，湮没罪证，复在刘茜信上，假造时日，捏造反证，更对学校法庭讯问的时候，初尚狡赖，推卸责任。这适足以证明黄克功预谋杀人的计划及对于革命的不忠实，这些表现实为革命队伍中之败类。本院根据以上种种理由，特为判决如主文。

本案经检察机关代表胡耀邦莅庭执行职务。

中华民国二十六年十月十一日

高等法院刑庭

审判长　雷经天

陪审员　王惠之　李培南

周一明　沈新发

书记官　袁　平　任扶中

10月14日，《新中华报》报道了这一案件：

本报特讯：边区最高法院，十一日组织公审黄克功枪杀刘茜案。审讯结果，黄克功自己承认，因为刘茜拒绝他的求婚要求，而实行强迫，终于不遂而以手枪举击杀刘茜。这是苏区中从来所未曾见过。黄克功这种卑鄙行为，是一个革命军人所不容许的。这种为着个人恋爱，抛弃了过去艰苦斗争光荣历史，不顾目前抗日救国的重大任务，破坏红军纪律，违犯革命政府的法令，以最残忍手段，枪杀革命同志，这是革命队伍中的败类，凡每一个到会的同志，无不咬牙切齿，痛斥这种行为是惨无人道的，一致要求法庭实行枪决，以严肃革命纪纲，法院为执行群众要求与法律起见，特于公审大会将黄克功执行枪决。[①]

黄克功案件的处理，极大地维护了边区法纪的尊严，戳穿了国民党舆论工具借此事件对延安的攻击，提高了党在人民群众中的威望。著名民主人士李公朴先生曾这样评价："它为将来的新中国，建立了一个好的法律榜样。"一位来自国统区的参观者给边区高等法院题词，赞扬陕甘宁边区司法"没有法制小人，礼遇君子的恶劣观念"。国外友好人士傅路德说："边区的司法系统中充满着平等与正义的精神。"[②]

此案对有革命功绩的黄克功判处极刑，意味着特权和以功抵罪观念被废除，法律面前人人平等观念已经建立，这是革命法制走向成熟的体现。在中国共产党局部执政的特殊背景下，此案蕴含了治党务必从严的理念，体现了民主法治和保障人权的精神。毛泽东的信更是阐明了中央和红军铁的纪律，以及严明的法制精神，说明了红色政权中不允许任何人有超越法律的特权，显示出人民政府公正廉洁和光明磊落的本色。

至于此案所涉及的婚恋问题，案件处理后，毛泽东还特意在抗大作了一场"革命与恋爱"的演讲，提出了革命青年在恋爱时应遵循的"三原则"——革命的原则、不妨碍工作和学习的原则、自愿的原则。他要求大家从"黄克功案"中吸取教训，要严肃对待恋爱、婚姻、家庭问题，要培养无产阶级的革命理想和情操，坚决杜绝类似事件发生。

（五）惠思祥与张海胜窑洞求偿案

惠思祥与张海胜合伙开设磨坊，其间与张妻张白氏通奸。张海胜夫妇家因日寇轰炸导致无处居住，惠思祥为便于奸情，允许张海胜在其地上开辟两个窑洞，并允诺张海胜夫妇可长期居住，并未约定居住期间及租金等条件。之后，张白氏通奸生事，惠思祥恐日后受累，要求张海胜归还窑洞。法院经

① 《高等法院日前公审黄克功枪杀刘茜案 群众要求枪决严肃革命纪律》，载《新中华报》1937年10月14日，第1版。

② 转引自杨永华、方克勤：《陕甘宁边区法制史稿（诉讼狱政篇）》，法律出版社1987年版，第97页。

审理后，认定张海胜在开掘窑洞时经过了惠思祥的允许，其口头契约应当成立。因此张海胜夫妇仍有窑洞的居住权，如果张海胜日后移居，窑洞居住权即消灭。判决原文如下：

陕甘宁边区高等法院民事判决书

上诉人（即原告）：惠思祥，男，四十九岁，原籍清涧，现住延安市南门外，务农。

被告：张海胜，男，三十七岁，原籍米脂，现住延安市南门外，商。

上列上诉人惠思祥为求偿窑洞一案，不服延安市地方法院六月二日之判决，提起上诉，经本院受理判决如下：

主文

原判撤销。

张海胜在惠思祥地上所开窑洞二座，仍由张海胜居住，如张海胜日后移居，在此窑洞之居住权即消灭。

张海胜之妻张白氏如再与人通奸生事，由当地政府驱逐其家出境，所开此二座窑即归惠思祥所有。

事实

据上诉人惠思祥称："伊于民二十七年七、八月间与张海胜合伙在延安市内开设磨坊，尔时即与被告张海胜之妻张白氏通奸。及至是年冬延市被日寇飞机轰炸后，张海胜夫妻无处居住，伊当时为便利与张白氏通奸，自动提出要张海胜在窑背上开掘窑洞二座，并帮助张海胜出资四十余元，还向张海胜声言：'住得好的话，可以常住。'并未提起居住期间及租金，更未提出任何条件。张海胜将窑洞造成后，于去年一月，伊即与张白氏感情破裂。以张白氏与人通奸生事（因此时张白氏又拒绝与胡玉林通奸，而胡玉林竟把张海胜之驴杀死一头，该案已由延市政府交军法处处理）、恐日后受累之词请求令张海胜将此二窑交还。"

被告张海胜答辩称："伊在惠思祥地上开掘窑洞两个，是经过惠思祥的允许，现在不愿交出窑洞者，因开掘窑洞时惠思祥曾允许可以长久居住，且开掘窑洞自己花费大洋一百一十元，惠思祥并未出资，所以不愿交还窑洞。"至张白氏与惠思祥通奸，张海胜与张白氏均不承认有此事实。

理由

（一）张海胜在惠思祥地上开掘窑洞时，确经过惠思祥的允许，且未约定有任何条件，其口头契约自应成立。

（二）张海胜开掘窑洞，惠思祥出资四十元相助，并无证据。即或惠思祥确曾资助，但据供称亦系出于自愿，未附任何条件，当然亦不能翻悔。

（三）根据延安市地方法院调查，张白氏与人通奸是事实。

本院根据以上理由及两造具体情形，特为判决如主文。

中华民国二十九年七月二十六日

民事法庭

兼庭长　雷经天

推　事　任扶中

书记员　兰作馨

此案的判决中，明确提出了“居住权”的法律概念，并以判例的方式弥补了边区这方面制定法的不足，这在革命根据地法制史上是第一次。

此案的典型性在于其纠纷的核心是所有权与居住权问题。适用的法律依据除了要符合边区抗战时期施政纲领的原则、精神外，更重要的是关于居住权问题，当时没有相关法律法规。针对这些法律漏洞，主审法官采用了类推适用的方法予以补救。边区高等法院成立以后，面对法律制度供给的不足，在案件审理尤其是民事案件的审理中，逐渐形成了一些原则性的规定，其中之一就是“富有者提携贫苦者”。该案的惠思祥，家庭富农成分，是富有者；张海胜虽然经商，但做的是小本生意，利润微薄，属于一般的贫苦群众。因此，主审法官通过对这一原则的类推、解释并适用于案件的审理，解决了张海胜的居住权问题。1944年7月，该案因体现了“富有者提携贫苦者”的原则，被作为经典案例收入到由边区高等法院组织编撰的《陕甘宁边区判例汇编》中，以供边区司法审判人员学习和参考。①

① 参见肖周录：《陕甘宁边区居住权保护的司法创新——以一窑洞案判决为例》，载《人民法院报》2023年6月16日，第6版。

此外，此案中判决文书的写作风格通俗易懂，在当时群众法律基础薄弱、普法宣传力度相对有限的大背景下，不仅使双方当事人易于理解，还便于广大人民群众传播学习，体现了基层法官的办案智慧，有助于增强法律的执行力和公信力。

（六）李延德、白占山等学疗人命案

1942年1月19日，延安市学生疗养院运输员刘世有与保管员李德成，因口角动武，刘世有将李德成打伤。李德成将经过报告给总务科科长白占山，白请示刘副院长后，刘副院长让白斟酌处理。因刘世有态度强硬，白占山遂命勤务员张永玉让管理员杜湛捆绑刘世有，杜湛见刘世有态度稍有转软而未动手。后白占山命令刘世有次日当天往返朱家沟运炭，刘世有称路太远一日内无法返回。管理员杜湛将此情形报告给秘书李延德，李听后即有捆绑刘之意。杜湛将情形转达白占山，白遂下令将刘绑缚。嗣后，白占山叫运输队员郝树国来，但屡召其亦未来。李延德遂命杨永和、王玉华、赵凤岗绑郝树国来。郝树国、刘世有两人被杨永和等人带下，分别被绑绳紧拴在窑洞窗上。此时刘世有是大绑，郝树国是小绑。王玉华提议两个人应一样，遂将刘世有改成小绑。后赵凤岗表示要捆就捆紧，杨永和遂反捆了刘世有的双手，王玉华接着又把绳子在刘世有的右胳膊缠绕一周，经左肩与捆手腕之绳接连，紧系于窗上。杨等报告情形时，白占山问绑的松紧，王玉华表示比以前绑自己时松得多了。后白占山遂命令分班看守。

当晚，刘世有未认错以致未得松绑，不久即停止叫喊。晚上十一时，刘已不应声，开门后见刘已倒地，杨永和遂将此情形告知秘书李延德，并商议请医生。李延德表示，刘世有是疲惫，并命令杨永和解开绳子给刘喂开水，让刘卧地休息，不必深夜去麻烦医生。待之后再请来医生时，刘世有已气绝。

案发后，延安学生疗养院即在当日将该案报告于其上级机构中央管理局及延安市公安局。次日，延安市公安局交案于延安市地方法院。院长周玉洁于1月28日前往学疗检验尸首、调查案情。经几次审讯后，2月1日，周玉洁即呈文将案卷转呈边区高等法院请示处理办法。高等法院于2月4日下达了雷经天院长批复、叶映宣拟稿的第68号判决指令。2月7日，也就是在案发后

不到20天的时间，延安市地方法院一审宣判。判处王玉华、杨永和有期徒刑各四年，杜湛有期徒刑一年零六个月，白占山有期徒刑一年零三个月，刘副院长应负行政上的处分等。关于死者葬埋费及家属抚恤费，由学疗付出边币一千五百元。家中小孩由公家负责培养，免费入学，帮助生活。

延安市地方法院一审宣判后，该案被告人之一杨永和认为，自己实施捆绑的行为，系受总务科科长白占山之命令，并在发现致死征兆时，曾立即报告秘书李延德，故其捆绑之因与致死之果，一则因总务科科长之命令，二则因李秘书之漫不经心。遂以一审判决与事实大有差异而与刑事责任之确定尤为不合为由向边区高等法院提起上诉，并委托孙孝实和庄健两位律师为二审辩护人。3月4日，被告人杨永和提交了书面上诉状。慎重起见，边区高等法院决定将全案重审。3月18日，《解放日报》刊登了杨永和的辩护人孙孝实的署名文章——《"学疗"命案判决之研究》，该文从刑事责任、因果关系、共同正犯、教唆犯、科刑轻重五个方面，就"学疗"命案一审判决进行了深入的法理探讨。而就在前一天，《解放日报》还刊发了题为《高院定期开庭学疗上诉人命案》的报道，称"兹探得高等法院业已重新调查案情，详细侦讯完竣，定于本月十九日（星期四），午后一时在该院刑事审判庭开庭审理，传唤人证及通知辩护人开庭，届时即将热烈进行辩论"。而从《解放日报》的报道看，法庭的调查、公开辩论也远不止一次。

6月13日，边区高等法院在历经数次侦讯后，在边区参议会大礼堂举行公开辩论。这次辩论会由边区高等法院刑庭庭长任扶中主审，书记员为金石，被告人白占山、李延德、杨永和、王玉华、杜湛、赵凤岗及杨永和的辩护人孙孝实、庄健均出席。辩论的中心是刘世有致死的责任问题。此次公开庭审，延安市各界参加旁听的群众就达七百多人。

7月22日，边区高等法院就"学疗人命案"公开作出二审宣判：撤销延安市地方法院一审判决，判处秘书李延德有期徒刑三年，总务科科长白占山有期徒刑二年零十个月，王玉华、赵凤岗有期徒刑二年，杨永和有期徒刑一年零十个月，杜湛宣告无罪释放。宣判后，法庭告知各犯如不服可在十日内向边区政府审判委员会上诉，杨永和及其辩护人均表示服从判决。至此，在经过近半年的侦查、辩论、审判后，这起在边区各界引起较大震动的人权保护案件，以边区高等法院改判延安市地方法院一审判决而落幕。（量刑过程见表8-1。）

表8-1　“学疗人命案”量刑过程[①]

类别	副院长刘滩	总务科科长白占山	院部秘书李延德	管理员王玉华	管理员杨永和	管理员杜湛	会计赵凤岗
一审判决（延安市地方法院）（2.7）	行政责任	一年三个月	一年三个月	四年	四年	一年六个月	未提及
学疗意见（3.22）	应负责任	第一责任	第二责任	第三责任			未提及
任扶中（高院刑庭庭长）（5.17）	渎职罪，苦役六个月，缓刑一年	妨害自由致死罪，三年	妨害自由罪，一年三个月	妨害自由致死罪，一年	妨害自由致死罪，二年	妨害自由罪，一年六个月	妨害自由致死罪，二年
雷经天（高等法院院长）（5.21）	行政批评	三年	三年	二年	二年	无罪释放	二年
谢觉哉（边区参议会副议长）（6.1）	函复雷经天：同意，如在开庭辩论后没有新的事实发现，可以照此办理。						
李木庵（高等法院代理院长）（7.22）		妨害刘世有自由致死罪，二年十个月	妨害刘世有自由致死罪，二年十个月；妨害郝树国自由罪，五个月，合并三年	妨害刘世有自由致死罪，二年	妨害刘世有自由致死罪，一年十个月	无罪释放	二年

“学疗人命案”是陕甘宁边区史上一桩因非法拘禁致人死亡的著名案件。此案发生在边区五一施政纲领及《陕甘宁边区保障人权财权条例》颁布不久后，当时边区法制初创，人权保障观念有待提高，刑事冤假错案时有发生。该案一审判决后，被告人杨永和提起上诉，并委托律师为辩护人。边区高等法院对该案进行重审。其间，《解放日报》对该案进行高密度、持续性的宣传跟进，

① 刘全娥：《人权保障的司法进路——陕甘宁边区“学疗命案”的启迪》，载《法律适用》2017年第16期。

内容涉及案件基本事实、审理过程、裁判结果、评论研究等。二审法院调查细致深入、取证客观全面，以查清犯罪事实真相为审判基础；辩护人意见得到充分发表，有效保障了被告人的各项诉讼权利；利用广泛宣传报道引导群众深入讨论，为加强边区人权保障教育提供了有利契机。晋西北绅士参观团旁听了言词辩论后，向报界说“延安的人权有了保障”①。“学疗人命案”在边区法律史上留下了浓墨重彩的一笔，对今天刑事诉讼中的人权保障也具有借鉴意义。

（七）李刘氏、丁攀生“夏魏单”土地纠纷案

李尚财、李刘氏夫妇原有一块60垧的土地，叫“夏魏单”。1927年，因经济困难典给地主丁攀生，1929年李刘氏又因李尚财生病去世，家中生活难以为继将该地出卖给丁攀生。丁攀生加上自己原有的土地，共有300余垧。1936年，土地革命爆发，丁攀生因害怕逃跑。按照土地政策，丁攀生所有地及典受地被没收充公，所有权属国家所有。之后，丁攀生趁政府监管不严，侵占了一部分土地。李刘氏认为丁攀生侵占了一部分“夏魏单”，想进行回赎，丁攀生拒绝，据此李刘氏于1940年提起诉讼。在诉讼过程中，定边县政府在前期没有细致调查，判决李刘氏和丁攀生各有一部分土地使用权。之后，县司法处于1942年对此案进行再审，了解案件真实情况后，依法判决：“撤销原判，将判给丁攀生和李刘氏之地一律收归公有”，“考虑到丁攀生和李刘氏家庭困难情况，重新分出一部分土地给两家耕种”。本案上诉至边区高等法院，高等法院维持了县司法处的判决。判决原文如下：

陕甘宁边区高等法院民事判决书

上诉人：李刘氏，女，定边人。

代理上诉人：李秀林，男，六十二岁，定边一区六乡南园子，农。

被上诉人：丁攀生，男，五十八岁，定边市区四乡一村。

代理被上诉人：丁兆模，男，二十五岁，住址同上，小学教师。

上列当事人因土地涉讼一案，上诉人不服定边县司法处所为第一审判

① 转引自杨永华、方克勤：《陕甘宁边区法制史稿（诉讼狱政篇）》，法律出版社1987年版，第97页。

决，提出上诉。本院判决如下：

主文

上诉驳回。

丁攀生之地，为政府所给予，与李刘氏无关，李刘氏不得再向丁攀生索地。

李刘氏现时分受之地，如实过少不够生活，可向定边县政府申请救济，补给土地。

事实

缘民国十六年，李刘氏之夫李尚财将本案系争之地名“夏魏单”出典于丁攀生。至民国十八年李尚财病故，据丁攀生称，李刘氏即将此地全部出卖于彼（举有说合人石成福、丁正科、赵惠智、魏现均及王如意等为证），由其管业。民国二十五年土地革命，丁攀生原为地主，连同夏魏单之地共有土地三百余垧，按当时土地政策，地主之所有地及其典受地，均在没收之列，已属全部归公。后丁攀生及当地居民，以政府对该地未加管理，侵种一部分。

李刘氏见丁攀生侵种地内有其原有之地，虽于民国十六年出典于丁攀生，并未出卖，因于二十九年投诉于定边县，要求回赎。该县政府当时未加细查，不知该地早已没收归公，曾判决以三分之二归李刘氏耕种，三分之一归丁攀生耕种。迄至今年，定边县政府查明该地早已经没收归公，丁攀生等所占之地原系非法侵种，该县司法处因根据此项事实对二十九年所作之判决进行再审，撤销原判，将判给丁攀生及李刘氏之地，复行一律收归公有。惟该县政府第一科为照顾各阶层利益计，念及丁攀生及李刘氏生计困难，又各补充土地一部分。李刘氏以补充土地过少，心甚不甘，又睹丁攀生补充土地内仍有其原有之地，不服判决，来院上诉，要求回复二十九年所分之地，并诉丁攀生霸占其地。本院传讯两造，讯明上列事实，记录在卷。

理由

查系争之地，于土地革命时期按当时土地政策，早经没收归公。李刘氏所称仅于民国十六年出典于丁攀生并未出卖一节，无论是否属实，不能阻挠土地政策已成之实效，自此业已收归公有之土地，不能再返还于旧有地主。定边县署于二十九年对本案系争土地判决以虽经判决以三分之一归丁攀生、三分之二归李刘氏，实因未调查土地真相所致，但于今年发现新事实，确知该地曾没收归公，并非私人之产业，则原判认定之事实已属根本错误，依法进行再审，撤销原判，更将原判分给两造之地仍行一律收回归公，于法尚无不合。李刘氏请求废弃原判，回复其二十九年判决分种之地，实为无理。至丁攀生受政府所补充之地，内中虽有李刘氏原种之一部分土地，但既经没收归公，后复由政府给予丁攀生，不得指为丁攀生霸占。李刘氏即不得要求分割丁攀生合法分得之地。若李刘氏自己现时分地过少，无法维持生活，可将实际情况另向定边县政府声请补给土地，以资救济。

依上论结，特判决如主文。

中华民国三十一年十二月三日

民事法庭

庭　长　任扶中

推　事　王怀安

书记员　海　心

土地是农民的命根子。1936年7月22日，中共中央发出《中央关于土地政策的指示》，指出："为要使土地政策的实施能够实现清算封建残余与尽可能的建立广大的人民抗日统一战线的目的"，改变对地主的政策，对土地政策的其他某些部分也作了新的改变。主要规定："一切汉奸卖国贼的土地财产等全部没收"；"对地主阶级的土地、粮食、房屋、财产，一律没收，没收之后，仍分给以耕种份地及必需的生产工具和生活资料"，"生活情况很坏的小地主"的土地不没收；自由职业者、小商人、手工业者等各种小业主的土地不没收；"一切抗日军人及献身于抗日事业者的土地"不没收；"富农的土地及其多余的生产工具（农具、牲口等），均不没收"；商人兼大地主，其土地按照一般地主办理，但不得侵犯他的商业部分。根据这个新政策，中华苏维埃共和国中央政府西北办事处于1936年8月6日宣布了《土地政策新的改变》，使土地政策"具有更明确的人民性质与深刻的民族性质"。[①]此案反映了土地

① 甘肃省社会科学院历史研究室编：《陕甘宁革命根据地史料选辑》（第2辑），甘肃人民出版社1983年版，第15—16页。

政策变化给司法带来的影响，也体现了中国共产党以人民为中心、对土地政策的高度重视和从最广大人民群众的根本利益出发，同时照顾不同阶层利益的优良司法作风。

（八）封彦贵与张金才儿女婚姻纠纷案

封彦贵之女儿（封捧儿）幼时与张金才的次子（张柏）订婚。随后，封彦贵为多索聘礼，暗中又将其女许给张宪芝之子为妻。捧儿与张柏偶然相遇，一见钟情，双方表示自愿结为夫妻。不久，封彦贵为收取高额聘礼，再次把女儿许给朱寿昌为妻。张金才获悉后，遂带人持械闯进封家，抢人回家成亲。封彦贵告至县上，县司法处认为聚众抢亲是违法的，遂一审判决张金才有期徒刑6个月，张柏、封捧儿婚姻无效。封、张两家都不满。

马锡五受理上诉后，首先询问区乡干部及附近群众，多方了解案情，并找平时与封捧儿来往较多的人谈话，再亲自征求封捧儿和张柏的意见，知道她不愿意与朱寿昌结婚。案件事实基本掌握后，马锡五在处理此案时，主要尊重当事人真实意愿，同时深入群众了解情况，对封彦贵和张金才进行思想教育，并多方调解。

经过公开审理，当庭宣判：依法撤销华池县原判；封捧儿、张柏自愿结婚，依据边区婚姻条例规定，符合婚姻自主原则，准予结婚，但应履行登记手续；张金才聚众抢亲，扰乱社会秩序，依法判处徒刑；封彦贵把女儿当财物多次高价出卖，违反婚姻法令，科处劳役。对此判决，当事人表示服判，群众认为入情入理。判决原文如下：

陕甘宁边区高等法院陇东分庭

刑事附带民事判决书

上诉人：封彦贵，男性，华池县温台区四乡封家塬子人，农业。

被上诉人：张金才，男性，华池县张家湾人，农业。

张金贵，男性，住址职业同上。

被上诉人为聚众实行抢婚一案，构成犯罪事实。上诉人不服华池县司法处民国三十二年五月三日之所为第一审判决，提起上诉，本庭判决如下：

主文

1.原判决撤销。

2.张金才聚众抢婚罪判处有期徒刑两年零六个月。

3.张金贵实行抢婚罪判处有期徒刑一年零六个月。

4.张得赐附和抢婚罪判处苦役三个月。

5.张仲附和抢婚罪判处苦役三个月。

6.张老五附和抢婚罪判处苦役三个月。

7.封彦贵实行出卖女儿包办婚姻判处苦役三个月。封彦贵出卖女儿法币七千元没收。

8.封捧儿与张柏婚姻自主有效。

事实

缘上诉人封彦贵之女儿（捧儿）小时于民国十七年同媒说合，许与张金才之次子（张柏）为妻。后于二十一年五月封彦贵见女儿长大，借女儿婚姻自主为名，遂以法币两千四百元硬币四十八元将捧儿卖于城壕川南塬张宪芝之子为妻。被张金才告发，经华池县府查明属实，即撤销。谁料该封彦贵复于本年三月以法币八千元哔叽布四匹硬币二十元，经张光荣做媒又卖给新堡区朱寿昌为妻。于三月十日在封家订婚，当即交法币七千元，布两匹，棉花三斤。另外于本年古二月十三日适有新堡区赵家洼子钟聚宝过事时，该封彦贵之女儿捧儿前赴该事，而张柏亦到，男女两人亲自会面谈话，捧儿愿与张柏结婚，就是被父母包办出不了恶劣家庭环境，而张柏就回家告诉他父张金才，其后张金才听到封彦贵将捧儿许与朱寿昌之消息，即请来张金贵及户族张得赐、张仲、张老五等连儿子张柏共二十人，于三月十八日下午从家中出发，当晚二更后到封彦贵家，人已睡定，首由张柏进家将捧儿拖出，时封姓家中人见来多人，遂让捧儿由张姓抢劫前去，及天明两小成了婚姻。当日封姓控告至华池县府，县司法处判处张金才徒刑六个月，捧儿与柏儿婚姻无效。上诉人不服，上诉本庭。经调查，一般群众对华池县处理此案亦有意见。华池县司法处判决在案。

理由

基上事实，捧儿与张柏之婚约虽系于民国十七年父母之包办，但在地方一般社会惯例均如此。其后在边区政权建立后，封彦贵借男女婚姻之说，将女儿简直当作法宝营业工具。如二次卖给张宪芝之子后又卖给朱寿昌，企图到处骗财，引起乡村群众不满，应受刑事处分；张金才既然与封姓结成亲眷，不论封姓怎样不好，须得以理交涉或控告，不得结合许多群众黄夜中实行抢婚，张金贵更不应参加，但该犯等竟大胆实施抢劫行动，而使群众恐慌，使社会秩序形成紊乱现象，所以对该犯应以刑事论罪；而封彦贵以女儿当牛马出售，且得法币数千，此类买卖婚姻款应予没收；至于捧儿与张柏本质上双方早已同意，在尊重男女婚姻自主原则下，应予成立，而华池县初审判决，系极端看问题，只看现象，不看本质，对封姓过于放纵，对捧儿、张柏自主婚姻尚未真正顾到，所以该判决应予撤销。

基上结论，封、张双方行为均属违法，一则以女儿当货物出卖，一则胆敢实行抢劫，全依刑法第一百五十条及同法第二百九十八条第一款之规定受到处罚。特依刑事诉讼法第三百六十一条第一款及边区婚姻法第五六两条之规定判决如主文。

上列当事人对本判决如有不服，得于送达之翌日起，在十日内提起上诉，由本院移转陕甘宁边区高等法院核办（驻延安）。

兼庭长　马锡五

推　事　石静山

中华民国三十二年七月一日作成

本案证明与原本无异

书记员　陈夷

中华民国三十二年七月八日

诞生于陕甘宁边区的马锡五审判方式是党领导人民司法审判理念、方法、经验的总结，是我国革命根据地时期法制建设的典型代表。马锡五审判方式根植于中国共产党领导下的人民司法伟大实践，是全心全意为人民服务根本宗旨的生动诠释，在人民司法发展史上写下了光辉篇章。马锡五审判方式所追求的“为民、利民、便民”和注重调解、调判结合原则在今天仍有着鲜明的时代意义，闪耀着历久弥新的时代光芒。马锡五审判方式的特点是深入农村、调查研究，实事求是地了解案情；依靠群众、教育群众，尊重群众意见；方便群众诉讼，手续简便，不拘于形式；坚持原则，依法办事，廉洁公正。一方面，坚持实事求是了解案情，提倡深入群众，深入田间地头去调查研究，反对审判中的主观主义。另一方面，强调司法为民，主张和老百姓打成一片，走群众路线，注重调查研究。这不但弥补了审判员法律知识不足及法律条文欠缺对工作的不利影响，而且以灵活的审判方式赢得了对封建法制和国民党繁杂六法有着恐惧心理的广大贫苦百姓的极大欢迎。此案体现的“马锡五审判方式”在切实了解案情的同时，广泛听取广大群众对案件的看法和处理意见，既保证了案件审理的正确性，又取得了良好的社会效果。

通过此案，也可以看出马锡五审判方式的启示：一是应当重视基层司法。一、二审法院之间的关系是功能互补的：一审法院的审理质量，直接决定了二审法院运行的状况；二审法院的审理质量高，才能对一审法院起到示范作用。正确认识各级法院之间的关系，才能促成不同审级之间的良性互动，形成人民法院化解纠纷的合力，提高案件审判质量。二是探索发挥基层司法作用的途径和方式。马锡五审判方式核心的内容是关注案件的效果，通过案件的审理，彻底解决纠纷。强化规则意识，明确规则的含义以及规范作用，教育群众诚实守信，尊重社会规范，建立良好的人际关系。尊重风土民情，尊重群众的生活。三是重视基层司法的意义和价值。能够就地化解矛盾纠纷，节约当事人的时间、精力和花销；同时基层司法机关更加了解当地的风俗习惯，也能够在第一时间到达现场，有助于更好实现司法参与社会治理的作用。发挥司法的基层基础作用，需要从以下三方面采取措施：一是上级法院运用巡回审判的方式，指导基层司法工作，提高基层司法人员的素质；二是必须采取有效措施，实现力量下沉、重心下移、资源下放，发挥基层司法机关有效化解纠纷的作用，有效把矛盾纠纷化解在基层；三是基层法院还承担着指导人民调解业务的任务，只有加强基层司法，才能建立坚实的司法基础。[①]

① 参见汪世荣在最高人民法院第27期司法案例大讲坛“红色司法案例专题研讨”上的发言，见《22位专家解读“十大经典红色司法案例”》，载《人民法院报》2021年6月25日，第8版。

（九）高金达与李贺氏合伙纠纷案

1945年，李贺氏有市场铺房两间。高金达、杨培彪租赁了李贺氏的铺房并打算三人合伙做生意。在正式开张前，三人分别投入了一些资金进行销售。经营亏损后，高金达声称自己不是入伙，而是帮工，投入的资金为借款，因此不应当承担亏损。李贺氏将其诉至延市地方法院。

法院经审理查明：李贺氏提供的资本证及其营业账簿等物证可证明三人同样入资，并无借款字样；人证方面，高金达的证人杨培盛提供的证据不充分，缺乏足够的证明力。故法院认定高金达确属合伙入资，应当按照投入资金之多寡分配亏赔责任，如无现金，需要用货物进行抵付。高金达上诉至边区高等法院后，判决原文如下：

陕甘宁边区高等法院民事判决书

上诉人：高金达，女，年四十二岁，原籍横山县，现住延市新民村二组。

被上诉人：李贺氏，女，年三十七岁，延长县人，现住新市场八号。

杨培彪，男，年三十八岁，绥德县人，现住延安县金盆区杨家峪村，商。

上列当事人等因合伙纠纷事件，上诉人不服延市地方法院民国三十五年四月二十九日所为第一审判决，提起上诉，本院判决如下：

主文

上诉驳回，维持延市地方法院原判。

事实

上诉人高金达与被上诉人李贺氏、杨培彪原本相识。于去年底即因李贺氏有市场铺房两间，高金达曾与李贺氏商量将此房抽回合伙做生意。及今年古历正月间就由高金达招得杨培彪（由杨兄培盛说的）到李贺氏处赁李贺氏铺房一间，准备营业。但未正式开张之前，即陆续由李贺氏入了资金边币二百八十万元，高金达入了资金边币一百六十二万元，杨培彪入了资金边币八十六万零七百元，先买了一些布和染货销售，约五十余天结算，共亏损边币七十六万八千一百二十元（房赁、伙食等除外）。因高金达说她是入号揽工，是帮助号内借的款，掌柜是李贺氏，不能负亏赔责任。同时高金达于结帐后又私自扣用号款边币八十三万九千三百二十元，遂由李贺氏控告到延市地方法院。经审讯调查，复邀同市商会调解，李负算帐，证明高金达确属合伙入资，判决依所入资金之多寡分负亏赔责任；高金达负赔损边币二十三万八千元，应分得现金及存货折边币一百三十八万两千元；李贺氏负赔损边币四十一万零一百二十元，应分得现金及存货折边币二百三十八万九千八百八十元；杨培彪负赔损边币十二万元，应分得现金及存货折边币七十四万零七百元。至高金达所取号款边币八十三万九千三百二十元，应提出现款依资本多寡分配，如高无现金归还，以所分货物抵付。高金达不服，又上诉本院，并举出证人杨培盛到案作证。经本院分别一一讯问，并详核帐内项目如上，各情记录在案。

理由

查本案上诉人高金达对所卖货亏损有无责任，应以其与被上诉人李贺氏等是同入资与否为断，而其入资抑借款，则当从其资本证及原日营业帐薄方面来判定是否。人证方面就其所举杨培盛仅能说明原日做生意时高金达说她们已有七百万元，让杨及其弟（即培彪）亦入三百万元，其他则声称不知；又并无第三人或字据可作佐证。而在原日营业帐薄上从其立帐第一日起三人同样入资，迄至结帐为止，并无借款字样。尤其负营业责任之杨培彪系高所介绍入号，从其营业经过供述，证明原日三人显然系同意出资营业，后以亏损了，高金达籍故抵赖，推卸责任，殊难推诿为借款，而应认为是共同出资营业，故应共同负赔损之责任。至结帐后高金达擅自扣现款不提出合伙开支更属无理。根据法律原则及商业习惯，原判决并无不合，应认为上诉无理，予以驳回。特为判决如主文。

中华民国三十五年五月十四日

院　长　马锡五

副院长　乔松山

民事庭长　刘耀三

推　事　叶映宣

右正本证明与原本无异

书记员　田少龙

此案是陕甘宁边区发生的商事案件，法院在审理过程中为查明事实，梳理账簿往来，听取证人证言，并综合考量法律原则和商业习惯，实现公正裁判，以司法助力边区经济发展。值得一提的是，此案涉及习惯的运用，反映了陕甘宁边区司法对民商事习惯的重视。从1942年5月开始，陕甘宁边区高等法院通过法院系统内部上下级部署工作和学习任务的形式，以县为单位，由各县审判人员对本县的风俗习惯进行了比较系统的调查和甄别。截止到1944年9月，该院共收集到8个县69条具有权利义务内容的民事习惯，并由收集者对之进行了初步的甄别。在此基础上，该院在民事案件的审理中适用了某些习惯。民事习惯的调查、甄别和适用，促进了审判人员对社会的了解和对民事习惯的认知，丰富了民事案件审判工作。

（十）宋成玉诉吴俊彦抚养案

宋成玉因家乡遭遇饥荒，逃难到吴俊彦所在处，在吴家居住期间食用吴家食粮并借用钱款，因无力偿还，故立嗣单，将宋成玉的孙子卖给吴俊彦家。两家现因该子的抚养权一案发生纠纷。本案经黄龙分区高等法院分庭受理，对抚养、继承等事由进行调解后，双方同意达成和解。和解笔录原文如下：

黄龙分区高等分庭民事和解笔录

上诉人：宋成玉，男，年六十岁，河南信阳县北岗村人，磨面为生。

被上诉人：吴俊彦，男，年三十四岁，黄陵县北谷区桥玖村人，农民。

右当事人因抚养一案，不服黄陵县司法处于八月二日所为第一审判决，上诉本庭。复经调证询情，以双方同意，和解于后。

案情经过

宋成玉供称："民国三十二年十一月，我家乡遭灾荒，大儿和大媳妇死了，留一孙子，全家逃难到黄陵县秦家窑窠，日以乞食为生，在吴俊彦家住了两月，吃了吴姓小米三斗，荞麦两斗，借用敌币一千元。吴姓因说粮食无力归还，企此私立嗣单，说我把孙子卖给他了。"

吴俊彦供称："二十九年大哥出征无信，孤嫂寡居，卖（买）此子使我嫂安居抚养。宋成玉卖子是实，有说合人刘岐山、中见人吴贵银、代笔人吴新民，同住家长户族，立有约据，身价言定两石麦子。他大娃驮了五斗小米、五斗荞麦，顶了一石麦子，下余一石麦子折敌币三千元，秦家川纹儿捎的给了他了。”

又本庭收到河南同乡会洛川分会于三十四年十二月二十四日曾为此向黄陵伪保长提达公函略宋语称：“我吃吴家小米四斗，荞麦五斗，借款一千元。”是年宋成玉上诉伪黄陵县府及伪专署，均未给适当处理，本年六月又呈诉我黄陵县府转诉本庭。

和解理由

按其宋吴两家争执，均为继承后嗣，宋家有孙吴家无儿，双方后嗣均得接续，为免得两家再起诉讼，因而召请乡里，议定和解意见四点：

1.该子可同继两姓后嗣。娶妻后，先生之子姓宋，次生之子姓吴，另将小名进喜改为宋继吴；

2.吴姓供给读书，宜至中学毕业；

3.两姓认为亲戚，互相来往照料宋继吴成人，由宋继吴自愿可以到两家居住；

4.念宋成玉家境贫困，由吴俊彦自愿给帮助粮食糜谷各五斗。

和解取得双方当事人同意，写此和解笔录为证，本庭亦整卷存案，准为结案息事。

中华民国三十七年十月四日作成

兼庭长　黑志德

副庭长　周玉洁

推　事　赵志清

书记员　高　羚

当庭和解人证明人　刘岐山

吴贵银

田滋轩

李广海

本案为“马锡五审判方式”的具体实践，本着双方当事人自愿原则，依据法律并照顾当地民间习惯，充分尊重群众意见。体现了抗日战争时期党的基本工作路线和我党坚决贯彻群众路线、方便群众、依靠群众的优秀品质。值得注意的是，本案虽为调解结案，但和解笔录（调解书）与判决书在格式、行文等方面如出一辙，说明当时人民司法的探索，在法律文书写作上进行了规范化的努力。

事实证明，在陕甘宁边区，调解制度在实践中得到较好的发展，积累了大量的经验，确立了一些有效运行且影响深远的原则。正如马锡五所言："陕甘宁边区政府时期，曾经大力地组织和发展了调解工作。但我们的调解工作是和国民党反动统治时期的所谓调解工作有着根本的不同。在地主大资产阶级统治时代，他们虽然也调解案件，但这正是土豪劣绅包揽词讼、吃钱卖法的机会和欺压劳动人民的圈套。他们对杀人的案件可以调解；对虐待和杀伤妇女、儿童的案件，也可以调解。有钱的人犯了罪，只要花上些钱，就可以逍遥法外。而我们的调解工作，是增强人民内部互相团结、便利生产、教育人民爱国守法、减少讼争的有效方法，也是实现司法群众化的重要标志。并且它只限于一般民事纠纷和轻微刑事案件，而对社会危害性较大的刑事案件，是不能调解的。""我们远在工农政权时期，就开始了调解工作；在抗日战争时期，更加重视。一九四三年陕甘宁边区政府发布了关于普及调解工作的指示；同年，边区高等法院也发布了实行调解办法、改进司法工作作风、减少人民诉讼的指示。从此，调解工作普遍展开，收到巨大效果。当时调解工作的形式有两种：一种是审判机关用调解方式进行处理案件；一种是民间调解。从一九四二年至一九四四年全边区审判机关所处理的民刑案件中，因调解而结案的百分比的逐年上升，就可以看出调解工作的发展情形。一九四二年民事案件中，调解结案的占百分之十八,一九四三年上升到百分之四十,一九四四年达到百分之四十八；在轻微刑事案件方面，一九四二年调解结案的是百分之零点四；一九四三年上升到百分之五点六；一九四四年达到百分之十二。另外，在民间调解工作方面，还出现了调解模范村、乡和模范人物。如子洲县的杜良佐、绥德县的郭维德、淳化的房殿有、鄜县的吴殿富、定边的白玉堂等。这些调解模范的共同特点是与群众有密切联系，熟悉群众生活；在群众中有很高的威信；公正无私，热爱群众。由于调解工作的开展，农村和睦了，生产加强了。但当时调解工作中也曾发生过'民事均得进行调解''调解为主，审判为辅''调解是诉讼的必经程序'以及由此产生的强迫调解等错误。但这些错误，很快就得到了纠正。根据这种经验，以后确定了调解工作的三项原则：即（1）调解必须双方自愿，不能有任何强迫；（2）调解必须遵守政府政策法令，照顾进步风俗习惯；（3）调解不是诉讼的必经程序。这样，才使调解工作走上了健康发展的道路。”①

四、近代判例的特点

从1840年鸦片战争到1949年中华人民共和国成立，是中国历史进程中重要的近代时期。在近代，既有清廷为挽救其统治的变法修律和官制改革，也有北洋政府、南京国民政府等接续出现的民国政权，还有革命根据地的法制建设，这些均使判例制度的发展带上鲜明的时代烙印。总体而言，近代判例具有以下特点。②

（一）判例在法律体系中占有重要地位

中国近代的法律改革，以借鉴大陆法系的成文法典为主要特征。从清末变法修律所采取的诸项措施看，首要的任务是建立近代化的成文法典体系。但中国法律的近代化过程中，仍然保留了判例的传统。

民国时期的法制发展，分为两个阶段：1912年至1927年为民国法制的奠基时期，1928年后为民国法制的发展时期。1909年12月28日施行的《法院编制法》规定了大理院的性质、地位、职权与组织。民初北京政府基本援用清末法律，1915年6月公布的《法院编制法》规定：“大理院为全国最高审判机关，大理院长有统一解释法令及必应处置之权。”在这一时期，由于“正值内乱频起，政权扰攘之时，国家体制尚未建立，成文法典多未颁行，新旧过度不济”，为司法审判带来了困难③，在这种情况下，大理院担负起“司法兼立法”

① 马锡五：《新民主主义革命阶段中陕甘宁边区的人民司法工作》，载《政法研究》1955年第1期。

② 本节内容系在汪世荣撰写的“中国近代法中的判例”基础上修改、补充而成。参见汪世荣：《判例与法律发展：中国司法改革研究》，法律出版社2006年版，第73—81页。

③ 黄源盛纂辑：《民初大理院司法档案的典藏整理与研究》，载《政大法学评论》1998年总第59期。

的任务，其基本方法之一，就是将判例作为一种重要的法源，选择折中西法与国情、旨在寻求公平合理判决的判例，刊载于《政府公报》和《司法公报》上专设的《例规》或《审判》栏目中，为下级法院提供了可供遵循的先例。

民国判例集的汇编，首见于1919年12月大理院所刊印的《大理院判例要旨汇览》[①]（又称正集）。其序曰：旧制民事有公断，有处分，而无裁判。嗣续婚姻外，几无法文可据，刑事可比附援引，强事就法，往往而有。民国以后，大理院以守法为准；有不备或于时不适，则借解释以救济之。其无可据者，则审度国情，参以学理，著为先例……迄于今日，得以历年所著成例，公诸当世，备参考，供取资，宁非幸事哉！其例言则曰：本汇览系节取大理院自民国元年改组至（民国）七年十二月底之裁判文先例，经曾与评议之推事，再三审定，认为确符原意。凡援引院判先例者，除将来续出新例，未经刊印者外，应专以此书为准。[②]

《大理院判例要旨汇览》的编辑、出版及使用，推动了判例的适用和研究。1924年12月又出版《大理院判例要旨汇览续编》，余棨昌在序中认为："各国最高法院判决例，司审判者咸视为准绳，盖所以泯法律见解之分歧，而保裁判之尊严也。我国法典未备，各级法院听谳理讼，优赖树之正鹄，以定指归。"该书例言认为："本汇览续编系赓续前编，就大理院民国八年一月至十二年十二月之裁判成例，节取编辑。本编所载有与前编抵触者，无论有无'变更先例'字样，概以本编为准。"[③]从而确立了大理院判决如有见解不一的情形，则以最近的判例为准的原则。

关于大理院变更判例的程序，《法院编制法》第三十七条作了明确规定："大理院各庭审理上告案件，如解释法令之意见，与本庭或他庭成案有异，由大理院长依法令之义类，开民事科或刑事科或民刑两庭之总会审判之。"因此，大理院变更判决先例的程序系依审判的方式为之。其后，自1924年至1927年大理院闭馆时为止的判例，则经郭卫汇集《大理院公报》及《政府公

① 本书汇集大理院从1912年至1927年的判例而成，共2800则判例。其中民事判例1757则、刑事1043则，该书只收录判例要旨，未附判决书全文。

② 大理院编辑处编：《大理院判例要旨汇览》，1919年12月出版。

③ 大理院编辑处编：《大理院判例要旨汇览续编》，1924年12月出版。

报》所载原文，编辑而成《大理院判决例全书》，先后衔接。

在民国法制的奠基时期，虽然确立了继受大陆法系的原则，但是，成文法典的汇编不能一蹴而就，法律的规则和原则需要逐渐确立。大理院的判例权衡大陆法系的法理和中国传统的习惯，日积月累，使“各法原则，略具其中，一般国人亦视若法规，遵行已久”，而“我新法多继受外国法规，欲求其运用，适合国情，尤须参考旧日判例”。①

在民国法制的发展时期，虽然相继公布了六法体系的相关法典，但是，最高法院的判例仍然起着法律渊源的作用，与此相适应，最高法院的判例也经过了专门的汇编。最高法院分别于1934年和1943年两次编辑出版了《最高法院判例要旨》。第一部判例要旨收录该院自1928年至1931年期间的判例编辑而成，第二部判例要旨收录该院自1932年至1940年期间的判例编辑而成。在这一时期，同样重视制定法法典汇编和判例体系的建立。在《六法全书》中，判例扮演着极其重要的角色。

（二）判例保持着一定规模的编辑与出版

中国近代判例的编辑是最高司法机关专门性工作的成果。1919年、1925年大理院先后两次公布《大理院编辑处规则》，规范判例的编辑和出版，根据民国时期的实际做法，大理院及其后的最高法院是判例编辑的法定机关。而大理院和最高法院收集、汇编的判例只限于最高司法机关作出的判决，这样，判例制作和汇编保证了所公布、出版的判例的权威，但是，民国时期“判例”“判决”的区分并非分明。判例的编辑、出版包括“判决”和“判例要旨”两个方面。“判例要旨”的编辑出版似乎只存在于大理院、最高法院和行政法院（前称“平政院”）的判决之中，判决的汇编则并非局限于大理院和最高法院。

民国时期编辑、出版的大理院判决书包括：（1）大理院书记厅编：《大理院判决录》，从1912年9月至1914年7月，逐月出版。（2）大理院编：《大理院民事判决》，1913年出版。（3）大通书局编辑所编：《民事判决例分类辑要》，分适用法例、行为能力、住所、人格保护、契约等判例98类。（4）大通书局

① 郭卫编：《大理院判决例全书》，上海法学编译社、会文堂新记书局1932年版，“戴修瓒序”。

编辑所编:《大理院民事诉讼法判决例分类大全》,分事务管辖、合意管辖、当事人能力、送达、上告程序、再审程序、人事诉讼判例等34类。(5)大理院编:《大理院判决书》(刑事),1914年出版。(6)天虚我生编:《大理院刑事判决例》,中华图书馆,1916年出版甲编,1919年出版乙编。(7)大通书局编辑所编:《大理院刑事判决例分类辑要》,分援用法例、不为罪、未遂罪、累犯罪、自首、杀伤罪、侵占罪等44类。(8)大通书局编辑所编:《大理院刑事诉讼法判决例分类辑要》,分事务管辖及关于原告、证言、公判、抗告、再审之判例等27类。末附大理院暂行刑律补充条例判决例。

民国时期编辑出版的最高法院判决书包括:(1)郭卫编:《最高法院判例汇编》,上海法学编译社,从1928年10月至1937年1月共出版28集。每集分为民事诉讼、民法、商法、刑法、刑事诉讼等部分,收集了从1928年至1936年期间最高法院的各类判例。(2)张虚白编:《最高法院判例汇编》,中华法学社、上海法政学社分别出版,从1929年4月至1931年1月共出版6辑,收录从1928年至1929年期间最高法院的判例。(3)郭卫、周定枚编:《最高法院民事判例汇刊》(1—17期),上海法学书局出版,1934年11—12月出版。(4)郭卫、周定枚编:《最高法院刑事判例汇刊》(1—13期),上海法学书局出版,1934年11—12月出版。

民国时期编辑出版的行政法院判决包括:(1)平政院编:《平政院裁决录》,1922年出版,收录北洋政府平政院判决例汇编,分7卷。(2)郭卫、周定枚编:《行政法院判决例汇刊》,上海法学书局出版,收录1933年和1934年的判例。(3)行政法院书记厅编:《行政法院判决汇编》,分4册,1936年7月出版,包括1933年至1935年期间的行政法院判例,按照判决发布的时间顺序编辑。(4)行政法院编:《行政法院判决汇编》,上海法学编译社,1948年4月出版,所辑判决书分实体、程序两部分。实体部分包括土地、水利、税捐、关务、盐务、矿业、商标、教育、交通等13类;程序部分包括诉讼、诉愿2类。

为了便于查阅和使用,民国时期还编辑、出版了判决、判例要旨以及检查、索引等判例辅助资料。这些判例援引、使用的辅助资料包括:(1)大理院编:《大理院判决要旨》,1915年10月出版,收录1912年9月至1914年12月期间大理院的判决要旨，分为民律、刑律和民刑诉讼律3部分。（2）大理院编辑处编：《大理院判例要旨汇览》，1919年12月出版，收录1912年至1918年底大理院判例要旨，分类编排。（3）大理院编辑处编：《大理院判例要旨汇览续编》，1924年12月出版，收录1919年至1923年12月期间的大理院判例要旨，分类编排。最高法院、行政法院也分别编辑、出版判例要旨。

此外，民国时期出版了一系列地方法院的判决，诸如，浙江高等审判厅编：《浙江高等审判厅书判实录》，1913年出版；京师地方审判厅法曹会编：《京师地方审判厅法曹会判牍汇编》（刑事），1913年出版；上海商务印书馆编：《最新司法判词》，1913年出版；直隶高等审判厅编：《直隶高等审判厅判牍集要》（1—4册），天津商务印书馆，1915年出版；施沛生辑：《最近各省各级法院判牍汇刊》，中华图书馆，1919年出版；等等[①]。但地方法院判决的编辑出版并无系统性或长期性。就最高司法机关的判例编辑与出版而言，也因受到当时社会政治形势的影响，未能始终如一。[②]

---

① 民国时期编辑、出版的判例、判例要旨可参见北京图书馆编：《民国时期总书目》（1911—1949）法律部分，书目文献出版社1990年版，第313—325页。

② 据四川大学法学院博士生周芩宇统计（周岑宇：《近代法律史料汇总》，发表于“法律史评论”微信公众号2023年8月24日），近年整理出版的民国判例史料还有：（1）沈国明、何勤华编：《六法判解理由汇编》，上海人民出版社2022年版。本套汇编来源于吴经熊编、郭卫增订的《六法判解理由汇编》，曾于1947年在会文堂新记书局出版，共六卷十三册，共约7100页。（2）沈国明、何勤华编：《六法解释判例汇编》，上海人民出版社2020年版。本套汇编来源于梅仲协、罗渊祥编撰的《六法解释判例汇编》，由昌明书屋1947年出版，共六卷，共约3500页。（3）刘昕杰等整理：《民国时期最高法院判例要旨（1927—1940年）》，法律出版社2022年版。该书对民国时期由法院判例编辑委员会出版的《法院判例要旨》共两辑全部内容进行全面整理校编，重新编排判例要旨编号、对应法条及要旨简介，使之符合现代阅读习惯。该书涉及民事、刑事等方面内容，是进一步了解民国时期法院判例要旨的生成背景、主体构成及具体内容等问题的重要史料。（4）殷梦霞、邓咏秋选编：《民国司法史料汇编》，国家图书馆出版社2011年版。（5）“司法院”秘书处发行：《司法院解释汇编》，中仁印刷厂1989年。该书为《司法院解释汇编》的第5版，共5册，第一册为解释例检查表，余下四册将解释例按号数汇编，收录了司法院解释4097条和最高法院解释245条。（6）郭卫编著：《民国大理院解释例全文》，中国政法大学出版社2014年版。该书收录了大理院时期解释例的所有内容，共2012号，本书又另印检查表一册，使应用者便于翻阅，易于印证。

民国时期判例编辑、出版的状况，与英国、美国形成鲜明的对照：非官方的私人判例集是英美法系判例编辑与出版不可或缺的部分。英美法中的判例集，大多采用第三人报告判决的形式，清朝《刑案汇览》也系民间作品，但民国判例的汇编，则以官方的形式出现。

民国判例出版与汇编的特点，表现在三个方面："（一）英美之判例集，无论纵的方面（时间）横的方面（地域），均极详尽，且其所搜集者不限于最高法院之判例，即下级法院之判例亦网罗靡遗，故在适用上甚为丰富而便利，我国已成之判例集则仅以案件性质为准，且其所搜集者惟限于最高法院之判例，较之英美判例集不无逊色。（二）英美之判例集，系采取第三人报告审判经过之形式，故能将案件之真象合盘托出。凡读某项判例，对于该案之始末必能彻底了解，以之与法院所下判决两相印证，获益自多，我国已成之判例集，或则仅载判决之全文，或则只刊判决之要旨，读者对于案件真象如何，殊为茫然，致失以法院判决印证法律真实生活之机会。（三）英美之判例集，最感兴味者，为报告反对意见之制度，此种制度，就某方面言之，因披露何者为多数意见，何者为少数意见，固足以损害裁判之尊严，然自尊重真实之见地言之，此种制度，足以唤起学者研究判例之兴趣，促成判例之改进，我国法院之判决则采多数压制少数主义，对于少数意见略而不书，其于判例集，无如英美判例集之记载，实无足怪。上述第三点固属不易仿效，但第一第二两点，则英美判例集颇有借镜之价值。"[①]

正是由于官方性判例编辑一统天下，造成中国近代判例的汇编形式单一。《大理院编辑处规则》第六条第二项规定，大理院公报"登载判例解释，其要旨及全文应一并登载，无要旨可以摘记者，则无用摘记"。可惜该公报只于1927年3月、6月、9月发行三期。完整的判例汇编仅限于判例要旨层面。最高司法机关的判决从数百字至数千字不等，但判例要旨则只取其实质核心，简明扼要是其特点。而且《大理院判决例全书》所收判决占整个大理院判决总数的比例并不算高，中国第二历史档案馆典藏的民国初期北京政府大理院档案（1912—1927），全宗代号为421号，共有15651卷。其中，第

① 胡长清：《英美之判例集》，载《法律评论（北京）》1932年第41期。

15651号卷是多宗卷，有1474宗。原档部分共有民事案例16119例，刑事案例1157例。相对于总数17276宗判决而言，《大理院判决例全书》所登载的2800件判例要旨，占所有案件总数的六分之一。

判例要旨汇编的方式遵循“以法为类”“以条为序”的办法，即判例要旨的编辑一般分门别类，“先民事法，后刑事法”，“先实体法，后程序法”，“先普通法，后特别法”。没有现行法典可依的，则“参酌前清修订法律馆各草案及本院判例所认许之习惯法则”。在每一法典或法规中，又以法条的先后顺序为准。“这种汇编的体例使法官能像寻找成文法条一样，非常容易地寻找到适用于当前案件的判例，从而大大减轻了法官适用判例时在寻找和选择判例方面的工作量。”①

从判例要旨汇编的技术看，判例要旨一般来源于作为判决书的“判决理由”部分。②判例要旨的编辑当然是建立在判例的选择基础之上的。一个判例要旨的诞生，固然需要在被确定为判例的判决书理由中加以提炼与概括，但是，判例的选择是一项技术性极强的工作。就大理院时期的判例来看，“以具有创新意义，或为补充法律的不足，或为阐明法律的真意，其见解具有抽象价值者，始予选辑，作为判例”③。根据《大理院编辑处规则》的规定，判例汇编每册的凡例、目录、索引以及每个要旨的格式都有明确的要求，包括眉批栏、要旨栏和年份、字号栏等部分。其中，眉批是对判例要旨的高度概括，一般只有一句话。要旨栏内需要说明“参考法条、互见法条”、“参考旧判例、旧解释”以及“参考解释文件或判例”。

（三）判例在中国近代法制形成中发挥着不容小觑的作用

判例拘束力的范围在中国近代法制中并不十分明确。例如，大理院1922年4月12日统字第1809号解释例规定：“院判在判例要旨汇览刊行前，未经

① 武乾：《中国近代判例制度及其特征》，载《现代法学》2001年第2期。

② 民国时期的判决书，其制作分“主文”、“事实”及“理由”3个部分。

③ 黄源盛纂辑：《民初大理院司法档案的典藏整理与研究》，载《政大法学评论》1998年总第59期。

采入汇览者，即不成为例。”[①] 似乎判决与判例区分明确，只有判例才具有约束力。但是，1915年6月20日北京政府公布的《法院编制法》第三十七条规定：“大理院各庭审理上告案件，如解释法令之意见，与本庭或他庭成案有异，由大理院长依法令之义类，开民事科或刑事科或民刑两庭之总会审判之。”根据这一规定，成案的范围既包括判例又包括其他案件的判决，大理院的判例与判决似乎都具有拘束力。1932年南京国民政府公布的《法院组织法》第二十五条规定：“最高法院各庭审理案件，关于法律上之见解，与本庭或他庭判决先例有异时，应由院长呈由司法院院长召集判例会议决定之。”显然，这里规定的“判决先例”不同于“判例”。判决先例与判例的关系并不明确。

实际上，在判决的公开化没有实现的情况下，判决先例只能理解为等同于判例。不难想见，最高司法机关作出的判决在未经出版公布的情况下，律师和其他当事人无从得知，自然谈不上要求遵循。同样，未经出版公布的最高法院的判决，其他法官也未必能够知悉。判例的研究和适用，是以判例的出版公布为前提条件的，所以判例的出版公布是极其重要的环节。在所有最高司法机关的判决都能够公布的情况下，“判决先例”的范围当然及于所有判决。

民国时期判例的主要功能在不同时期各有侧重。大理院时期，针对成文法典尚未颁行、军阀割据、执法环境恶劣等状况，大理院大胆采取判例补充成文法典缺陷的方法，肩负了“司法兼立法”的双重任务。大理院不仅维护了社会变迁中的法秩序，而且推动了中国法律近代化的发展方向。此外，大理院在继受中国传统法律形式的基础上，创造性地将制定法与判例巧妙结合，“大理院十几年来，在采用外国学理并参酌国情中所取得的经验和成就，已为其后国民政府创制民法典奠定了基础。许多具有进步意义的民事判例的原则，不仅为立法机关创制法典所采用，而且直接成为司法审判的依据。可以说，若没有大理院十多年来的努力，国民政府显然无法在初建的短短两年内就颁行如此庞大的民事法典”[②]。

---

① 郭卫编：《大理院解释例全文》，上海法学编译社、会文堂新记书局1932年版，第1043页。

② 黄源盛纂辑：《民初大理院司法档案的典藏整理与研究》，载《政大法学评论》1998年总第59期。

最高法院时期，主要的法典相继公布，“六法全书”体系建立后，最高法院判例的主要功能发生了变化：判例担负了法律解释与价值补充的任务，最高法院的“判例遂一直停滞于狭义的法律解释或价值补充之阶段，对法律之安定性而言，固颇有贡献，惟进取则嫌不足”[①]。

从民国判例实施的效果看，“近代判例并没有对立法权构成威胁与侵犯，也没有造成司法擅断与专权等弊端，相反，在成文法框架内，它以其所特有的柔软性填平了成文法的‘漏洞’，并缓解了理想化的成文法与中国相对滞后的实际社会关系间的冲突”[②]。对民国时期判例实施状况和效果的客观考察，有助于我们全面地认识判例制度的作用。

（四）革命根据地判例在近代独树一帜，反映出人民司法的价值取向

在革命根据地的法制建设中，人民性是突出的特色。譬如，1944年11月5日，习仲勋在《贯彻司法工作的正确方向》中就生动阐述了贯彻群众路线的人民司法和以往司法作风的显著区别。他说：“司法工作是人民政权中的一项重要建设，和其他行政工作一样，是替老百姓服务的。这样，就要一心一意老老实实把屁股放在老百姓这一方面坐得端端的。旧司法机关的屁股就不在老百姓这一方面坐，是坐在少数统治者的怀里。他们可以贪赃枉法，鱼肉人民，认熟人，认面子，认亲戚朋友；有钱有势的，囤积居奇，贩卖毒品，反逍遥法外；万千无辜老百姓，却充满着监狱。与其说他们是解决纠纷，不如说他们是制造纠纷。这是旧司法的一套。这一套在我们这里吃不开。我们的司法方针是和政治任务配合的，是要团结人民，教育人民，保护人民的正当权益。越是能使老百姓邻里和睦、守望相助，少打官司，不花钱，不误工，安心生产，这个司法工作就越算做得好。”他特别提出“我们司法工作者，既是为老百姓服务，就应该站在老百姓中间，万不能站在老百姓头上”，“千百事件整天发生在人民中，最适当的解决办法，也就在人民中。……一通过人民，就会解决的最快、最正确。……我们不要以为自己比老百姓高明，

① 杨仁寿：《法学方法论》，中国政法大学出版社1999年版，第213页。

② 武乾：《中国近代判例制度及其特征》，载《现代法学》2001年第2期。

其实不然，新的创造要在老百姓中找寻”。[1]可见，坚持群众路线，维护群众利益，千方百计为人民排忧解难，从群众的伟大实践中寻找破解司法难题的智慧和路径，是中国共产党领导司法工作的优良传统，也体现出以群众路线为代表的社会主义法治文化积极的、人民的、进步的一面。

《陕甘宁边区判例汇编》反映了社会转型时期司法的价值取向，特别是体现了司法的人民性。司法具有维护社会正义的公平性、维护社会秩序的功能性以及促进社会发展的革命性等多重价值。如在民事案件的审理中，维护土地革命中贫苦农民所取得的土地所有权、维护贫苦农民的婚姻稳定、向债务案件中贫穷的当事人一方倾斜等做法[2]，体现了边区维护革命成果、维护穷人利益的思想。在刑事案件的审理中，对汉奸、土匪破坏边区等犯罪行为的惩治，体现了边区坚持抗战、维护革命秩序的思想。烟毒案件，反映了边区司法肃清旧社会遗毒、树立社会新风尚的追求。贪污渎职类案件，体现了民主政权建设廉洁政府的实践。而且，边区的判例对调解制度的发展进行了肯定，出现了一定数量的调解书（和解书）。这归功于边区的调解工作的推广。随着调解工作的深入发展，群众觉悟逐渐提高，广大干部群众纷纷认识到，用群众的力量与群众的智慧解决民间纠纷和改进司法工作，既能体现人民性的司法取向，也可以使司法实践更具生命力。人民与司法之间开始逐步融合，开展新式的人民司法已经得到各方面的一致认可。所有这些，与民国政府的司法，形成了鲜明的对照。

---

① 习仲勋：《习仲勋文集》（上卷），中共党史出版社2013年版，第28—30页。

② “民事案件处理办法”摘引了《陕甘宁边区民事诉讼条例草案》中民事案件的处理原则，包括：（1）私益服从公益；（2）局部利益服从全部利益；（3）少数人利益服从多数人利益；（4）一时利益服从永久利益；（5）富裕者提携贫苦者；（6）有文化知识者帮助文盲无知者。

图书在版编目（CIP）数据

中国判例制度史 / 汪世荣，王斌通主编. — 北京：中国法制出版社，2024.4

ISBN 978-7-5216-4390-9

Ⅰ. ①中…　Ⅱ. ①汪… ②王…　Ⅲ. ①司法制度－法制史－研究－中国　Ⅳ. ①D929

中国国家版本馆CIP数据核字（2024）第058110号

责任编辑：宋　平　　封面设计：李　宁

中国判例制度史

ZHONGGUO PANLI ZHIDUSHI

主编 / 汪世荣　王斌通

经销 / 新华书店

印刷 / 北京虎彩文化传播有限公司

开本 / 710毫米 × 1000毫米　16开　　印张 / 20　字数 / 310千

版次 / 2024年4月第1版　　2024年4月第1次印刷

中国法制出版社出版

书号 ISBN 978-7-5216-4390-9　　定价：65.00元

北京市西城区西便门西里甲16号西便门办公区

邮政编码：100053　　传真：010-63141600

网址：http://www.zgfzs.com　　编辑部电话：010-63141825

市场营销部电话：010-63141612　　印务部电话：010-63141606

（如有印装质量问题，请与本社印务部联系。）